워런 버핏
삶의 원칙

WARREN BUFFETT KENJYA NO MEIGENN 365
by Teruya Kuwabara
Copyright © 2023 Teruya Kuwabara
Korean translation copyright ©2025 by FEELMBOOK
All rights reserved.
Original Japanese language edition published by Kaya Shobo Co., Ltd.
Korean translation rights arranged with Kaya Shobo Co., Ltd.
through Lanka Creative Partners co., Ltd. (Japan) and EntersKorea Co., Ltd. (Korea)

이 책의 한국어판 저작권은 ㈜엔터스코리아를 통해 저작권자와 독점 계약한 필름출판사에 있습니다.
저작권법에 의하여 한국 내에서 보호를 받는 저작물이므로 무단전재와 무단복제를 금합니다.

그의 성공을 따르고 싶다면 삶의 방식부터 훔쳐야 한다

구와바라 데루야 지음

워런 버핏 삶의 원칙

지소연 옮김

WARREN BUFFETT
PRINCIPLES FOR LIFE

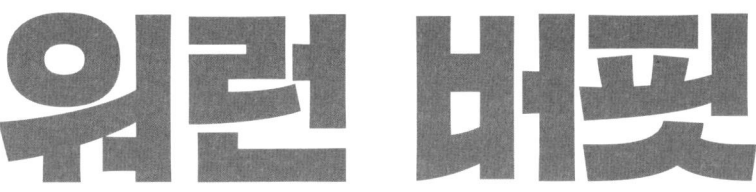

일러두기

- 본문에서 인용한 도서는 《》로, 언론 매체와 영상물은 〈〉로 표기했습니다.
- 각 본문 상단에 인용 출처를 표기하였으며, 국내에 출간된 단행본은 국역본 제목으로, 국내에 미출간된 단행본 및 인용 자료는 번역한 제목과 영문명을 병기하였습니다.

머리말

내가 워런 버핏(Warren Buffett)에 관한 책을 처음 펴낸 것은 2011년이었다. 책을 집필하게 된 계기는 구글(Google)과 페이스북(Facebook, 현 메타 Meta) 같은 IT 기업의 젊은 창업자들이 생각보다 깊이 있게 버핏의 영향을 받았다는 사실을 알게 되었기 때문이다.

내 전문 분야는 본래 '토요타의 생산 방식'이었기에, 자연스럽게 토요타식 경영과도 관련이 있는 애플(Apple)의 창업자 스티브 잡스(Steve Jobs)와 아마존(Amazon)의 창업자 제프 베이조스(Jeff Bezos)에게도 관심을 갖게 되었다. 그런데 구글과 페이스북 등 IT 기업을 조사하는 과정에서 '워런 버핏'이라는 이름이 유독 자주 눈에 띄었다.

예를 들어, 구글의 공동 창업자인 래리 페이지(Larry Page)와 세르게이 브린(Sergey Brin)은 2004년 기업 공개 당시 주주들에게 보낸 '창업자의 편지'에서 버핏의 말을 인용하며, 경영자가 주가나 단기적 이익에 일희일비하는 것은 어리석은 일이며, 실적을 "보기 좋게 조작하는 일은 하지 않겠다"라고 단언했다. 또한, 긴 안목으로 가치 있는 일에 도전하기 위해서라면 때로는 단기적 이익을 기꺼이 희생하겠다는 뜻을 밝혔다. 이러한 관점은 장기적 시점을 중시하는 버핏의 투자 철학을 반영한 것이며, 주가와 분기 실적을 무엇보다 중요하게 여기는 월가의 방식과는 분명히 구분된다. 두 창업자는 버핏이 이끄는 버크셔 해서웨이(Berkshire Hathaway)의 연차 보고서에 첨부된 편지를 보고 깊은 인상을 받았다고 말했다.

페이스북을 창업한 20대의 마크 저커버그(Mark Zuckerberg) 역시 마찬가지였다. 버핏은 오랫동안 〈워싱턴 포스트(The Washington Post)〉의 최고경영자였던 캐서린 그레이엄(Katharine Graham)의 멘토로서 역할을 해왔는데, 저커버그는 그녀의 아들이자 버핏의 신봉자였던 도널드 그레이엄(Donald Graham, 당시 CEO)을 존경하여 며칠간 직접 '경영자의 역할'에 대해 지도를 받기도 했다. 그래서인지 저커버그 역시 단기적인 성과보다는 장기적인 비전과 가치를 추구하는 성향이 강했다.

또한 마이크로소프트(Microsoft)의 창업자인 빌 게이츠(Bill Gates)는 버핏과 둘도 없는 친구 사이다. 이처럼 살펴보면, 버핏은 오랫동안 IT 기업에 대한 투자를 꺼려왔음에도(현재는 애플 주식을 대량 보유하고 있다), 그의 사고방식은 여러 거대 IT 기업 창업자들에게 상당한 영향을 끼쳤음을 알 수 있다.

이러한 맥락에서 버핏을 이해하는 것이야말로 미국 기업의 사고방식과 오늘날 세계를 이끄는 IT 기업 창업자들의 경영 철학을 이해하는 데 도움이 된다는 생각이 들었다. 그것은 곧 현대의 새로운 성공 모델을 이해하는 길이기도 하다.

'세계 최고의 투자자'로 불리는 버핏에게서 투자 기법을 배우는 것도 물론 중요하다. 하지만 그에게서 배울 수 있는 것은 그것만이 아니다.

일에서 어떤 가치를 추구해야 하는지, 인생의 중요한 분기점에서 무엇을 선택해야 할지, 나에게 가장 어울리는 롤모델은 누구인지, 성공하기 위해 무엇을 어떻게 배워야 하는지, 인간관계는 어떻게 맺고 유지해야 하는지, 돈과 어떻게 건강하게 공존할 수 있을지 등, 삶의 방식 전반에 걸쳐 버핏은 귀중한 가르침을 준다.

그뿐만 아니라, 그는 경영자가 어떤 태도와 마음가짐을 가져야 하는지에 대해서도 명확한 조언을 아끼지 않는다. 그의 경영 철학을 이해하면, 오랜 시간 멈추지 않고 성장하는 기업이 되는 데 필요한 중요한 단서를 얻을 수 있다.

지금까지 나는 버핏의 사상을 다룬 책을 여러 권 집필해 왔지만, 이번 책은 워런 버핏이 6세에 처음 작은 사업을 시작한 시점부터, 아흔이 넘은 현재까지 어떤 생각을 해왔고, 어떤 말을 남겼으며, 어떻게 행동했는지를 5개의 시기로 나누어 정리하고 해설한 것이다. 그중에는 해당 시기에 했던 말은 아니지만, 나중에 그 시기를 회고하며 언급한 내용도 포함되어 있다. '오마하의 현인' 워런 버핏의 삶을 통해, 그가 어떻게 인생을 바라보며 지금의 성공을 이루었는지 깊이 있게 이해할 수 있기를 바란다.

버핏은 "성공하려면 좋은 스승, 좋은 롤모델과의 만남이 필수적이다"라고 말한다. 이 책은 그런 버핏이라는 '최고의 스승'을 만날 수 있도록 돕고자 한다. 그의 삶과 철학을 아는 것이, 여러분의 삶을 풍요롭게 만드는 데 작은 도움이 될 수 있다면 더할 나위 없이 기쁠 것이다.

이 책의 집필과 출간을 위해 큰 힘을 보태주신 가야쇼보의 이와오 사토시 씨께 진심으로 감사의 말씀을 드린다.

구와바라 데루야

워런 버핏은 누구인가

"세계 최고의 투자자."
"세계에서 손꼽히는 투자자."
"오마하의 현인."

워런 버핏을 표현할 때 흔히 쓰이는 말들이다. 일부 사람들은 빈정거림을 담아 '성스러운 워런'이라 부르기도 하지만, 연표를 보면 알 수 있듯 그는 92년 인생 대부분을 투자에 바쳤고, 큰 실패 없이 꾸준히 성과를 내며 나이가 들수록 더욱 높은 평가를 받아왔다.

투자의 세계에는 조지 소로스(George Soros), 짐 로저스(Jim Rogers)처럼 유명한 이들이 많지만, 그들 중에는 놀라운 성공을 거둔 뒤 여러 차례 파산을 겪고 비극적인 결말을 맞이한 이들도 있다. 큰 성공에는 큰 실패가 따르기 마련이기 때문이다. 그런 세계에서 유독 눈에 띄는 인물이 버핏이다. 그는 단 한 번도 큰 실패 없이도, '현인'이라는 칭호를 얻은 유일한 인물이라 해도 과언이 아니다.

물론, 버핏이 처음부터 그런 존재였던 건 아니다. 6세에 작은 사업을 시작하고, 11세에는 아버지의 권유로 처음 주식 투자를 했다. 그땐 기업에 대해 아무것도 모른 채 투자를 했고, 약간의 이익만 내고 주식을 팔았다. 지금 돌이켜보면 그 역시 일종의 실패였지만, 버핏은 그 경험에서 중요한 교훈을 얻고 이후에도 사업과 투자를 이어가며 '눈덩이'를 천천히 굴려가기 시작했다.

인생의 전환점이 된 건, 평생의 스승이라 부르는 벤저민 그레이엄

(Benjamin Graham)과의 만남이었다. 그레이엄의 책에 깊은 감명을 받은 버핏은 그의 강의를 듣기 위해 컬럼비아 경영대학원에 진학했고, 졸업 후에는 그레이엄의 회사에서 일할 기회도 얻었다. 하지만 이후 아버지가 운영하던 증권사에 있을 때는 그의 말을 진지하게 들어주는 이가 거의 없었다. 한동안 그는 오마하라는 조용한 시골 마을에 사는, 소문난 투자자 중 한 명일 뿐이었다.

그러나 결국 뛰어난 투자 실적이 알려지며 금융업계에서도 주목받기 시작했고, 이후에는 〈워싱턴 포스트〉의 대주주, 살로먼 브라더스(Salomon Brothers)의 임시 회장직 등을 거치며 명성을 쌓았다. 2000년대 들어서는 배우 아널드 슈워제네거(Arnold Schwarzenegger)의 캘리포니아 주지사 선거 캠프에서 경제 고문을 맡기도 했고, 빌 & 멀린다 게이츠 재단에 막대한 기부도 하며 그의 위상은 더 높아졌다.

명성이 높아질수록 사람들은 워런 버핏 개인의 삶과 말에 더 많은 관심을 갖게 됐다. 매년 오마하에서 열리는 버크셔 해서웨이의 주주총회에는 그의 이야기를 듣기 위해 전 세계에서 사람들이 모여들고, 버핏이 무언가를 쓰거나 말할 때마다 투자자뿐만 아니라 수많은 사람들이 귀를 기울인다.

버핏이 쌓아온 이토록 눈부신 실적과 명성의 배경에는 아주 단순하지만, 강력한 원칙이 있다.

1. 하루하루 변화하는 주가에 얽매이지 말고 장기 보유를 원칙으

● '가치 투자의 아버지'라 불리는 전문 투자자이자 《벤저민 그레이엄의 증권분석》, 《현명한 투자자》 같은 명저를 남긴 저자다. 버핏은 그레이엄을 아버지 다음으로 자신에게 많은 영향을 준 인물이라 일컬었다.

로 한다.
2. 자기 능력 범위 안에서 자신이 제대로 이해하는 기업에만 투자한다.
3. 유행이나 전문가의 조언에 기대지 않고 자기 스스로 생각한다.
4. 빚을 지지 않고 자기 돈으로 투자한다.

어떤 면에서는 당연해 보이는 말들이지만 그는 이 당연한 원칙을 몇십 년에 걸쳐 충실하게, 누구보다 철저하게 지키며 커다란 성공을 손에 쥐었다.

물론 지금에 이르기까지 버핏도 몇 번의 실패를 경험했고 찰리 멍거와의 만남 등을 통해 투자의 방향을 틀기도 했다. 이 책에 나타난 버핏의 삶을 연대순으로 읽다 보면 그러한 버핏의 변화도 알 수 있다. 버핏이 어떻게 '세계 최고의 투자자'가 되고 '오마하의 현인'이 되었는지 알게 된다면, 당신 역시 자신의 인생을 풍요롭고 가치 있게 만드는 데 틀림없이 도움이 될 것이다.

WARREN BUFFETT
PRINCIPLES FOR LIFE

목차

머리말   5
워런 버핏은 누구인가   8

제1장 버핏의 6세부터 21세까지 (1930~1951년)   14

버핏의 어린 시절부터 청년기까지의 삶을 조명하며, 세계 최고의 투자자가 되기까지 어떤 성향과 경험이 축적되어 왔는지를 다룬다. 단순히 돈을 많이 버는 것이 아니라, 어떻게 버느냐가 중요하다는 것을 깨달은 버핏은 이 시기에 인생의 많은 원칙들을 배우게 된다.

제2장 버핏의 22세부터 39세까지 (1952~1969년)   58

버핏의 20대부터 30대 후반까지의 삶을 따라가며, 그가 본격적으로 투자 업계에 발을 들이고 자신의 원칙과 철학을 발견하는 과정을 다룬다. 이 시기에 버핏은 시장을 이해하고 사람을 관찰하며 자신만의 기준을 세워나가는 치열한 시기를 보냈다.

제3장 버핏의 40세부터 55세까지 (1970~1985년)   118

버핏이 투자자로서 확고히 자리매김하며, '오마하의 현인'이라는 별명을 얻기 시작한 시기다. 그가 버크셔 해서웨이를 본격적인 투자 지주회사로 전환하고, 다양한 산업군에 걸쳐 전략적 투자를 하는 과정을 담고 있다.

제4장 버핏의 56세부터 70세까지 (1986~2000년)   **180**

자산의 폭발적 증식과 함께, 버핏이 단순한 투자자를 넘어 '시대의 상징'으로 떠오르는 시기다. 코카콜라, 아메리칸 익스프레스 등 브랜드 가치가 높은 기업들에 장기 투자하며, 브랜드·경영진의 질 같은 무형자산의 중요성을 강조하는 말들이 담겨 있다.

제5장 버핏의 71세 이후 (2001년 이후)   **290**

동시에 기술주 거품, 금융위기, 팬데믹 등 전례 없는 시장의 변동 속에서도 흔들림 없는 버핏의 투자 철학을 보여주는 말들을 담았다. 또한 버핏이 세계 최대 규모의 자선 기부를 선언하며, 자본주의의 끝에서 인간과 사회를 바라보는 깊이를 보여주는 말들도 담았다.

워런 버핏의 연표	**392**
워런 버핏의 명언	**395**
참고문헌	**418**

제1장 버핏의 6세부터 21세까지
(1930~1951년)

버핏의 6세부터 21세까지의 삶에서 가장 중요한 2가지는 ① 어린 시절부터 작은 눈덩이를 굴리기 시작한 것, 그리고 ② 좋은 스승과의 만남이다.

대공황 이듬해에 태어난 버핏은 어린 시절부터 '작은 사업'에 자못 관심이 많은 소년이었다. 6세 때부터 이웃이나 여행지에서 만난 사람들에게 껌과 콜라를 팔아서 번 몇 센트의 돈을 꾸준히 은행에 저금하곤 했다.

그 시절에는 그저 장난감이나 카드 모으기에 열중하듯이 쌓여가는 동전을 보며 기뻐하는 정도였다. 그러던 어느 날 버핏은 아버지 손에 이끌려 찾은 뉴욕의 증권거래소를 가게 되었다. 그리고 그곳에서 특별 제작한 고급 시가를 피우는 사람들을 본 버핏은 자신이 원하는 미래를 알게 되었다. 어린 버핏은 다른 사람에게 지시받으며 일하는 것이 아니라, 자기 자신을 위해 일하고 스스로가 원하는 일을 하는 미래를 그렸다. 그러려면 남에게 명령받지 않아도 될 만큼 큰돈을 손에 쥐는 것이 무엇보다 중요하다고 생각하게 되었다.

얼마 뒤 버핏은 도서관에서 《백만장자가 되는 1,000가지 비밀》이라는 책을 만났다. 그러면서 전보다 더 열심히 자신만의 작은 사업에 몰두하기 시작했고, 11세 때는 그때까지 모은 120달러로 난생처음 주식에도 투자했다. 주식 투자 자체로는 큰 이익을 보지 못했지만, 그때 얻은 아래의 교훈들은 이후 버핏의 투자 인생에 커다란 영향을 미쳤다.

1. 얼마에 매수했느냐에 얽매여서는 안 된다.
2. 얕은 생각으로 작은 이익을 얻으려 해서는 안 된다.
3. 다른 사람의 돈으로 투자해서는 안 된다.

버핏은 이후에도 신문 배달 등을 비롯한 작은 사업들에 힘쓰며 눈동냥 귀동냥으로 얻은 지식으로 주식 투자를 하며 20세 무렵에는 이미 1만 달러에 달하는 돈을 손에 넣었다. 또한 이때 버핏은 벤저민 그레이엄의 《현명한 투자자》라는 훌륭한 책을 접했다. 어릴 적부터 책을 대단히 좋아해 도서관에서 '금융'이라는 이름이 붙은 책은 모조리 섭렵할 정도였지만, 이 책은 버핏에게 특히 더 각별했다.

버핏은 이 책을 읽고 마치 '신을 발견한' 듯 엄청난 충격에 휩싸여서 그레이엄이 강의하는 컬럼비아 경영대학원에 들어가게 되었다. 버핏에게는 아버지 하워드 버핏(Howard Buffett)도 훌륭한 우상이었지만, 그레이엄이라는 '평생의 스승'을 만난 이후 버핏은 '오마하의 현인'이라 불리는 '현명한 투자자'의 길을 걷게 되었다.

001 《스노볼》

"나는 아주 일찍부터 작은 눈덩이를 단단히 뭉쳐왔다. 만약 10년 늦게 시작했다면 지금쯤 저 언덕 밑에 서 있었을 것이다."

버핏은 어린 시절부터 다양한 사업에 손을 댔다. 6세 때는 아이오와주에 위치한 오코보지 호수의 산장에서 온 가족이 휴가를 보냈는데, 그때 버핏은 호수에서 25센트에 산 여섯 개들이 콜라를 한 캔당 5센트에 팔아서 5센트의 이익을 남겼다. 살림살이가 어려워서가 아니었다. 돈이 좋아서라기보다는 그저 자신의 작은 사업으로 돈이 불어나는 모습을 보는 것이 몹시 즐거웠기 때문이다.

나중에는 경마의 결과를 예측하는 전단을 만들고 골프장에서 분실된 공을 모아 판매하고 아이들 50명을 동원해 신문 배달을 하기도 했다. 그 밖에도 농장을 구입하고 주식을 사고팔아 고등학교를 졸업할 무렵에는 이미 1만 달러 가까운 자금을 모았고, 대학을 졸업할 즈음에는 그 자금을 배로 불렸다.

이렇게 일찍부터 모으기 시작한 자금이 버핏의 '눈덩이'가 되어주었다.

"나는 아주 일찍부터 작은 눈덩이를 단단히 뭉쳐왔다. 만약 10년 늦게 시작했다면 지금쯤 저 언덕 밑에 서 있었을 것이다."

성공하고 싶다면 되도록 빨리 스타트를 끊는 것이 좋다. 경기에서 다른 선수의 뒤를 쫓기보다는 앞서 달려야 한다는 점을 잊지 말자. 그것만으로도 경기의 주도권을 잡을 수 있고 어지간한 실수를 하지 않는 이상 한층 더 확실하게 성공을 거머쥘 수 있다.

1930~1951년

002 《스노볼》

"눈을 잘 뭉치려면 절로 달라붙고 싶어지는 사람이 되어야 한다."

"질투를 피하는 가장 좋은 방법은 성공에 걸맞은 사람이 되는 것이다"라는 말은 찰리 멍거(Charles Munger)*가 자주 쓰던 구절이다. 성공이란 단지 성공이라는 목표를 향해 한결같이 애쓰기만 하면 되는 것이 아니라, 성공을 자기 곁으로 끌어당길 줄 아는 사람 그리고 성공을 지지해 줄 이들이 기꺼이 따를 만한 사람이 되기 위한 노력도 반드시 필요하다. 성공을 거두려면 한마디로 성공에 걸맞은 사람이 되어야만 한다.

이와 같은 이야기를 버핏은 '눈덩이'로 표현했다.

"뭉치기 좋은 눈이 있으면 눈덩이는 틀림없이 커진다. 돈을 복리로 불리는 것만을 뜻하지 않는다. 어떤 친구를 만들 것인가도 마찬가지다. 시간을 들여 신중하게 선택해야 한다. 눈을 잘 뭉치려면 절로 달라붙고 싶어지는 사람이 되어야 한다."

버핏이 6세 때부터 작은 사업을 시작했듯이, 되도록 일찍 출발선에 서야 한다. 그뿐만 아니라 스스로를 갈고닦는 일도 빨리 시작할수록 좋다. 훌륭한 사람과 일하면 멋진 일을 해낼 수 있지만, 어리석은 사람과 일하면 인생이 밑바닥으로 전락하고, 사악한 사람과 일하면 불행한 결말이 찾아온다. 일찍이 좋은 가치관과 훌륭한 습관을 기르자. 존경할 만한 사람과 함께 발맞추어 일하자. 이처럼 자기 자신을 갈고닦아야 눈덩이는 비로소 더 크게 불어나기 시작한다.

- 워런 버핏이 회장을 맡은 투자 회사 버크셔 해서웨이의 전 부회장.

003 《워런 버핏, 위대한 자본가의 탄생》

"발품 들여 판매하는 모습에 그 제품의 매력과 가능성을 강하게 실감했습니다. 그로부터 52년간 콜라가 전 세계로 퍼져 나가는 광경을 보았습니다."

피터 린치(Peter Lynch)는 자신이 잘 아는 것, 정말 좋아하는 것에 투자해야 한다고 말했는데, 버핏에게 그런 존재는 코카콜라였다.

버핏이 6세 때 피서지에서 껌과 코카콜라를 팔기 시작했다. 코카콜라가 껌보다 수익이 더 좋았고 이후 콜라를 즐겨 마시기도 했다. 다만, 정작 버핏이 코카콜라 주식을 본격적으로 사들이기 시작한 것은 52년이 지난 1988년이었다.

그해 가을, 코카콜라 주식은 최고가보다 25% 하락한 상태였으나 누군가 주식을 사 모으기 시작했다. 놀란 CEO 로베르토 고이주에타(Roberto Goizueta)는 누가 주식을 매입하는지 알아봐 달라고 했고, COO 도널드 키오(Donald Keough)는 오랜 친구인 버핏을 가장 먼저 떠올렸다. 키오는 버핏에게 코카콜라 신제품인 체리코크(Cherry Coke)를 권하며 펩시콜라에서 코카콜라로 취향을 바꾸게 한 장본인이기도 했다.

버핏이 그해 보유한 코카콜라의 주식은 총 6%, 즉 12억 달러를 보유하게 되었다. 그는 코카콜라에 투자한 이유를 이렇게 설명했다.

"발품 들여 판매하는 모습에 그 제품의 매력과 가능성을 강하게 실감했습니다. 그로부터 52년간 콜라가 전 세계로 퍼져 나가는 광경을 보았습니다."

1930~1951년

004 《워런 버핏의 오마하 순례(Pilgrimage to Warren Buffett's Omaha)》

"10살 때는 이미 오마하 도서관에서 제목에 금융이라는 말이 들어간 책은 전부 두 번씩 읽었지요."

버핏은 엄청난 독서광으로도 잘 알려져 있다. 단순히 많이 읽는 수준을 넘어, "10살 때는 이미 오마하 도서관에서 제목에 '금융'이라는 단어가 들어간 책은 모두 두 번씩 읽었지요"라고 말할 정도다. 어린 시절부터 손에 닿는 책과 관심 가는 책은 모두 반복해서 읽는 것이 그의 독서 방식이었다.

그가 꼭 '금융' 관련 책만 읽은 것은 아니다. 경마에 빠져 있던 시절에는 하원 의원이었던 아버지에게 부탁해 의회 도서관에서 우승마 예측에 관한 책 수백 권을 빌리기도 했다.

이런 습관은 대학과 대학원을 거치면서도 이어졌다. 주식과 투자에 관한 책은 모두 탐독했으며, 어떤 책은 저자보다 내용을 더 깊이 이해하고 있을 때도 있었다. 버핏에게 "투자자로서 큰 성공을 거두려면 어떻게 해야 하나요?"라고 묻는다면, 그는 늘 이렇게 대답했다.

"닥치는 대로 읽어야 합니다."

인터넷에 떠도는 정보나 월가의 소문은 아예 거들떠보지 않고, 매일 몇 시간씩 읽고 생각하며 관심 있는 기업을 조사하고 판단해 행동하는 것이 오랜 세월 변함없는 버핏의 방식이다.

005 《스노볼》

"일단 시작하지 않으면 절대 성공할 수 없습니다."

버핏은 어린 시절부터 뛰어난 독서가였으며, 10세 무렵에는 오마하 도서관에서 '금융'이라는 단어가 들어간 책은 거의 모두 읽었다. 그중에서도 가장 큰 영향을 받은 책은 《백만장자가 되는 1,000가지 비밀》이었다.

1,000달러를 벌 수 있는 방법이 1,000가지나 있다는 것은 그 방법을 모두 활용하면 100만 달러를 벌 수 있다는 의미였다. 당시 버핏은 35세까지 백만장자가 되겠다는 꿈을 가지고 있었기에, '100만 달러를 벌 수 있다'라는 사실에 금세 마음을 빼앗겼다. 일반 사람이라면 책을 대충 훑어보았겠지만, 버핏은 책에 쓰인 "일단 시작하지 않으면 절대 성공할 수 없다"라는 문장을 눈여겨보았다.

이 책에서 저자는 큰돈을 벌고 싶어 하는 사람은 많지만, 대부분 행운이 오기를 기다리기만 하기 때문에 돈을 벌지 못한다고 지적했다. 버핏이 얻은 중요한 교훈은 '큰돈을 손에 넣고 싶다면 지금 당장 시작해야 한다'였다. 버핏은 인생에서 성공하는 사람은 학교 성적이 뛰어나거나 인기가 많은 것이 아니라 실행력 있는 아이라고 생각했다. 6살 때부터 작지만 사업을 했던 그였지만 이 교훈을 얻고 나서는 더욱 사업에 열과 성을 다한 것으로 알려졌다.

006 《워런 버핏의 오마하 순례》

"사업 성공에 가장 큰 영향을 미친 것은 무엇일까요? 연구를 했더니 바로 사업을 시작한 나이였다고 합니다."

매년 버크셔 해서웨이에서 열리는 주주총회의 백미는 바로 버핏과 찰리 멍거가 주주들의 질문에 정성껏 답변하는 시간이다.

어느 해 주주총회에서 켄터키주에서 온 한 소녀가 "10살 어린이가 돈을 벌려면 어떻게 해야 할까요?"라고 묻자, 버핏은 "저는 신문 배달로 자본의 절반을 벌었습니다"라고 답한 뒤 이렇게 덧붙였다.

"사업 성공에 가장 큰 영향을 미친 것은 무엇일까요? 연구를 했더니 바로 사업을 시작한 나이였다고 합니다."

버핏뿐만 아니라 성공한 이들 가운데는 일찍이 사업에 뛰어든 사람이 많다. '세계 3대 투자자' 중 하나인 짐 로저스는 6세부터 야구 경기장에서 음료수와 땅콩을 팔았고, 이케아(IKEA) 창업자 잉바르 캄프라드(Ingvar Kamprad)도 5세 무렵부터 작은 사업을 시작해 17세에 가구회사 이케아를 세웠다.

물론 버핏도 이른 시기에 첫발을 내디뎠다. 6세부터 작은 사업을 시작했고, 11세에 처음으로 주식 투자에 도전했으며, 13세 때는 소득세를 납부할 정도로 조숙한 사업가였다. 성공하고 싶다면 시작은 빠를수록 좋다. 하고 싶은 일이 있다면 나이는 신경 쓰지 말자.

007 《워런 버핏의 오마하 순례》

"저는 학생들에게 이런 질문을 자주 합니다. 같은 반 친구 중 한 명에게 투자한다면 누구에게 하겠는가. 이때 나는 가장 실행력이 강한 사람을 선택할 겁니다."

인생에서 성공을 거두려면 무엇이 필요할까? 버핏은 학생들에게 이런 질문을 자주 던진다.

"같은 반 친구 중 한 명에게 투자한다면 누구에게 하겠는가?"

그러면 여러 가지 대답이 돌아온다. 가장 성적이 좋은 사람, 좋은 학교에 입학할 것 같은 사람, 좋은 기업에 취직할 것 같은 사람, 몸매나 외모가 뛰어난 사람, 또는 나중에 개그맨이 되어도 되겠다 싶을 만큼 재미있는 사람도 후보가 될 수 있다. 하지만 버핏은 다르게 답했다.

"가장 실행력이 강한 사람을 선택할 겁니다. 지금 그들이 지닌 습관은 앞으로도 평생 변하지 않을 겁니다."

아무리 재능이 있어도 강한 실행력과 고난 앞에서도 꺾이지 않는 행동력이 없으면 성공을 거머쥘 수 없다. 일본의 가구 제조 기업 니토리(ニトリ) 창업자 니토리 아키오(似鳥昭雄)도 이와 같은 이야기를 전했다. 그는 어릴 적 집안일을 돕느라 공부할 시간이 부족해 학교 성적이 늘 낮았지만, '인생을 개척하려면 답은 실행력뿐이다'라는 믿음으로 23세에 가구점 니토리를 열었고, 그것이 지금의 성공으로 이어졌다.

누군가는 "머릿속으로 생각하는 것보다 입 밖에 내는 것이 적고, 행동으로 옮기는 것은 더 적다"라고 말했지만, 버핏의 말처럼 성공에 가장 가까운 사람은 결국 스스로 행동하는 사람이다. 그러니 일찍부터 스스로 실행하는 습관을 들이는 것이 중요하다.

008 《워런 버핏의 오마하 순례》

"아버지의 일터에 가서 일과 관련된 책을 닥치는 대로 읽었습니다. 그러는 사이 투자의 재미에 눈떴지요. 아버지가 목사였다면 그렇게 열심히 일터를 찾지는 않았을 겁니다."

버핏은 어린 시절부터 작은 사업을 벌이며 돈 모으는 것을 좋아했지만, 본격적으로 주식 투자에 눈뜬 데에는 아버지의 영향이 컸다. 버핏의 아버지는 증권회사를 운영하는 사람이었지만 정작 그의 최대 관심사는 정치였고, 돈은 늘 그다음이었다. 아들과는 정반대였다.

버핏은 시간만 나면 오마하 내셔널 은행 건물에 있는 아버지의 사무실로 달려가 책장에 꽂힌 책을 읽거나, 〈배런스(Barron's)〉를 탐독했다. 토요일 아침이면 사무실 칠판에 분필로 주가를 직접 적을 기회도 있었는데, 그는 이를 '영광스러운 일'로 여겼다. 당시를 회상하며 버핏은 이렇게 말했다.

"아버지의 일터에 가서 일과 관련된 책을 닥치는 대로 읽었습니다. 그러는 사이 투자의 재미에 눈떴지요. 아버지가 목사였다면 그렇게 열심히 일터를 찾지는 않았을 겁니다."

그때만 해도 주식 중개인은 널리 존경받는 직업은 아니었지만, 버핏에게는 친숙하고 또 존경하는 아버지의 직업이었다. 무엇보다 주식을 다룬 책과 자료가 곁에 늘 있었고, 언제든 손을 뻗어 그것들을 읽을 수 있었다.

버핏에게 주식 투자란 결국 가장 가까운, 무엇보다 가장 잘 아는 세계가 되어간 것이다.

009 《워런 버핏의 오마하 순례》

"적은 금액이어도 좋으니 투자하세요. 책만 읽어서는 안 됩니다."

1942년 봄, 11세가 된 버핏은 6세 때부터 틈틈이 모아온 120달러를 들고 난생처음 주식 투자에 나섰다. 주식에 대해 제대로 배운 적도 없고 시장의 흐름도 잘 몰랐지만, 오랫동안 아버지가 고객에게 판매해 온 시티스 서비스(Cities Service)의 우선주를 선택했다. 그는 누나 도리스를 설득해 총 114달러로 3주를 구입했다.

그러나 매수 후 곧바로 주가가 하락하면서 누나는 날마다 불안에 찬 잔소리를 늘어놓았고, 버핏은 책임감을 느꼈다. 주가가 간신히 40달러까지 회복되었을 때 그는 주식을 팔아 약 5달러의 수익을 남겼지만, 이후 시티스 서비스 주가는 무려 202달러까지 치솟았다.

이 첫 투자 경험은 버핏에게 중요한 3가지 교훈을 남겼다.

1. 얼마에 매수했느냐에 얽매여서는 안 된다.
2. 주가의 움직임에 일희일비하며 조급해지면 안 된다.
3. 다른 사람의 돈으로 투자해서는 안 된다.

이 3가지 교훈은 이후에도 버핏이 투자에서 철저히 지키는 원칙들이 되었다. 책으로 배우는 것도 중요하지만, 실제로 투자하지 않으면 절대 얻을 수 없는 깨달음이었다. 버핏은 이렇게 말했다.

"적은 금액이어도 좋으니 투자하세요. 책만 읽어서는 안 됩니다."

사람은 책을 통해 길을 찾고 사고를 정리하지만, 진짜 배움은 경험에서 온다. 그는 첫 주식 투자를 통해 이를 깨달았다.

010 《스노볼》

"두 번째 연주자처럼 남이 하는 대로 따라서 사는 것은 쉽지만, 첫 번째 연주자가 잘못된 음을 불면 소용이 없어집니다."

버핏은 투자에 관한 판단을 내릴 때 철저히 '스스로 생각하는 것'을 기본 원칙으로 삼는다. 그는 남의 의견을 무작정 따르다 보면 오히려 위험에 빠질 수 있다는 사실을 누구보다 잘 알고 있다. 이러한 원칙의 뿌리는 어린 시절의 경험에서 찾아볼 수 있다.

버핏은 학창 시절, 오랜 시간 금관악기의 일종인 코넷을 연습해 왔다. 그러다 제1차 세계대전 종전 기념일 행사에서 제2 연주자로 무대에 설 기회를 얻게 되었다. 하지만 연주 중 예상치 못한 일이 벌어졌다. 첫 번째 주자가 음을 잘못 불고 만 것이다. 순간 버핏은 당황했고, 머릿속에는 잘못된 음을 그대로 따라 연주해야 할지 아니면 맞는 음을 연주해서 첫 번째 연주자를 부끄럽게 만들어야 할지에 대한 고민으로 가득 찼다.

머릿속이 하얘진 그는 지금까지도 그때 자신이 어떤 음을 연주했는지조차 기억나지 않는다고 했다. 그러나 분명한 것은 그 순간을 통해 중요한 교훈 하나를 얻었다는 것이다.

"두 번째 연주자처럼 남이 하는 대로 따라서 살아가는 것은 쉽지만, 첫 번째 연주자가 잘못된 음을 불면 소용이 없어집니다."

모든 것을 스스로 생각해야 선두로 달릴 수 있다. 물론 용기도 필요하고 실패할 위험도 따르지만, 후발주자로는 결코 맛볼 수 없는 성공도 있다.

011 《워런 버핏, 위대한 자본가의 탄생》

"돈 자체가 좋은 건 아니에요. 돈을 벌고 그 돈이 불어나는 걸 보는 게 즐거울 뿐이에요."

버핏은 할아버지의 가게 버핏 앤드 선에서 일을 한 적이 있다. 할아버지는 버핏에게 주는 적은 보수에서 하루에 2센트씩을 거두어 갔다. 급여에는 세금이 붙는다는 사실을 알려주기 위해서라고 했지만, 12세의 버핏에게 나무 상자를 옮기는 육체노동은 아무래도 어려운 일이었다.

버핏은 종종 아버지의 사업 파트너였던 칼 포크의 집에서 점심을 얻어먹었는데, 어느 날 포크 부인에게 이런 말을 해서 그녀를 놀라게 했다.

"저는 35세까지 백만장자가 될 거예요. 만약 그렇게 되지 못하면 오마하에서 가장 높은 빌딩에서 뛰어내릴 거예요."

포크 부인이 "워런, 왜 그렇게 돈을 많이 벌고 싶니?"라고 묻자, 버핏은 뜻밖의 대답을 들려주었다.

"돈 자체가 좋은 건 아니에요. 돈을 벌고 그 돈이 불어나는 걸 보는 게 즐거울 뿐이에요."

버핏은 작지만 사업에 열중하며 저금도 부지런히 했다. 그 돈으로 사치를 부리지도 않았다. 쓰는 돈 보다 버는 돈이 늘 더 많았으니 저금은 확실히 늘어났다. 그는 대체 무엇을 위해 돈을 모았을까? 가장 큰 이유는 자립을 위해서였지만, 어린 버핏에게는 자기 힘으로 돈을 불리는 것이 무엇보다 유쾌하고 즐거운 일이었다.

012 《워런 버핏의 오마하 순례》

"할아버지는 주식 매매에 아주 부정적이고 식료품점에서 땀 흘리며 일하는 게 진정한 노동이라 생각하셨어요. 결국 두 손 두 발 다 들었죠."

오마하에서 식료품점 '버핏 앤드 선 그로서리(Buffett & Son Grocery)'을 운영해 온 버핏의 할아버지 어니스트 버핏은 "일, 일, 아무튼 일"이라는 말을 평생 입에 달고 살았다.

버핏의 할아버지는 버핏이 어릴 때부터 껌과 코카콜라를 팔며 돈을 버는 것에 관심을 갖는 것은 기꺼워했지만, 그렇다고 손자를 오냐오냐 대하지 않았다. 주말이면 버핏에게 가게 일을 시키고 이런저런 잡일을 돕게 했다. 심할 때는 눈보라가 몰아치는 날에 친구와 5시간이나 눈을 치우게 하기도 했다.

일은 고됐는데 할아버지는 "얼마를 줄까? 10센트는 적고 1달러는 너무 많고"라며 아주 적은 보수만 주었다. 버핏은 "힘쓰는 일은 쉽지 않다는 점 이외에는 아무것도 배우지 못했다"라며 당시를 회상했다. 그는 덧붙여 이렇게 말했다.

"할아버지는 주식 매매에 아주 부정적이고 식료품점에서 땀 흘리며 일하는 게 진정한 노동이라 생각하셨어요. 결국 두 손 두 발 다 들었죠."

버핏이 워싱턴에서 오마하로 돌아가고 싶다고 편지를 썼을 때 할아버지는 손자가 오마하로 돌아올 수 있도록 도와주었고 근면과 근검절약의 중요성을 알려주었다. 하지만 가장 큰 것은 역시 '힘쓰는 일은 쉽지 않다'는 사실을 일깨워 준 것이 아닐까 싶다.

013 《워런 버핏의 오마하 순례》

"오마하의 농장을 구입하려 할 때 매일 가격만 보는 사람은 없습니다. 가격과 비교해 기대할 수 있는 생산량이 얼마나 되느냐를 보겠지요."

벤저민 그레이엄의 말에 따르면, 우리가 기업에 투자를 할 때면 반드시 또 한 명의 공동 출자자인 '미스터 마켓(Mr. Market)'이 따라온다고 한다. 미스터 마켓은 날마다 우리가 가진 몫의 현재 가치가 어떤지 자기 생각을 알려주고, 때로는 그 가격에 우리 지분을 사들이거나 같은 단위로 지분을 나눠도 좋다고 제안한다.

미스터 마켓은 때로는 이성을 잃고 상식에서 벗어난 제안을 하기도 한다. 사실 미스터 마켓은 그레이엄이 창조한 가공의 인물인데, 그레이엄과 버핏은 그의 변덕에 따라 휘둘려서는 안 된다고 여겼다.

버핏은 이러한 깨달음을 자신이 14세 때 1,200달러에 구입한 오마하의 농장을 예로 들며 설명하곤 한다.

"이 오마하의 농장을 구입하고자 할 때 매일 가격만 보는 사람은 없습니다. 가격과 비교해 가며 기대할 수 있는 생산량이 얼마나 되느냐를 보겠지요. 주식 투자도 이와 마찬가지입니다."

농장으로 많은 수확을 얻고 싶을 때 우리가 눈여겨보아야 할 것은 기대되는 생산량이다. 버핏에게 기업은 농장과 마찬가지로, 얼마나 수익을 얻을 수 있는 기업인가가 관심사였다. 버핏에게는 매일 주식을 사고팔며 이익을 얻으려는 생각은 조금도 없었다.

014 《스노볼》

"아버지도 어머니도 나를 외면하지 않았습니다. 두 사람 모두 내 편이었지요. 나를 믿어주는 부모님이 있다는 건 정말 굉장한 일입니다."

지금 버핏은 '오마하의 현인'이라 불리지만, 중학생 무렵에는 교사에게 반항적인 태도를 보이거나 범죄나 다름없는 일에 손을 대기도 했다. 그는 "반사회적인 행동을 했지요. 나쁜 녀석들과 어울리거나 해서는 안 되는 일도 하고"라고 이야기했지만, 결코 "행복하지는 않았다"라는 말을 덧붙였다.

버핏이 한 나쁜 짓으로는 무엇이 있었을까? 매장에서 골프 용품을 훔치기도 하고, 성적으로 C나 D를 받고, 자립심, 면학, 예의 등에서도 최악의 평가를 받았다. 앨리스 딜 중학교에서는 졸업이 불가능하다는 선고까지 받았다. 당시 교사들은 버핏을 "아주 형편없는 인간이 될 것"이라고 평가했다.

그렇다면 버핏이 이렇게 방황하면서도 더 엇나가지 않고 멈출 수 있었던 이유는 무엇일까? 버핏은 이렇게 이야기했다.

"아버지도 어머니도 나를 외면하지 않았습니다. 두 사람 모두 내 편이었지요. 나를 믿어주는 부모님이 있다는 것은 정말 굉장한 일입니다."

결국 계속 이렇게 행동할 거라면 신문 배달도 그만두라는 아버지 하워드의 말이 버핏의 마음을 바꿔놓았다. 버핏은 신문 배달을 비롯해 본인이 잘하고 좋아하는 일을 그만두고 싶지 않았다. 백만장자의 꿈을 이루기 위해 사업을 계속해야 했던 그는 학업에 힘쓰는 것은 물론 평소 행실도 바로잡기 시작했다.

015 《스노볼》

"정신과 육체는 하나뿐이며 그것을 평생 써야 합니다. 정신과 육체를 소중히 여기지 않으면 40년 후에는 오래 탄 자동차처럼 삐거덕거리게 되지요."

버핏이 아흔이 넘어서도 현역으로 활동하는 것은 참으로 경이로운 일이다. 버핏이 건강을 오래도록 유지해 온 것은 16세 무렵부터 생각했던 '요정이 준 자동차 이야기' 덕분이라고 한다.

버핏이 말하기를, 어느 날 요정이 나타나서 "워런, 내일 아침에 큰 리본을 단 자동차가 눈앞에 있을 거야. 새 차에다 완전히 네 것이지"라고 기쁜 소식을 전해준다고 한다. 단, 그 차는 자신이 갖게 될 마지막 자동차이며 평생 같은 차를 타야 한다는 조건이 있다.

그래서 버핏은 이렇게 생각했다. 평생 타야 한다면 자동차는 아주 소중하게 다루어야 한다. 설명서를 몇 번이고 반복해서 읽고 차고에 소중하게 보관해야 한다. 녹이 슬면 안 되니 문제가 생기면 바로바로 고쳐야 한다. 사실 이 이야기에서 자동차는, 인간의 정신과 육체를 뜻한다.

"정신과 육체는 하나뿐이며 그것을 평생 써야 합니다. 정신과 육체를 소중히 여기지 않으면 40년 후에는 오래 탄 자동차처럼 삐거덕거리게 되지요. 그러니 지금부터, 오늘부터 당장 소중히 아껴야 합니다. 10년, 20년, 30년 후의 정신과 육체가 어떻게 움직일지는 그것으로 결정됩니다."

버핏처럼 오래도록 건강하게 지내고 싶다면, 무엇보다 자신을 소중히 아껴야 한다.

016 《스노볼》

"아무 생각 없이 레이스에 참가하는 사람은 많을수록 좋습니다. 요컨대 제대로 분석해서 돈을 거는 사람이 없는 집단에 들어가는 것이 중요하다는 뜻입니다."

버핏은 청소년 시절 경마장에서 경기 결과를 예측하는 전단인 예상지를 발행하기도 했다. 원래는 예상지를 판매하기 위해 경마장에 수수료를 내야 했지만, 버핏은 수수료를 내지 않아서 금방 판매를 금지당했다.

더 이상 예상지를 팔지 못하게 되었지만, 버핏은 투자를 공부하듯이 경마에서 우승마 예측에 관한 온갖 책을 섭렵했다. 그러다 경마의 우승마를 예측하는 사람 중에는 속도를 중시하는 유형과 경기의 급을 중시하는 유형이 있으며, 자신은 속도, 즉 수치를 중시하는 유형임을 깨달았다.

경마장에 오는 사람들에 대해서도 공부한 끝에 버핏은 투자와도 연관이 있는 중요한 사실을 발견했고, 이를 다음과 같이 말했다.

"아무 생각 없이 레이스에 참가하는 사람은 많을수록 좋습니다. 요컨대 제대로 분석해서 돈을 거는 사람이 없는 집단에 들어가는 것이 중요하다는 뜻입니다."

경마에서 '아무 생각 없이 레이스에 참가하는 사람'이 많을수록, 버핏에게는 벌 수 있는 돈이 많아질 뿐이었다. 투자도 마찬가지다. 투자자들 대부분이 아무런 생각 없이 증권사나 전문가가 권하는 대로 주식을 사들인다. 많은 이들이 바라보는 것은 오로지 주가뿐, 기업의 내용물에는 관심이 없다.

017 《스노볼》

"첫 번째 원칙, 경주 하나가 끝났다고 집으로 돌아가는 사람은 없다. 두 번째 원칙, 손해를 같은 방법으로 벌충하려 할 필요는 없다."

버핏은 실패를 통해 배우고 거기서 얻은 교훈과 원칙을 무엇보다 중요하게 여긴다. 앞서 얘기한 경마장에서도 버핏이 처음부터 성공한 것은 아니었다. 버핏은 당시 나이가 어려 승마 투표권은 사지 못했지만, 친구와 함께 모두가 바닥에 버리고 간 투표권들 사이에서 돈이 되는 마권을 기쁘게 찾아다녔다.

그러면서 우승마 예상지를 판매하기도 했고, 지난 예상지들도 구해다가 자신만의 우승마 예상 기술을 연마했다. 그때 버핏은 '경마장의 원칙'을 발견했다.

"첫 번째 원칙, 경주 하나가 끝났다고 집으로 돌아가는 사람은 없다. 두 번째 원칙, 손해를 같은 방법으로 벌충하려 할 필요는 없다."

그런데 버핏은 어느 날 경마장에서 첫 번째 레이스에서 패배한 다음 계속 돈을 걸었다가 결국 175달러의 손실을 보고 말았다. 처음 손해를 보고 이성을 잃어 어떻게든 만회하려고 계속 베팅한 것이 실패의 원인이었다. 잃은 돈을 다른 방식으로 되찾을 수 있음에도 불구하고 경마장의 원칙을 무시한 결과 뼈아픈 실패를 맛보게 된 것이다.

버핏은 "뼈저리게 깨달았습니다. 그런 실수를 한 건 그때가 마지막이었지요"라고 이야기했다. 원칙은 지켜야만 가치가 있다.

018 《워런 버핏, 부의 진실을 말하다》

"실패한 방법을 굳이 반복할 필요는 없습니다."

인간은 실패를 경험했을 때 같은 방식으로 실패를 만회하려 하는 경향이 있다. 예를 들어 슬롯머신 같은 도박을 하다 돈을 잃었을 때 많은 이가 "그래, 이번에는 꼭 이겨야지"라며 다시 슬롯머신 앞에 앉지만, 대부분 패배만 누적될 뿐이다. 도박에서 쓴맛을 보고 같은 도박으로 만회하려 하는 것은 어지간한 행운이 따르지 않으면 불가능한 일이다.

앞서 말했듯 버핏도 청소년 시기에 경마장에 갔다가 첫 경주에서 패배를 맛보았다. 그가 발견한 경마장의 원칙에 충실했다면 여기서 털고 일어나 돌아가야 했지만, 그날은 어째서인지 계속 돈을 걸었다가 일주일 동안 신문 배달을 해야 벌 수 있는 금액을 모조리 잃고 말았다.

"나는 최악의 실수를 저질렀다. 손해를 보고 그날 바로 만회하려고 한 것이 잘못이었다."

실패했음을 깨달은 순간 가장 먼저 해야 할 일은 '더 이상 실수하지 않는 것'이다. 사람들이 큰 타격을 입는 이유는 바로 그만두지 않고 계속 파고들기 때문이다. 버핏은 이렇게 말했다.

"오래전부터 들어온 말이지요. 실패한 방법을 굳이 반복할 필요는 없습니다."

사업을 할 때도 투자를 할 때도 실패를 없는 일로 만들기는 어렵다. 중요한 것은 실패한 방법을 결코 반복하지 않는 것이다.

019 《스노볼》

"아버지는 내게 인생을 어떻게 살아야 하는지 가르쳐주셨습니다."

버핏의 아버지, 하워드 버핏은 대학을 졸업한 뒤 유니온 스테이트 은행의 주식 중개인이 되었다. 그러나 2년 만에 대공황이 시장을 덮쳐 주식 매매가 거의 불가능한 상태가 되었고 결국 1931년에 어린 자식 둘을 안은 채 직업과 돈을 모두 잃었다. 하지만 그 후 증권사 '버핏 스클레니카 앤드 컴퍼니(Buffett, Sklenicka & Co)'를 세워 공공사업채와 지방채를 중심으로 판매하며 성공을 거두었다.

열성적인 공화당원이었던 하워드는 1942년 네브래스카 공화당에서 하원 의원 선거에 출마해 당선되었다. 신입 의원이면서도 보수파의 고립주의를 주장하던 하워드는 다른 의원들과 결코 무리 짓지 않았다. 버핏이 "하원에서 3대 412로 안건이 부결된 적이 있었다. 아버지는 대개 그중 3표에 속했는데, 그럼에도 아무렇지 않아 보였다"라고 말할 정도였다.

그의 아버지는 이상을 지키기 위해서라면 외톨이가 되는 것도 마다하지 않았고 인간관계를 기꺼이 희생하기도 했다. 이 고결함과 불굴의 정신은 버핏에게 강한 영향을 미쳐 그의 독립적인 삶을 뒷받침하는 힘이 되었다. '인생을 어떻게 살아야 하는지 가르쳐준' 아버지 하워드가 세상을 떠났을 때 장례식에는 많은 사람이 찾아왔고 그의 죽음을 진심으로 슬퍼했다. 버핏의 책상 한 켠에는 여전히 아버지의 사진이 놓여 있다.

020 <워런 버핏 & 빌 게이츠 학교에 가다>

"자기 내면의 점수에 만족하면 행복한 인생을 살 수 있습니다. 반대로 외면의 점수만 신경 쓰는 사람은 다소 공허한 인생이 되겠지요."

버핏에게 아버지 하워드는 때로는 반면교사가 되고, 때로는 존경해 마땅한 존재였다. 버핏이 대학 졸업을 앞두고 하버드 경영대학원에 진학하려 한 이유는 탄탄한 인맥을 다지기 위해서였다. 아버지가 국회의원으로서도, 경영자로서도 고생했던 이유가 그동안 인맥을 쌓는데 지나치게 무심해서였다는 생각 때문이었다.

한 번은 버핏이 어렸을 때 오마하에서 아버지와 함께 야구를 보러 갔는데, 지역의 명사인 아버지의 이름이 나오자 사람들이 야유를 보낸 적이 있었다. 그럼에도 그의 아버지는 가만히 선 채 아무렇지 않게 견뎠다.

그런 아버지를 보며 버핏은 '외면의 점수판'보다도 '내면의 점수판'을 중요하게 여기는 삶의 방식을 배웠다. 이후 버핏은 인간관계에서 다른 사람을 쉽게 잘라버리지 않고 소중히 아끼는 한편, 투자에 관해서는 세상 사람들이 뭐라 하든 자신의 판단을 고수하는 강인함을 길렀다.

"자기 내면의 점수에 만족하면 행복한 인생을 살 수 있습니다. 반대로 외면의 점수만 신경 쓰는 사람은 다소 공허한 인생이 되겠지요."

SNS의 전성시대인 지금 자신이 남들에게 어떻게 보일지, 남들이 뭐라고 말하는지만 신경 쓰는 사람이 늘고 있다. 하지만 정말 중요한 것은 '내가 어떻게 생각하고 어떻게 살아가느냐'다.

021 《스노볼》

"버핏 집안에서 막대한 유산을 남긴 사람은 한 명도 없었을지 몰라도, 아무것도 남기지 않은 사람은 없었습니다."

버핏의 선조인 존 버핏(John Buffett)은 17세기에 프랑스에서 미국으로 건너왔다. 본래 섬유를 만드는 직조공이었으나 미국으로 넘어와 농사를 짓기 시작했고, 그의 자손인 시드니 버핏(Sydney Buffett)은 1867년에 링컨 대통령이 대륙 횡단 철도의 중심으로 선언한 오마하로 이주해 식료품점을 열었다.

시드니는 다음과 같은 원칙을 지켰다. ①거래는 빈틈없이 하고, ②돈보다도 신용을 중요하게 여기고, ③적당한 벌이에 만족하고 부자가 되려고 성급하게 굴지 말아야 하며, ④죽을 때까지 건강을 무엇보다 소중하게 생각한다. 지금의 버핏에게까지 이어지는 이러한 원칙을 내걸고 성실하게 장사를 일구는 사이 가게도 많은 손님들에게 사랑받는 곳이 되었다.

버핏의 할아버지이자 시드니 버핏의 아들인 어니스트 버핏은 언제나 일을 우선시했고 직원들에게도 게으름을 피우지 않도록 지도한 꼼꼼한 사람이었다. 버핏은 이런 역사를 가진 자기 집안사람들을 이렇게 평가했다.

"버핏 집안에서 막대한 유산을 남긴 사람은 한 명도 없었을지 몰라도, 아무것도 남기지 않은 사람은 없었습니다."

버핏은 시드니가 내건 원칙에 ①버는 돈보다 쓰는 돈을 적게 하고 ②빚은 절대 지지 않는다는 내용만 더하면 어떤 일이든 '실패하지 않는다'고 여겼다.

022 《스노볼》

"부모님에게 재산을 물려받지 않았고 받을 생각도 없었습니다. 하지만 저는 아주 멋진 장소와 시기에 태어났습니다. 태어나며 로또에 당첨된 것이지요."

버핏은 1929년 대공황이 벌어진 이후 10개월 만에 세상에 태어났다. 대공황으로 주식 중개인으로 일하던 아버지 하워드의 상황이 힘들어졌지만, 1931년에는 두 동업자와 함께 증권회사를 설립하고 공공사업채와 지방채 같은 탄탄한 증권 판매로 고객을 얻으면서 회사를 키우는 데 성공했다. 당시를 돌아보며 버핏은 이렇게 말했다.

"힘든 시기에도 우리는 착실하게 노력했습니다. 극단적일 만큼 소박한 방식으로 말이지요."

그 덕에 버핏은 유복하지는 않아도 '중산층의 중간 정도' 되는 생활을 누릴 수 있었다. 버핏은 무엇보다 좋은 학교에 다닐 수 있었다는 점을 감사히 여겼다. 이와 관련해 이런 말도 남겼다.

"부모님에게 재산을 물려받지 않았고 받을 생각도 없었습니다. 하지만 저는 아주 멋진 장소와 시기에 태어났습니다. 태어나며 로또에 당첨된 것이지요."

무엇보다 대공황 이후 미국의 급성장 시기를 현명한 부모님의 가르침과 함께 몸소 경험할 수 있었던 것은 버핏에게 가장 큰 행운이었다. 아무리 천재라도 태어나는 때와 장소가 다르면 재능을 온전히 발휘하지 못하는 법이니, 버핏의 복권은 아주 값진 당첨 복권이라 할 수 있었다.

023 《스노볼》

"굳이 대학에 갈 필요가 있을까 생각했습니다. 저는 제가 뭘 하고 싶은지 이미 알고 있었습니다. 충분히 먹고살 돈도 있었고요. 대학은 그저 제 발목을 잡을 뿐이었습니다."

버핏은 6세에 작은 사업을 시작하고 11세에 처음 주식 투자를 했다. 그리고 14세에 소득세를 신고해 7달러의 세금을 납부했고 농지를 사들여 농장 경영까지 경험했다. 짧은 기간에 이렇게 많은 일을 경험하고 그런대로 좋은 실적도 남긴 버핏에게 고등학교 졸업 이후 펜실베이니아 대학의 와튼스쿨에 진학하라는 아버지의 권유는 '단순히 멀리 돌아가는 일'에 지나지 않았다. 버핏은 당시의 심경을 이렇게 표현했다.

"굳이 대학에 갈 필요가 있을까 생각했습니다. 저는 제가 뭘 하고 싶은지 이미 알고 있었습니다. 충분히 먹고살 돈도 있었고요. 대학은 그저 제 발목을 잡을 뿐이었습니다."

지금도 그렇지만 버핏은 '시간 낭비'를 좋아하지 않았다. 예를 들어 의미 없는 일을 잘 해봤자 아무런 가치가 없으니 시간 낭비였다. 또, 짧은 시간 안에 결론을 내릴 수 있음에도 불구하고 상대방의 기나긴 이야기에 맞장구쳐주는 것도 시간 낭비라고 여겼다.

그러나 대학에 진학하라는 아버지의 뜻을 거스르지는 못했다. 원치 않는 일이긴 했지만, 오히려 멀리 돌아갔기에 훗날 버핏은 벤저민 그레이엄과도 만날 수 있었다.

024 《워런 버핏, 부의 진실을 말하다》

"단주°에 관한 통계 사용법을 적어서 보냈습니다. 채용되기는 했지만, 제가 통계를 이용해 번 돈은 이 5달러가 처음이자 마지막이었어요."

버핏의 투자 방식에는 그레이엄의 사고방식이 짙게 깔려 있지만, 그레이엄과 만나기 전까지 버핏은 '기술적 분석'에 몰두했다. 기술적 분석이란 과거의 주가 변동을 차트로 나타내 트렌드와 패턴 등을 파악하고 앞으로의 주가를 예상하는 방식이다. 차트는 거래의 결과이므로, 과거에 비슷한 패턴이 있으면 앞으로도 같은 패턴이 나타날 가능성이 높다고 보는 것이다.

버핏은 이 때문에 온갖 종목에 관해 주가 차트를 만들고 분석했다. 자동차회사 카이저 프레이저의 주식에 관해서도 시장 점유율의 저하나 고액의 손실을 통계적으로 분석한 다음 공매도에 나서기도 했다.

만약 예상대로 되지 않으면 "저는 돌팔이 통계학자네요"라고 아버지에게 편지를 적어 보냈을 만큼 통계 수치에 푹 빠졌다. 또한 미국 경제지 배런스에서 '통계 수치 사용법'에 관해 원고를 모집했을 때 버핏은 자신의 자료를 보내서 5달러의 사례비를 받기도 했다.

하지만 "제가 통계를 이용해 번 돈은 이 5달러가 처음이자 마지막이었어요"라고 회상했듯이 그레이엄을 만난 뒤로는 더 이상 통계에 매달리지 않게 되었다. 대신 "수학은 적당히"가 버핏의 입버릇이 되었다.

● 일반적인 거래 단위 미만의 주식. 주로 1주 미만의 주식을 가리킨다.

025 《워런 버핏의 오마하 순례》

"저는 76세가 된 지금도 19세에 책에서 얻은 가르침을 실천하고 있습니다."

버핏은 자신의 기본 원칙을 지키며 투자하는 것을 중요하게 여긴다. 투자에서 성공을 거두는 데 필요한 것은 높은 IQ도, 복잡한 이론이나 수치를 자유자재로 다루는 능력도 아니라, 언제든 기본 원칙에 충실한 자세라는 것이 그의 확고한 생각이다.

버핏은 '평생의 스승'인 그레이엄의 책 《현명한 투자자》로부터 투자의 기본 원칙을 배웠다. 버핏은 19세에 이 책을 읽고 "마치 신을 발견한 것 같았다"라고 말할 정도로 깊이 감명받았고, 그래서 저자인 그레이엄과 데이비드 도드(David Dodd)가 가르치는 컬럼비아 경영대학원에 진학하기로 결심했다.

학기가 시작되기까지 겨우 한 달밖에 남지 않은 시점이었지만, 버핏은 '나는 두 분이 저 높은 올림포스산에서 빛을 비춰주는 신인 줄 알았다. 입학시켜 주신다면 기꺼이 가고 싶다'라는 내용의 편지로 면접 없이 입학을 인정받았다.

그만큼 버핏에게 그레이엄은 위대한 사람이었다. 물론 자신만의 방식으로 다양하게 응용하긴 했지만, 버핏은 그레이엄의 기본 원칙을 기반으로 대단한 성과를 올렸다. ①시장 가격과 내재 가치가 일치하지 않는다는 관점으로 증권을 선택하고 ②주식이 아니라 사업 그 자체를 산다. 버핏은 "저는 76세가 된 지금도 19세에 책에서 얻은 가르침을 실천하고 있습니다"라고 자랑스럽게 말했다.

026 《워런 버핏의 주주 서한》

"이 책을 손에 든 것은 제 인생의 가장 큰 행운이었습니다."

버핏에게 벤저민 그레이엄의 저서 《현명한 투자자》와의 만남이 얼마나 충격적이고 멋진 일이었는지는 버핏 본인도 여러 번 언급한 적이 있다. 그 책을 만나기 전까지 버핏은 기술적 분석에 관한 책이나 단주 매매에 관한 책 등을 도서관에서 닥치는 대로 되풀이해 읽었지만, 《현명한 투자자》를 읽고는 마치 올림포스의 신들을 만난 양 엄청난 충격을 받았다.

이 책을 만나기 전에는 버핏 또한 평범한 투자자들처럼 "주가가 상승하는 모습에 안심"했지만, 그레이엄의 책을 만난 뒤로는 "가격이 낮은 주식을 좋아하게 되었다"라고 회상했다. 버핏은 이렇게 이야기했다.

"눈이 번쩍 뜨이며 가격이 저렴한 주식을 좋아하게 되었습니다. 이 책을 손에 든 것은 제 인생의 가장 큰 행운이었습니다."

주식을 자주 사고팔 생각이라면 주가 상승이 기쁘게 다가올지도 모르지만, 그레이엄이나 버핏처럼 장기적 관점으로 주식을 사 모으는 입장에서는, 자기 돈으로 매수하든 자사주 매입을 통한 간접적인 방식이든 주가가 상승하면 손해이고 주가가 하락하면 이득을 보게 된다. 그레이엄의 책을 만난 뒤 버핏은 곧장 저가주를 구입했다.

027 《스노볼》

"그 책에 대해서는 내가 훨씬 잘 알았습니다. 어떤 부분이든 인용할 수 있었거든요. 글자 그대로 모조리 외우고 있었지요."

버핏은 어린 시절부터 열렬한 독서가로 오마하의 도서관에 있는 금융 관련 도서는 전부 다, 그것도 2, 3번은 반복해서 읽었다. 게다가 단순히 책을 읽는 것이 아니라 내용을 암기해 버릴 정도로 기억력이 뛰어났다.

펜실베이니아 대학에 다닐 때 친구들은 버핏을 "유치한 어린아이와 천재를 섞어놓은 듯한 신기한 존재"라고 표현했는데, 수업에서는 강의 내용을 몽땅 암기해서 교과서를 볼 필요가 없었다고 할 정도였다고 한다. 빌 게이츠도 하버드 대학 시절 교수의 수식이 잘못되었다고 지적하곤 했는데, 버핏도 교수에게 "쉼표가 빠졌네요"라고 일러주었다고 한다.

컬럼비아 경영대학원에 들어간 뒤에는 《벤저민 그레이엄의 증권분석》이라는 책을 함께 쓴 데이비드 도드의 수업을 들으며 느낀 바를 이렇게 표현하기도 했다.

"그 책에 대해서는 내가 훨씬 잘 알았습니다. 어떤 부분이든 인용할 수 있었거든요. 글자 그대로 모조리 외우고 있었지요. 자기 책을 그렇게 열심히 읽은 사람과 만난 저자가 얼마나 감격했을지는 쉽게 상상이 갈 겁니다."

수업에서 도드가 질문하면 버핏은 누구보다 빨리 손을 들고 심지어는 손을 흔들어 주의를 끌려 애쓰기도 했다. 버핏은 그야말로 '젊고, 열심이며, 조금 유치한' 학생이었다.

028 《워런 버핏, 위대한 자본가의 탄생》

"지금껏 내가 한 일 가운데 자랑스럽게 말할 수 있는 것은 올바른 스승을 선택한 일이었습니다. 나의 모든 것은 그레이엄과의 만남에서 시작되었습니다."

"상사와 부하 직원의 관계는 일시적이지만, 스승과 제자의 관계는 평생 이어진다"라는 말처럼, 학교에서든 직장에서든 교사나 상사가 아니라 스승이라 부를 수 있는 사람을 만나는 것은 더할 나위 없이 행복한 일이다.

그레이엄을 '스승'으로 삼을 수 있었던 것은 버핏에게 크나큰 행복이었다. 앞서 말한 버핏의 대학원 입학은 사실 그렇게 순탄하지 않았다. 하버드에 가면 '위신과 미래의 인맥'을 얻을 수 있다고 생각했기 때문에, 대학을 졸업하자마자 하버드 경영대학원에 지원했다. 하지만 19세의 버핏은 너무나 어리고 미숙해 보였는지 하버드 경영대학원 면접에서 탈락하고 말았다.

자신이 넘쳤던 만큼 큰 충격을 받은 버핏은 어쩔 수 없이 다른 대학원을 찾다가 책으로 익히 아는 그레이엄이 컬럼비아 대학에서 학생들을 가르친다는 사실을 알고 곧장 지원서를 내밀었다. 이후 버핏은 그레이엄에게 가르침을 받고 그레이엄의 회사에서 몇 년간 일하며 더없이 귀중한 경험을 쌓았다. 버핏은 1976년 세상을 떠난 그레이엄을 이렇게 추억했다.

"지금껏 내가 한 일 가운데 자랑스럽게 말할 수 있는 것은 올바른 스승을 선택한 일이었습니다. 나의 모든 것은 그레이엄과의 만남에서 시작되었습니다."

029 《스노볼》

"1929년 이후에 나온 신문들을 모두 읽었습니다. 아무리 읽어도 부족했지요. 온갖 글을 모조리 읽었습니다."

압도적인 독서량이 버핏의 투자를 뒷받침하는 것 중 하나라는 점은 익히 알려진 사실이다. 그레이엄이 교편을 잡은 컬럼비아 경영대학원에 입학했을 즈음에는 800쪽에 달하는 그레이엄과 도드가 쓴 훌륭한 저서, 《벤저민 그레이엄의 증권분석》의 내용을 실례까지 포함해 몽땅 암기할 정도로 탐독했고, 각종 산업과 증권에 관한 통계를 정리한 〈무디스 매뉴얼(Moody's Manual)〉도 몇 시간씩 읽었다.

더 나아가, 버핏은 도서관에 있는 오래된 신문도 열심히 구석구석 읽었다. 비즈니스나 주식 시장에 관한 내용뿐만 아니라, 작은 기사나 광고까지도 모두 살펴보았다. 버핏은 신문 읽기가 정말 재미있는 일이었다고 이야기했다.

"1929년 이후에 나온 신문들을 모두 읽었습니다. 아무리 읽어도 부족했지요. 온갖 글을 모조리 읽었습니다. 신문은 나를 다른 세상으로 데려다주고, 그 시대를 산 사람들의 이야기를 들을 수 있습니다. 한마디로 그 시대를 직접 살아볼 수 있는 셈이지요."

독일의 철혈 재상 오토 폰 비스마르크(Otto von Bismarck)의 말인 "어리석은 이는 경험에서 배우고 지혜로운 이는 역사에서 배운다"처럼, 버핏은 몸소 경험한 일은 물론 역사에서도 가르침을 얻어 세계 최고의 투자자가 되었다.

030 《스노볼》

"US스틸이 좋은 회사인지, 아닌지 생각하는 사람은 한 명도 없었던 것 같습니다. 그들은 자신이 어떤 열차에 올라타는 것인지 전혀 생각하지 않았습니다."

"아무 생각 없이 레이스에 참가하는 사람이 많을수록 좋다"라는 말은 버핏이 어릴 적 얻은 교훈 중 하나이다. 이 깨달음은 이후 학업에서도 빛을 발했다.

버핏이 공부하던 컬럼비아 경영대학원의 학생들은 주식이나 채권 같은 투자에는 큰 관심이 없어서 버핏만큼 열심히 공부하는 사람은 없었다. 그들의 관심사는 제너럴모터스나 US스틸 같은, 당시의 대기업에 취직하는 방법뿐이었다.

"US스틸이 좋은 회사인지, 아닌지 생각하는 사람은 한 명도 없었던 것 같습니다. 그들은 자신이 어떤 열차에 올라타는 것인지 전혀 생각하지 않았습니다."

그런 친구들 사이에서 버핏은 혼자서 다른 삶을 모색하고 있었다. 대기업에 취직하는 것 대신 버핏은 그레이엄의 회사에서 일하며 성공적인 투자자가 되는 길을 생각하고 있었다. 버핏처럼 선택하는 사람은 없었지만, 결과적으로 가장 좋은 선택이 되었다.

물론 투자의 세계에도 아무 생각 없는 참가자는 아주 많다. 자신이 사려고 하는 회사가 어떤 회사인지 알려고 하는 생각도 하지 않는 참가자가 많으면 많을수록 버핏의 기회는 점점 커졌다. 자신이 올라탈 열차가 어떤 열차인지 아는 것은 투자에서 성공을 거두는 가장 중요한 원칙 중 하나이다.

031 《워런 버핏의 주주 서한》

"그레이엄은 '시장에서 가격은 당신과 함께 회사를 경영하는 미스터 마켓이라는 변덕스러운 남자에 의해 결정된다'라고 설명했습니다."

버핏은 벤저민 그레이엄으로부터 다음 '3가지 철칙'을 배웠다.

1. 주식은 기업의 일부를 소유하는 권리이다
2. 투자할 때는 안전 마진을 이용해야 한다
3. 미스터 마켓은 주인이 아니라 하인이다.

특히 미스터 마켓의 변덕에 휘둘려서는 안 된다는 것은 버핏이 중요하게 여기는 철칙 중 하나다. 미스터 마켓은 기업의 바람직한 면에만 눈길이 쏠리는 탓에 아주 높은 가격을 매기는가 하면, 때로는 몹시 침울해져서 기업의 어두운 전망만 보고 아주 낮은 가격을 매기기도 한다.

버핏이 중시하는 '기업의 진정한 가치'와 미스터 마켓이 매기는 가격에는 대부분 큰 차이가 있다. 그러므로 사탕발림에 넘어가 주식을 사버리면 골치 아픈 일이 벌어지니 섣불리 다가가지 말고 진정한 가치를 꿰뚫어 보아야 한다.

032 《스노볼》

"자기가 가장 좋아하는 일을 하고, 누구보다 존경하는 사람 곁에서 일하세요. 그러면 인생 최고의 기회를 얻을 수 있습니다."

일본에는 '배치 뽑기(配置ガチャ)'라는 말이 있다. 갓 대학을 졸업한 신입 사원이 맨 처음 어떤 부서에 배치되느냐에 따라 앞날이 결정된다는 이야기다. 한 분야의 전문가를 키우기보다는 다양한 분야를 경험한 인재를 키우고자 하는 일본 기업 문화에서 나올 법한 말이다.

버핏은 하버드 대학의 학생들을 상대로 강연을 한 적이 있는데, 강연을 하고 2주 뒤 갑자기 학부장이 갑자기 전화를 해서 "대체 무슨 얘기를 한 겁니까?"라고 물었다. 많은 학생이 취직을 하지 않고 스스로 사업을 일으키겠다고 선언했기 때문이었다.

사실 강연에서 버핏은 "어떤 회사에 취직하면 좋을까요?"라는 질문을 받았는데, 이에 "자기가 가장 존경하는 사람 밑에서 일하라"라고 권했고 만약 그런 사람이 없다면 "스스로 사업을 시작하라"라고 조언했다. 그리고 학생들이 그 조언대로 움직이기 시작한 것이었다. 버핏은 이렇게 말했다.

"이력서를 장식하려고 시간만 때우며 아무 일이나 하는 건 어리석은 짓입니다. 자기가 가장 좋아하는 일을 하고, 누구보다 존경하는 사람 곁에서 일하세요. 그러면 인생 최고의 기회를 얻을 수 있습니다."

버핏은 존경하는 아버지와 그레이엄의 밑에서 일했고, 그가 한 조언 그대로의 삶으로 성공을 거머쥐었다.

033 《워런 버핏, 부의 진실을 말하다》

"중요한 건 자신이 좋아하는 일을 특출하게 잘하는 겁니다. 돈은 그에 따르는 부산물에 지나지 않지요. 자신이 멋지다고 생각하는 일을 하는 것이 참된 만족을 얻을 수 있는 유일한 방법입니다. 아직 찾지 못했다면 계속해서 찾으세요."

스티브 잡스가 스탠퍼드 대학의 졸업식에서 학생들에게 한 말이다. 네브래스카 대학 링컨 캠퍼스의 경영학부에서 빌 게이츠와 강연을 했을 때 버핏도 학생들에게 이런 이야기를 했다.

"뭐든 좋으니 한껏 몰두할 수 있는 일을 찾으세요."

버핏은 아주 이른 시기에 투자라는 일을 만나 고등학생 무렵에는 이미 주식 중개인이 되겠노라 굳게 마음먹었다. 투자라는 자신의 온 마음을 쏟을 수 있는 일, 정말 좋아하는 일을 찾을 수 있어 행운이었다고 버핏은 이야기했다.

그는 자신이 좋아하는 야구를 예로 들며 설명했다. 1941년에 4할의 타율을 기록한 테드 윌리엄스(Ted Williams)는 가장 높은 연봉을 받아도 타율이 2할 정도밖에 되지 않으면 절망하겠지만, 반대로 4할을 치면 연봉이 가장 낮아도 분명 기뻐할 것이라고 버핏은 확신했다. 그리고 다음과 같이 말을 맺었다.

"중요한 건 자신이 좋아하는 일을 특출하게 잘하는 겁니다. 돈은 그에 따르는 부산물에 지나지 않지요."

버핏은 자신이 아주 좋아하는 일을 찾고 한껏 몰두해 일했다. 그 결과로 성공과 부와 명성은 따라오는 것이었다.

034 《스노볼》

"나보다 훌륭한 사람을 사귀어야 한다는 사실을 배웠습니다. 그러면 나도 조금은 나아지지요."

컬럼비아 대학을 졸업한 후 고향 오마하로 돌아간 버핏은 몇 주간 주 방위군으로서 병역의 의무를 다하기 위해 위스콘신주의 훈련소에서 지내게 되었다. 주변 사람들은 하원 의원의 아들인 그가 주위 사람들에게 으스대며 거들먹거릴지도 모른다며 의심의 눈초리로 바라보았지만, 버핏은 금방 사람들 사이에 자연스레 녹아들었다.

버핏이 말하기를 그곳은 매우 '민주적인 조직'으로, 그동안 바깥세상에서 어떤 일을 했는지는 전혀 상관이 없는 곳이었다. 훈련소에 들어가 1시간쯤 지나자, 버핏도 나머지 사람들처럼 만화를 읽고 4가지 어휘로만 대화하게 되었다. 그런 자신과 주변 사람들의 모습을 보고 버핏은 이렇게 생각했다.

"나보다 훌륭한 사람을 사귀어야 한다는 사실을 배웠습니다. 그러면 나도 조금은 나아지지요. 나보다 못난 사람들과 함께하면 어느새 장대에서 미끄러져 내리고 맙니다. 더없이 단순한 구조이지요."

버핏은 투자할 때 경영자의 자질과 능력을 중시한다. 즉, 함께 일하는 사람을 신중히 고르는 것이다. 마음에 들지 않는 사람이나, 존경하기 어려운 사람과는 일을 하고 싶은 마음이 들지 않기 마련이다. 함께 일할 사람을 선택할 때는 마치 결혼 상대를 찾는 것처럼 진지해야 한다. 그러지 않으면 순식간에 미끄러져 자신도 낮은 수준으로 떨어지고 만다.

035 《찰리 멍거 자네가 옳아!》

"사람은 습관에 따라 행동하므로 올바른 사고와 행동을 일찍이 습관화해야 합니다."

버핏은 부모에게 재산을 물려받지 않았지만, 자신이 어머니와 아버지에게 재산보다 더 소중한 것을 받았다고 믿었다. 그건 훌륭한 가치관과 인간으로서 자긍심을 가지고 살아가는 삶의 방식이었다.

사람은 습관의 지배를 받는 생물이기에 어린 시절, 이른 시기에 몸에 밴 습관은 긴 인생을 살면서도 쉽게 바뀌지 않는다. 그래서 버핏은 "사람은 습관에 따라 행동하므로 올바른 사고와 행동을 일찍이 습관화해야 합니다"라고 단언했다.

벤저민 프랭클린은 버핏과 찰리 멍거가 존경하는 인물로, 어떤 순간에도 과오를 저지르지 않고 살아가기 위해 타고난 버릇과 습관을 극복하고자 했다. 그리하여 모든 덕목을 13가지(절제, 침묵, 질서, 결단, 검소, 근면, 진실, 정의, 중용, 청결, 평정, 순결, 겸손)로 정리하고, 각 덕목을 일정 기간 동안 하나씩 집중해서 습득한 뒤 다음 덕목으로 넘어가는 방식으로 13가지 덕목을 모두 익히려 노력했다.

프랭클린처럼 한 것은 아니지만, 버핏도 어린 시절 부모님에게 배운 가치관을 소중히 여기고 스스로 책과 경험을 통해 얻은 습관과 원칙을 한결같이 지킨 끝에 커다란 성공을 이루었다. 올바른 사고와 행동이 무엇인지 '아는' 사람은 많을지도 모르지만, 버핏처럼 '습관이 될 때까지' 지켜내야만 비로소 의미가 생긴다.

036 <워런 버핏 & 빌 게이츠 학교에 가다>

"재능이 있는 사람은 어디에 있든 굉장히 눈에 띄기 마련입니다. 그 사람의 행동이 그렇게 느끼게 하기 때문이지요. 일에 대한 에너지, 높은 완성도, 주변 사람을 대하는 방식 등이 그렇습니다."

버핏과 빌 게이츠가 버핏의 모교인 네브래스카 대학 링컨 캠퍼스에서 학생들의 질문에 답하는 방식으로 강연을 한 적이 있다. 그때 한 학생이 "사회 초년생이 빨리 경영진으로 올라서려면 뭘 해야 할까요?"라고 질문하자 버핏은 본인의 경험을 바탕으로 이렇게 대답했다.

"재능이 있는 사람은 어디에 있든 굉장히 눈에 띄기 마련입니다. IQ가 200이라든지 그런 이유에서가 아니에요. 이를테면 그 사람의 행동이 그렇게 느끼게 하기 때문이지요. 일에 대한 에너지, 높은 완성도, 주변 사람을 대하는 방식 등이 그렇습니다."

미국에서 우수한 인재라 불리기 위해서는 ①강한 에너지, ②조직의 기능을 촉진하는 능력, ③결단력, ④실행력과 더불어 '열정'이 있어야 한다고 한다. 예를 들어 버핏이 있는 투자 업계에는 IQ가 높은 사람이 얼마든지 있지만, 그것만으로는 성공하지 못한다. 버핏은 막대한 이익을 불러오기 위해서는 일에 대한 남다른 열정과 수준 높은 실력은 기본이며 타인의 좋은 점을 이끌어내고 본인 역시 그에 걸맞은 행동을 해야 한다고 조언한다.

037 《워런 버핏의 오마하 순례》

"투자는 힘을 쓰는 일이 아닙니다. 남보다 배로 읽고 배로 생각해야만 합니다."

버핏은 어려서부터 육체노동이나 힘쓰는 일을 싫어했다. 할아버지 어니스트의 가게 일을 도와야 했을 때도, 싱클레어 주유소를 샀을 때도 마찬가지여서 자신에게는 육체노동이 정말 맞지 않는다는 사실을 뼈저리게 실감했다.

육체노동을 꺼리는 버핏에게 투자는 무엇보다 자신에게 잘 어울리는 멋진 일이었다. 그는 자동차 보험회사인 가이코(GEICO)에 처음 관심을 가졌을 때 자신이 어떻게 행동했는지 다음과 같이 회상했다.

"도서관에 틀어박혀 온갖 글을 읽었습니다. 우선 미국의 보험회사 전문 신용평가 기관 AM베스트에서 나온 자료를 읽고 여러 회사를 대충 조사한 다음 자세한 지식을 얻기 위해 책을 몇 권 더 읽었지요. 그리고 나서 연차 보고서를 읽고 보험 전문가의 의견도 들어보고, 가능한 경우에는 경영진도 만나서 이야기를 들었고요."

찰리 멍거 또한 읽는 것이 매우 중요하다고 여겼는데, "워런이 얼마나 많은 참고 자료를 읽는지 실제로 보면 틀림없이 놀랄 것"이라고 말했을 정도이니 버핏이 어린 시절부터 얼마나 방대한 양의 자료를 읽고 또 생각했는지 엿볼 수 있다.

벤저민 그레이엄은 투자에서 최대한의 이익을 얻을 가능성이 있는 사람은 "최대한의 지성과 기술을 구사하는 신중하고 적극적인 투자자다"라고 말했다. 버핏이야말로 그럴 자격이 있는 사람이었다.

038 《스노볼》

"그건 내가 얻은 학위 가운데 가장 중요한 학위였습니다."

버크셔 해서웨이의 주주총회에는 버핏의 이야기를 직접 듣기 위해 매년 수만 명의 사람이 네브래스카주의 오마하까지 몸소 찾아온다. 하지만 버핏도 처음부터 말솜씨가 뛰어났던 것은 아니다.

버핏은 컬럼비아 대학 시절부터 여러 사람 앞에 나서는 일을 어려워했지만, 언젠가는 다른 사람 앞에서 말해야 한다는 사실도 알고 있었다. 어려움을 극복하기 위해 그는 강좌를 듣기로 했다. 대학을 졸업한 후 오마하에서 연설 강좌의 광고를 발견한 버핏은 100달러를 내고 매주 연설 훈련을 받았다. 효과는 바로 나타났다.

"혼자서 5분간 대화할 수 있는데, 여러 사람 앞에서는 갑자기 얼어붙는다니, 그건 말이 되지 않죠. 그래서 문제를 극복하는 심리적 요령을 배웠습니다. 반복 연습도 그중 하나였지요. 끊임없이 연습했습니다. 서로서로 힘을 보탰습니다. 그러자 효과가 나타났습니다. 그건 내가 얻은 학위 가운데 가장 중요한 학위였습니다."

얼마 뒤 버핏은 네브래스카 대학 오마하 캠퍼스에서 야간 강의를 맡게 되었고, 이윽고 버핏의 이야기를 듣기 위해 많은 사람이 모여들 정도로 화술의 달인이 되었다. 사람들 앞에서 이야기하는 법에 관한 '학위'는 버핏에게 100달러를 훨씬 웃돌 만큼 가치 있는 학위가 되었다.

039 《워런 버핏의 오마하 순례》

"연례 주주총회는 질문을 위한 시간과 장소입니다. 그러니 찰리와 저는 얼마나 시간이 걸리든 기꺼이 모든 질문에 답하고 싶습니다."

버크셔 해서웨이의 주주총회에 수만 명이 찾아오는 이유는 모두가 버핏의 이야기를 설레는 마음으로 기대하기 때문이다. 주주총회란 보통 주주에게도, 경영진에게도 지루하고 의미 없는 시간이지만, 버핏은 "버크셔 해서웨이의 주주총회는 다릅니다"라고 자부했다.

이는 버핏의 학생 시절 경험과 연관이 있다. 컬럼비아 대학 시절 버핏은 아버지 하워드와 함께 주식을 산 마셜 웰스(Marshall Wells Hardware Company)의 주주총회에 참가했다. 난생처음 주주총회에 참가한 버핏에게 그 시간은 경영진이 얼마나 무관심한지 깨닫는 기회가 되었다.

주주총회에 출석한 얼마 되지 않은 사람 중 그레이엄의 회사에서 일하는 월터 슐로스(Walter Schloss)가 있었다. 그가 매서운 질문을 쏟아내자 경영진은 '조금 욱한' 모습을 보였다. 버핏에게는 통쾌한 일이었지만, 경영진에게는 불쾌한 주주총회가 된 것이다.

한편 버크셔 해서웨이의 주주총회에서는 미국 전역, 아니 전 세계에서 모여든 주주들의 수많은 질문에 답하는 것으로 그들에게 감사를 표한다. 버핏은 "연례 주주총회는 질문을 위한 시간과 장소"라는 주주총회의 이상적인 모습을 떠올린 것이다.

040 《스노볼》

"그린은 제 얼굴을 보고 원 스트라이크라고 말했습니다. 그 눈빛과 말은 평생 잊을 수가 없습니다."

마셜 웰스의 주주총회에 출석한 사람 중에 벤저민 그레이엄의 친구이기도 한 루이스 그린이 있었다. 그린은 같은 열차를 타고 집으로 돌아가는 길에 버핏을 점심 식사에 초대했고, 얼마간 잡담을 나누다가 그린이 버핏에게 왜 마셜 웰스의 주식을 샀느냐고 물었다. 버핏 나름대로 이유는 있었지만, 별생각 없이 "그레이엄이 샀으니까요"라고 대답해 버렸다. 그러자 그린은 버핏의 얼굴을 보고 "원 스트라이크"라고 말했다.

그 말을 들은 버핏은 '원 스트라이크'가 "워런, 자기 스스로 생각해야지"라는 뜻임을 알아차렸지만, 때는 이미 늦은 뒤였다. 버핏은 이때를 돌이키며 이렇게 말했다.

"작은 카페테리아에서 이야기를 나누며 이 매력적인 인물과 함께 시간을 보내는 사이 어느새 아웃을 당한 겁니다."

그때 그린의 눈빛과 말은 버핏에게 평생 잊지 못할 기억이 되었다. 투자에서 중요한 것은 '자신의 머리'로 생각하는 것이다. 스스로 생각해서 '옳다'라고 결론지었다면 다른 사람이 어떻게 생각하든 상관없다. 틀려도 '다른 사람의 생각'에 큰돈을 맡기는 일은 결코 해서는 안 된다.

041 《워런 버핏의 오마하 순례》
"우리는 좋아하는 걸 잔뜩 포식하는 성격이거든요."

버크셔 해서웨이의 사업 부문에는 보험이 있는데, 그 계기가 된 것은 컬럼비아 경영대학원 시절에 만난 자동차 보험 가이코였다. 벤저민 그레이엄은 원래 가이코의 회장이었으나 어느 시기에 소유하고 있던 회사의 주식을 모두 내놓았다.

어떤 회사인지 관심이 생긴 버핏은 첫차를 타고 워싱턴 D.C.로 가서 무작정 가이코를 찾아갔다. 버핏을 맞아준 재무 담당 부사장 로리머 데이비드슨은 몇 마디만으로도 버핏이 예사롭지 않은 청년임을 알아차리고 몇 시간이나 시간을 내주었다.

이야기를 들은 버핏은 가이코가 '틀림없이 성공할' 사업이라 확신하고 뉴욕에 돌아가자마자 자기 포트폴리오의 4분의 3을 매각해 전액을 투자했다. '분산 투자'를 중시하는 그레이엄의 방식과는 동떨어진 행동이었지만, 버핏은 자신이 있었다.

"자신은 있었습니다. 내 돈을 투자할 때는 종종 순자산의 75%까지 한곳에 집중 투자한 적이 몇 번이나 있었어요."

'분산 투자'는 금융계에서는 자주 등장하는 말이지만, 찰리 멍거는 "분산 투자는 아무것도 모르는 투자자들이나 하는 일이다"라고 딱 잘라 말했고, 버핏은 "우리는 좋아하는 걸 포식하는 성격이거든요"라며 강경한 태도를 보이기도 했다.

042 《워런 버핏, 부의 진실을 말하다》

"그때 제가 가진 돈은 1만 달러였습니다. 만약 그레이엄의 조언을 따랐다면 지금도 수중에 1만 달러 정도밖에 없었겠지요."

1951년 컬럼비아 경영대학원을 수료한 버핏은 수잔과의 결혼을 앞두고 어떻게 가족을 건사할 수 있을지 고민하고 있었다. 지금껏 투자해 온 결과, 수중에는 1만 달러가 넘는 자금이 있었다. 버핏은 맨 처음 벤저민 그레이엄의 회사에서 일하기를 바랐지만, 유대인만 고용한다는 이유로 거절당했다. 두 번째로 생각한 직장은 아버지가 경영하는 증권사였다.

어느 쪽이든 투자의 세계에서 살아가고 싶다는 마음이었지만, 그가 존경한 그레이엄과 아버지는 지나치게 과열된 주식 시세가 일단락될 때까지는 보류하는 편이 좋겠다며 반대했다. 1929년 대공황을 경험한 두 사람에게 당시의 시세는 '지나치게 높았지만', 버핏은 두 사람과 달리 '지금 투자하지 않는 건 바보 같은 짓'이라는 정반대의 견해를 가지고 있었다.

버핏은 이렇게 이야기했다.

"그때 제가 가진 돈은 1만 달러였습니다. 만약 그레이엄의 조언을 따랐다면 지금도 수중에 1만 달러 정도밖에 없었겠지요."

버핏은 두 사람을 마음속 깊이 존경했지만, 그때만은 그들의 조언이 조리에 맞지 않으며 자신이 옳다고 생각했다. 그때 내린 결단은 버핏에게 진정한 자립으로 나아가는 값진 한 걸음이 되었다.

제2장 버핏의 22세부터 39세까지
(1952~1969년)

22세부터 39세까지 버핏이 지나온 길은 3가지 시기로 나누어 볼 수 있다.

1. 아버지 하워드가 운영하는 회사에서 일한 시기.
2. 벤저민 그레이엄의 회사에서 일한 시기.
3. 투자조합을 운영한 시기.

버핏은 일에 관해 '존경하는 사람 밑에서 일하고 내가 좋아하는 일을 해야 한다'라는 확고한 신념을 가지고 있다. 버핏이 컬럼비아 경영대학원을 졸업한 1950년대에 최고 학부를 졸업한 사람들은 하나같이 제너럴모터스, US스틸 같은 대기업에 취직하고 싶어 했지만, 버핏은 이런 기업에는 눈길도 주지 않고 주식 거래와 투자의 세계에서 살아가기를 원했다.

그가 처음 선택한 것은 아버지의 회사였고, 두 번째는 그레이엄이 운영하는 회사였다. 모두 버핏이 존경하는 사람의 회사였지만, 아버지의 회사에서 주식 중개인으로 일하는 동안 잇따라 고객과 이해 충돌이 발생하자 3년도 채우지 못하고 그레이엄의 회사로 직장을 옮겼다. 그러나 2년도 지나지 않은 시점에 그레이엄이 투자의 세계에서 은퇴를 결심하고 버핏에게 후계자로서 회사를 운영하지 않겠느냐고 제안했다.

하지만 존경하지 않는 사람 밑에서 주니어 파트너로 일하고 싶지 않았고 뉴욕에서 지하철에 몸을 싣고 집과 회사를 오가는 나날에 신물이 났던 버핏은 오마하로 돌아가는 길을 선택했다.

버핏은 아직 26세였지만, 대학을 졸업할 때 1만 달러였던 자금은 이미 17만 달러로 불어나 있었다. 취직하지 않고 투자만 해도 어린 시절의 꿈이었던 100만 달러를 달성할 자신이 있었지만, 버핏은 7명의 파트너로 이루어진 투자조합을 설립해 다른 사람의 돈을 운용하며 더 빠른 목표 달성을 위해 나아가기 시작했다.

그 후 투자조합은 순조롭게 성과를 올려 100명이 넘는 투자자를 모았으나, 버핏은 39세가 된 1969년, 조합을 해산하기로 결정했다. 그사이 투자조합이 거둔 성과는 눈부셨다. 1969년 가을 〈포브스(Forbes)〉는 "1957년 버핏 투자조합에 투자한 1만 달러는 이제 26만 달러가 되었다"라며 버핏이 이룬 경이로운 성공을 극찬했다.

버핏은 이토록 놀라운 성과를 올렸지만, 그 시기에는 아직 그레이엄의 방식인 '담배꽁초 투자'를 고수하는 경향이 강했다. 그중 하나가 다 쓰러져가던 섬유회사 버크셔 해서웨이로, 버핏은 회사를 인수해 경영에 전념하게 되었다.

한편으로는 아메리칸 익스프레스에 투자하며 서서히 '브랜드의 힘'을 인식하기 시작한 시기이기도 했다.

043 <워런 버핏 & 빌 게이츠 학교에 가다>

"중요한 건 내가 영웅이라 부를 수 있는 사람을 만드는 겁니다."

컬럼비아 경영대학원을 졸업한 버핏은 보통 학생들과 달리 대기업 대신 누구보다 존경하는 사람의 회사에서 일하기를 바랐다. 그가 가장 원한 길은 존경하는 스승 벤저민 그레이엄의 회사 그레이엄 뉴먼에 입사하는 것이었지만, 유대인만 고용한다는 이유로 희망을 이루지 못했다.

그레이엄의 회사에서 일하지 못한다면, 그에게 남은 것은 그가 존경하는 또 다른 사람의 회사에 들어가는 길뿐이었다. 버핏은 나고 자란 고향 오마하로 돌아가 아버지 하워드의 회사인 버핏-포크 앤 컴퍼니(Buffett-Falk & Company)에서 일하기로 마음먹었다. 하워드는 아들이 더 큰 지역의 이름난 증권사에서 일하기를 권했지만, 버핏의 결심은 흔들리지 않았다.

그리고 마침내 버핏은 1954년에 그레이엄의 회사에 입사하게 되었는데, 버핏은 당시 자신이 월급을 얼마나 받게 될 것인지는 조금도 궁금해하지 않았다. 그에게 중요한 것은 존경하는 사람의 곁에서 좋아하는 일을 하는 것이었다. 이런 경험을 토대로 그는 학생들에게 다음과 같이 조언했다.

"중요한 건 내가 영웅이라 부를 수 있는 사람을 만드는 겁니다."

영웅이 살아가는 방식과 생각하는 방식을 배우고, 가능하다면 그 영웅과 발맞춰 일하는 것. 그것이 틀림없이 우리를 성공으로 이끌어 준다.

044 《스노볼》

"처방하는 약의 양으로 보수가 결정된다니, 그런 의사를 대체 누가 찾고 싶어 할까요."

대학원을 졸업한 뒤 오마하로 돌아가 아버지 하워드의 회사에서 주식 중개인으로 일하기 시작한 버핏은 〈무디스 매뉴얼〉 같은 자료들을 몇 번이고 다시 읽을 만큼 열심히 공부했지만, 주식을 중개하는 일에는 금세 싫증을 느끼게 되었다. 주식 중개인은 고객에게 주식을 파는데, 매매가 활발할수록 많은 수수료가 들어온다. 이런 방식에 버핏은 의문을 품고 있었다.

"약을 얼마나 팔았는지에 따라 보수를 받는다면, 어떤 약은 보수가 더 많습니다. 처방하는 약의 양으로 보수가 결정된다니, 그런 의사를 대체 누가 찾고 싶어 할까요?"

버핏은 충분한 지식을 가지고 있었지만, 주식을 자주 사고팔아야 보수가 늘어나는 구조에서 그와 고객의 이해는 가끔씩 어긋날 수밖에 없었다. 이익을 얻기 위해서는 자신이 좋게 평가하지 않는 주식이라도 억지로 팔고 짧은 기간에 매매하도록 유도해야 하는데, 자신의 보수에는 도움이 되어도 고객에게 좋은 일이라고 장담할 수는 없었다.

머지않아 버핏은 '고객과 탁자를 사이에 두고 앉는' 주식 중개인이 아니라 '파트너들과 탁자 한쪽에 나란히 앉는' 투자조합에 관심을 가지게 되었다. 처방하는 약의 양이 아니라 실제로 효과가 좋은 약이냐가 버핏의 관심사가 된 것이다.

045 《스노볼》

"저는 고객 충성도가 얼마나 강력한 힘을 발휘하는지 깨달았습니다. 그건 누구도 바꾸지 못합니다."

필립 피셔(Philip Fisher)*의 이론과 찰리 멍거를 만나면서 버핏은 '브랜드의 힘'을 높이 평가하게 되었고 투자 방식에도 변화가 생겼다. 특히 20대 시절 '싱클레어 주유소'를 구입했다가 쓰디쓴 실패를 맛본 경험은 이런 변화를 만든 커다란 요인 중 하나다.

당시 버핏은 아버지의 회사에서 일이 생각대로 되지 않자 주식 중개에 기대지 않아도 될 방법을 궁리하기 시작했다. 다른 사람이 시키는 일을 하기보다 직접 장사하는 편이 좋다고 생각한 그는 주 방위군 훈련에서 만난 짐 셰퍼와 함께 주유소를 구입했다.

버핏은 웃는 얼굴로 손님을 대하려고 애쓰고 자동차 유리도 아주 열심히 닦았다. 하지만 그런 노력에도 불구하고 건너편에 있는 '텍사코 주유소'의 매출이 늘 더 많았다. 결국 버핏은 2,000달러의 손해를 보며 주유소 운영을 그만두었다. 이 경험으로 버핏은 '오랜 기간 성실히 장사하며 단골을 확보한 회사가 지닌 고객 충성도의 힘'을 깨달았다. 결국 탄탄한 브랜드를 뒤집기란 어렵다는 뜻이다. 이로써 버핏은 브랜드의 힘을 의식하게 되었다.

- 《위대한 기업에 투자하라》의 저자. 기업의 가치를 평가하는 '15가지 질문'이 버핏에게 영향을 미쳤다.

046 《스노볼》

"제게는 야망이 있었습니다. 가이코 주식의 0.1%를 소유할 생각이었지요."

버핏의 꿈은 '35세까지 백만장자가 되는 것'이었다. 컬럼비아 경영대학원을 졸업해 오마하로 돌아갔을 때 버핏의 수중에는 1만 9,738달러라는 자금이 있었다. 아직 35세가 되기까지 시간이 충분히 남아 있었지만, 버핏은 목표를 더 빨리 이루고 싶었다. 그리고 목표를 달성하려면 높은 이율과 복리로 돈을 굴려야 한다고 생각했다.

그런 버핏에게 가장 기대를 걸 만한 투자처는 학생 시절 처음 알게 된 가이코였다. 아버지의 증권회사에서 주식 중개인으로 일하기 시작한 버핏은 자신이 좋아하는 주식을 고모나 대학 친구와 같이 마음 놓고 권할 수 있는 고객에게 팔기 시작했다. 첫 고객인 고모는 가이코를 100주 사서 자신감을 심어주었다.

이후 버핏은 주식을 사줄 만한 사람이라면 누구든 가리지 않고 전화를 걸어 가이코 주식을 권했지만, 때로는 고객이 전혀 나타나지 않기도 했다. 그럴 때 버핏은 가이코의 주식을 5주씩 매입했다. 목표는 가이코 주식의 0.1%, 즉 총 발행 주식 17만 5,000주의 0.1%를 소유하는 것이었다. 그러면 가이코의 시가 총액이 10억 달러가 되는 날, 0.1%의 주식은 100만 달러가 될 것이기 때문이다. 버핏에게 가이코는 꿈을 이루어줄 기대주였다.

047 《워런 버핏, 부의 진실을 말하다》

"벤은 결산서의 숫자만 들여다보았지만, 저는 장부에 적히지 않은 자산이나 눈에 보이지 않는 자산에 주목했습니다."

버핏은 그레이엄의 사상을 계승하는 사람이기는 하지만, 그레이엄에게 없던 것을 더해 한층 뛰어난 투자 실적을 남겼다. 1963년, 버핏은 공장과 같이 눈에 보이는 자산을 보유하지 않은 아메리칸 익스프레스라는 기업에 주목했다. 이제 막 미국인에게 카드가 필수품이 되기 시작한 시기였다.

아메리칸 익스프레스의 자회사이자 식물성 기름 정제 회사인 얼라이드 크루드 베지터블 리파이닝(Allied Crude Vegetable Oil Refining)이 물의를 일으켜 도산하자 아메리칸 익스프레스의 주가는 순식간에 바닥으로 곤두박질쳤다. 회사가 살아남을 수 있을지 전망이 불투명하다는 소문까지 돌기 시작했다.

그러나 버핏은 달랐다. 시간을 들여 오마하의 레스토랑과 가게를 확인하며 회사에 대한 신용이 조금도 저하되지 않았음을 확인했다. 아메리칸 익스프레스는 앞으로도 강력한 브랜드의 힘을 유지하며 성장하리라 확신한 버핏은 주식에 적극적으로 투자했다. 그는 이렇게 생각했다.

"저는 훌륭한 기업이나 경영진에게 높은 값을 매겨도 된다고 생각하게 되었습니다. 벤은 결산서의 숫자만 들여다보았지만, 저는 장부에 적히지 않은 자산이나 눈에 보이지 않는 자산에 주목했습니다."

지금도 아메리칸 익스프레스는 버크셔 해서웨이의 투자처다.

048 《워런 버핏, 부의 진실을 말하다》

"저는 벤에게 많은 것을 배웠지만, 이 점(좋은 투자처를 공유하는)만은 물려받지 않았습니다."

버핏은 벤저민 그레이엄의 사상을 이어받은 정당한 계승자이지만, 그중 물려받지 않은 것도 있다. 첫 번째는 담배꽁초 전략에 얽매여 기업의 브랜드 힘과 성장 가능성을 눈여겨보지 않은 것, 두 번째는 극단적일 만큼 분산 투자를 고집한 것, 그리고 세 번째는 좋은 투자처에 관한 정보를 '다 같이 공유해야 한다'는 생각은 버핏이 물려받지 않았다.

그레이엄은 컬럼비아 대학과 뉴욕금융연구소에서 투자에 관해 강의했는데, 늘 실제 사례와 함께 이론을 가르치곤 했다. 투자자는 좋은 투자처를 찾으면 누군가 자신을 앞지르지 않도록 주의하고 본인이 어떤 기업을 눈여겨보는지 잘 드러내지 않지만, 그레이엄은 그런 부분을 전혀 신경 쓰지 않고 다른 사람에게 아무렇지 않게 가르쳐주었다.

그래서 그레이엄과 똑같은 주식을 사서 이득을 보는 사람도 많았지만, 그레이엄은 신경 쓰기는커녕 더 많은 사람에게 가르쳐주고 그들의 모범이 되는 것을 좋아했다. 버핏도 오마하의 네브래스카 대학 등에서 강의를 한 적이 있는데, 투자의 지혜는 가르쳤지만 자신이 투자로 거둔 성공에 관해서는 밝히려 하지 않았다.

"저는 벤에게 많은 것을 배웠지만, 이 점(좋은 투자처를 공유하는)만은 물려받지 않았습니다."

이 점이 그레이엄과 버핏의 확연한 차이다.

049 《스노볼》

"회사가 멀지 않을 때는 직접 경영진을 만나러 갔습니다."

아버지의 회사에서 일할 때도, 벤저민 그레이엄의 회사에서 일할 때도 버핏이 꼭 빼먹지 않고 한 일은 1만 페이지에 달하는 〈무디스 매뉴얼〉의 공업편, 운송편, 은행 및 금융편을 꼼꼼히 읽는 것이었다. 버핏은 여러 회사를 구석구석 빠짐없이 조사해서 투자할 만한 기업을 찾은 후 주식을 사는 습관을 들였는데, 뉴욕에서 일하게 된 뒤로는 무디스(Moody's)나 스탠더드 앤드 푸어스(Standard & Poor's, S&P)에 직접 찾아가서 메모를 했다.

지금과 달리 인터넷이 없던 시대에는 조사를 하려면 이런 작업을 열심히 반복하는 수밖에 없었다. 게다가 버핏은 궁금한 회사가 근처에 있을 때는 거의 매번 경영진을 직접 찾아갔다. 미리 약속을 잡지는 않아도 대부분은 만나주었다고 하니 벤저민 그레이엄의 권위 덕분이었을 수도 있지만, 이렇게 직접 찾아가 '탐문하는' 방법은 벤저민 그레이엄보다는 또 다른 스승인 필립 피셔가 장려한 방식이었다.

그레이엄의 특기인 재무제표 분석은 실제 가치보다 가격이 저렴하다고 판단되는 주식을 찾는 데는 도움이 되지만, 장기적으로 성장해 나갈 기업을 발굴하려면 숫자뿐만 아니라 훌륭한 경영 능력과 뛰어난 영업 능력, 탁월한 연구 개발력 등 많은 요소를 둘러봐야 한다. 버핏의 '탐문 조사'는 그런 요소들을 꿰뚫어 보기 위한 무기였다.

050 《워런 버핏, 부의 진실을 말하다》

"오마하에서 지내는 게 훨씬 좋습니다. 여기서 생활하는 편이 생각이 더 잘 정리됩니다."

투자 업계에서 성공하려면 보통 되도록 많은 정보가 모여드는 곳, 즉 관계자들이 많이 사는 곳에서 지내는 것이 좋다고 생각하기 마련이다. 버핏도 한때 월가가 있는 뉴욕에서 생활한 적은 있지만, 인생의 대부분은 고향 오마하에서 보냈다.

뉴욕에서의 삶은 존경하는 그레이엄의 회사에 들어가 자기가 정말 좋아하는 일을 하기 위함이었다. 그래서 그레이엄이 은퇴를 하자, 고향으로 돌아가기로 결심했다. 1950년대에는 뉴욕을 떠나 금융과 관련된 일을 한다는 건 상상하기조차 힘든 시대였지만, 버핏은 굳은 결심을 품고 오마하로 돌아갔다. 그리고 그 용기 있는 결단이 또 다른 성공으로 이어졌다.

"오마하에서 지내는 게 훨씬 좋습니다. 뉴욕에서 일할 때는 도시가 더 자극적이고 아드레날린도 많이 분비될 거라고 생각했죠. 하지만 그대로 뉴욕에 터를 잡고 도시 특유의 자극에 반응하게 되었다면, 머리가 이상해졌을지도 모릅니다. 역시 여기서 생활하는 편이 생각이 더 잘 정리됩니다."

버핏에게 필요한 것은 홍수처럼 쏟아지는 정보가 아니라, 눈앞의 종목에 집중하고 꼼꼼히 읽고 생각하는 시간을 가질 수 있는 환경이었다. 그리고 이런 환경에 있어야 좋은 생각이 떠오르고 좋은 판단을 내릴 수 있다고 여겼다.

051 《워런 버핏, 부의 진실을 말하다》

"오마하에 있으면 도시에서 살아가는 고통을 견딜 필요가 없습니다."

　버핏은 인생의 대부분을 오마하에서 보냈다. 중학교에 입학하자마자 아버지가 하원 의원에 당선되어 가족 모두가 수도인 워싱턴 D.C.로 이사했지만, 극심한 향수병에 시달리다가 결국 오마하로 돌아왔다. 대학은 펜실베이니아 대학의 와튼스쿨에 들어갔지만, 거기서도 오래 지내지 못하고 네브래스카 대학으로 편입했다. 한때는 그레이엄 뉴먼에서 일하기 위해 뉴욕에서 생활하기는 했지만, 회사가 해산되자 오마하로 돌아와 투자조합을 세웠다.

　다시 말해 아흔이 넘은 버핏이 오마하 이외의 지역에서 생활한 것은 10년도 채 되지 않는다는 뜻이다. 버핏은 그 이유를 이렇게 설명했다.

　"뉴욕과 워싱턴에서 생활하면서 도시는 이동하는 데 시간이 너무 많이 든다고 생각했습니다. 오마하에 있으면 비행기로 편도 3시간이면 뉴욕이나 로스앤젤레스에 갈 수 있고 그곳의 좋은 부분만 누릴 수 있는데 말이에요. 도시에서 살아가는 고통을 견딜 필요가 없습니다."

　월가와 거리를 두는 버핏에게 뉴욕에서의 삶은 아무 의미가 없었다. 정부의 내부 정보도 필요치 않으니 워싱턴 D.C.와도 인연이 없기는 마찬가지였다. 결국 자신에게 가장 안락한 오마하에서의 생활이 버핏의 성공을 끌어당기는 요인 중 하나가 되었다.

052 《스노볼》

"고객과 탁자를 사이에 두고 앉기는 싫었습니다. 파트너들과 탁자 한쪽에 나란히 앉아 모두가 정보를 알게 하고 싶었습니다."

1956년에 그레이엄이 62세가 되어 은퇴하겠다고 밝히자, 버핏은 뉴욕을 떠나 오마하로 돌아갔다. 그러나 예전에 일했던 아버지 하워드의 회사에서 다시 일할 생각은 전혀 없었다. 버핏에게 주식 중개는 '고객과 탁자를 사이에 두고 앉는' 일이었으며 버핏이 바라는 대로 '파트너들과 탁자 한쪽에 나란히 앉는 것은' 불가능했기 때문이다.

당시 버핏에게는 17만 4,000달러의 자금이 있었고 투자자로서 혼자 자금을 운용할 줄도 알았지만, 7명의 파트너로 이루어진 '버핏 투자조합'이라는 파트너십을 만들었다. 주식 중개인에게는 늘 이익 충돌이라는 골치 아픈 문제가 따른다. 고객의 돈을 잃거나 고객을 절망하게 만들 가능성도 얼마든지 있는 일이기에, 버핏은 '주식을 파는' 것이 아니라 '고객과 이익을 공유하고 고객의 자산을 운용해' 고객과 자신 모두 함께 부유해지기를 바랐다.

"파트너들과 탁자 한쪽에 나란히 앉아 모두가 정보를 알게 하고 싶었습니다. 원래 장사하는 사람은 그러지 않지만요."

이런 생각은 버크셔 해서웨이에서도 이어졌다. 버핏은 좋은 것도, 나쁜 것도 주주와 함께한다는 일관된 방침을 유지하고 있다.

053 《워런 버핏의 오마하 순례》

"저는 7명과 작은 파트너십 계약을 맺고 운용 자금 10만 5,000달러를 맡았습니다. 그들은 자금을 직접 운용하는 것보다 제게 맡겨야 자산을 더 많이 불릴 수 있다고 믿어주었습니다."

버핏이 벤저민 그레이엄의 은퇴를 계기로 오마하로 돌아간 것은 1956년이었다. 그때 그의 수중에는 약 17만 달러가 있었고 기존의 속도(연 60%의 이율)로 자금을 운용하면 생활비 따위를 제외해도 꿈에 그리던 백만장자는 그리 먼 일이 아니었다. 하지만 더 빠르게 목표를 달성하려면 더 높은 이율과 복리로 자금을 운용하는 편이 효율적이었다.

그래서 버핏은 그레이엄의 회사와 똑 닮은 투자조합을 설립하기로 결심했다. 버핏은 지금까지의 경험 덕에 자신의 능력에 자신이 있었지만, 어릴 적 누나 도리스와 함께 주식 투자를 했을 때처럼 주가가 떨어졌다고 비난받기는 죽어도 싫었다. 그래서 자신을 믿어주는 누나 부부와 고모, 장인과 대학 시절 친구 그리고 친구 어머니의 돈만 맡기로 했다.

그들은 버핏에게 '누구보다 소중한 사람'이자 '버핏의 능력을 믿어주는 사람들'이었다. 버핏은 아래와 같이 말했다.

"손해를 볼 거라고 생각했다면 앨리스 고모와 누나와 장인의 돈은 절대 맡지 못했을 겁니다. 그때 제게는 손실이 날지도 모른다는 생각은 전혀 없었습니다."

버핏은 투자조합을 해산한 후에도 변함없이 이들을 소중히 여겼다.

054 《스노볼》

"저는 사람들을 실망시키고 싶지 않아요. 처음 주식을 팔기 시작했을 때부터 사람들에게 너무 큰 기대를 심어줄까 봐 정말 두려웠지요."

버핏은 젊은 시절부터 자신감이 넘쳤고, 언젠가 백만장자가 되리라고 항상 믿고 있을 정도로 자신이 있었다. 하지만 다른 사람의 돈을 맡아 운용하는 일에는 당연히 큰 부담이 따르는 법이다. 더구나 자신을 굳게 신뢰하는 이들의 기대를 저버리는 것만큼 무서운 일은 없었다.

버핏은 다우존스 주가 평균을 훨씬 웃도는 성공을 거두면서도 파트너들에게는 "이런 일은 이번이 마지막일 것"이라고 매번 못을 박았다. 버핏에게는 계속되는 성공이 파트너들의 기대를 높이는 한편, 실패했을 때 찾아올 실망도 키우는 요인이었기에 기회가 있을 때마다 "반드시 이율이 떨어지는 때가 올 것"이라고 경고했다. 당시에 버핏의 머릿속에는 이런 생각이 숨어 있었다.

"저는 사람들을 실망시키고 싶지 않아요. 처음 주식을 팔기 시작했을 때부터 사람들에게 너무 큰 기대를 심어줄까 봐 정말 두려웠지요."

버핏에 대한 평가가 높아진 뒤에도 그 점은 변함이 없었다.

"부자가 되고 싶다면 버핏에게 투자하라"라는 말을 들어도 버핏은 줄곧 '앞으로도 계속되리라는 보장은 없다'라고 말했다. 나무도 영원히 하늘을 향해 높이 솟아나는 것은 아니다. 버핏은 아무리 큰 성공을 거두어도 스스로를 과신하지 않았다.

055 《스노볼》

"정말 이 머리에 30만 달러를 들여야 하나?"

버핏에게 투자란 소비를 뒤로 미룬다는 뜻이었다. 만약 손안에 있는 100달러로 소비를 하면 100달러가 사라지지만, 소비를 미뤄 복리로 운용하면 5년 뒤, 10년 뒤에 얼마로 불어날지 모른다는 것이 버핏의 복리식 사고법이었다. 이런 사고법을 버핏은 어린 시절에 읽은 《백만장자가 되는 1,000가지 비밀》에서 배웠다.

1,000달러를 연이율 10%로 운용하면 5년에 1,600달러 이상, 10년에 2,600달러 이상, 25년 뒤에는 1만 800달러가 넘어간다. 오늘 가지고 있는 1달러도 몇 년 뒤에는 10배가 되니 적은 돈이라고 해서 가볍게 써버리는 것은 어리석은 짓이라고 버핏은 생각했다.

결혼 후 셋째가 태어나려던 무렵 버핏은 난생처음 집을 샀다. 가격은 3만 1,500달러였으나, 버핏의 머릿속에서는 100만 달러와 맞먹는 소비였고 이는 곧 '버핏의 어리석음'이라고 불리게 되었다. 아내 수잔이 뭔가를 사고 싶다고 말하면 버핏은 늘 "그런 데다 50만 달러를 날려야 할까?"라고 대답했고, 자신의 머리 스타일에 관해서도 "정말 이 머리에 30만 달러를 들여야 하나?"라고 자문했다.

적은 돈도 소비하지 않고 운용하면 몇 년 뒤, 몇십 년 뒤에는 적지 않은 자금이 된다. 이러한 복리식 사고법과 검소한 생활이 버핏을 위대한 투자자로 성장시켰다.

056 《스노볼》

"먼저 자기 자신이 고객이 되고 그다음 다른 사람을 위해 일해야 합니다. 하루 1시간을 자신에게 할애하는 것이죠."

버크셔 해서웨이에서 오랜 세월 부회장으로 일한 찰리 멍거는 미시간 대학과 캘리포니아 공과대학에서 공부한 후 하버드 법학전문대학원에 들어가 변호사가 되었다. 하지만 변호사만으로는 만족하지 못하고 부업으로 부동산 개발 등의 투자에도 나섰고 그러다 1959년 버핏을 만났다.

버핏을 처음 만난 날, 멍거는 버핏에게 그리 큰 기대가 없었다. 그러나 잠시 이야기를 나눈 것만으로도 버핏이 '보통 사람이 아니라고' 느꼈고, 이후 둘은 급속도로 가까워졌다. 버핏 또한 멍거가 자신과 비슷하다고 느꼈다. 멍거도 버핏처럼 '자립'을 위해 일찍이 부자가 되기를 꿈꾸었으며 성공을 위해 "다리 달린 책"이라 불릴 만큼 많은 책을 읽으며 노력해 왔기 때문이었다.

멍거는 "나에게 가장 중요한 고객은 누구일까?"라고 문득 생각했다. 그리고 그건 바로 자기 자신이라고 확신했다. 그래서 매일 1시간씩 자신을 위해 일하기로 했다. 아침 일찍 시간을 만들어 건설과 부동산 개발에 관한 일을 한 것이다.

"모두가 이를 본받아 먼저 자기 자신이 고객이 되고 그다음 다른 사람을 위해 일해야 합니다. 하루 1시간을 자신에게 할애하는 것이죠."

자신에 대한 투자를 아끼지 않는 자세. 그것이 버핏과 멍거가 가진 공통된 성공 법칙이었다.

057 《스노볼》

"그때 저는 찰리 멍거의 영향으로 서서히 변화하고 있었습니다. 이리저리 왔다 갔다 했지요. 마치 종교개혁이 한창인 시기 같았습니다."

워런 버핏의 투자 전략을 이해하려면 2명의 투자자를 알아야 한다. 첫 번째는 '가치 투자의 창시자' 벤저민 그레이엄이다. 버핏은 ①안전 마진을 확보하고, ②기업의 일부를 소유한다는 마음으로 주식을 사는 그레이엄의 방식을 지금도 지키고 있지만, 그것만으로는 지금처럼 큰 성공을 이루지 못했을 것이다.

버핏이 거둔 커다란 성공은 그레이엄의 투자 원칙에 필립 피셔의 '성장주(Growth Stock) 투자'를 적용한 것도 한몫했다. 피셔의 투자 방식은 ①성장 가능성이 높은 엄선한 기업들에만 집중 투자하고, ②가능한 한 오래 보유하는 것으로, 그레이엄과 피셔의 이론을 적절히 결합한 것이 버핏의 성공으로 이어졌다.

1960년대에 버핏은 그레이엄의 '담배꽁초 이론'과 멍거가 심취해 있던 피셔의 '위대한 기업' 중 어느 쪽을 선택할지 고민했다. 그 시기는 멍거가 추천하는 기업에 투자하면서 성장이 기대되는 강력한 브랜드를 가진 기업의 힘을 서서히 이해하기 시작한 때였다. 버핏에게 그레이엄은 여전히 '교황'과 같은 존재였지만, 어느 날은 목사의 이야기를 듣고, 그다음 날에는 교황의 설교를 듣듯이 수없이 고민하면서 진정한 최고의 투자자로 거듭났다.

058 《워런 버핏의 오마하 순례》

"내년 한 해의 모든 시간을 쏟아 기술을 공부해도 저는 그 분야에서 100번째나 1,000번째, 아니 10,000번째로 우수한 전문가도 되지 못할 겁니다."

버핏의 투자 방식이 지닌 특징 중 하나는 '능력 범위'를 분명히 정하고 범위 밖에 속하는 기업에는 결코 손을 대지 않는다는 점이다. 가장 대표적인 예가 정보 통신과 같은 기술 관련 기업이다.

1960년대에는 트랜짓론(Transitron Electronic), 폴라로이드(Polaroid), 제록스(Xerox) 같은 기술 관련 기업들이 시장에서 엄청난 인기를 누렸다. 전 세계 사람들이 이 기업들에 투자했지만, 버핏은 결코 손 대지 않았다.

이 때문에 인생 최대의 기회를 놓치기도 했다. 그리넬 대학의 이사가 되어 재무 위원회에 들어간 버핏은 훗날 인텔이 되는 기업에 투자할지 말지 결정할 처지에 놓였다. 결국 대학의 투자는 승인했지만, 버핏 자신은 투자하지 않았다. 그리고 인텔의 급성장을 지켜본 뒤에도 흔들리지 않았는데, 그 이유는 이러했다.

"내년 한 해의 모든 시간을 쏟아 기술을 공부해도 저는 그 분야에서 100번째나 1,000번째, 아니 10,000번째로 우수한 전문가도 되지 못할 겁니다."

투자를 하려면 자신이 잘 아는 기업과 분야에 집중하는 편이 좋다. 버핏은 자신이 잘 아는 기업, 잘 아는 분야에 집중해서 투자했기에 안정적인 성과를 거두었다.

059 《스노볼》

"버크셔 해서웨이라는 이름을 듣지 못했다면, 지금쯤 저는 더 부유해졌을 겁니다."

버핏은 투자자로서 세계 최고라 불릴 만큼 크게 성공했지만, 그 과정에서 몇 가지 실수를 했고 거기서 교훈을 얻어 다음 성공으로 연결했다. 버핏의 실수 중 하나는 버크셔 해서웨이의 경영권을 인수한 것이었다.

1960년대 초 버핏은 아직 벤 그레이엄의 '담배꽁초 투자'와 '저렴한 주식 사기'에 강하게 사로잡혀 있었는데, 그때 섬유회사 버크셔 해서웨이를 처음 만났다. 이익이 나지 않아 망할 것 같은 회사였지만 기업 가치보다 주가가 훨씬 낮아서 '저렴하니 정말 갖고 싶다'고 생각했다고 한다.

1965년 버핏은 '한 모금 빨아들일 수' 있을지도 모른다는 믿음을 가지고 버크셔 해서웨이의 경영권을 인수했지만, 실제로는 '한 모금 빨아들일 것'조차 남아 있지 않았다. 버핏은 회사의 경영자를 고르고 자금도 들여서 어떻게든 기업을 일으키려 노력했지만, 1985년 결국 섬유 부문을 폐쇄한 뒤 400명의 공장 노동자를 해고하고 기계 설비를 16만 달러에 매각하기에 이르렀다. 버핏은 당시를 이렇게 되돌아보았다.

"버크셔 해서웨이에는 한 모금 빨아들일 것조차 남아 있지 않았습니다. 버크셔 해서웨이라는 이름을 듣지 못했다면, 지금쯤 저는 더 부유해졌을 겁니다."

이 실수는 버핏에게 훌륭한 기업을 고르는 일이 얼마나 중요한지 가르쳐주었다.

060 《워런 버핏의 오마하 순례》

"유능한 기수도 명마를 타면 이기겠지만, 다리가 부러진 짐말을 타고는 이길 도리가 없다."

버핏은 사업이 성공하려면 반드시 우수한 경영자가 필요하다고 여겼다. 하지만 우수한 경영자가 꼭 성공을 낳지 않는다는 것도 알게 되었다. 1966년 버핏은 볼티모어의 오래된 백화점 혹스차일드콘(Hochschild Kohn's)을 인수했다. 백화점에 대해 잘 몰랐지만, 주식이 저렴한 데다 무엇보다 경영자인 루이스 콘(Louis Kohn)이 회사의 숫자와 수익성에 정통하고 검소한 생활을 하는 믿음직한 인물이라는 점이 결정적인 이유였다.

가격은 1,200만 달러였고, 인수를 위해 자금을 융통하려 하자 은행에서는 "그렇게 작고 낡아빠진 회사에?"라며 놀랐지만, 버핏은 흔들리지 않았다.

그러나 결과는 처참했다. "행복은 이틀뿐이었다. 산 날과 판 날 말이다"라는 멍거의 말처럼 사양 산업이 되어가던 백화점은 나아질 기미가 보이지 않았다. 백화점들의 지역 경쟁이 얼마나 격렬한지 제대로 헤아리지 못한 탓이었다. 가격은 저렴했고, 경영진도 훌륭했다. 그럼에도 상황은 나아지지 않았고, 결국 버핏은 3년 뒤 인수했을 때와 거의 같은 금액으로 백화점을 매각했다.

실력이 뛰어난 기수가 뛰어난 말을 타면 좋은 결과를 내지만, 말이 엉망이라면 어찌할 도리가 없다. 버핏은 경영자뿐만 아니라 사업의 내용을 무엇보다 중시하게 되었다.

061 《워런 버핏의 오마하 순례》

"쓰고 말하는 능력은 매우 중요합니다. 소통하는 능력은 가장 강력한 무기가 되지요."

버핏은 주옥같은 명언을 남기는 '화술의 달인'으로 알려졌지만, 컬럼비아 경영대학원을 졸업하고 오마하로 돌아가 아버지의 회사에서 주식 중개인으로 일할 때는 '영업에 고전하는 볼품없는' 젊은이에 지나지 않았다.

어렵게 고객을 찾아가 주식을 설명해도 "아버지는 어떻게 생각하시나?"라는 말을 들을 때가 많았다. 그 시절 버핏은 '상대의 생각을 읽거나 잡담을 나누는 것을 좋아하지 않고 남의 이야기를 듣는 것도 서투른' 데다 자신이 좋아하는 주식의 정보를 일방적으로 늘어놓았다. 한마디로 능력 없는 영업 사원이었다.

자신의 결점을 고치기 위해 버핏은 데일 카네기의 강좌에 다니며 소통의 기술을 익혔는데, 그 후 네브래스카 대학에서 강의를 맡게 되면서 화술의 중요성을 더욱 실감했다.

"쓰고 말하는 능력은 매우 중요합니다. 소통하는 능력은 가장 강력한 무기가 되지요. 한 살이라도 어릴 때 밖으로 뛰쳐나가 많은 사람을 접해야 합니다. 스스로를 성장할 수밖에 없는 환경에 두어야 합니다."

열심히 쓰고 말하는 능력을 기른 버핏의 이야기에 이제는 전 세계의 수많은 이들이 귀를 기울인다. 버핏이 주주들에게 보내는 편지도 많은 이들이 애타게 기다리는 글이 되었다.

062 《워런 버핏, 부의 진실을 말하다》

"투자의 세계에는 삼진 아웃이 없습니다."

　　1969년, 버핏은 투자조합의 해산을 발표했다. 버핏의 투자조합은 엄청난 운용 성적을 거두었지만, 일명 '고고(gogo) 시대'라 불리는 거품 경제를 비롯해 버핏이 눈여겨보는 기업과 이용할 수 있는 기회는 틀림없이 줄어들고 있었다.

　　파트너들의 자금을 운용하려면 투자는 계속할 수밖에 없다. 그러나 투자할 기회가 없을 때 억지로 투자하는 것은 버핏의 방식이 아니었다. 버핏은 자신이 좋아하는 야구를 예로 들어 이렇게 설명했다.

　　"투자의 세계에는 삼진 아웃이 없습니다. 투자자는 배트를 들고 타석에 섭니다. 그러면 시장이라는 이름의 투수가 공을 정중앙으로 던집니다. 예를 들면 '제너럴모터스 주식 47달러에 어떠냐?' 하는 느낌으로 말이지요. 만약 47달러에 살 결심이 서지 않는다면 타자는 그 기회를 가만히 보고 넘겨야 합니다. 야구라면 여기서 심판이 '스트라이크!'라고 외치겠지만, 투자의 세계에서는 아무도 뭐라 하지 않습니다. 투자자가 스트라이크 판정을 받는 건 헛스윙을 했을 때뿐이지요."

　　투자자는 다른 사람이 보기에 아무리 치기 좋은 공이라도, 마음에 들지 않으면 배트를 휘두를 필요가 없다. 자신이 잘 치는 공, 좋아하는 공이 올 때까지 언제까지고 기다리면 된다. 심지어는 다른 투자자나 월가 등이 관심을 주지 않는 공이라도, 자신에게 맞는 공이면 자신 있게 배트를 휘두르면 된다.

063 《워런 버핏, 위대한 자본가의 탄생》

"2월에 미래를 내다보지 못했다면, 어째서 5월이 되었을 때 8월에 일어날 일을 알 수 있을까요?"

세상에는 "올해 주가는 얼마가 될 것이다"라고 경기를 예측하는 사람이 있는데, 버핏은 늘 "그런 건 감도 안 옵니다"라며 딱 잘라 말한다.

1960년대 버핏이 아직 투자조합을 운영하던 시절에 버핏의 고객 중에는 시장이 폭락하는 모습을 보고 '주식 시장은 앞으로도 계속해서 하락할 것'이라고 그에게 조언하는 사람들이 있었다. 버핏은 이런 의문을 떠올렸다.

"만약 그들이 올해 2월, 다가오는 5월에 다우 지수가 865포인트까지 떨어진다는 사실을 알았다면 왜 제게 알려주지 않았을까요? 아직 안정권이었던 3개월 전, 즉 2월에 미래를 내다보지 못했다면, 어째서 5월이 되었을 때 8월에 일어날 일을 알 수 있을까요?"

버핏이 지적했듯이 3달 전에 5월의 지수를 예측한 사람은 아무도 없었다. 그저 주가가 떨어졌다는 데 놀라서 앞으로 더 하락할지도 모른다는 두려움에 버핏에게 이러쿵저러쿵 잔소리를 늘어 놓을 뿐이었다. 당시부터 버핏은 시장 예측은 절대 하지 않았고, 다 안다는 얼굴로 조언하는 사람의 예측을 토대로 주식을 사고팔지도 않았다. 버핏에게 중요한 것은 주가의 움직임을 예측하는 것이 아니라, 시장이 어떻게 변하든 꾸준히 기업 가치를 유지하는 사업을 찾아 투자하는 일이었다.

064 《워런 버핏, 부의 진실을 말하다》

"저는 이 영화가 앞으로 몇 년간 계속해서 상영될지 직접 눈으로 확인하고 싶었습니다."

버핏에 의하면, 기업의 가치를 정확하게 이해해야 가격과 가치의 차이를 알 수 있다. 먼저 가격은 주가를 보고 곧바로 계산할 수 있다. 부동산처럼 장부에 실린 가치도 바로 알 수 있다. 문제는 장부에 적혀 있지도 않은 브랜드, 즉 기업의 내재 가치를 어떻게 평가하느냐이다. 버핏은 이렇게 이야기했다.

"기업의 내재 가치를 정확하게 산출하는 공식은 없습니다. 먼저 기업에 대해 아는 것이 중요하지요."

'알기' 위해서는 반드시 직접 '움직일' 필요가 있다. 어느 날 버핏은 뉴욕으로 〈메리 포핀스(Mary Poppins)〉라는 영화를 보러 갔다. 버핏은 매표소에서 "어른 하나, 아이 하나"라고 말하고 "애는요?"라는 질문에 "저기 어디 있겠죠"라고 둘러대고는 극장 안으로 들어갔다. 버핏이 그렇게까지 해서 영화를 보려 했던 이유는 무엇이었을까?

"저는 이 영화가 앞으로 몇 년간 계속해서 상영될지 직접 눈으로 확인하고 싶었습니다."

〈메리 포핀스〉는 1964년 디즈니(Disney)가 제작한 영화로, 버핏은 디즈니의 주식을 사기 전에 회사의 모든 것을 알고 싶었다. 가격이 저렴하게 느껴지지는 않았지만, 디즈니에 투자하면 수많은 다른 영화들과 디즈니랜드까지 따라올 것을 알았다. 이처럼 기업의 가치를 알면 투자 판단을 더 명확하게 내릴 수 있다.

065 《워런 버핏, 위대한 자본가의 탄생》

"이건 저의 편견일지도 모르지만, 집단 안에서는 뛰어난 투자 실적이 나오지 않습니다."

버핏이 오마하로 돌아가 홀로 투자조합을 세우기로 결심했을 당시, 월가를 떠난다는 것은 주식 투자로 큰돈을 벌겠다는 꿈을 포기한다는 뜻으로 받아들여졌다.

하지만 버핏은 당시의 그런 상식을 멋지게 뒤집어 버렸다. 1957년에 버핏이 투자조합에 투자한 1만 달러가 1969년에 26만 달러가 되었으니, 〈포브스〉가 "오마하는 어떻게 월가를 꺾었나"라는 기사를 싣는 것도 지극히 당연한 일이었다.

버핏은 어떻게 홀로 월가에서 멀리 떨어진 오마하에서 이토록 큰 성공을 거둘 수 있었을까? 왜 월가는 버핏만큼 뛰어난 성과를 내지 못했을까? 버핏은 이렇게 지적했다.

"이건 저의 편견일지도 모르지만, 집단 안에서는 뛰어난 투자 실적이 나오지 않습니다."

월가의 문제는 투자를 판단하는 방식이 남들과 똑같이 행동하려는 의식에서 나온다는 것이다. 비단 월가만의 문제는 아니지만, 기업들은 무의식중에 다른 회사를 따라 하려고 한다. 이렇게 남들과 똑같이 하려는 생각과 업계의 상식에 사로잡힌 환경 안에서는 뛰어난 투자 판단이 나오지 않는다. 그런 면에서 월가에서 멀리 떨어진 오마하에서 홀로 사업을 시작했다는 것도 버핏이 성공을 거둔 하나의 요인이었다.

066 《워런 버핏, 부의 진실을 말하다》

"최고의 CEO라 불리는 사람들은 회사를 경영하는 것을 좋아하지, 사업가들의 원탁 회의나 오거스타 내셔널 골프 클럽에서 하는 게임 따위는 좋아하지 않습니다."

기업의 경영자에게 필요한 것은 철저한 일솜씨와 모든 것을 바치는 열정과 열의다. 버핏은 1976년, 이 모든 것을 갖춘 경영자를 만났다. 바로 어소시에이티드 리테일 스토어스(Associated Retail Stores)를 경영하는 벤저민 로스너(Benjamin Rosner)였다.

이 회사는 시카고 같은 거친 환경에서 80개의 저렴한 여성복 매장으로 4,400만 달러의 매출과 200만 달러의 수익을 내는, '4류 가격이 붙은 3류 백화점'이었지만, 경영자인 로스너는 화장실에 각 점포의 매출 보고서를 붙여놓고 볼일을 보며 숫자를 비교하거나, 파티 도중 경쟁사의 경영자가 화장지 매입 가격을 묻자마자 창고로 달려가 개수를 확인하는 사람이었다.

버핏은 바로 어소시에이티드 리테일 스토어스를 600만 달러에 인수하며, 로스너에게 지금까지와 다름없이 회사를 경영해 달라고 부탁했다.

"최고의 CEO라 불리는 사람들은 회사를 경영하는 것을 좋아하지, 사업가들의 원탁 회의나 오거스타 내셔널 골프 클럽에서 하는 게임 따위는 좋아하지 않습니다."

이런 생각을 가진 버핏에게 로스너는 이상적인 경영자였다. 로스너는 80대에 은퇴하기까지 20년 동안 결코 버핏의 기대를 저버리지 않았다.

067 《스노볼》

"열정이야말로 최고의 대가입니다."

버핏이 버크셔 해서웨이가 소유하는 기업에서 일하는 이들에게 바란 것 중 하나는 '자신이 주인이 되었다고 생각하는 것'이었다. 회사를 매각하고 나면 버핏이 주인이고 경영자는 피고용인이 되지만, 버핏은 이전과 변함없이 주인의 입장에서 책임감을 가지고 회사를 운영해 줄 열정적인 경영자를 원했다.

백화점 혹스차일드콘으로 실패를 경험한 뒤, 만난 벤저민 로스너가 그런 사람이었다. 당시 로스너는 '판촉의 프로'라고 불리는 경영자였다. 로스너는 화장실에 각 매장의 매출 보고서를 붙여놓고, 물건을 매입할 때도 결코 대충 판단하지 않았다.

버핏은 그의 회사를 사들이고 그에게 경영을 맡겼다. 로스너는 정말 중요한 것은 '열의'이며, 무엇 하나 허투루 넘기지 않는 일솜씨야말로 성공을 불러온다는 사실을 버핏에게 다시금 알려주었다. 로스너는 자신이 은퇴하는 날 버핏에게 "회사를 판 걸 깜빡하고 있었어요"라며 감사의 인사를 전했다.

068 《워런 버핏, 부의 진실을 말하다》

"주식 시장은 단기적으로는 투표 기계에 불과합니다. 그러나 장기적으로는 기업의 진정한 가치를 측정하는 저울이 되어주지요."

버핏은 그레이엄에게 "주식 시장은 단기적으로는 투표 기계이며 장기적으로는 저울이다"라는 말을 그의 회사에서 근무하며 배웠다. 이후 시장을 정확하게 나타내는 말이라고 버핏이 자주 소개하며 널리 알려지기도 했다.

닷컴버블의 붕괴로 많은 기업이 큰 타격을 입었을 때, 당시 정상을 달리던 아마존 또한 1년도 채 지나지 않아 총알 세례를 받으며 주가가 10분의 1로 하락했다.

주식 시장에서 따가운 눈총을 받고 직원들도 동요했지만, 창업자 제프 베이조스는 "주식 시장은 단기적으로는 투표 기계이며 장기적으로는 저울이다"라는 버핏의 말을 인용하며 주가 변동에 일희일비하지 말고 해야 할 일에 전념해야 한다고 말했다.

실제로 주가는 분명 하락한 상태였지만 고객 수 등 주가 이외의 사업 지표는 모두 상향 중이었다. '잘못된 건 우리가 아니라 주가'라고 확신한 베이조스는 고객 서비스의 수준을 끌어올리는 데 매진했고 아마존은 다시 성장 궤도에 올랐다. 실제로 주가와 가치가 정확히 일치하는 경우는 거의 없다. 기업의 가치에 비해 주가가 낮게 느껴질 때도 있는가 하면, 지나치게 높을 때도 있다. 이토록 변덕스러운 주가에 휘둘리지 않고 기업의 가치를 높이고자 노력하는 것이야말로 경영자의 임무다.

069 《워런 버핏, 부의 기본 원칙》

"단순히 많은 사람이 한때 당신에게 동의했다고 해서 당신이 옳다는 뜻은 아닙니다. 중요한 인물이 동의했다고 해서 당신이 옳다는 뜻도 아니고요."

버핏은 1969년 투자조합을 해산하고 버크셔 해서웨이의 경영에 전념하고 있다. 버핏은 버크셔 해서웨이의 주주들에게 매년 주주 서한을 보내는데, 그 전에는 투자조합의 파트너들에게 직접 편지를 썼다.

주주 서한과 같이 파트너들에게 보낸 편지에서도 투자에 관한 버핏의 생각을 엿볼 수 있다. 1962년에 쓴 편지에는 이렇게 적혀 있다.

"단순히 많은 사람이 한때 당신에게 동의했다고 해서 당신이 옳다는 뜻은 아닙니다. 중요한 인물이 동의했다고 해서 당신이 옳다는 뜻도 아니고요."

정치의 세계에서는 숫자가 모든 것을 말한다. 다수결이야말로 정의이며 다수결에 의해 국가와 자치단체의 정치가 결정되지만, 투자의 세계에서 다수결은 '마음의 위안'은 될지언정 성공을 보장해 주지는 않을뿐더러 리스크 관리에도 도움이 되지 않는다. 그렇다면 투자의 세계에서는 무엇이 올바름을 결정할까? 버핏은 이렇게 말한다.

"당신의 가설이 옳고 사실과 일치하며 근거가 정확하다면, 많은 거래의 과정에서 당신은 올바른 방향으로 나아갈 것입니다."

투자할 때 모두가 찬성하는가 반대하는가는 판단의 성패와는 전혀 관계가 없다. 버핏은 데이터에 근거해 판단이 옳다면, 그것이 옳다고 믿었다.

070 《워런 버핏, 부의 기본 원칙》

"언제 일어나느냐가 아니라 무엇이 일어나느냐에 초점을 맞춥니다."

버핏은 주식 시장과 경기 변동을 예측하려 들지 않는다. 새해가 되면 신문이나 잡지에서 전문가들이 너도나도 풀어내는 '연말 주가 분석' 같은 것은 입에 담은 적도 없다. 투자조합을 운영할 때도 "예측이 투자를 계획하는 데 꼭 필요하다고 생각하는 분은 이 투자조합에 참가하지 않는 편이 좋습니다"라고 딱 잘라 말하기도 했다.

그렇다고 해서 버핏이 아무런 예측도 하지 않았느냐 하면 반드시 그런 것만은 아니다. 버핏의 예측에는 특징이 있다. 그는 예전부터 이렇게 설명했다.

"언제 일어나느냐가 아니라 무엇이 일어나느냐에 초점을 맞춥니다."

예를 들어 주가가 계속 상승한다 해도 나무가 하늘을 찌를 듯이 영영 솟아날 수는 없는 법이다. 쑥쑥 치솟은 주가는 '언제인지 알 수 없지만' 결국 꺾이기 마련이다. 그뿐만 아니라 2007년 미국의 주택 시장에서 일어난 서브프라임 모기지 사태와 관련해서도 신용 등급이 낮은 사람을 대상으로 한 대출의 위험성과 파생 금융 상품의 문제점을 지적하며 "큰 변동은 갑자기 일어난다"라고 경고하는 목소리는 이미 나오고 있었다.

버핏은 문제가 '언제 일어날지'는 누구도 알 수 없으나, '언젠가 반드시 일어날' 일에는 꼼꼼히 대비했다. 그건 바로 어떤 변화가 일어나든 버텨낼 수 있는 '진정한 기업'에 대한 투자였다.

071 《워런 버핏, 부의 기본 원칙》

"자신이 보유한 주식의 시장 가격이 20%나 30% 하락했을 때 감정적으로 또는 금전적으로 괴로워질 것 같다면, 주식 투자에는 손을 대지 말아야 합니다."

버핏은 11세에 처음으로 주식 투자를 했는데, 그때 주가가 매수 당시보다 떨어졌다는 이유로 매일 누나 도리스에게 잔소리를 들어야 했다. 버핏은 그게 너무 싫어서 주가가 약간 오르자마자 매각해 버렸고 아주 적은 이익만 손에 넣을 수 있었다. 버핏은 그때 이후로 매수 당시의 가격에 얽매이지 않는 것을 투자의 원칙으로 삼았는데, 투자 조합의 조합원들에게도 같은 마음가짐이 필요하다고 호소했다. 그는 편지에 이렇게 썼다.

"자신이 보유한 주식의 시장 가격이 20%나 30% 하락했을 때 감정적으로 또는 금전적으로 괴로워질 것 같다면, 주식 투자에는 손을 대지 말아야 합니다."

주가란 오를 때가 있다면, 급격히 하락할 때도 있다. 만약 주가 변동으로 냉정하지 못하고 서둘러 되팔거나 금전적으로 궁지에 몰린다면 투자 같은 건 하지 않는 편이 좋다.

주가는 날마다 이리저리 요동치지만, 길게 보았을 때 자신이 투자한 기업에 정말 가치가 있는 한 가격은 기업의 가치에 점점 가까워지기 마련이다. 투자할 때 우리에게 필요한 것은 결코 침착함을 잃지 않는 자세와 생활에 지장이 없는 범위 안에서 투자하는 현명함이다.

072 《워런 버핏, 위대한 자본가의 탄생》

"새로운 방식이 큰 이익을 낳고 동시에 내 방식이 효력을 잃어 큰 손실을 낼 가능성이 있다고 해도 저는 지금까지의 방식을 바꿀 생각이 없습니다."

버핏은 1956년에 오마하에서 버핏 투자조합을 설립하고, 1969년에 조합을 해산했는데, 이 시기에 버핏은 여러 갈등을 겪었다.

미국의 주식 시장은 '고고 시대'라 불리는 버블의 시대였고, 피델리티 인베스트먼트(Fidelity Investment)의 펀드 매니저인 29세의 중국계 미국인 제럴드 차이(Gerald Chai)가 7년 동안 285%의 수익을 실현하고 있었다. 1965년 독립한 그는 맨해튼 펀드를 설립하는 등 성장 기업에 대한 투자로 주목받기도 했다.

제럴드 차이의 특기는 제록스나 폴라로이드와 같이 당시에는 '도박'에 가까웠던 기업에 대한 투자였지만, 성과는 압도적이었다. 버핏은 그와 대조를 이루는 존재였다. 버핏의 성과 또한 눈부셨지만, 버핏은 기술 관련 기업에는 손을 대지 않았고 전과 변함없는 방식을 고수했다. 버핏은 게임의 규칙이 바뀌었다는 점과 자신이 새로운 흐름에 적응하지 못했음을 인정하고서 파트너들에게 이렇게 전했다.

"새로운 방식이 큰 이익을 낳고 동시에 내 방식이 효력을 잃어 큰 손실을 낼 가능성이 있다고 해도 저는 지금까지의 방식을 바꿀 생각이 없습니다."

큰 변화 속에서도 버핏은 결코 자신의 방식을 바꾸려 하지 않았다.

073 《워런 버핏, 위대한 자본가의 탄생》

"조금 더 높은 이익을 내겠다고 끝없이 새로운 유행에 편승하고 싶지는 않습니다."

버핏의 특징 중 하나는 사람과 사람의 유대를 중요하게 여긴다는 점이다. 찰리 멍거의 말에 따르면, 버핏이 만약 투자조합을 지속하거나 많은 주주를 끌어안지 않고 그만큼 복리로 돈을 불리는 데 집중했다면 몇십억 달러를 더 손에 쥘 수 있었음에도 버핏은 돈보다 사람의 도리와 관계를 중요하게 여겼다고 한다.

1968년, 버핏은 파트너들에게 보내는 편지에 이렇게 썼다.

"저는 친밀한 사람들과 사업을 하면 새로운 자극은 물론, 투자의 이익도 얻을 수 있습니다. 조금 더 높은 이익을 내겠다고 끝없이 새로운 유행에 편승하고 싶지는 않습니다."

고고 시대에는 기업을 잇달아 매수하고 쉽게 팔아넘겨 큰돈을 손에 넣는 것이 유행이었지만, 버핏은 버크셔 해서웨이도, 혹스차일드 콘도 모두 골칫거리라 여기면서도 가볍게 팔아 치우지 않았다. 설령 뒤떨어지는 사업이라 해도 전반적으로 성과가 만족스럽다면 기꺼이 허용했다. 또한 사람과의 관계를 매우 중시해서 아주 적은 이익을 위해 오마하나 친구, 기업을 버리는 일은 절대로 하지 않았다. 단지 돈만을 위해 뛰어난 능력의 사람들을 불만과 분노로 가득한 관계로 만드는 것은 버핏의 철학이 아니기 때문이다.

074 《워런 버핏, 부의 진실을 말하다》

"우리는 기업을 사는 것은 좋아하지만, 파는 것은 좋아하지 않습니다. 산하로 거둔 기업과의 관계가 평생 이어지기를 바랍니다."

버핏은 단기적인 이익을 추구하는 거래를 꺼리며, 한때는 1년도 채 보유하지 않은 주식을 팔아서 얻는 이익에는 100% 양도세를 매겨야 한다고 제안하기까지 했다. 하지만 이런 생각을 가진 사람은 드물다. 예를 들어, 과거 버핏의 라이벌이라 불리기도 한 피델리티 인베스트먼트의 제럴드 차이의 상사는 이렇게 말하기도 했다.

"주식을 샀을 때 그 주식과 결혼했다고 느끼고 싶지는 않습니다. 무슨 '우정 결혼'으로 여기고 싶은 거냐고 말하는 사람도 있겠죠. 하지만 그걸로는 부족합니다. 가능하다면 때로는 불륜도 하고, 아주 가끔 하룻밤이나 이틀 밤 정도 함께 지내는 것이 저희 취향이죠."

버핏은 기업의 내재 가치를 알고 장기적 성장 가능성에 중점을 두었지만, 차이는 주식 차트를 응시하며 온갖 아이디어를 구사하고 재빠르게 주식을 사고팔아 높은 이익을 냈다. 차이 같은 투자자들에게는 버핏처럼 몇 년이나 주식을 보유하는 것은 생각조차 어려운 일이었다.

몇 년 후 차이는 자신이 세운 투자 펀드를 매각하고 큰돈을 손에 넣었다. 반면 버핏은 투자조합을 해산하기는 했어도 버크셔 해서웨이를 경영하는 데 전념했다. 그보다 앞서 구입한 가이코와 아메리칸 익스프레스는 여전히 버크셔 해서웨이의 산하 기업 혹은 보유 기업이다.

075 《워런 버핏, 위대한 자본가의 탄생》

"처음에는 아침마다 입금 우편이 날아오기 바쁘고 보험 청구는 거의 없습니다. 그때 드는 감정은 마치 처음 신용카드를 받았을 때처럼 유쾌한 기분이지요."

버핏이 버크셔 해서웨이를 키우는 과정에서 가장 큰 역할을 한 것은 바로 손해보험 사업이다. 1967년 내셔널 인뎀니티(National Indemnity)와 자매회사 내셔널 파이어 앤드 마린(National Fire & Marine)을 인수한 이래 버핏은 "손해보험 사업이야말로 우리 회사의 성장을 이끌어온 엔진"이라고 인정했다.

버핏이 보험 사업에 관심을 가진 이유는 업계의 비즈니스 모델 때문이었다. 보험 사업은 보험료를 선불로 받았다가 나중에 때가 되면 보험금을 지불하는 형태로 운영된다. 때로는 아예 지불하지 않고 끝나기도 한다. 이와 같이 돈을 먼저 받고, 지불은 나중에 이루어지는 비즈니스 모델은 버핏이 '플로트(float)'라고 부르는 풍부한 자금을 생성하며, 실제 지불이 필요할 때까지 그 자금을 자유롭게 운용할 수 있게 해준다.

버핏은 플로트가 가져다주는 이점에 대해 이렇게 이야기했다.

"처음에는 아침마다 입금 우편이 날아오기 바쁘고 보험 청구는 거의 없습니다. 그때는 드는 감정은 마치 처음 신용카드를 받았을 때처럼 유쾌한 기분이지요."

버핏이 투자했던 블루칩 스탬프도 그렇듯이 사업에서 발생한 플로트는 유연한 투자를 가능하게 했고 버크셔 해서웨이의 성장에 속도를 더해주었다.

076 《워런 버핏, 위대한 자본가의 탄생》

"수잔과 저는 영화 보러 갈 돈을 아껴서 684만 9,936달러를 투자했습니다."

　버핏은 젊은 시절부터 매우 검소한 생활을 했다. 그는 일찍이 사업을 시작하고 투자에도 나섰기에 컬럼비아 경영대학원을 졸업할 무렵에는 이미 2만 달러에 가까운 자산을 보유하고 있었다. 자산은 끊임없이 늘어나 그레이엄의 회사를 그만두고 오마하에서 투자조합을 시작한 시점에는 약 17만 4,000달러나 되는 자금을 쌓은 뒤였다.

　그가 오마하에서 빌린 집은 월세가 175달러였고 1년 생활비는 1만 2,000달러 정도였다. 26세의 버핏이 계산하기로는 은퇴해서 자금만 운용해도 35세에 꿈에 그리던 백만장자가 될 수 있는 상황이었다.

　그만큼 많은 자금을 손에 쥐었음에도 불구하고 그가 빌린 집은 근근이 생활할 수 있을 만큼 좁았는데, 버핏은 작은 서재를 사무실로 삼아 전화 한 대만 두고 투자조합을 시작했다.

　버핏은 가능한 한 지출을 줄이고 지출이 생길 때마다 노란색 줄 노트에 손수 적으며 내역을 관리했다. 이렇게 오랜 기간 운영해 온 투자조합의 자산은 점점 불어나서 1966년에는 4,400만 달러에 이르렀고, 부자가 된 버핏은 투자자들에게 보내는 편지에 이렇게 썼다.

　"수잔과 저는 영화 보러 갈 돈을 아껴서 684만 9,936달러를 투자했습니다."

077 《워런 버핏, 부의 진실을 말하다》

"'얼마 전 파티에서 언뜻 듣고 200주를 사봤다'라는 이야기를 자주 듣는데, 사람들은 소액 투자를 마땅한 이유도 없이 결정하는 경향이 있는 듯합니다."

버크셔 해서웨이가 투자의 대상으로 고려하는 것은 주로 '매머드급'이라 불리는 대기업인데, 버핏은 규모가 어찌 됐든 일찍이 '엄선한 소수의 종목에 높은 금액을 투자하는' 것을 중시해 왔다.

1980년대에 버크셔 해서웨이가 〈월 스트리트 저널(The Wall Street Journal)〉에 게재한 회사 인수 광고에는 몇 가지 조건이 걸려 있었는데, 그중 첫 번째 조건은 "대기업일 것(세금을 제외한 이익이 적어도 1,000만 달러 이상일 것. 많으면 많을수록 좋음)"이었다.

버핏이 크기를 중요하게 여기는 이유는 무엇일까? 그는 투자조합을 운영하던 시절 고액 투자와 소액 투자 중 어느 쪽의 이율이 높은지 조사했는데, 고액 투자가 소액 투자보다 늘 높은 이율을 올리고 있다는 결과가 나왔고 이 조사 결과가 투자에 영향을 준 듯하다. 그는 이유를 다음과 같이 설명했다.

"금액이 커지면 커질수록 투자를 결정하기까지 더욱 세밀한 조사가 이루어지고, 거기에 상응하는 비판도 극복해야 하기 때문이겠지요. 금액이 적으면 그런 작업은 적당히 넘기게 될 우려가 있습니다."

소액 투자는 마땅한 이유 없이도 쉽게 결정할 수 있어, 지나치게 성급하게 판단할 위험이 있다.

078 <워런 버핏 & 빌 게이츠 학교에 가다>

"성격과 적성에 맞는 방식으로 일하는 것이 결국 가장 효율적이라는 뜻입니다."

1950년대에 버핏처럼 대학까지 졸업한 사람이 대기업에 취직하지 않고 자영업의 길을 선택하는 것은 매우 드문 일이었다. 버핏도 처음 몇 년 동안은 아버지의 회사와 벤저민 그레이엄의 회사에 몸담았지만, 원래는 자신이 모은 자금을 직접 운용해서 백만장자라는 목표를 이룰 수 있다는 자신감이 확고했기에 대기업에 들어갈 마음은 조금도 없었다. 그것만으로도 당시에는 몹시 파격적인 선택이었다.

그레이엄의 회사를 떠나 오마하로 돌아간 뒤로 버핏은 대개 '혼자 생각하고 혼자 결정하는' 업무 방식을 유지했다. 버핏은 이런 방식이 무척 마음에 들었고 이에 관해 다음과 같이 말하기도 했다.

"저는 아주 운이 좋았습니다. 내가 하고 싶은 일을 내가 좋아하는 방식으로, 게다가 내가 선택한 멋진 동료들과 함께 할 수 있으니까요. 자기가 생각한 대로 할 수 있다는 건 정말 운이 좋은 경우라고 생각합니다."

다만, 자신의 방식이 무조건 옳다고 생각하지는 않았다. 빌 게이츠에게는 빌 게이츠에게 맞는 방식이 있고, 자신에게는 자신에게 맞는 방식이 있다고 여겼다. 중요한 것은 성격과 적성에 맞는 방식을 택하는 것이며, 그것이야말로 성공으로 가는 길이다.

079 《워런 버핏의 오마하 순례》

"때로는 적은 금액을 쏟아붓는 것이 오히려 실수가 되기도 합니다. 기나긴 인생에서는 때때로 믿기 어려울 만큼 큰 기회가 찾아오기 때문입니다."

버핏은 1951년, 즉 그가 20세가 되었을 때 처음으로 빚을 졌다. 버핏의 눈에는 투자의 기회가 사방에 널려 있었으나, 투자할 자금이 부족했다. 어떤 주식을 사려면 다른 주식을 팔아야 하는 상황이었지만, 그러고 싶지는 않았다. 당시 버핏은 순자산의 4분의 3 가까이 가이코에 투자한 상황이었고, 새로운 매수를 위해서는 가이코를 놓아야 했기 때문이다.

돈을 빌리는 데는 거부감이 있었지만, 버핏은 아버지를 보증인으로 세워 오마하 내셔널 은행에서 5,000달러를 빌려 투자에 쓰기로 했다. 버핏의 말에 따르면, 인생에는 때로 모든 재산을 몽땅 쏟아부어도 아깝지 않을 만큼 큰 기회가 찾아온다고 한다. 예를 들어 캐피털 시티스(Capital Cities)에 고액을 투자했더니 업계 최고의 경영자를 얻었으며, 코카콜라(Coca-Cola)에는 자신의 온 재산을 투자해도 아무 걱정이 없을 정도다. 오히려 오래도록 안정된 생활이 보장될 것이다.

버핏은 '분산 투자'를 의미 없는 일이라며 거들떠보지도 않았을 뿐만 아니라 "때로는 적은 금액을 쏟아붓는 것이 오히려 실수가 되기도 합니다"라고 딱 잘라 말하기도 했다. 굳은 확신만 있다면 때로는 대담해져도 좋다.

080 《워런 버핏의 주주 서한》

"시간은 훌륭한 기업에게는 친구이지만, 시시한 기업에게는 적입니다."

버핏이 스승인 벤저민 그레이엄에게 배운 '담배꽁초 투자'에서 손을 떼기로 결심한 데는, 버크셔 해서웨이와 백화점 혹스차일드콘 등에서 맛본 쓰디쓴 경험이 큰 영향을 미쳤다.

당시 버핏은 충분히 저렴한 가격에 주식을 사면, 아무리 기업의 장기적 수익이 처참해 보여도 그럭저럭 이익을 내서 '대개는 이자를 발생할 기회가 있을 것'이라고 믿었다. 특히 혹스차일드콘처럼 경영진이 훌륭하고, 부동산에서 얻을 수 있는 잠재적 이익이나 장부에 반영되지 않은 이익이 있을 때는 사지 않을 수 없었다. 그러나 '담배꽁초'는 아무리 공짜나 다름없는 값에 손에 넣어도 '운 좋게 싸게 산 좋은 물건'이 되지는 않았다.

'담배꽁초'에는 꽁초가 될 만한 문제가 있고 문제를 해결하려면 시간과 노력이 든다. 빠르게 사서 빠르게 팔면 그런대로 이익을 얻을 수 있지만, 문제가 많아 매각하기까지 오랜 시간이 걸리면 설령 어느 정도 이익이 발생하더라도 그동안 들인 비용과 적은 수익을 따져보았을 때 '예상에서 빗나간' 투자가 된다. "시간은 훌륭한 기업에게는 친구이지만, 시시한 기업에게는 적"이므로 기업을 인수하려면 반드시 '훌륭한 기업'이어야 한다는 것이 버핏의 원칙이다.

081 《워런 버핏의 주주 서한》

"멍거와 저는 걸음을 서두를 생각이 없고, 결과보다 과정을 한껏 즐기고 있습니다."

많은 돈을 빌리고, 레버리지를 이용해 거하게 사들인 다음, 아주 짧은 기간 안에 팔아넘겨 큰 이익을 얻는 사람들이 있다. 버핏은 이런 이들과 완전히 반대였다. 버핏은 부채를 싫어하고 레버리지를 사용하지 않았으며 인수한 기업은 되도록 오래 보유하는 것을 자신의 원칙으로 삼았다.

버크셔의 주주들에게 보내는 편지에서 버핏은 "보수적 재무 방침을 잘못이라고 여기는 사람도 있을지 모르지만, 저희는 그렇게 생각하지 않습니다"라고 단언했다. 버핏이 말하기를, 1965년 당시에도 레버리지를 이용하면 99%의 확률로 좋은 결과를 얻을 기회가 있었음에도 버핏은 '크게 실패할 가능성이 아무리 낮아도, 큰 이익을 얻을 가능성만으로 그 위험을 상쇄하지 못한다'라는 신념 때문에 기회를 놓아버렸다고 한다.

그리고 버핏은 그런 결정을 조금도 후회하지 않았다.

"분별 있게 행동하다 보면 틀림없이 결과가 따라옵니다. 레버리지는 속도를 조금 빠르게 해줄 뿐이지요. 멍거와 저는 걸음을 서두를 생각이 없고, 결과보다 과정을 한껏 즐기고 있습니다."

버핏은 과정을 즐기며 세계 최고의 성과까지 손에 넣었다.

082 《워런 버핏의 주주 서한》

"간절히 바라면 꿈이 이루어지는 건 디즈니 영화 속 이야기일 뿐, 사업에는 독이 됩니다."

1985년 버핏이 버크셔 해서웨이의 섬유 부문을 매각하자 회사는 산하에 훌륭한 기업들을 거느린 막강한 복합 기업이 되었다. 버핏이 버크셔 해서웨이의 경영권을 인수한 것은 1965년이었는데, 그로부터 21년이 지난 1986년 회사의 주식은 167배로 뛰어올랐다. 그동안 다우 지수가 2배로 오른 데 비해 버크셔 해서웨이의 성장은 무시무시할 정도였고, 〈월 스트리트 저널〉과 〈포브스〉는 버핏을 '마법사', '오마하의 신탁', '대중의 영웅'이라고 칭했다.

버핏 덕에 당시 오마하에서는 50명, 미국 전역에서는 수백 명이 백만장자가 되었다고 한다. 그런 의미에서는 버크셔를 인수한 것은 대성공이라 할 수 있지만, 버핏에게는 여전히 '최악의 실수'였다. 버크셔 해서웨이를 인수할 때 버핏은 회사의 본업인 섬유 사업을 어떻게든 성공시키려고 20년간 갖은 노력을 기울이고 손익을 개선하려 애썼지만, 결국 다시 일으켜 세우지 못하고 매각할 수밖에 없었다. 이때의 경험을 바탕으로 버핏은 이런 생각을 가지게 되었다.

"간절히 바라면 꿈이 이루어지는 건 디즈니 영화 속 이야기일 뿐, 사업에는 독이 됩니다."

아무리 뛰어난 경영자라도 부실한 사업을 다시 일으키기란 어렵다. 버핏의 특기는 자본의 분배였기에 도산 직전의 기업을 되살리겠다는 꿈은 이루지 못했다.

083 《워런 버핏, 부의 진실을 말하다》

"설령 실수를 하더라도 어쩌다 그렇게 되었는지 설명할 수 있어야 합니다."

세계 최고의 투자자인 버핏도 실수를 완전히 피하지는 못했다. 버핏은 주주 서한 등에서도 버크셔 해서웨이를 비롯한 자신의 실수에 관해 이야기하곤 하는데, 투자할 때 이런 판단 실수를 완전히 없애기란 불가능하다고 믿기도 한다.

그는 실수를 통해 다양한 교훈을 얻을 수 있기에 큰 실수만 아니라면 모조리 없앨 필요는 없다고 여긴다. 버핏이 이토록 긍정적으로 생각할 수 있는 데는 그럴 만한 이유가 있다. 버핏은 어떤 때든 시장의 동향이나 다른 사람의 의견에 이끌려 주식을 사고파는 경우가 없다. 어디까지나 직접 조사하고 몸소 생각하고 스스로 이해한 다음 판단하며, 거기에는 당연히 이해와 깨달음이 따른다.

"설령 실수하더라도 어쩌다 그렇게 되었는지 설명할 수 있어야 합니다. 다시 말해 내가 완전히 이해한 것만 하고 싶다는 이야기이지요."

이해도 깨달음도 없는 행동은 실패를 부르거나 후회로 이어지기 쉽다. 버핏은 늘 충분히 이해하고 납득한 다음에 판단을 내린다. 그렇기에 실수도 긍정적으로 생각할 수 있는 것이다. 버핏은 "사람은 누구나 실수하기 마련이다"라고 말했는데, 그렇기에 자신이 하고자 하는 일을 충분히 헤아리고 이해할 필요가 있다. 그러면 실수하더라도 이유를 설명할 수 있고 실수에서 무언가를 배울 수도 있다.

084 《워런 버핏, 부의 진실을 말하다》

"이름을 바꾼다면 버핏 앤드 파더겠지."

버핏은 자신이 존경하는 인물로 아버지 하워드와 은사 벤저민 그레이엄을 꼽았지만, '투자자'로서 자신의 재능에 대해서는 제법 큰 자신감을 가지고 있었다. 대학원을 졸업한 버핏은 오마하로 돌아가 아버지의 회사에 입사했다.

한 친구가 "아버지랑 같이 일하는 거면 회사 이름은 '버핏 앤드 선'이라고 하면 어때?"라고 말하자 버핏은 이렇게 대답했다. "이름을 바꾼다면 버핏 앤드 파더겠지."

1956년 은퇴를 결심한 그레이엄이 버핏에게 회사의 제너럴 파트너가 되지 않겠느냐고 제안했을 때 버핏은 회사에 남을 제리 뉴먼의 아들 미키와의 관계를 고려해 이를 거절했다.

"만약 내가 회사에 남았다면 내가 그레이엄의 입장, 미키가 제리 뉴먼의 입장이 되었겠지만, 미키가 훨씬 높은 시니어 파트너가 되었을 것이다. 사명은 뉴먼 버핏이 되었을 테고."

버핏은 상대가 아버지든 미키든 다른 사람의 밑에서 직원으로 일하기를 원하지 않았다. 버핏은 그만큼 자신의 힘에 강한 확신을 가지고 있었다.

085 《스노볼》

"다른 사람이 욕심을 낼 때는 조심하고, 다른 사람들이 두려워할 때는 욕심을 내라."

벤저민 그레이엄과 버핏은 '진정한 투자자라면 자신이 군중과 정반대로 매매하고 있다는 데서 만족감을 느끼기 마련'이라고 생각했다.

1962년 1월 버핏은 11개의 파트너십을 해산하고 투자조합을 하나로 통합했다. 순자산은 720만 달러에 달했다. 같은 해 3월 마침내 주식 시장이 급락해 지난 몇 년 사이 가장 낮은 가격이 되자 버핏에게 또 다른 기회가 찾아왔다. 주가 하락으로 거의 타격을 입지 않았던 그에게는 가장 욕심을 내야 할 순간이었다.

"다른 사람이 욕심을 낼 때는 조심하고, 다른 사람들이 두려워할 때는 욕심을 내라."

버핏은 파트너에게 보내는 편지에 "전통적인 투자 방식과 비교하면 우리의 방식은 상당히 덜 위험해 보인다"라고 썼듯이 욕심껏 승부를 걸었다.

이후에도 버핏은 같은 방식을 취했다. 1970년대에 들어서 제록스와 코닥을 중심으로 크게 올랐던 주가가 하락하기 시작하며 시장 관계자들이 겁먹기 시작했을 때 버핏은 낮은 금리로 조달한 자금을 인기주가 아닌 〈워싱턴 포스트〉 같은 저렴한 주식에 투자했다. 다른 사람이 욕심을 낼 때는 신중하게 행동하고 다른 사람이 의심에 빠져 있을 때는 풍부한 자금을 토대로 훌륭한 저가 주식을 손에 넣었다. 이처럼 버핏은 늘 월가와 정반대의 방식을 택했다.

086 《워런 버핏, 부의 진실을 말하다》

"우리는 경제학에서 말하는 순수한 경제적 동물이 아닙니다. 그 때문에 경제 효과가 조금 악화될 때도 있지만, 그래도 지금의 방식이 좋다고 생각합니다."

버핏은 투자를 할 때 주식이 아니라 기업을 소유한다고 생각하며 소유 기간은 무한해도 좋다고 믿었지만, 1960년대에 투자한 뎀스터 밀을 사고팔 때는 직원과 지역 주민들에게 '냉혹한 청산인'이라 불리며 적의의 대상이 되었다.

뎀스터 밀은 네브래스카주 비어트리스에서 풍차와 관개 시설을 만드는 회사로, 문제가 많아서 이른바 '담배꽁초'나 다름없는 상태였다. 버핏은 주가가 오르면 팔면 그만이고, 주가가 오르지 않으면 청산해서 이익을 얻을 생각이었다. 회사의 지배권을 쥔 버핏은 직원 100명을 해고하고 지점을 폐쇄하는 등 구조 조정을 단행해 흑자로 만든 다음 회사를 팔기로 결정했다.

그러나 뎀스터 밀은 그 지역에서 가장 큰 회사이자 유일한 회사였기에 주민들이 맹렬히 반발했고 300만 달러 가까이 자금을 모아 버핏에게서 다시 회사를 샀다. 버핏의 손에는 200만 달러의 이익이 남았지만, 마을 주민들에게 톡톡히 미움을 사는 바람에 앞으로는 두 번 다시 같은 사태를 일으켜서는 안 되겠다고 뼈저리게 실감했다. 버핏은 이렇게 생각하게 되었다.

"우리는 경제학에서 말하는 순수한 경제적 동물이 아닙니다."

버핏은 적은 이익을 위해 평판을 깎는 행동을 더욱 꺼리게 되었다.

087 《워런 버핏, 부의 진실을 말하다》

"자신을 믿어주는 사람들을 자꾸 성가시다는 듯 내쫓으면 분명 불편한 마음이 들 겁니다."

버핏은 세계 최고의 투자자라 불리며 한때, 세계에서 가장 부유한 사람의 위치에 오르기도 했다. 그래서 살로먼 브라더스 직원들의 보수를 삭감하려 했을 때 "돈을 아주 좋아하는 부자이면서 왜 우리를 욕심쟁이라 비난하느냐"라는 비판을 받기도 했다. 어느 쪽이든 큰돈을 손에 넣는다는 점은 같을지도 모르지만, 버핏과 그들 사이에는 큰 차이가 있다. 월가의 주민들은 돈을 벌기 위해 수단을 가리지 않지만, 버핏은 돈을 위해 누군가를 희생하는 것을 더없이 혐오하고 그런 방식으로 큰돈을 손에 넣으려 하지도 않는다.

특히 버핏이 중시한 것은 '사람과 사람의 유대'다. 버핏은 파트너와 한 약속은 반드시 지킨다. 작은 문제가 생겨도 일단 거두어들인 기업은 쉽게 놓지 않는다. 왜냐하면 파트너이자 동료에게 투자한다고 생각하기 때문이다. 아버지와의 관계도 마찬가지였다. 버핏은 오랜 세월 아버지와 같은 공화당원이었으나, 어떤 일을 계기로 더 이상 공화당을 지지할 수 없게 되었다. 그럼에도 아버지가 살아 있는 동안은 공화당원의 유권자 등록을 변경하지 않았다. 버핏은 누구든 자신이 '아버지에게 가혹한 행동을 했다'고 여기지 않았으면 했다.

"자신을 믿어주는 사람들을 자꾸 성가시다는 듯 내쫓으면 분명 불편한 마음이 들 겁니다."

이는 투자에서도 인간관계에서도 변치 않는 신념이었다.

088 《스노볼》

"말이 아니라 기수에게 걸었습니다."

1967년 파트너에게 보내는 편지에서 버핏은 투자조합의 목표를 낮춘 이유 가운데 하나가 투자 이외의 활동에도 시간을 할애하기 위해서라고 설명했다. 시간상으로 조금 여유가 생긴 버핏은 그리넬 대학의 이사로 취임한 뒤 자신에게 딱 맞는 재무 위원회에 참가했다.

그때 위원장은 당시 페어차일드 반도체를 경영하고 1968년 인텔을 설립한 로버트 노이스(Robert Noyce)였다. 노이스는 고든 무어(Gordon Moore), 앤디류 그로브(Andrew Grove)와 함께 인텔을 창업할 때 대학의 기부 기금에 출자를 요청했는데, 그때 버핏은 투자를 승인하기는 했지만, 개인적으로 자금을 투자하지는 않았다. 출자를 승인한 이유를 버핏은 이렇게 설명했다.

"말이 아니라 기수에게 걸었습니다."

이 말은 다른 투자자들도 자주 쓰는 말이다. 스티브 잡스가 애플을 떠나 넥스트를 만들었을 때 투자를 결심한 로스 페로는 "나는 기수를 선택합니다. 기수는 말을 골라 잘 달려주기만 하면 됩니다"라고 이유를 설명했다. 이처럼 '어떤 기업인지' 정확히 판단하기 어려울 때는 역시 '기수는 누구인가'가 유일한 근거가 된다. 버핏은 인텔에 직접 투자하지는 않았지만, 인텔의 창업자들은 틀림없이 훌륭하고 뛰어난 기수들이었다.

089 《스노볼》

"이 시가에 내 돈이 들어 있다."

1958년 즈음까지 버핏은 담배꽁초 주식을 사서 이익을 얻는 방식을 고집했지만, 얼마 뒤부터는 적극적으로 움직여 자신이 투자한 회사의 경영 방침에도 영향을 미치게 되었다.

버핏은 미국의 도시 송전선과 급수관, 찻길, 지붕의 구조와 긴급 대피용 계단 등을 자세히 기록한 지도를 만들고 보험회사에 판매하는 '샌본 맵(Sanborn Map)'이라는 회사를 눈여겨보았다. 사업의 전망은 그리 밝지 않았지만, 1주에 45달러라는 가격에 비해 보유한 유가증권만 해도 1주당 65달러의 가치가 있어 버핏에게는 매우 매력적인 회사였다.

버핏은 동료들의 힘까지 빌려서 샌본의 이사로 선출될 수 있을 만큼 주식을 장악하고 이사회에 출석했다. 거기서 버핏은 투자분을 주주에게 분배하자고 제안했으나, 고객이기도 한 보험회사의 대표들은 제안을 거부하고 나눠준 시가를 피우기 시작했다. 그 모습을 본 버핏은 '이 시가에 내 돈이 들어 있다'라는 생각에 속이 부글부글 끓었다.

회사의 자금을 확보하는 데만 집중하고, 주주를 소홀히 하며 자신들의 입맛대로 주주의 돈을 사용하는 회사의 태도를 더 이상 참을 수 없었던 버핏은, 주식을 더 사들여 실질적인 지배권을 쥐게 되었다. 결국 이사회는 백기를 들었고 버핏의 제안을 따르게 되었다. 그리하여 버핏의 영향력은 점점 더 커지기 시작했다.

090 《스노볼》

"'워런, 당신이 황금 건초 더미에서 금바늘을 찾으려 한다면 그냥 바늘을 찾는 것보다 나을 게 뭐가 있죠?' 하지만 저는 잘 알려지지 않은 것일수록 좋았습니다."

    1960년대에 버핏은 그레이엄의 '담배꽁초 투자'에서 필립 피셔의 '성장이 보장된 좋은 기업에 대한 투자'로 방식을 전환하기 시작했다. 찰리 멍거와 허버트 울프(Herbert Wolf)는 버핏에게 특히 많은 영향을 주었다.

    장외 주식 거래 전문 회사인 뉴욕 핸시틱에서 근무하던 울프는 버핏의 재능을 인정하면서도 브랜드 가치와 성장 가능성을 중시하지 않는 버핏에게 이렇게 조언했다.

    "워런, 당신이 황금 건초 더미에서 금바늘을 찾으려 한다면 그냥 바늘을 찾는 것보다 나을 게 뭐가 있죠?"

    브랜드와 성장 가능성까지 고려해 기업을 평가하면 투자할 만한 기업은 얼마든지 있었다. 그럼에도 버핏은 '황금 건초 더미에서 금바늘을 찾겠다'라며 '잘 알려지지 않은 것'만 찾아 헤맸다. 울프가 보기에 그건 '보물찾기'처럼 수고는 많이 들지만 이득은 얼마 되지 않는 행동이었다.

    얼마 뒤 버핏은 주가가 급락한 아메리칸 익스프레스에 300만 달러 가까이 돈을 투자하기로 결심했는데, 그건 자산이 아니라 압도적인 브랜드의 가치를 인정해서였다. 버핏은 이처럼 많은 사람의 영향을 받으며 자신만의 투자법을 확립해 나갔다.

091 《워런 버핏, 부의 진실을 말하다》

"처음에는 다들 작은 부자처럼 보였는데, 지금은 모두 큰 부자입니다."

버핏에게는 그레이엄의 영향을 받은 동료 투자자들이 있다. 일명 '그레이엄-도드 마을(Graham-and-Doddsville)'의 주민이라 불리는 이들은, 각각 방식은 조금씩 다르지만 그레이엄의 이론을 바탕으로 투자에서 큰 성공을 거두었다. 월터 슐로스와 톰 냅(Tom Knapp) 등이 대표적이다.

1968년 버핏은 그레이엄의 제자들에게 그레이엄을 초대해 동창회를 열자고 제안했다. 절약이 몸에 밴 버핏은 저렴한 홀리데이 인 호텔을 장소로 제안했지만, 모두의 반대로 매릴린 먼로의 영화 〈뜨거운 것이 좋아〉를 촬영한 샌디에이고만 앞의 호텔 델 코로나도에서 모이기로 했다. 그들은 이틀간 머무르며 투자에 대해 이야기했는데, "기회가 없다"라며 한탄하는 사람이 많았다.

그럼에도 모두가 틀림없이 성공의 길을 걷고 있었다. 버핏은 멤버들에 대해 "처음에는 다들 작은 부자처럼 보였는데, 지금은 모두 큰 부자입니다"라고 이야기했고, 그레이엄의 가르침을 가슴에 새기며 이렇게 감사를 표했다.

"그저 한 발 한 발 착실히 걸어온 것뿐입니다. 모두 벤 그레이엄 덕분이지요."

아메리칸 드림이라 하면 사람들은 주로 사업을 일으켜 성공하는 경우를 떠올리지만, 버핏과 동료들은 그레이엄과 같은 건실한 투자로 작은 부자에서 큰 부자로 거듭났다.

092 《워런 버핏, 부의 진실을 말하다》

"지금은 비참해도 10년 후에는 좋아질 거라고 생각하며 행동해서는 안 됩니다."

버핏은 자신이 정말 좋아하는 일을 해야 하며 진심으로 우러러볼 수 있는 사람과 함께해야 한다는 신념을 가지고 있다. 대학원을 졸업하고 오마하로 돌아갔을 때 버핏은 아버지의 회사에서 일하기를 원했지만, 아버지 하워드는 아들이 오마하의 이름난 기업에 취직하기를 바랐다.

그 회사의 면접에서 버핏이 기대한 것은 '업무를 이해해 주는 현명한 고객과의 만남'이었지만, 기업의 회장이 한 말은 "현명한지 어떤지는 상관없네. 돈이 많은지 적은지가 중요하지"였다. 버핏은 곧 자리를 거절했다. 그리고 아버지의 회사에서도 고객과의 이익 충돌로 고뇌하다가 그레이엄의 회사로 이직을 결심했다. 버핏은 이렇게 말했다.

"배울 만한 점을 가진 사람이 주변에 있고 내가 그 조직에 잘 녹아든다면, 좋은 결과는 저절로 따라올 겁니다. 지금은 비참해도 10년 후에는 좋아질 거라고 생각하며 행동해서는 안 됩니다. 지금 즐길 수 없는 일을 과연 10년 후에 즐길 수 있을까요? 아마 어렵겠지요."

인생에는 수행도, 인내도 필요하지만, 버핏은 '지금의 비참함'을 견딜 필요는 없다고 생각했다. 중요한 것은 자신이 좋아하는 일, 잘하는 일을 하는 것이다. 내가 좋아하는 일을 하며 기꺼이 인내하면 미래를 향해 높이 뛰어오를 수 있다.

093 《워런 버핏, 부의 진실을 말하다》

"어떤 상황이든 거짓말을 해선 안 돼. 변호사가 하는 말은 신경 쓰지 말고."

아버지의 삶을 곁에서 보며 많은 것을 배운 버핏은 자식들에게도 올바른 삶의 방식을 전하려 노력했다. 그가 맏아들 하워드에게 알려준 것은 '정직한 삶'이었다.

"어떤 상황이든 거짓말을 해선 안 돼. 변호사가 하는 말은 신경 쓰지 말고. 다툼이 생겼을 때 변호사를 부르면 우선 아무 말도 하지 말고 입을 다물라고 하겠지. 하지만 본 대로 들은 대로 숨김없이 말하면 다툼에 휘말릴 일 자체가 없을 거야."

버핏은 살로먼 브라더스가 부정을 저질렀을 때 임시 회장직에 앉아 문제를 해결했는데, 회사가 고용한 홍보 전문가들의 말은 전혀 듣지 않았고 기자 회견에서도 살로먼 브라더스에서 일어나고 있는 일은 물론 지금 어떤 대처를 하고 있는지, 앞으로 어떻게 해나갈지를 있는 그대로 솔직하게 털어놓았다.

기자들은 감추려 하면 추궁하고 도망치려 하면 달아나지 못하도록 뒤쫓는다. 그러나 버핏처럼 시간 따위 신경 쓰지 않고 정직하게 이야기하면 뭔가를 더 추궁하려도 할 수가 없어진다.

자기 스스로에게 솔직하게 살아가는 것은 자신의 평판을 지키는 일이며, 쓸데없는 다툼에 휘말리지 않는 최선의 방법이었다.

094 《워런 버핏, 부의 진실을 말하다》

"엑설런트 컴퍼니라 불리는 우량 기업이 비정상적인 사태로 주가가 마땅한 평가를 받지 못할 때. 투자에 나설 절호의 기회란 바로 이럴 때 찾아옵니다."

버핏은 강한 브랜드 가치와 성장 가능성을 지닌 훌륭한 기업들에 투자한다. 훌륭한 기업들은 주가가 높아지기 쉽다.

다만, 우수한 기업도 예상치 못한 사태에 직면하는 때가 있다. 예를 들어 〈워싱턴 포스트〉는 워터게이트 사건 때 정권을 비판했다는 이유로 정부의 압력을 받아 주가가 크게 떨어졌다. 1964년에는 아메리칸 익스프레스의 자회사가 문제를 일으켜 주가가 곤두박질쳤고, 가이코는 1976년 파산 위기에 처하기도 했다.

이럴 때 많은 투자자는 주가가 엄청난 기세로 바닥으로 떨어지는 광경을 보고 두려움에 떨다가 가지고 있던 주식을 다급히 팔아 치우지만, 버핏은 이때야말로 투자를 할 최고의 기회라 생각했다. 버핏은 이렇게 설명했다.

"엑설런트 컴퍼니라 불리는 우량 기업이 비정상적인 사태로 주가가 마땅한 평가를 받지 못할 때. 투자에 나설 절호의 기회란 바로 이럴 때 찾아옵니다."

아마존 같은 회사도 그랬듯이 기업은 때로 주가가 급격히 하락하는 상황에 처한다. 그럴 때는 당황하거나 좌절하지 않고 '기업의 진정한 가치'를 냉정하게 꿰뚫어 보는 힘이 필요하다. 머지않아 기업의 진짜 가치가 주가에 반영하게 될 것이라는 믿음이 바로 버핏의 흔들리지 않는 원칙이다.

095 《워런 버핏, 부의 진실을 말하다》

"가격은 당신이 지불하는 것, 가치는 당신이 얻는 것입니다."

버핏의 투자 방식에서 가장 중요한 부분 중 하나는 '가격과 가치의 차이'다.

투자뿐 아니라 제조업에서도 '가격과 가치는 다르다'는 점을 올바르게 이해하지 않으면 실수를 저지르기 쉽다. 제품의 가치가 올랐을 때 가격을 올린다면 몰라도 가치는 그대로인데 원가가 올랐다고 쉽게 가격을 올려버리면, 고객의 입장에서는 사기당한 기분이 들기 십상이다. 가격과 가치의 차이를 올바르게 머릿속에 넣은 다음 가치에 걸맞은 가격을 설정하지 않으면 장사는 절대 성공하지 못한다.

장사의 세계에서는 가치에 걸맞은 가격을 책정하려 하지만, 투자의 세계에서는 가치와 가격 사이에 커다란 간극이 생기기도 한다. 아직 정체도 제대로 알 수 없는 첨단 기술 기업이 비정상적으로 높은 가격에 매매되기도 하는가 하면, 높은 가치를 지닌 기업이 놀랄 만큼 낮은 가격에 거래되기도 한다. 버핏의 투자 기술은 이러한 가격과 가치의 차이에 주목하는 방식이다.

기업의 가치를 이해하기란 쉽지 않다. 버핏은 이렇게 말하기도 했다.

"기업의 가치를 분석하는 것은 예술이자 과학이다."

그럼에도 기업의 현재 가치보다 낮은 가격에 주식을 사고 신뢰할 만한 경영진이 있는 기업에 투자하면 장기적으로 이익을 얻을 수 있다.

096 《워런 버핏의 주주 서한》

"비단 지갑은 비단으로 만들어야지, 돼지 귀로 만들면 반드시 실패한다는 사실을 깨달았습니다."

"돼지 귀로는 비단 지갑을 만들 수 없다(You cannot make a silk purse out of sow's ear)"라는 속담이 있다. 조악한 재료로는 질 좋은 제품을 만들 수 없고 재료의 질은 바꿀 수 없다는 뜻이다.

버핏에게 '비단 지갑'은 오랜 세월 끊임없이 성장하는 '우수한 기업'이며, '돼지 귀'란 버핏이 예전에 오로지 '할인 품목'이라는 이유로 매수했던 섬유회사 버크셔 해서웨이(1965년 경영권 인수) 또는 백화점 혹스차일드콘(1966년 매수)을 가리킨다.

두 기업을 사들인 무렵 버핏은 '재료의 질'보다도 '저렴한 가격'에 강하게 매료되었고, 동시에 자신의 힘으로 얼마든지 '돼지 귀로 비단 지갑을 만들 수 있으리라' 믿었다.

하지만 실제로는 아무리 애써도 조악한 재료로 질 좋은 제품을 만들 수 없었다. 결국 버크셔 해서웨이의 섬유 사업도, 혹스차일드콘도 매각해야 했다.

"비단 지갑은 비단으로 만들어야지, 돼지 귀로 만들면 반드시 실패한다는 사실을 깨달았습니다."

경험을 통해 깨달음을 얻은 버핏은 '훌륭한 기업'을 무엇보다 고집하게 되었다.

097 《스노볼》

"장래성과 업계의 고유한 강점, 훌륭한 경영진 등을 갖춘 알맞은 회사를 사면 주가는 저절로 오릅니다. 그럴 때 금전등록기는 노래를 부르지요."

투자조합을 운영하던 시절 버핏은 벤저민 그레이엄의 담배꽁초 전략을 중심으로 투자했지만, 1964년쯤, 데이터를 분석해 보니 저렴한 가격에 투자할 만한 좋은 회사는 점점 줄어들고, 대신 작은 회사들이 많아져 큰돈을 투자할 만한 가치가 없다고 생각했다.

아메리칸 익스프레스는 그런 버핏에게 엄청난 기회였다. 당시 아메리칸 익스프레스는 자회사가 일으킨 문제로 주가가 곤두박질쳐 존속이 위태롭다는 우려의 목소리까지 나오기 시작했다. 아메리칸 익스프레스에는 제조 공장이나 부동산은 없었다. 과거의 버핏이었다면 그런 눈에 보이는 자산이 없는 회사에 관심을 주지 않았겠지만, 버핏은 스캔들에도 불구하고 신용카드와 여행자 수표가 여전히 고객에게 신뢰받고 있음을 눈으로 직접 확인한 다음 투자조합의 막대한 자금을 투자했다. 그레이엄의 분산 투자와는 동떨어진, 포트폴리오의 3분의 1을 모두 쏟아붓는 방식이었다. 버핏은 당시 이렇게 생각했다.

"장래성과 업계의 고유한 강점, 훌륭한 경영진 등을 갖춘 알맞은 회사를 사면 주가는 저절로 오릅니다. 그럴 때 금전등록기는 노래를 부르지요."

양이 아니라 질로 판단하는 방법이 더 큰 이익으로 이어진다고 확신한 것이다.

098 《스노볼》

"저는 지금 시장에 맞지 않고, 제가 알지 못하는 경기에 참여하려다 지금까지 이룬 근사한 성적을 망치고 싶지는 않습니다. 영웅인 채 떠나가고 싶습니다."

버핏이 '버핏 투자조합'을 해산한 것은 1969년이지만, 1967년 10월 파트너들에게 보내는 편지에서 처음 뜻을 밝혔다. 그가 말한 이유는 이러했다.

"버젓이 시장에 참가하는 한 저는 계속해서 경쟁할 수밖에 없습니다. 하지만 투자라는 토끼를 쫓는 데 평생 전념하고 싶지는 않습니다. 발걸음을 늦추려면 그만두는 수밖에 없겠지요."

당시 주식 시장은 몇조 달러 규모였는데, 버핏의 방식으로는 '1억 500만 달러를 이상적으로 투자하는 방법'을 찾을 수 없었다. 물론 첨단 기술 기업에 대한 투자 등으로 방식을 바꾸면 기회는 있었지만, 버핏 본인은 자신의 방식을 바꿀 마음이 눈곱만큼도 없었다. 그러나 투자조합을 운영하는 이상 다른 사람의 돈을 맡고 있으니 성과를 올릴 필요가 있었다.

버핏의 솔직한 심정은 '기회가 충분하게 느껴지지 않는 환경에서는 투자하고 싶지 않다'는 것이었다.

버핏의 뜻을 들은 파트너들은 놀랐지만, 그의 뜻은 흔들리지 않았다. 1969년 〈포브스〉는 "1957년 버핏 투자조합에 투자한 1만 달러는 이제 26만 달러가 되었다"라며 압도적인 성과를 기사로 다루었다. 반면 제럴드 차이의 펀드에 투자한 이들은 정반대의 운명을 맞이했다.

099 《스노볼》

"경제 활동 외에도 시간을 할애할 수 있도록 목표를 설정하고 싶습니다. 그 목표는 적당히 쉽고 안전하며 이득이 되고 즐거운 일들로 좁히고 싶습니다."

1969년 버핏은 오랜 기간 운영해 온 '버핏 투자조합'을 해산했는데, 2년 전인 1967년 10월 파트너들에게 보내는 편지에서 자신이 내건 목표를 하향 조정하고(시장의 연간 상승률보다 10%p 높은 수익률을 올리겠다는 기존 목표를 5%p로, 혹은 9%의 수익률을 올리는 것으로) 자신의 시간을 '돈벌이 이외의 일'에 쓰고 싶다고 선언했다.

"경제 활동 외에도 시간을 할애할 수 있도록 목표를 설정하고 싶습니다. 그 목표는 적당히 쉽고 안전하며 이득이 되고 즐거운 일들로 좁히고 싶습니다."

한 인터뷰에서는 이렇게 말하기도 했다.

"인류의 문제를 해결하는 데 기여할 수 있도록 제 시간을 지적으로, 그리고 효과적으로 쓰고 싶습니다. 돈벌이 이외의 일에 힘을 쏟고 싶습니다."

아내 수잔은 결혼 이후 버핏에게 '가만히 앉아 돈을 버는 것이 인생의 전부는 아니라고' 줄곧 이야기했는데, 그녀의 영향인지는 몰라도 버핏은 이 무렵 대통령 선거에 출마한 유진 매카시의 선거 자금을 담당하는 등 정치적인 활동에도 참여했다. 버핏에게는 심리적 압박감을 누그러뜨리고, 개인적인 일을 할 시간이 필요했던 것이다.

**WARREN
PRINCIPLES**

**BUFFETT
FOR LIFE**

제3장 버핏의 40세부터 55세까지
(1970~1985년)

40세부터 55세까지는 버핏의 투자 방식이 크게 변화하기 시작한 시기라 할 수 있다. 대표적인 사건들은 아래와 같다.

1. 버크셔 해서웨이와의 악전고투.
2. 담배꽁초 주식에서 성장주로.
3. 〈포브스〉 선정 미국 최고의 부호 400인에 선정.

투자조합을 모두 해산하고 버크셔 해서웨이를 경영하는 데 전념하게 된 버핏은 처음에는 회사를 '재건하겠노라' 자신했지만, 머지않아 섬유 사업의 한계를 깨닫고 55세 무렵 회사의 섬유 부문을 정리하고 지금의 투자 회사로 전환했다. 버핏에게는 "버크셔 해서웨이를 사들이지 않았다면 지금쯤 더 부유해졌을 것"이라고 한탄하는 결말이었지만, 동시에 이 실패는 '어떤 회사에 투자해야 하는지' 몸소 깨닫는 기회가 되었다.

버핏의 투자 기술에는 스승인 벤저민 그레이엄의 사상이 짙게 깔려 있는데, 그레이엄의 밑에서 일하던 시기부터 '극단적인 분산 투자'에 싫증을 느끼고 '오로지 숫자만 보는' 방식에 의문을 느끼고 있었다. 실제로 이후 버크셔의 산하 기업이 되는 보험회사 가이코에 투자할 때는 회사를 방문해 직접 이야기를 듣고 성장 가능성을 확신한 끝에 개인 자산의 대부분을 가이코에 쏟아부었다. 그레이엄의 사상과는 완전히 반대되는 방식이었다.

그런 버핏의 변화를 격려한 것은 훗날 둘도 없는 파트너가 되는 찰리 멍거와 '성장주 투자'로 널리 알려진 필립 피셔였다. 두 사람은 공장과 부동산 같은 자산에 얽매이지 않고 강한 경쟁력을 지닌 채 앞으로도 계속 성장해 나갈 기업을 '그럭저럭 괜찮은 가격'에 사야 한다고 믿었다.

버핏은 가이코와 아메리칸 익스프레스에 투자할 때도 이미 이런 방식을 취했지만, 투자조합을 해산한 이후 특히 씨즈 캔디를 인수하면서 '뛰어난 경영자가 있는 우수한 기업을 적절한 가격에 사는' 것이 얼마나 효과적인지 강하게 실감했다. 이처럼 ①앞으로 큰 성장이 기대되는 기업에 투자하고 ②오랜 기간 소유해야 한다고 믿는 피셔의 사상에, ①안전 마진을 중시하고 ②주식이 아닌 기업의 일부를 소유하며 ③날마다 변화하는 주가에 얽매이지 않는 그레이엄의 방식이 더해져 버핏의 투자법이 완성되었다.

100 《스노볼》

"2인자는 설 자리가 없습니다. 2등이 받을 빨간 리본 따위는 존재하지 않습니다."

지금은 아니지만, 버핏은 과거에 신문을 높이 평가해서 일간지를 매수하는 데 심혈을 기울였다. 1977년에는 뉴욕주의 도시인 버펄로(Buffalo)의 '버펄로 이브닝 뉴스(Buffalo Evening News)'를 인수했는데, 그때 버펄로에는 '쿠리어-익스프레스(Courier-Express)'라는 두 번째로 잘 나가는 신문도 있었다. 당시 버펄로 주민들은 동트기 전에 일을 나갔다가 저녁에 신문을 읽었고, 석간 신문 발행하는 버펄로 이브닝 뉴스는 쿠리어-익스프레스의 두 배나 되는 독자를 보유하고 있었다. 다만, 쿠리어-익스프레스와 다르게 일요판은 발행하지 않았다.

어떤 지역이든 신문은 강한 곳이 점점 더 강해지기 마련이었기에, 버핏은 곧바로 일요판 발행에 착수했다. 그러자 일요일 자 신문이 중요했던 쿠리어-익스프레스가 소송을 걸며 대항에 나섰다. 진흙탕 싸움이 시작되었고, 버펄로 이브닝 뉴스는 파업을 겪기도 했지만, 버핏은 끈질기게 버텼다. 결국 자본이 부족했던 약한 쿠리어-익스프레스가 도산하며 버핏의 바람대로 되었다. 버핏은 이렇게 단언했다.

"2인자는 설 자리가 없습니다. 2등이 받을 빨간 리본 따위는 존재하지 않습니다."

경쟁이 시장을 활성화해 모두가 이익을 누리는 시대도 있었지만, 지금은 강한 자가 더 강한 힘을 얻는 시대다.

101 《스노볼》

"피라미드를 짓기 위해 돈을 나르는 사람들을 고용하는 것을 훌륭한 일이라고 생각하는 사람도 있습니다. 하지만 그건 터무니없는 착각입니다. 그런 사람들은 투입하는 것만 생각하고 거기서 뭐가 만들어지는지는 생각하지 않는 겁니다."

오마하의 전설적인 인물, 피터 키위트(Peter Kiewit)가 세상을 떠났을 때, 버핏은 추도문에서 키위트가 얼마나 충실한 생산자였는지, 얻은 이익을 회사의 소유자를 위해서가 아니라 회사의 능력을 높이기 위해 써왔는지 이야기했다. 버핏에게 아무것도 만들어내지 않는 소비는 그저 낭비에 불과했다. 파라오만을 위해 지은 피라미드처럼 말이다.

피라미드를 공공사업으로 보는 시선도 있다. 사람을 고용하고 그들에게 식대와 보수를 지불하니 여러 사람에게 도움이 된다고 보는 시각도 있지만, 버핏은 그것이 "바보 같은 짓이며 도덕적으로도 온당치 않은 일"이라고 단호하게 지적했다.

결국 피라미드는 지금에야 하나의 관광 자원으로 가치가 있을지언정 만들 당시에는 단순히 권위를 과시하는 상징일 뿐이었다. 버핏은 만약 자신을 위해 피라미드를 짓고 싶은 사람이 있다면, 그 사람은 거기에 걸맞은 세금을 지불해야 하며, 그 세금을 병원 건설이나 교육 같은 사회 공헌에 써야 한다고 생각했다.

돈은 개인을 위해서가 아니라, 사회를 더 나은 곳으로 바꾸기 위해 쓰일 때 가치가 있다.

102 《스노볼》

"저는 제가 약속한 자세를 지키겠습니다. 그렇게 약속했기 때문이고 그럴 필요가 있으니까요."

도장을 찍기 전까지는 나에게 이득이 될 것처럼 말하다가 막상 계약하고 나면 아무렇지 않게 말을 바꾸는 사람이 있다. 버핏에게 그런 행동은 사기와 다름없고 누구도 해서는 안 되는 일이었다.

일명 'B 부인(Mrs. B)', 로스 블럼킨(Rose Blumkin)은 버핏이 가장 경애하는 경영자 중 한 사람이다. 1983년 블럼킨 집안이 B 부인이 경영하는 네브래스카 퍼니처 마트를 함부르크에 있는 회사에 팔려고 한다는 이야기가 들리자 버핏은 함부르크의 회사 대신 자기 회사에 팔아야 더 이로울 것이라며, 다음처럼 설명했다.

"회사를 인수하려는 기업들은 대개 실적이 아무리 좋더라도 자신들의 방식이 가장 좋다고 생각하며, 결국 자사 방식을 강요하거나 적당한 시기를 기다려 더 비싸게 팔려고 할 것이다. 그래서는 B 부인이 일생을 걸고 쌓아 올린 회사가 허사가 되어버리니 B 부인을 비롯한 블럼킨 집안의 사람들이 파트너로 남아 경영을 계속할 수 있도록 하겠다"고 버핏은 약속했다. 그러고는 마지막에 이렇게 덧붙였다.

"저는 제가 약속한 자세를 지키겠습니다. 그렇게 약속했기 때문이고 그럴 필요가 있으니까요."

결국 B 부인은 버핏의 뜻에 동의했고 함부르크의 회사가 제시한 금액이 더 높았음에도 버크셔 해서웨이에 회사를 매각하기로 결정했다.

103 《스노볼》

"빚을 잔뜩 진 상태에서 모아둔 돈이 하나도 없다면 그건 큰 실수입니다. 저는 가진 돈의 25% 이상을 빌려서 써본 적이 없습니다. 1만 달러밖에 없는 상황에 100만 달러를 투자하면 좋겠다는 아이디어가 떠올랐을 때도 그랬지요."

버핏은 부채를 특히나 싫어하고, 빚을 져서 사업이나 투자를 하면 언젠가 구덩이에 빠진다고 여겼다. 버핏은 자식들에게도 빚이 얼마나 위험한지 가르치기 위해 가족이 돈을 빌려달라고 부탁해도 완강하게 고개를 저었다.

어느 날 조카인 빌리 로저스가 집을 사기 위해 보증금을 빌려달라고 부탁했을 때도 버핏은 빚이 '현명한 사람이 길을 잘못 드는' 원인 중 하나라며 거절했다. 그가 생각한 이유는 다음과 같았다.

"1만 파운드 무게의 트럭이 몇 번이나 다리를 오간다면, 다리가 지탱할 수 있는 하중은 10,001파운드가 아니라 15,000파운드여야 한다."

그리고 자신의 경험을 토대로 이렇게 이야기했다.

"빚을 잔뜩 진 상태에서 모아둔 돈이 하나도 없다면 그건 큰 실수입니다. 저는 가진 돈의 25% 이상을 빌려서 써본 적이 없습니다. 1만 달러밖에 없는 상황에 100만 달러를 투자하면 좋겠다는 아이디어가 떠올랐을 때도 그랬지요."

1980년대에는 부채를 이용해 투자하고 부채가 더 큰 이익을 낳는 레버리지가 일반화되었지만, 버핏은 변함없이 현금으로 투자하고 빚으로 거래하는 방식을 혐오했다.

104 《스노볼》

"네브래스카 미식축구 팀 선수가 자기 아버지가 유명한 쿼터백이었다고 해서 쿼터백 자리를 물려받을 수는 없지 않겠니?"

버핏은 엄청난 자산가지만, 그렇다고 자신의 아이들이 흥청망청 돈을 쓰게 하지 않았다. 어느 날 버핏 그룹의 회합에서 버핏이 크리스마스마다 자식들에게 용돈은 수천 달러씩만 주고 자기가 죽고 나서도 50만 달러씩 남겨주겠다고 이야기하자, 〈워싱턴 포스트〉의 경영자 캐서린 그레이엄은 눈물지으며 아이들을 사랑하지 않는 거냐고 물었다는 이야기가 있을 정도다.

버핏에게 50만 달러는 '하고 싶은 일을 시작하기에는 충분하지만, 아무 일도 하지 않고 살기에는 어려운 금액'이었다. 그는 자식들이 자신이 설 자리를 스스로 개척할 수 있을 만큼 강해지기를 원했다. 딸이 집을 리모델링하겠다며 3만 달러를 빌려달라고 했을 때 버핏은 "은행에 부탁하면 되겠구나"라며 거절하고 이렇게 덧붙였다.

"네브래스카 미식축구 팀 선수가 자기 아버지가 유명한 쿼터백이었다고 해서 쿼터백 자리를 물려받을 수는 없지 않겠니?"

버핏은 거액의 유산을 남기는 것은, 부자에게 '식량 배급표를 주는 일'처럼 불필요한 것으로 여겼다. 돈은 사회를 통해 벌어들이는 것이며 언젠가 사회에 돌려주어야 한다는 그의 신념은 이후 사상 최대의 기부를 통해 현실이 되었다.

105 《워런 버핏의 주주 서한》

"그저 그런 기업을 훌륭한 가격에 사는 것보다 훌륭한 기업을 그저 그런 가격에 사는 것이 훨씬 낫습니다."

1971년 씨즈 캔디(See's Candies)를 인수한 것은 버핏의 투자 스타일이 크게 변화했음을 상징하는 사건이다. 그 시기에 버핏은 투자조합을 해산하고 버크셔 해서웨이를 경영하는 데 집중하고 있었는데, "캘리포니아에서 대적할 상대가 없는 기업"인 씨즈 캔디가 기업을 매각한다는 이야기를 들었다.

버핏은 예전부터 여러 제과 회사를 눈여겨보기는 했지만, 가치에 비해 가격이 다소 높다고 생각했다. 그러자 '담배꽁초 투자'를 선호하는 버핏을 대신해 '성장주 기업'을 높이 평가하는 멍거가 발 벗고 나섰다. 씨즈 캔디는 자산이 500만 달러임에도 3,000만 달러를 요구했다. 버핏에게는 비싸게 느껴졌지만, 씨즈 캔디의 브랜드와 명성, 상표, 고객의 신뢰 같은 '보이지 않는 가치'를 평가하는 멍거는 "타당한 금액이야. 관리자도 수완이 좋고"라며 버핏을 설득했고 결국 회사를 인수하기로 결정했다.

결과는 엄청났다. 씨즈 캔디는 버크셔 해서웨이와 혹스차일드콘 같은 늙고 지친 말과 달리 이렇다 할 노력 없이도 버핏에게 계속해서 이익을 가져다주었다. 이후 "그저 그런 기업을 훌륭한 가격에 사는 것보다 훌륭한 기업을 그저 그런 가격에 사는 것이 훨씬 낫다"가 버핏의 투자 원칙이 되었다.

106 《스노볼》

"B 부인은 할 줄 아는 모든 일을 빠르게 행동에 옮겼습니다. 망설이거나 생각을 바꾸는 일도 없었지요."

퍼니처 마트의 'B 부인' 로즈 블럼킨은 버핏에게 늘 멋진 성공의 귀감이었다. B 부인은 러시아의 가난한 집안에서 태어나 제1차 세계대전이 발발한 이후 3개월 가까이 고생한 끝에 미국으로 건너왔다. 영어를 할 줄 모르는 B 부인은 러시아어가 통하는 오마하로 이주했다. 남편을 대신해 가게를 맡은 B 부인은 경비를 한계까지 줄이고 매입 원가에 10%를 얹어 파는 박리다매 방식으로 1980년대 초 가게를 북미 최대의 가구 판매점으로 성장시켰다.

버핏은 영어도 거의 못 하고 맨몸이나 다름없었던 B 부인의 성공을 이렇게 평가했다.

"B 부인은 할 줄 아는 모든 일을 빠르게 행동에 옮겼습니다. 망설이거나 생각을 바꾸는 일도 없었지요. 뒤는 결코 돌아보지 않았습니다. 뭐가 됐든 끝까지 해냈습니다."

버핏은 B 부인을 진심으로 존경했다. B 부인이 100세를 맞이한 생일 날, 버핏은 그녀를 위해 노래를 불렀고 B 부인이 새로 단장하던 지방의 극장에 100만 달러를 기부했다. 성공에 필요한 것은 자신이 무엇을 잘하는지 알고 열정을 가지고 그저 한결같이 계속하는 것이다. 그러면 수중에 아무것도 없어도 B 부인처럼 근사한 성과를 올릴 수 있다. 버핏은 B 부인을 보고 그렇게 실감했다.

107 《워런 버핏, 부의 진실을 말하다》

"진정한 가치의 몇 분의 1밖에 안 되는 가격으로 증권을 살 수 있다면 리스크 따위는 거의 없는 셈이다."

버핏이 그레이엄에게 배우고 소중히 지켜온 원칙 중 하나는 '안전 마진의 확보'다. 안전 마진이란 현재 주가와 본질적 가치의 차이를 뜻하는데, 안전 마진이 낮으면 리스크가 커지고 반대로 안전 마진이 높으면 그만큼 리스크가 줄어든다.

안전 마진에 대해 설명할 때 버핏은 〈워싱턴 포스트〉의 사례를 자주 언급한다. 1973년 당시 〈워싱턴 포스트〉의 시가 총액은 8,000만 달러였으나 가치(순자산)는 4억 달러가 넘었다. 게다가 차입금은 전혀 없었고 정직하고 유능한 사람들이 회사를 경영하고 있었으며, 경영진들도 각각 자산의 대부분을 회사의 주식으로 보유하고 있었다. 버핏이 말하는 "진정한 가치의 몇 분의 1밖에 안 되는 가격으로 증권을 살 수 있다면 리스크 따위는 거의 없는 셈이다"의 전형적인 사례였다.

버핏이 모든 주식을 산 것은 아니지만, 8,000만 달러를 지불하면 4억 달러나 되는 가치가 손에 들어오니 이만큼 리스크가 적은 투자는 없었다. 결국 버핏은 1973년에 투자한 금액은 약 10년이 지나, 그 가치가 1억 4,000만 달러에 달했고, 버핏은 〈워싱턴 포스트〉의 경영자인 캐서린 그레이엄에게 감사의 편지를 보냈다. 투자의 세계에서는 보통 '가격'만 주목을 받기 마련이지만, 버핏은 기업 그 자체의 '가치'에 주목했다.

108 《워런 버핏, 부의 진실을 말하다》

"벤저민 그레이엄을 아는 사람은 많지만, 그의 이론을 실행에 옮기는 사람은 얼마 되지 않습니다."

투자의 세계에서 살아가는 사람 중에 벤저민 그레이엄의 이름을 모르는 사람은 거의 없을 것이다. 그런데 그레이엄이 쓴 《현명한 투자자》는 투자의 바이블로 지금도 널리 읽히지만, 그의 투자 원칙을 충실히 실행하는 사람은 그리 많지 않다.

그레이엄은 1976년 타계했는데, 그때 약 300만 달러의 자산을 남겼다. 그레이엄의 제자인 버핏의 자산은 현재 1,000억 달러가 넘는다. 그럼에도 그레이엄의 원칙을 따르는 사람이 적다는 사실은 버핏에게 엄청난 의문이었다.

"벤저민 그레이엄을 아는 사람은 많지만, 그의 이론을 실행에 옮기는 사람은 얼마 되지 않습니다."

버핏 또한 자신의 투자 원칙을 공개적으로 밝힌다. 모두 쉽게 배우고 실행할 수 있는 내용이건만, 마찬가지로 그 원칙대로 투자하는 사람도 많지 않다.

"우리를 아는 사람은 많지만, 우리 방식을 따라 하는 사람은 많지 않은 듯합니다."

이는 버핏에게는 결코 나쁜 일이 아니다. 시장에서 유행하는 이론을 추종하다가 실수하는 사람이 늘면 늘수록 현명한 투자자의 기회는 늘어나기 때문이다. 모두가 유행하는 이론을 좇을수록 그레이엄-도드 마을은 더욱 풍요로워진다.

109 《워런 버핏, 부의 진실을 말하다》

"어느 회사가 경비 삭감에 나섰다는 소식을 들을 때마다 그 회사는 비용이라는 걸 제대로 이해하지 못했구나 하는 생각이 듭니다."

1977년 버핏은 버펄로 이브닝 뉴스를 인수했는데, 협상을 위해 처음 회사를 방문했다. 깔끔한 사무실과 인쇄 공장을 둘러본 찰리 멍거는 이렇게 말했다.

"신문사가 신문을 발행하는 데 궁전이 왜 필요하지?"

버핏도 같은 생각이었는지 그 건물을 '타지마할'이라 불렀다. 그 건물은 유명한 건축가가 지었지만, 강풍이 자주 부는 버펄로와 어울리는 건물은 아니었다. 실용적이지 않은 건물을 막대한 비용을 들여 짓는 것은 두 사람이 몹시 꺼리는 일이었다. 근검절약과 함께 비용을 고려하는 자세는 지극히 당연한 것이었다.

"어느 회사가 경비 삭감에 나섰다는 소식을 들을 때마다 그 회사는 비용이라는 걸 제대로 이해하지 못했구나 하는 생각이 듭니다. 경비 삭감이란 몰아서 하는 일이 아니니까요."

버핏에게 비용 절감은 아침에 일어나 세수를 하는 것과 다를 바 없는 일이었다. 아침에 일어나 '자, 숨이라도 쉬어볼까?'라고 생각하지 않듯이 좋은 경영자라면 비용 절감도 자연스럽게 해낼 줄 알아야 한다.

110 《워런 버핏의 주주 서한》

"부엌에서 바퀴벌레 한 마리가 눈에 띄면, 이미 여러 마리가 있다는 증거이지요."

버핏은 지금까지 여러 기업에 투자했는데, 회사를 인수하자마자 성가신 일에 휘말린 경험도 적지 않다. 1977년 3,250만 달러에 버펄로 이브닝 뉴스를 인수했을 때는 일요판 발행을 둘러싸고 라이벌인 쿠리어-익스프레스가 '독점력을 이용하고 있다'며 소송을 걸었고 그 과정에서 "유료 교량을 소유하며 얼마든지 통행료를 올릴 수 있는 사람"이라며 버핏을 비난했다. 그야말로 "신문사를 샀을 때 소송도 함께 사버린" 듯한 상황이었다.

13개의 조합이 있는 버펄로 이브닝 뉴스에서 노사 문제에 휘말리기도 했다. 그때는 신문 발행을 중지하고 회사를 청산하는 수밖에 없다고 생각할 만큼 벼랑 끝에 몰렸으나, 버핏은 어떻게든 문제를 해결하고 시장을 독점하는 우량 기업으로 회사를 바꿔놓았다. 힘들고 고된 일을 거치면서 버핏은 이런 교훈을 얻었다.

"어려운 사업에서는 문제 하나를 매듭짓기 전에 다음 문제가 터집니다. 부엌에 바퀴벌레 한 마리가 눈에 띄면, 이미 여러 마리가 있다는 증거이지요."

처음에 인수 조건이 아무리 매력적이었어도, 문제가 계속 발생하고 이를 해결하는 데 시간과 돈이 많이 든다면 의미가 없다. 좋은 사업에서는 차례차례 쉬운 결단을 내리면 되지만, 그렇지 않은 사업에서는 끊임없이 어려운 결단을 강요받게 된다.

111 《워런 버핏의 오마하 순례》

"사소한 일에서 규칙을 어기면, 중요한 일에서도 어기게 되는 법이지."

버핏에게는 어린 시절부터 경험을 통해 체득한 몇 가지 원칙이 있다. ①'얼마에 매수했느냐에 얽매여서는 안 된다', ②'얕은 생각으로 작은 이익을 얻으려 해서는 안 된다' 같은 처음 주식 투자를 했을 때 배운 원칙도 있고, ③'실패한 방법을 굳이 반복할 필요는 없다'처럼 경마장을 찾는 사람들을 지켜보며 얻은 원칙도 있다.

그리고 이러한 원칙을 무시했을 때 버핏은 대부분 심한 타격을 입었다. 그래서 어떤 순간에든 스스로 정한 원칙과 규칙에 끝까지 충실하려고 노력한다.

망하기 직전이었던 가이코에 희망의 불씨가 보이기 시작할 무렵 이런 일이 있었다.

페블 비치에서 골프를 치는데, 한 동료가 사흘 중 한 번이라도 홀인원을 성공시키면 2만 달러를 주겠다며 내기를 걸었다. 판돈은 겨우 10달러였다. 모두가 내기에 참가했지만, 버핏만은 이길 가망이 없다고 판단했는지 이렇게 말하며 거절했다.

"사소한 일에서 규칙을 어기면, 중요한 일에서도 어기게 되는 법이지."

보통 사람이라면 '10달러쯤이야'라고 생각하겠지만, 버핏은 어느 때든 스스로 결정한 원칙과 규칙을 철저히 지켜서 위대한 투자자가 되었다.

112 《워런 버핏, 부의 진실을 말하다》

"어떤 일이든 내가 정말로 이해하고 있다면, 다른 사람이 이해하도록 표현할 수 있습니다."

버핏은 1970년대부터 주주 서한을 쓰기 시작했다. 그때 이후로 버크셔의 주주뿐만 아니라 전 세계의 투자자들이 매년 버핏의 편지를 고대하게 되었다. '세계 최고의 투자자인 버핏이 대체 무슨 생각을 하는지' 이해하는 데 많은 도움이 되기 때문이다.

버핏의 편지가 이토록 매력적인 이유는 무엇일까?

버핏은 버크셔 해서웨이의 연차 보고서를 쓸 때, 회사의 절반을 보유하고 1년 내내 여행을 다니는 누나에게 사업 내용을 설명한다는 생각으로 쓴다고 한다. 누나는 사업에 대해 문외한은 아니지만, 그 방면의 전문가도 아니다. 그런 누나가 읽어도 이해할 수 있다면 그 연차 보고서는 아주 쉽고 읽기 좋은 글이라 할 수 있다. 버핏은 그런 연차 보고서를 쓰려면 자기 자신이 내용을 온전히 이해해야 한다고도 말했다.

"어떤 일이든 내가 정말로 이해하고 있다면, 다른 사람이 이해하도록 표현할 수 있습니다."

다른 사람에게 뭔가를 가르쳐주기 위해서는 누구보다 자기 자신이 올바르게 아는 것이 중요하다. 실제로 다른 사람에게 가르쳐줄 때 자기 자신이 가장 많이 배운다고 하는데, 내용이 잘 전달되지 않는다면 상대의 이해력이 부족해서가 아니라 가르쳐주는 사람의 능력이 부족해서인 경우가 많다. 버핏의 말처럼 말하고 쓰는 능력은 커다란 무기가 된다.

113 《스노볼》

"찰리는 언젠가 과자 가게 주인이 되는 게 꿈일지도 모르지만, 저는 사업 보고서만 계속 읽으려고 합니다."

지금은 인수한 기업을 경영자에게 맡기고 세세한 일에 직접 관여하지 않지만, 버핏도 한때는 '사업에 몰두한' 적이 있었다.

1971년 씨즈 캔디를 인수한 버핏은 동료에게 씨즈 캔디의 초콜릿 상자를 보내고, 며칠 뒤에는 부사장에게 편지를 써서 각지의 쇼핑센터 소유주들과 새 매장을 여는 일에 관해 어떤 이야기를 나누었는지 전하려 했다. 그뿐만 아니라 씨즈 캔디의 광고 문구를 코카콜라처럼 변경하면 어떻겠느냐고 제안하기도 했다.

회사의 고참 직원들은 이렇게 끊임없이 슬그머니 압박을 가하는 버핏의 방식을 "칭찬하면서 일을 더 늘리려고 하는 방식"이라고 표현했다. 처음에는 버핏의 의견을 듣는 것이 신선하게 느껴졌지만, 너무 집요하니 그들도 점차 화가 나기 시작했다.

다행히 버핏도 머지않아 자신의 행동이 얼마나 무의미한지 깨달았는지 "찰리는 언젠가 과자 가게 주인이 되는 게 꿈일지도 모르지만, 나는 사업 보고서만 계속 읽으려고 합니다"라고 선언하고 쓸데없는 참견을 그만두었다.

"우리가 주로 할 수 있는 일은 그들(경영자)을 방해하지 않는 것입니다."

이것이 곧 버핏의 방식이 되었다.

114 《스노볼》

"늘 관행이 아니라 무엇이 가장 옳은 길인지를 중시했습니다."

위기에 빠진 기업을 구제하기 위해서는 훌륭한 리더가 반드시 필요하다. 1976년 버핏에게 '첫사랑'이나 다름없는 보험회사 가이코가 파산할 위기에 처했다. 1억 9,000달러의 적자를 냈고 배당은 중지되었으며 61달러였던 주가는 2달러까지 곤두박질쳤다.

당시 버핏은 가이코의 주식을 가지고 있지 않았지만, 새로 CEO에 오른 잭 번을 만나 '오늘내일이라도 당장 휴지 조각이 될지 모를 주식'을 50만 주나 주문하고 추가로 수백만 주를 사들이도록 지시했다.

버핏에 의하면, 잭 번은 "매우 냉철하고 절대 동요하지 않는 프로"였다. 번은 버핏의 협력에 힘입어 개혁을 추진했다. 문제를 일으킨 경영진은 내쫓고, 수익으로 연결되지 않는 3만 건의 계약을 해지하고, 사원 2,000명도 해고했다. 또한 회사를 구하기 위해 엄격한 자세로 자회사를 정리하고 몇몇 주에서 철수하는 등 구조 조정을 단행했다. 그러면서 "내가 태연한 척하지 않으면 누가 태연하겠느냐"라며 앞장서서 회사를 바꾸고자 노력했다.

버핏은 번을 "온 나라를 뒤져도 그만큼 우수한 전장의 지휘관은 찾지 못했을 것"이라고 평가하며 그의 방식을 칭찬했다.

"늘 관행이 아니라 무엇이 가장 옳은 길인지를 중시했습니다."

가이코는 끝내 멋지게 일어서서 목표를 달성했다.

115 《워런 버핏, 부의 진실을 말하다》

"오늘의 투자자는 어제의 성장에서 이익을 얻지 못합니다."

버핏은 투자할 만한 기업을 찾기 위해 늘 어마어마한 양의 자료를 살핀다. 다만 스승을 떠올리며 "벤은 결산서의 숫자만 들여다보았다"라고 이야기했듯이 결산서의 숫자만 보고 모든 것을 이해할 수 있다고 생각하지는 않았다.

연금 기금을 운용하는 펀드 매니저들은 과거의 기록을 토대로 투자 여부를 판단하는데, 버핏은 그런 방법을 '백미러를 보며 차를 운전하는 것'과 같다고 여겼다. 버핏의 또 다른 스승인 필립 피셔는 재무통계 분석이 과거 흐름을 파악하고 가치를 기준으로 저평가된 주식을 찾는 데 도움을 주지만, 기업의 가장 중요한 요소인 '미래 성장 가능성'은 알려주지 않는다고 믿었다. 과거보다 미래를 아는 것이 얼마나 중요한지를 버핏은 이렇게 표현했다.

"당연한 이야기지만, 오늘의 투자자는 어제의 성장에서 이익을 얻지 못합니다."

과거에 얼마나 이익을 냈고 얼마나 좋은 기업이었는지와 상관없이 앞으로의 변화에 대응하지 못하면 모든 것이 헛수고가 된다. 미래에 대한 투자를 게을리하면 경쟁력 또한 급속도로 저하된다. 그러므로 투자할 때는 과거의 숫자에만 매달리지 말고 기업이 미래를 위해 어떤 준비를 하고 있는지, 오래도록 성장할 수 있는지를 알고자 노력해야 한다.

116 《워런 버핏의 주주 서한》

"장기적으로 좋은 전망이 보인다면, 단기적인 주가 변동은 매력적인 가격으로 보유고를 늘릴 기회가 아닌 이상 우리에게 아무 의미가 없습니다."

"일론 머스크, 한 해 사이 자산 130조 원 증발" 같은 뉴스가 보도될 때가 있다. 눈길을 끄는 뉴스일 수 있지만, 실제로 '130조 원'이라는 숫자는 원/달러 환율에 따라 달라지고, 무엇보다 자산 대부분이 본인이 경영하는 기업의 주식이라면 자산은 주가에 따라 매일 변동한다.

기업을 경영하는 사람이 주가에만 매달려 있으면 가격을 높이기에만 초점을 맞추게 된다. 오로지 주가와 분기 성적에만 신경을 쓰니 결국 장기적인 성장은 뒷전이 된다. 반면 버핏의 투자 원칙은 장기 보유이므로 주가 변동에는 관심을 쏟지 않는다. 버핏은 이렇게 이야기한다.

"투자의 성공 여부는 매월 주가 변동이 아니라 장기적인 성장으로 판단합니다. 장기적으로 좋은 전망이 보인다면, 단기적인 주가 변동은 매력적인 가격으로 보유고를 늘릴 기회가 아닌 이상 우리에게 아무 의미가 없습니다."

버크셔가 오랫동안 보유 중인 코카콜라나 아메리칸 익스프레스도 물론 주가는 매일 오르락내리락 하지만, 장기적으로는 계속해서 가치는 커지고 있다. 경영자든 투자자든 반드시 살피고 관심을 가져야 할 부분은 장기적 성장이다.

117 《워런 버핏, 위대한 자본가의 탄생》

"허투루 써서는 안 돼. 이 돈을 투자하면 몇 배나 불어나니까."

　버핏은 세계에서 손꼽히는 부자이지만, 그렇다고 해서 자식들에게 사치스러운 삶을 허락하지는 않았다.

　"우리 아이들은 제가 돈이 많은 줄은 전혀 몰랐습니다. 제법 많이 번 후에도 같은 집에 살았거든요. 아이들이 아는 건 오직 이 집뿐이었고 학교도 공립으로 다녔습니다."

　버핏이 자식들에게 크리스마스 선물로 1만 달러를 주거나 버크셔해서웨이의 주식을 증여하기 시작한 것은 아이들이 성인이 된 이후였다. 그 점을 보면 자식들을 응석받이로 키우지 않겠다는 자세가 엿보인다. 버핏은 자식들에게 돈을 줄 때 늘 이렇게 말했다.

　"허투루 써서는 안 돼. 이 돈을 투자하면 몇 배나 불어나니까."

　그야말로 복리식 사고법이었다. 버핏의 둘째 아들 피터 버핏은 그런 아버지를 귀찮게 느낀 적도 있다고 말했다. 피터는 어머니 수잔의 재능을 물려받았는지 음악에 재능이 있어서 영화 〈늑대와 춤을(Dances with Wolves)〉의 주제가를 만드는 등 작곡가로서 활약 중이다. "저는 오로지 제 힘으로 여기까지 왔어요"라고 말하는 피터를 보면 버핏의 육아도 아주 나쁜 것은 아니었던 모양이다.

118 《워런 버핏, 위대한 자본가의 탄생》

"만능선수가 될 필요는 없지만, 자신의 한계가 어디까지인지는 알 필요가 있습니다."

버핏의 투자 원칙 중에는 "자신의 능력 범위 안에서 자기가 제대로 이해하는 기업에만 투자한다"라는 규칙이 있다. 그때 반드시 지키는 것은 능력 범위를 벗어나지 않고 무리해서 능력 범위를 넓히려 하지 않는 것이다. 다시 말해 자신이 잘 아는, 깊이 이해하는 분야의 기업에 집중 투자한다는 뜻인데, 버핏은 회사를 경영할 때도 이런 생각을 일관되게 지켰다.

버크셔 해서웨이가 소유하거나 투자하는 기업은 아주 많고 업종도 각양각색이다. 버핏은 버크셔의 회장이지만, 각 기업의 경영자에게 이래라저래라 간섭하지 않는다. 소유하기는 하나 관리하려고 들지 않는 것이다. 그렇게 행동하는 데는 이유가 있다.

"만능선수가 될 필요는 없지만, 자신의 한계가 어디까지인지는 알 필요가 있습니다."

버핏이 잘하는 일은 '자본을 움직여 합리적인 사업에 투자하는 것', 즉 '자본 배분'이다. 경영자로서 혁신을 일으키거나 어려운 사업을 재건하는 데는 자신이 없었다. 잘하는 일이 아님에도 지나치게 참견하면 문제가 일어나기 십상이다. 산하의 기업을 모두 관리하기란 애초에 불가능하기도 하다. 자신이 어떤 일을 잘하고 어디까지가 한계인지 알고 행동했기에 버핏도, 버크셔 해서웨이도 성공을 거둘 수 있었다.

119 《스노볼》

"저는 같은 음식을 계속 반복해서 먹는 걸 좋아합니다. 50일 동안 아침으로 햄 샌드위치를 먹을 수도 있습니다."

버핏이 살로먼 브라더스의 회장에 취임했을 때 그를 가장 놀라게 한 것은 월가 주민들의 사치스러운 식생활이었다. 임원용 식당의 주방은 뉴욕의 어느 레스토랑보다도 넓고 '이 세상에서 원하는 음식은 뭐든 주문할 수 있도록' 되어 있었다.

어느 날 버핏은 운전기사에게 차를 세워달라고 부탁하고 가까운 가게로 들어갔다. 돌아온 버핏을 본 운전기사는 깜짝 놀랐다. 그의 손에 햄 샌드위치와 코카콜라가 잔뜩 든 비닐봉지가 들려 있었기 때문이다. 버핏은 다른 임원들이 두툼한 스테이크를 씹는 동안 옆에서 햄 샌드위치를 먹고 코카콜라를 마셨다.

버핏에게는 당연한 일상이었다.

한편, 버핏의 취향을 바꾸려 한 사람도 있었다. 〈워싱턴 포스트〉의 최고경영자 캐서린 그레이엄은 버핏의 입맛을 고급스럽게 바꿔주려고 자신이 고용한 요리사에게 진귀한 요리를 만들게 하고 버핏을 저녁 식사에 자주 초대했지만, 결국 그의 생각을 바꾸지는 못했다.

"저는 같은 음식을 계속 반복해서 먹는 걸 좋아합니다. 50일 동안 아침으로 햄 샌드위치를 먹을 수도 있습니다."

버핏은 리스크를 꺼리는만큼 같은 음식을 즐겨 먹는 것에 거부감이 없다. 그건 월가에서든, 세계적인 거물들과 함께 식사하든 절대로 변하지 않는 습관이었다.

120 《워런 버핏의 주주 서한》

"'시장 폭락으로 투자자 손실 발생'. 그러나 앞으로 투자할 사람들에게는 이익이 됩니다."

주식 시장이 하락할 때 사람들은 당황한 나머지 주식을 허겁지겁 팔아 치우는 경향이 있다. 그러나 버핏의 말에 따르면 "시장 하락으로 속 타는 투자자들" 같은 기사를 볼 때 오히려 웃음이 나는 사람도 있다고 한다.

"'시장 폭락으로 투자자 손실 발생'. 하지만 앞으로 투자할 사람들에게는 이익이 됩니다. 기자는 이 자명한 이치를 자주 잊어버리지만, 파는 사람이 있으면 사는 사람이 있고 한쪽이 손실을 보면 다른 한쪽은 반드시 이득을 봅니다."

버핏 또한 투자조합을 해산한 이후 1970년대에 많은 주식과 기업에 낮은 가격이 붙은 덕에 큰 이익을 손에 넣었다. 1973년 초 버크셔 해서웨이의 경영에 전념하던 버핏은 살로먼 브라더스를 주간회사로 삼아 2,000만 달러의 자금을 조달했다.

주가는 폭락했고 〈월 스트리트 저널〉은 "전망이 확실해질 때까지 주식 매수는 보류하는 것이 좋다"라고 보도했다. 그러나 파는 사람이 있으면 사는 사람이 있는 법. 버핏은 바닥을 친 주식들을 계속해서 사들였다. 그리고 〈포브스〉에 이렇게 선언했다.

"지금이 바로 기회다. 돈을 벌자."

버핏에게 '투자자 손실 발생'은 '돈을 벌 절호의 기회'였다.

121 《워런 버핏, 위대한 자본가의 탄생》

"주식을 파는 이유는 '신문사 주식이 떨어지고 있으니까', '다들 파니까' 같은 이유가 대부분입니다. 다들 그리 확고한 이유는 없지요."

버핏은 주식을 살 때 반드시 깊이 생각해 보아야 한다고 여겼다. 어떤 일이 있어도 '주가가 올라가서', '증권회사가 추천하니까' 같은 이유로 사서는 안 된다고 말하기도 했다.

그건 주식을 팔 때도 마찬가지였다. 1973년 버핏은 〈워싱턴 포스트〉의 주식을 몇 번에 걸쳐 사들였고 외부 주주로서는 버크셔 해서웨이가 최대 주주가 되었다. 그가 〈워싱턴 포스트〉의 주식을 산 이유는 회사의 주가가 급락한 상태였기 때문이다. 당시 〈워싱턴 포스트〉는 워터게이트 사건을 폭로하는 데 전력을 다하고 있었는데, 닉슨 대통령을 지지하는 세력이 〈워싱턴 포스트〉가 소유한 방송국의 면허 갱신에 이의를 제기하고 나서기도 했다.

그러다 〈워싱턴 포스트〉의 주식은 38달러에서 16달러까지 곤두박질쳤고, 투자자들은 서둘러 주식을 팔기 시작했다. "주식을 파는 이유는 '신문사 주식이 떨어지고 있으니까', '다들 파니까' 같은 이유가 대부분입니다. 다들 그리 확고한 이유는 없지요." 그야말로 버핏의 말 그대로였다.

이것이 버핏에게는 기회였다. 기업의 가치는 변함없음에도 불구하고 사람들은 다들 판다는 이유로 주식을 팔아 치운다. 투자에 성공하려면 살 때와 마찬가지로 팔 때도 스스로 곰곰이 생각해서 얻은 확고한 이유가 필요하다.

122 《스노볼》

"모든 걸 생각할 필요는 없습니다. 다른 사람의 어깨 위에 올라서는 건 조금도 나쁜 일이 아닙니다."

만유인력의 법칙 등으로 잘 알려진 아이작 뉴턴은 "거인의 어깨 위에 올라서라"라고 말했다. 보통 선조들이 쌓아 올린 학문과 기술이 있기에 위대한 무언가를 창조할 수 있다는 뜻으로 인용한다.

지금의 버핏은 '세계 최고의 투자자'이자 전 세계의 투자자들이 그 기술을 배우려 할 정도로 대단한 존재이지만, 과거에는 버핏도 벤저민 그레이엄이나 필립 피셔 그리고 거든 워틀스 같은 투자자들에게 가르침을 얻고 그들의 지혜에 '편승해' 성공을 거두었다.

버핏이 말하기를, 워틀스는 '어떤 회사의 주식을 싸게 사고, 그 회사가 다른 회사를 싸게 사고, 또 다른 회사를 사는' 방법으로 많은 기업을 소유했다고 하는데, 버핏은 워틀스의 방식을 배워 버크셔 해서웨이를 이와 닮은 조직으로 만들고자 했다.

"워틀스는 제가 하고자 한 일을 먼저 보여준 모범이었습니다. 꼭 큰돈을 얻는다는 보장은 없지만, 이익이 날 것이라는 건 알 수 있었지요. 모든 걸 생각할 필요는 없습니다. 다른 사람의 어깨 위에 올라서는 건 조금도 나쁜 일이 아닙니다."

버핏은 선조들의 어깨 위에 올라 그들을 훌쩍 뛰어넘었다.

123 《워런 버핏의 오마하 순례》

"좋은 주주를 끌어당겨 꼭 붙잡고 있으려면, 사업과 이념을 늘 분명하게 설명하고 나머지는 각자의 판단에 맡기면 된다고 생각합니다."

버핏의 말에 따르면 버크셔 해서웨이의 발행 주식 가운데 98%는 연초와 동일한 주주들이 보유한다고 한다. 가족회사라면 몰라도 버크셔 해서웨이 같은 거대한 기업에서 이렇게 주주에 변동이 없는 경우는 드문데, 이런 상황은 버핏이 처음부터 목표로 삼았던 것이다.

버핏은 주식 투자를 할 때 훌륭한 기업은 가능한 한 오랜 기간 보유하기를 좋아하는데, 버크셔 해서웨이 또한 주주들이 오랫동안 보유하는 주식이 되기를 바랐다. 물론 그러려면 경영자의 노력이 반드시 필요하다. 1983년 버크셔 해서웨이의 주주 서한에는 이렇게 적혀 있다.

"좋은 주주를 끌어당겨 꼭 붙잡고 있으려면, 사업과 이념을 늘 분명하게 설명하고—동시에 모순된 메시지를 전하지 않고— 나머지는 각자의 판단에 맡기면 된다고 생각합니다."

버핏의 말에 따르면 버크셔 해서웨이의 완전한 공개란 '만약 우리가 반대 입장이라면 궁금해할 만한 정보를 제공하는' 일이며, 주주총회에서 긴 시간에 걸쳐 주주의 질문에 답하는 이유도 그것이 바로 주주총회의 바람직한 모습이라고 믿기 때문이다. 주주를 소중히 여기는 자세란 바로 이런 것이 아닐까.

124 《워런 버핏, 부의 진실을 말하다》

"사람들은 대부분 다른 사람이 한다는 이유로 주식 투자에 관심을 갖습니다. 하지만 사실은 다른 사람이 하지 않을 때 관심을 갖는 것이 가장 좋습니다."

1929년 대공황의 방아쇠를 당긴 인물이라 일컬어지는 '전설의 투기왕' 제시 리버모어(Jesse Livermore)의 신조는 다음과 같다.

"대중과 같은 버스를 타고 있어도 때가 되면 언제든 뛰어내릴 수 있도록 준비 자세를 취한다. 그리고 설령 반대 방향으로 나아가는 결과가 되더라도 두려워하지 않는다."

같은 해 미국의 경기는 최고조에 달했고 주식 시장에는 쉽게 이득을 얻으려는 사람들이 끝없이 달려들었다. 대중에게 이 시기의 주식 시장은 마치 '요술 방망이'처럼 보였지만, 모두가 그렇게 여길 때 리버모어는 반대로 행동하고 있었다.

투자와 인연이 없던 사람들이 주식 시장으로 몰려들고, 금융이나 투자와 관계없는 잡지에서 투자를 특집으로 다루기 시작했다면, 최고조에 이르렀던 시장이 이미 정점을 찍은 뒤라는 이야기는 이미 유명하다. 버핏은 이렇게 충고한다.

"사람들은 대부분 다른 사람이 한다는 이유로 주식 투자에 관심을 갖습니다. 하지만 사실은 다른 사람이 하지 않을 때 관심을 갖는 것이 가장 좋습니다. 이미 인기 있는 주식을 사봤자 높은 이익은 남길 수 없습니다."

투자에 성공하고 싶다면 다른 사람과 반대로 나아갈 용기도 필요하다.

125 《워런 버핏의 주주 서한》

"우리는 기업의 정상에 선 이로서 물질적으로, 정신적으로 많은 편익도 누리고 있습니다. 그런 목가적 상황에서는 주주들에게 부담을 주면서까지 필요도 없는 보수를 더 받을 생각은 없습니다."

버핏은 엄청난 대부호이지만, 그의 자산은 대부분이 버크셔 해서웨이의 주식이다. 버핏이 버크셔 해서웨이를 통해 받은 연봉은 미국 증권거래위원회에 제출한 자료를 보면 알 수 있듯이 1980년부터 40년이 넘도록 10만 달러로 동결되어 있다.

2019년 S&P500에 편입된 기업 CEO들의 연 평균 수입이 1,500만 달러이니, 10만 달러라는 금액은 놀랄 만큼 적은 금액이다. 그래도 버핏은 10만 달러라는 금액에 충분히 만족한다고 한다. 버핏은 그 이유를 이렇게 설명했다.

"우리는 좋아하는 사람들과 함께 즐겁게 일하고 있습니다. 게다가 따분하거나 불쾌한 일도 거의 하지 않지요. 우리는 기업의 정상에 선 이로서 물질적으로, 정신적으로 많은 편익도 누리고 있습니다. 그런 목가적 상황에서는 주주들에게 부담을 주면서까지 필요도 없는 보수를 더 받을 생각은 없습니다."

버핏이 바라는 것은 자신이 아끼는 사람들과 함께 좋아하는 일을 누구보다 잘 해내는 것이다. "만약 보수가 전혀 없다 해도 저는 이 즐거운 일을 기꺼이 맡을 것입니다"라고 말했듯이 버핏에게 가장 중요한 것은 돈보다 일의 즐거움이었다.

126 《워런 버핏의 주주 서한》

"우리는 묵묵히 참고 기다릴 수 있습니다. 아무리 많은 재능과 노력을 기울여도 반드시 시간을 들여야 하는 일도 있지요."

1985년 버핏은 오랫동안 교류해 온 캐피털 시티스의 경영자 톰 머피에게 한 통의 전화를 받았다. 머피는 버핏에게 이렇게 물었다.

"ABC 방송국을 샀는데 어떻게 지불하면 좋을지 알려줄 수 있나요?"

당시 ABC는 기업 사냥꾼들의 먹잇감이 된 상황이었고, 문제를 해결하기 위해 방송국을 몇 개 소유하고 있는 머피에게 도움을 청한 것이었다.

ABC와 캐피털 시티스를 합하면 100개 이상의 출판사와 24개의 라디오 방송국, 큰 규모의 TV 방송국 12개, 50개의 케이블 TV를 품에 안게 된다. 버핏은 약 5억 달러를 들여 캐피털 시티스 주식을 15% 구입했고, 캐피털 시티스는 다른 자금까지 모아서 약 35억 달러에 ABC를 인수했다.

ABC는 미국의 3대 방송사 중 하나였으나 당시에는 시청률이 3위로 떨어져서 버핏이 보기에는 '터무니없는 금액'이었지만, 버핏은 방송이 어떤 힘을 지녔는지도 잘 알고 있었다. 큰돈을 투자하거나 기업을 인수할 때 대부분의 경영자는 바로 결과를 얻고자 하지만, 버핏은 '시간을 들여야 하는 일도 있다'라는 사실을 누구보다 잘 알고 있었다. 그는 '묵묵히 참고 기다릴' 줄 알았다. 이후 ABC의 주가는 상승했고 1995년 월트 디즈니가 캐피털 시티스 ABC를 190억 달러에 인수했다.

127 《워런 버핏의 주주 서한》

"만약 자꾸 물이 새는 배를 타고 있다면, 새는 곳을 막으려고 애쓰기보다는 새로운 배로 갈아타는 편이 훨씬 생산적입니다."

버핏이 버크셔 해서웨이의 주식을 사기 시작한 것은 1962년이고 경영권을 차지한 것은 1965년이었다. 그 후로 버핏은 이미 경쟁력을 잃기 시작한 섬유회사를 어떻게든 일으켜 세우려 자본을 투입하고 온갖 노력을 기울였지만, 20년 뒤인 1985년 섬유 사업을 접고 투자 회사로 방향을 완전히 전환했다.

버크셔를 인수할 당시 북부의 섬유 공장은 남부 섬유 공장에 비해 경쟁력이 떨어졌고 회사의 섬유 부문도 머지않아 정리해야 할 듯 보였지만, 버핏은 켄 체이스와 게리 모리슨에게 회사를 맡기면 더 좋은 성적을 올릴 수 있으리라 믿었다. 그의 바람대로 성적은 일시적으로 올랐으나, 섬유 사업은 결국 단 한 번도 이익을 남기는 사업이 되지는 못했다. 그럼에도 버핏은 섬유 사업을 계속하겠다고 말했다.

머지않아 자신의 '큰 실수'를 깨달은 버핏은 결국 버크셔의 섬유 부문을 정리하기로 결정했는데, 이때 "좋은 결과를 내기 위해서는 노를 어떻게 젓느냐가 아니라 어떤 배에 올라탈지를 미리 꼼꼼히 조사하는 것이 중요하다"라는 원칙을 얻었다. 그의 말처럼 '만약 자꾸 물이 새는 배를 타고 있다면, 새는 곳을 막으려고 애쓰기보다는 새로운 배로 갈아타는 편이 훨씬 생산적'이다.

128 《워런 버핏, 부의 진실을 말하다》

"저는 참을성과 냉정함이 IQ보다 중요할지도 모른다고 생각합니다."

투자로 성공을 거두기 위해서는 어떤 능력이 필요할까? 버핏은 다음 4가지를 얘기한다. 첫 번째, 재무회계와 부기에 관한 지식, 즉 기업의 활동을 이해하고 재무제표를 읽을 줄 아는 능력. 두 번째, 어느 정도의 열정. 세 번째, 참을성. 네 번째, 냉정함. 그중에서도 참을성과 냉정함을 가장 강조한다.

"저는 참을성과 냉정함이 IQ보다 중요할지도 모른다고 생각합니다."

왜 지식과 지능보다 참을성과 냉정함이 필요할까? 주식 시장은 가끔 집단적 히스테리에 사로잡힐 때가 있는데, 그때 다른 사람들을 따라 레밍•이 되느냐, 혹은 자신의 판단에 따라 위치를 지키느냐에 따라 투자의 성과가 크게 좌우되기 때문이다.

현명한 투자자가 되려면 흥분과 공포에 휩쓸리지 않는 냉정함과 참을성이 반드시 필요하다. 아무리 우수한 두뇌를 지녔어도 흥분에 쉽게 휩쓸려서는 실패만 맛보게 된다.

버핏은 참을성과 냉정함이 곧 성공으로 이어지는 가장 중요한 자질이며, 이 2가지 능력이 있다면 이따금 시장을 덮치는 집단적 히스테리의 영향을 피할 수 있다고 말했다.

• '나그네쥐'라 불리는 설치류의 일종으로, 남의 행동을 맹목적으로 따라 하는 사람을 뜻한다. 투자에서는 군중 심리에 휩쓸려 무분별하게 투자를 결정하는 행동을 레밍에 빗대어 표현한다.

129 《현명한 투자자》

"배가 둥근 지구 위를 항해하고 있어도 '지구가 평평하다고 믿는 이들'은 여전히 많습니다. 시장에서는 가격과 가치의 괴리가 계속해서 나타날 테고, 그레이엄과 도드의 책을 읽은 사람은 계속해서 성공을 거둘 겁니다."

1984년 5월, 버핏은 《벤저민 그레이엄의 증권분석》 출간 50주년을 기념해 '그레이엄-도드 마을의 탁월한 투자자들'이라는 제목의 강연을 열고 그레이엄이 창조한 가치 투자가 지금도 강력한 힘을 발휘하고 있다고 말했다.

이 강연은 "가격이 가치에 비해 낮아 안전 마진이 큰 주식을 찾는 그레이엄과 도드의 증권 분석은 시대에 뒤떨어진 방식일까?"라는 물음에서 시작되었다. 이 질문에 대한 전문가들의 대답은 보통 "그렇다"이지만, 버핏은 매년 반드시 S&P500을 웃도는 운용 성적을 내는 월터 슐로스 같은 예를 들며 그레이엄과 도드의 방식이 여전히 효과적임을 증명했다. 버핏은 이렇게 말했다.

"배가 둥근 지구 위를 항해하고 있어도 '지구가 평평하다고 믿는 이들'은 여전히 많습니다. 시장에서는 가격과 가치의 괴리가 계속해서 나타날 테고, 그레이엄과 도드의 책을 읽은 사람은 계속해서 성공을 거둘 겁니다."

버핏의 말에 따르면 가치 투자는 지금껏 한 번도 유행한 적이 없다. 하지만 그런 흐름과 관계없이 버핏의 자신감은 더 강해지면 강해졌지 결코 흔들릴 기미는 보이지 않았다.

130 《워런 버핏, 위대한 자본가의 탄생》
"할 필요가 없는 일은 잘해봤자 의미가 없습니다."

버크셔 해서웨이에는 MBA 출신도 없을뿐더러 변호사나 전략 기획자, 홍보 담당자, 인사 담당자 같은 이도 존재하지 않는다. 경비원도 운전기사도 컨설턴트도 존재하지 않는다.

1980년대, 투자은행 베어스턴스의 존 오토는 당시 직원이 겨우 11명뿐이었던 버크셔를 방문했다. 가스 관련 사업을 하는 기업을 매각하기 위해서였는데, 고객과 버핏이 협상하는 모습을 보고서 그는 매우 강렬한 인상을 받았다. K마트에서 산 듯한 신발을 신은 버핏은 간단한 인사만 나누고서 곧장 본론으로 들어가자고 재촉했다. 버핏은 미리 자료를 받은 상황이었고 고객과 질문을 이것저것 주고받은 뒤 몇 가지 조건을 달아서 바로 금액을 제시했다.

보통은 첫 만남에서 구체적인 협상에 들어가는 경우는 거의 없지만, 버핏은 이것저것 흥정하거나 물밑 협상 하는 것을 좋아하지 않았다. 늘 직접 이야기하고 직접 판단하고 결론을 냈다. 그리고 한번 내린 결론은 절대 바꾸지 않았다. 대기업인 버크셔가 지닌 힘은 이러한 간결함이었다. 큰 기업에는 늘 복잡한 조직과 많은 임원이 따르지만, 그들이 하는 일은 대부분 의미가 없다.

"할 필요가 없는 일은 잘해봤자 의미가 없습니다."

당시 버핏은 다른 회사에서 100명 이상이 겨우 운용할 만한 포트폴리오와 거의 같은 규모의 자금을 비서 단 한 명과 함께 직접 운용했다.

131 《워런 버핏, 부의 진실을 말하다》

"리스크란 자기가 뭘 하고 있는지 잘 모를 때 발생합니다."

리스크란 과연 누가 결정할까? 예를 들어 어떤 사람은 주가가 떨어졌을 때 "지금 주식에 손을 대는 건 위험해!" 혹은 "빨리 팔아야 손해 보지 않아!"라며 리스크가 크다고 경고하려 한다. 그러나 버핏은 리스크란 그런 일반론이 아니라 본인이 얼마나 자신의 행동을 제대로 이해하고 있는지, 자기 행동에 확신이 있는지에 따라 결정된다고 말한다.

1973년 〈워싱턴 포스트〉의 주가가 38달러에서 16달러까지 급락했을 때, 버핏은 암으로 세상을 떠난 프리츠 비브 회장이 가지고 있던 주식 5만 주를 비롯해 많은 주식을 적극적으로 사들였다. 당시 〈워싱턴 포스트〉는 시가 총액에 비해 몇 배나 가치가 있고 경영자도 유능했기 때문이다. 버핏은 이렇게 확언했다.

"이렇게 안전한 투자처는 없습니다. 전 재산을 쏟아부어도 걱정할 필요가 없었겠지요. 리스크란 자기가 뭘 하고 있는지 잘 모를 때 발생합니다."

버핏은 어떤 일을 하든 자신이 잘 이해하고 있느냐를 무엇보다 중요하게 여겼다. 뉴욕에서 식사를 할 때도 "요전에 갔던 레스토랑으로 하죠"라고 말했다. 상대가 "얼마 전에도 갔잖아요"라고 말해도 신경 쓰지 않았다. 사람들은 대개 새로운 가게를 찾으려 하지만, 버핏은 그런 위험은 감수하지 않았다. 어떤 음식이 나올지 잘 아는 가게에 가야 마음이 놓였다. 그것이 버핏의 스타일이다.

132 《워런 버핏의 주주 서한》

"우리는 많은 키스를 보았지만, 기적이 일어난 적은 거의 없었습니다."

회사의 규모를 확대할 때 기업 인수는 효과적인 방법으로 여겨진다. 아무것도 없는 상태에서 새로운 사업을 키우는 수고를 덜어 '시간을 살' 수 있기 때문이다. 버핏이 말하기를, 세상에는 인수에 목말라 하는 경영자가 매우 많다고 한다. 지금은 변변찮은 기업이라도 자신이 직접 경영하고 자본을 투하하면 몰라보게 근사한 기업이 되리라는 환상을 갖고 있다. 이는 다시 말하면 '개구리에게 입맞춤하는 공주가 나오는 동화'에나 등장할 법한 기업 인수다.

이렇게 경영자들은 놀라운 변화를 기대하며 기꺼이 기업을(개구리에게 입맞춤할 권리를) 인수하지만, 대부분은 실망만 맛보게 된다. 버핏 또한 이미 앞날이 어떤지 모두가 아는 버크셔 해서웨이에 끌려 자신의 힘으로 회사를 멋진 기업으로 바꾸려고 노력했지만, 결국 섬유 사업은 사라지고 말았다.

물론 아주 가끔 경영의 슈퍼스타가 나타나 기업을 멋지게 되살리기도 하지만, 그건 아주 드문 경우다. 대부분의 기업 인수는 변신하지 않는 개구리의 수만 늘리는 결과로 끝난다. 버핏은 이렇게 이야기했다.

"우리는 많은 키스를 보았지만, 기적이 일어난 적은 거의 없었습니다."

버핏은 더 이상 기적을 믿고 개구리를 사지 않기로 했다. 지금은 쉽게 알아볼 수 있는 왕자를 개구리 같은 가격에 구입한다. 그것이 버핏의 방식이 되었다.

133 《워런 버핏의 주주 서한》

"어려운 건 새로운 아이디어를 낳는 일이 아니라 낡은 생각에서 벗어나는 일입니다. 저는 낡은 생각에서 빠져나오는 데 제법 시간이 걸렸습니다."

많은 사람이 '변화'에 거부감을 느끼는 이유는 익숙한 방식과 생각이 편하고 실패할 우려도 적기 때문이다. 그러나 계속해서 '변화'를 거부하면 언젠가 큰 손실을 입거나 시대에 뒤떨어지게 된다.

버핏에게 '낡은 사고방식'이란 벤저민 그레이엄에게 배운 '담배꽁초 이론'이었다. 버핏은 학생 시절 그레이엄에게 "투자를 할 때는 유형 자산을 선호해야 하고 눈에 보이지 않는 가치에 크게 의존하는 기업을 피해야 한다"라는 가르침을 받은 후, 버크셔 해서웨이처럼 공장 같은 유형 자산이 있는 기업을 고집한 반면 씨즈 캔디처럼 '강한 브랜드력'을 가진 기업의 매력을 좀처럼 깨닫지 못했다. 버핏은 이런 편견이 '투자 활동에서 중요한 기회들을 놓치는 실수로 이어졌다'고 과거를 회상했다.

그러나 얼마 지나지 않아 몇몇 투자 경험을 거치며 '눈에 보이지 않는 고정된 가치를 지니고 최소한의 유형 자산을 사용하는 기업'의 매력을 깨달으면서 큰 성공을 거머쥐게 되었다. 버핏뿐만 아니라 누구에게나 낡은 사고방식에서 벗어나는 일은 새로운 아이디어를 낳는 일보다 훨씬 어렵다. 하물며 과거에 성공을 거둔 기업일수록 더욱 그런데, 낡은 사고방식에서 벗어나지 않으면 또 다른 성공은 얻기 어렵다.

134 《워런 버핏의 주주 서한》
"노름판의 주인이 유리할수록 고객은 불리하다."

버핏이 아버지의 회사 버핏 포크에서 일했을 당시 늘 고민의 씨앗이 된 것은 고객의 이익과 자신의 이익이 상반된다는 문제였다. 회사의 이익을 생각하면 고객은 되도록 자주 주식을 사고팔아야 했다. 반면 고객의 이익을 생각하면 가이코처럼 좋은 주식을 사서 오래도록 보유하는 편이 이로웠다.

버핏은 생각했다. 만약 교회에서 신자가 계속 바뀔 때마다 수수료를 얻고 그 수수료로 먹고사는 브로커가 있다면, 신자들은 기독교에서 불교로 또는 기독교에서 이슬람교로, 아니면 그 반대로 계속해서 종교를 바꾸게 될 것이다. 브로커에게는 바라 마지않을 일이겠지만, 과연 그것이 신자에게 바람직한 일일까?

버핏은 '시장성'이나 '유동성' 같은 용어를 써가며 매매의 회전율이 높은 종목을 추천하는 증권회사의 방식을 딱 잘라 비판했다.

"노름판의 주인이 유리할수록 고객은 불리하다는 점을 투자자는 반드시 이해해야 합니다. 당신의 주머니를 채워주지 못하는 인간일수록 확신을 가지고 당신에게 무언가를 부추기려 애쓴다는 점도 말이지요."

투자자는 날마다 변하는 주가를 신경 쓰기보다 평생 보유하고 싶은 주식을 가져야 한다. 증권회사에게는 가장 어려운 고객이지만, 고객에게는 그 편이 훨씬 행복할 것이다. 버핏의 이러한 생각은 지금껏 한 번도 변하지 않았다.

135 《워런 버핏의 주주 서한》

"저는 아이스하키 선수 웨인 그레츠키의 '지금 퍽이 있는 곳이 아니라 퍽이 향할 곳으로 가라'라는 조언을 따랐습니다."

스티브 잡스가 즐겨 쓰고 버핏도 종종 언급하는 명언이 있다. 바로 유명한 아이스하키 선수 웨인 그레츠키의 말이다.

"지금 퍽이 있는 곳이 아니라 퍽이 향할 곳으로 가라."

적이나 아군이 잔뜩 모여 있는 퍽 앞이 아니라 넓게 열린 공간으로 달려가면 그곳으로 퍽이 날아오니 자유롭게 경기를 이끌어나갈 수 있다는 뜻이다. '지금'에 얽매이는 것이 아니라 조금 더 미래의 가능성을 바라보고 한발 앞서 움직이는 것이 중요하다고 알려주는 말이기도 하다.

잡스는 이런 생각으로 '세계를 바꾸는 제품'을 만들어내는 데 성공했다. 버핏은 '눈앞의 이익'이나 '단기적 수익'에 시선을 빼앗기지 않고 투자하는 기업의 '가능성'과 '장기적으로 얻을 수 있는 이익'에 초점을 맞춰 버크셔 해서웨이를 세계적 기업으로 성장시켰다.

버핏은 기업을 인수할 때 당장의 수익만 추구하는 것은 어리석은 짓이다. 설령 단기적 수익을 높일 가능성이 보이더라도 기업의 내재가치를 해치는 합병이나 인수는 수없이 거절해 왔다고 한다. 지나치게 눈앞의 이익만 좇으면 미래에 얻게 될 이익을 희생하게 된다. 우리가 바라보아야 하는 것은 '지금'이 아니라 '미래'다.

136 《워런 버핏의 주주 서한》

"CEO는 대부분 전략기획 부서나 컨설턴트, 또는 투자은행에 기업을 인수해도 될지 묻습니다. 그건 인테리어 디자이너에게 5만 달러짜리 카펫이 필요하냐고 묻는 것과 마찬가지입니다."

버핏의 말에 따르면 CEO란 왕성한 야성적 열의와 자아를 가지고 있고 정상에 올라도 그 야망은 그대로인 사람들이다. CEO들은 현재 상황에 만족하지 않고 늘 성장하기를 바라고 더 큰 것을 원하기 때문에 누군가 기업 인수를 권하면 성급하게 나서기도 한다.

버핏의 친구였던 한 CEO는 어느 날 갑자기 생명보험을 다루는 회사를 인수하겠다고 나섰다. CEO는 이사회에서 기업 인수를 전략상 필요한 것으로 설명했지만, 마지막에 장난스러운 표정으로 내뱉은 한마디야말로 그의 진정한 본심이었다.

"그야, 다들 가지고 있으니까."

기업 인수는 기업의 경영진에게는 소득과 지위 향상으로 이어지고, 인수를 진행하는 고문들에게는 매력적으로 보인다. 대부분의 기업 인수가 주주들의 자산을 줄이는 결과로 이어지기 쉬움에도 이토록 왕성하게 이루어지는 이유를 버핏은 이렇게 설명했다.

"CEO는 대부분 전략기획 부서나 컨설턴트, 또는 투자은행에 기업을 인수해도 될지 묻습니다. 그건 인테리어 디자이너에게 5만 달러짜리 카펫이 필요하냐고 묻는 것과 마찬가지입니다."

투자와 인수를 결정할 때는 스스로 생각해야만 바람직한 결정을 내릴 수 있다.

137 《스노볼》

"허풍 떠는 사람이라는 평판은 평생 따라다닙니다. 그래서 그런 사람이 아니라는 걸 인정받고 싶었습니다."

　1977년 버핏이 매수한 버펄로 이브닝 뉴스는 당시 그에게는 규모가 큰 투자였다. 그때 버펄로 이브닝 뉴스의 이익은 그리 높지 않았지만, 버핏은 어느 지역에서든 강한 힘을 지닌 신문은 점점 더 힘이 세지고 그 밖의 경쟁자들은 결국 폐간으로 내몰린다는 사실을 잘 알았기에 매력적인 투자처이기도 했다.

　그러나 2인자인 쿠리어-익스프레스는 생존을 건 반격에 나섰다. 반트러스트법*을 위반했다며 소송을 건 것이다. 판결은 버펄로 이브닝 뉴스가 원하는 일요판 발간은 인정하지만 판매 활동과 배포에 제한한다는 내용으로, 버핏에게 다소 불리한 방향이었다. 변호사이기도 한 찰리 멍거는 항소를 권했지만, 버핏은 항소할 필요가 있다고 생각하면서도 소극적이었다.

　"허풍 떠는 사람이라는 평판은 평생 따라다닙니다. 그래서 그런 사람이 아니라는 걸 인정받고 싶었습니다."

　신문사는 적자를 내고 있었지만, 그럼에도 버핏이 가장 중요하게 여긴 것은 자신의 평판을 깎는 일이었다. 버핏에게 승리는 대전제였지만, '평판을 해치는' 것은 무슨 일이 있어도 피하고 싶은 일이기도 했다.

● 　시장의 독점을 목적으로 하는 기업 합동을 금지하거나 제한하는 법률.

138 《스노볼》

"3층에 있는 사람들이 하는 일 가운데 이익에 영향을 미치는 일은 아무것도 없습니다."

버핏은 인간적인 사람이지만, 이익 배분에 관해서는 냉철한 사고방식을 지녔다. 1977년 버핏이 3,250만 달러에 매수한 버펄로 이브닝 뉴스는 여러모로 문제가 많은 회사였다. 2인자였던 쿠리어-익스프레스가 소송을 걸어 수익에 큰 지장이 생겼을 뿐만 아니라 13개의 조합이 회사를 상대로 투쟁을 벌여 대우 개선을 요구하는 파업에 나서기도 했다.

인수한 지 5년째가 되는 1982년, 한 해 적자는 줄었으나 누적 적자가 1,200만 달러로 불어나자 찰리 멍거는 적자 회수가 불가능하다는 생각에 이르렀다. 이대로는 두 신문 중 한쪽이 도산할지도 모른다는 불안이 지역 전체에 퍼졌지만, 결국 무너진 것은 쿠리어-익스프레스였다.

라이벌이 무너지자 버펄로 이브닝 뉴스는 조간신문을 발행하기 시작했고 부수와 광고도 비약적으로 늘어났다. 단순한 이익이 아니라 매우 높은 이익이 나는 사업이 되었다. 이듬해 버펄로 이브닝 뉴스는 1,900만 달러의 이익을 올렸다. 관리직에서는 '사원들에게 이익을 돌려주어야 한다'는 의견이 나왔지만, 버핏의 대답은 아주 쌀쌀했다.

"3층에 있는 사람들(편집국)이 하는 일 가운데 이익에 영향을 미치는 일은 아무것도 없습니다."

리스크를 감당한 것은 버핏이었다. 이익을 얻을 자격이 있는 이는 리스크를 감당한 사람뿐이었다.

139 《스노볼》

"미래가 확실했던 적은 한 번도 없었습니다. 불확실성이야말로 장기 투자자의 아군이지요."

지금 버크셔 해서웨이에게 애플은 '거대한 조각상'과 같은 존재이지만, 버핏은 스티브 잡스가 살아 있는 동안에는 애플에 투자하지 않았다. 그러다 버크셔의 이사 중 한 사람이 아이폰을 무엇으로도 대체할 수 없는 존재처럼 소중히 다룬다는 사실을 안 것을 계기로 투자를 결심했다. 아이폰을 만든 잡스와 버핏은 지금으로부터 40여 년 전 함께 그리넬 대학의 이사를 맡은 적이 있다.

1979년 주식 시장이 침체되자 언론들은 마치 두 번 다시 주식을 사지 않겠다는 듯이 '주식의 죽음'을 선언했다. 투자자들은 주식 투자 대신 금과 다이아몬드, 백금, 미술품과 부동산 등에 앞다투어 투자하기 시작했다. 당시 24세였던 잡스는 그리넬 대학의 신임 이사로 취임한 뒤 주식을 팔고 금을 사라고 투자 위원회를 설득했지만, 위원회는 그 제안을 거절했다.

당시 주식 시장의 침체는 단기 매매를 반복하는 투자자들에게는 위협이었지만, 버핏은 잡스와 정반대의 생각을 가지고 있었다.

"미래가 확실했던 적은 한 번도 없었습니다. 불확실성이야말로 장기 투자자의 아군이지요."

온 세상이 밝고 주가가 상승할 때에는 비싼 가격에 주식을 사게 되기 쉽지만, 장기 보유를 전제로 하면 주가가 낮을 때야말로 절호의 기회가 된다.

140 《스노볼》

"자네는 정말 솜씨가 좋으니까 말이야. 자네가 없으면 그 구멍을 메우는 데 세 명은 필요할 거야."

버핏이 〈포브스〉가 선정한 미국의 400대 부자에 처음 등장한 것은 1979년, 그가 49세일 때였다. 그 무렵 버크셔 해서웨이는 버펄로 이브닝 뉴스와 B 부인의 네브래스카 퍼니처 마트를 인수하며 급속도로 몸집을 불리기 시작했다. 사무실은 오마하의 키위트 플라자에 있었는데, 지금과 마찬가지로 사무실에서 일하는 사람은 얼마 되지 않았다.

적은 인원수로 계속해서 늘어나는 업무를 소화하기란 정말 힘든 일이었다. 게다가 버핏은 B 부인의 부탁으로 '버크셔가 유가증권 보고서를 증권거래위원회에 제출할 때 퍼니처 마트의 개별 재무제표가 겉으로 드러나지 않도록' 하는, 한마디로 '도무지 쉽게 처리할 수 없는' 일을 쉽게 도맡기도 했다. 이 성가신 일을 떠맡은 사람은 버크셔의 재무 담당인 번 매켄지였다. 버핏은 그에게 이렇게 말했다.

"자네는 정말 대단해. 그러니 이 일도 눈 깜짝할 사이에 별다른 비용도 들이지 않고 정리해 주겠지. 자네는 정말 솜씨가 좋으니까 말이야. 자네가 없으면 그 구멍을 메우는 데 세 명은 필요할 거야."

머리가 좋은 사람은 뭐든 할 수 있다고 믿는 버핏은 자주 간섭하지 않는 상사였지만, 정신적으로는 매우 피곤한 상사이기도 했다.

141 《스노볼》

"그들이 잘못한 건 아무것도 없지만, 그들은 결국 트랙터가 나온 시대에 농장에서 일하던 말 같은 신세가 되었습니다. 재교육 같은 건 그저 허울 좋은 이야기에 불과하지요."

버핏이 오랜 기간 재건을 위해 분투했던 버크셔 해서웨이의 섬유 사업을 접은 것은 1985년이었다. 당시 섬유 사업을 그만두는 것은 버핏에게든 회사에게든 아무렇지 않은 일이었지만, 오랜 세월 섬유 부문에서 일한 사람들에게는 그리 쉬운 문제가 아니었다.

남아 있던 공장 직원은 400명쯤 되었고, 다들 최소 50대의 나이였다. 영어를 잘 못하거나 기계 옆에서 오랜 세월 일한 탓에 귀가 잘 들리지 않는 사람도 있었다. 그러나 버핏이 할 수 있는 일은 2개월치 월급을 주고 계약을 해지하는 것뿐이었다. 원래라면 재취업을 위한 교육이나 안전망이 필요했지만, 버핏은 자유 시장의 비정함도 잘 알고 있었다. 버핏은 이렇게 말했다.

"그들이 잘못한 건 아무것도 없지만, 그들은 결국 트랙터가 나온 시대에 농장에서 일하던 말 같은 신세가 되었습니다. 재교육 같은 건 그저 허울 좋은 이야기에 불과하지요. 시장은 완벽하지 않습니다. 시장이 모든 사람에게 여유로운 생활을 안겨주리라 기대해서는 안 됩니다."

버핏은 훗날 가진 자의 의무를 강조하며 열심히 자선 사업에 임하게 되었는데, 이때의 경험도 영향을 미친 듯하다.

142 《스노볼》

"트로피 아내가 우승컵처럼 보인 적은 단 한 번도 없었습니다."

버크셔 해서웨이의 섬유 사업을 매각하면서 회사는 우수한 기업들을 산하에 두고 쏠쏠한 플로트까지 낳는 보험이라는 사업을 보유한 대기업으로 나아가기 시작했다. 동시에 버핏도 〈포브스〉의 400대 부자에 드는 대기업의 CEO가 되었지만, 다른 CEO와 달리 사치를 즐기려는 마음은 조금도 없었다. 버핏은 5성급 리조트를 찾아가지도 않았으며 고급 와인이나 고액의 미술품에 관심을 보이지도 않았다. 운전기사가 딸린 고급차를 타고 대형 요트를 소유하려는 욕심도 없었다. 호화로운 저택을 지을 생각은 더더구나 없었다.

아내 수지와 1977년 별거한 뒤 버핏은 사실상 혼자가 되었지만, 부자들이 흔히 옆에 두는 '트로피 아내'를 바라지도 않았다. 버핏은 이렇게 말했다.

"트로피 아내가 우승컵처럼 보인 적은 단 한 번도 없었습니다. 제게는 늘 바보에게 주는 상처럼 보이더군요."

'트로피 아내'란 사회적으로 성공한 남성과 결혼한 젊고 아름다운 여성을 가리키는 말이다. 버핏처럼 재력과 사회적 지위를 모두 갖춘 남자가 자신의 성공을 과시하기 위해 모두가 부러워할 만한 매력적인 여성을 아내로 두었으나, 남자의 외모나 나이와는 어울리지 않는다는 일종의 모멸적인 뉘앙스도 담겨 있다. 그러나 버핏은 아무리 성공하고 아무리 큰돈을 손에 쥐어도 젊은 시절과 변함없이 소박하게 생활했다.

143 《워런 버핏, 부의 진실을 말하다》

"우리는 신용 평가를 토대로 판단하지 않습니다. 만약 신용 평가 회사인 무디스나 스탠더드 앤드 푸어스에게 투자 자금 운용을 맡기고 싶었다면 이미 예전에 그렇게 했겠지요."

1983년과 1984년에 버핏은 워싱턴 전력 공사의 채권을 1억 3,900만 달러 구입했는데, 그렇게 해도 괜찮은 거냐는 문의가 빗발쳤다고 한다.

그 회사채는 휴지 조각이 될 위험이 아주 높아 투자하기 적합하지 않다고 신용 평가 회사들이 인정한 이른바 '정크 본드(Junk Bond)'였기 때문이다. 정크 본드는 'WHOOPS(아이고, 아뿔싸)'라고도 불리는데, '안전 마진'을 중시하는 버핏이 왜 손을 댔는지 모두가 궁금해했다.

그러나 버핏은 남들이 뭐라 하든 전혀 개의치 않았다.

"우리는 신용 평가를 토대로 판단하지 않습니다. 만약 신용 평가 회사인 무디스나 스탠더드 앤드 푸어스에게 투자 자금 운용을 맡기고 싶었다면 이미 예전에 그렇게 했겠지요."

회계 감사인의 의견에 대해서도 이렇게 딱 잘라 말했다.

"만약 회계 감사인이 저보다 투자를 더 잘 안다고 생각한다면, 제가 회계를 담당하고 그 회계 감사인에게 회사 경영을 맡겨야겠지요."

워싱턴 전력 공사의 채권은 휴지 조각이 되기는커녕 버크셔 해서웨이에 연이율 16%가 넘는 이익을 가져다주었다. 버핏의 주장은 역시 옳았다.

144 《워런 버핏, 부의 진실을 말하다》

"대다수는 다른 사람들이 주목하는 주식에 관심이 있는 듯합니다. 하지만 사실은 그렇지 않은 주식에 관심을 갖는 것이 가장 좋습니다."

누구나 인터넷을 이용하게 되면서 인기 있는 제품이나 평판이 좋은 제품은 날개 돋친 듯 팔리는 반면, 그렇지 않은 제품은 팔리지 않는 현상이 전보다 한층 뚜렷해졌다. 물건뿐만 아니라 영화나 책도 마찬가지로, 잘 팔리는 상품과 팔리지 않는 상품의 양극화가 더욱 뚜렷해진 것이 요즘 시대의 모습이다.

주식 투자도 이와 동일하다. 인기 있는 기업의 주식은 많은 사람이 달려들어 주가가 올라가지만, 인기 없는 기업의 주식은 아무리 가치가 있어도 좀처럼 오르지 않는다. 이럴 때 버핏은 늘 남들과 다른 선택을 했다. 1990년대 후반 모두가 IT 관련 주식을 사 모으기 바쁠 때 벽돌회사, 카펫회사, 웨스턴 부츠를 제작하는 회사처럼 남들이 보기에는 별 볼 일 없고 시원찮아 보이는 회사에 투자했듯이 말이다.

이런 버핏의 방식을 비웃은 사람도 있었지만, 지금까지 모두가 몇 번이나 경험했듯이 결국에는 "역시 버핏이 옳았다"라고 말하게 되었다. 버핏은 일찍이 자신의 투자에 대해 이런 생각을 가지고 있었다.

"대부분은 다른 사람들이 주목하는 주식에 관심이 있는 듯합니다. 하지만 사실은 그렇지 않은 주식에 관심을 갖는 것이 가장 좋습니다. 이미 인기 있는 주식을 사봤자 높은 이율은 남길 수 없으니까요."

145 《워런 버핏, 부의 진실을 말하다》

"기업의 가치 평가(밸류에이션)란 그렇게 쉬운 일이 아닙니다. 하지만 몇 가지 업종에 초점을 맞추면 밸류에이션에 관해 제법 많은 지식을 얻을 수 있습니다."

버핏의 투자법에서 특히 중요한 부분은 어떤 순간이든 자신의 '능력 범위'를 엄격히 지키는 것이다. 본인의 능력 범위 안에 있는 기업에 초점을 맞추고, 기업의 '가치'를 평가한 다음, '가격'과 차이가 커졌을 때 '살' 기회를 찾는다.

버핏이 능력 범위를 중시하는 이유는 '어떤 상장 주식이든 진정한 가치를 계산할 수 있다고 말하는 사람이 있다면, 그 사람은 자기 능력을 매우 과대평가하는' 셈이기 때문이다. 버핏은 이렇게 말했다.

"기업의 가치 평가(밸류에이션)이란 그렇게 쉬운 일이 아닙니다. 하지만 몇 가지 업종에 초점을 맞추면 밸류에이션에 관해 제법 많은 지식을 얻을 수 있습니다."

버핏에게도 모든 기업의 진정한 가치를 계산하기란 무척 어려운 일이다. 반면, 능력 범위 안에 드는 기업은 진짜 가치와 가격의 차이를 빠르게 계산할 수 있으므로 '판단은 5분이면 충분해진다'. 물론 "휴대전화 회사는 제때 사지 못했지요"라고 회상했듯이 버핏의 이런 고집은 때로 기회를 놓치는 원인이 되기도 했지만, 잘 아는 사업에 투자해야 리스크가 적다는 생각은 지금도 변치 않았다.

146 《스노볼》

"아무런 위험도 없는 오마하에 있으면서 운전기사들에게 위험한 결단을 내릴 수는 없었습니다."

버핏은 자본의 분배에 관해서는 늘 엄격하지만, 결코 비인도적인 사람은 아니다. 현장에서 일하는 사람들에게 마음을 쓰고 사원들을 배려할 줄도 알았다. 버크셔 해서웨이의 경영권을 손에 쥔 뒤 섬유 사업이 계속해서 부진을 면치 못했을 때는 왜 사업을 정리하지 않느냐는 의문이 빗발쳤다. 그때 버핏은 파트너에게 보내는 편지에 이렇게 썼다.

"저는 이 섬유 산업에 종사하는 사람들이 좋습니다. 그들은 어려운 상황 속에서 사업을 개선하려고 필사적으로 일하고 있습니다."

이런 배려는 1980년 버펄로 이브닝 뉴스의 트럭 운전기사들이 파업을 일으켰을 때도 엿볼 수 있었다. 신문을 인쇄해도 정작 배달하지 못하면 아무 의미가 없다. 문제투성이였던 신문사는 가만히 내버려두면 폐간으로 내몰릴 수도 있었다. 그러나 버핏은 조합에 가입하지 않은 운전기사들을 고용하지 않았다. "아무런 위험도 없는 오마하에 있으면서 운전기사들에게 위험한 결단을 내릴 수는 없었기" 때문이다.

버핏은 조합원들에게 이렇게 말했다.

"회사가 가진 피는 한정되어 있습니다. 피를 너무 많이 흘리면 회사는 결국 살아남지 못합니다."

48시간 뒤 마침내 신문 발행이 재개되었다. 버핏은 육체노동을 싫어하지만, 현장에서 일하는 사람들에 대한 배려는 늘 가슴에 품고 있었다.

147 《스노볼》

"우리 아이들은 자신이 설 자리를 스스로 개척합니다. 그리고 어떤 일을 하길 원하든 내가 자기편이 되어줄 거라는 걸 잘 알고 있지요."

버핏의 육아 방식은 돈이 많은 아버지치고는 꽤나 엄격했다. 찰리 멍거의 말에 따르면, 버핏은 아이들의 응석을 받아주지 않았고 쉽게 선물을 사다 주지도 않았다고 한다. 돈과 관련해서도 '하고 싶은 일을 시작하기에는 충분하지만, 아무 일도 하지 않고 살기에는 어려운 금액'을 남겨주겠다고 주변에 밝혔고, 캐서린 그레이엄에게는 아이들을 사랑하지 않느냐며 비판을 받기도 했다.

버핏은 이런 엄격함을 결코 후회하지 않았다. 그는 이렇게 말했다. "우리 아이들은 자신이 설 자리를 스스로 개척합니다. 그리고 어떤 일을 하길 원하든 내가 자기편이 되어줄 거라는 걸 잘 알고 있지요."

그 덕인지 장녀인 수잔 앨리스 버핏은 소규모의 사업을 운영하며 자원봉사 활동에도 열심히 나서서 버핏도 '우리 가족과 같은 행복을 누리지 못하는 사람들을 든든히 지원해 주고 있다'며 딸을 인정했다. 장남인 하워드 그레이엄 버핏은 버크셔 해서웨이의 임원이며 환경 운동에도 열심이고 한때 일리노이주의 작은 마을에서 보안관으로 근무한 적도 있다. 차남 피터 버핏은 음악가로 활약 중이고, 그의 아내 메리 버핏은 버핏에 관한 책을 집필하기도 했다.

이렇게 보면 버핏의 육아 방식에 합격점을 줄 수 있지 않을까?

148 《현명한 투자자》

"업자가 3만 파운드의 하중을 버틸 수 있다고 주장하는 다리가 건설되었다 해도 그 다리를 건너는 트럭은 겨우 1만 파운드입니다."

버핏처럼 투자하려면 자신이 투자하려는 기업의 토대를 이루는 사업을 대략적으로 가늠할 수 있는 지식이 필요하다. '가치'를 대략적으로 계산했을 때 '가격'이 더 저렴하다면 가치에 비해 저렴한 주식이므로 투자의 대상이 된다.

여기서 가격과 가치의 차이가 곧 '안전 마진'이 되는데, 버핏은 이때 '계산을 빠듯하게 해서는 안 된다'고 이야기한다.

이를 잘 보여주는 것이 버핏이 자주 이야기하는 1973년 〈워싱턴 포스트〉의 사례다. 당시 〈워싱턴 포스트〉의 시가 총액은 8,000만 달러였으나 회사의 자산은 4억 달러가 넘었다. 이 차이가 투자의 안전 마진이 되었다. 안전 마진이 크면 클수록 리스크는 줄어들고, 안전 마진이 작을수록 리스크는 커진다. 버핏은 이렇게 설명했다.

"가치가 8,300만 달러인 사업을 8,000만 달러에 사려고 해서는 안 됩니다. 여유를 크게 두는 게 중요하지요. 업자가 3만 파운드의 하중을 버틸 수 있다고 주장하는 다리가 건설되었다 해도 그 다리를 건너는 트럭은 겨우 1만 파운드입니다. 이와 같은 원칙이 투자에도 적용됩니다."

이처럼 가격과 가치의 차이를 냉정하게 파악하고 되도록 큰 안전 마진을 확보해야 한다. 그러면 투자의 리스크를 크게 낮출 수 있다.

149 《워런 버핏, 부의 진실을 말하다》

"트랙터가 등장한 시기의 말이나, 자동차가 등장한 시기에 말의 편자를 만들던 대장간 같은 입장이 되는 건 역시 즐거운 일이 아닙니다."

제조업이라는 분야에서는 때로 지금 있는 제품을 한순간에 '과거의 유물'로 바꿔버리는 혁명이 일어나기도 한다. 예를 들어 포드가 T형 포드를 대량 생산하면서 주된 이동 수단이었던 말은 완전히 과거의 유물이 되었고, 휴대전화가 보급되면서 무선 호출기 또한 과거의 유물이 되어버렸다. 또한 아이폰 같은 스마트폰이 널리 보급되자 기존의 휴대전화는 마치 먼 옛날의 물건처럼 변해버렸다.

이것이야말로 진보이며, 이런 변화에 대응하지 않는다면 사람도 기업도 살아남지 못한다. 버핏도 1990년대 후반에는 한때 '과거의 유물' 취급을 당하기도 했는데, 버크셔 해서웨이의 섬유 부문에서 일하는 사람들을 결국 잘라낼 수밖에 없었던 경험을 비롯해 과거의 유물이 된다는 것에 관해 이런 생각을 밝혔다.

"트랙터가 등장한 시기의 말이나, 자동차가 등장한 시기에 말의 편자를 만들던 대장간 같은 입장이 되는 건 역시 즐거운 일이 아닙니다."

버핏은 벤저민 그레이엄에게 배운 원칙을 지키면서도 필립 피셔의 성장주 이론 등을 절묘하게 조합해 성공을 거두었고, 버크셔도 섬유 회사에서 투자와 보험이 주요 사업인 회사로 변신하며 거대 기업으로 성장했다. 승리를 거두기 위해서는 이처럼 절묘한 변화가 반드시 필요하다.

150 《워런 버핏, 부의 진실을 말하다》

"함께 일하는 사람은 신중하게 선택하고 싶습니다. 가장 중요한 사항이니 단 한 명도 대충 넘기지 않고 살핍니다. 마치 결혼 상대를 찾는 것 같은 자세로 말이지요."

기업의 채용은 보통 인사 담당 부서에 진행하기 때문에 대표는 최종 면접에서나 후보자들을 만난다. 반면 미국 기업에서는 회사의 리더가 채용에 훨씬 적극적으로 관여한다. '누구를 고용하고 누구를 승진시키느냐'가 기업 문화에 큰 영향을 미치기 때문이다.

버핏은 채용이든 거래든 "도무지 마음에 들지 않는 사람이나 존경하기 어려운 사람과는 대화를 나누거나 거래할 마음이 들지 않는다"라고 말했다. 나쁜 사람과 함께 일하면 좋은 결과를 얻을 수 없고, 아무리 머리가 좋고 실행력이 있어도 성실함이 결여된 사람에게는 안심하고 일을 맡길 수 없기 때문이다. 버핏은 이렇게 분명하게 말했다.

"함께 일하는 사람은 신중하게 선택하고 싶습니다. 가장 중요한 사항이니 단 한 명도 대충 넘기지 않고 살핍니다. 마치 결혼 상대를 찾는 것 같은 자세로 말이지요."

버핏이 가장 중요하게 여기는 점은 뛰어난 능력을 지닌 믿음직한 사람들과 함께, 자신이 정말 좋아하는 일을 하는 것이다. 돈을 위해서 신뢰하는 사람들과 쉽게 연을 끊지도 않는다. 버핏은 투자를 할 때도 훌륭한 기업을 엄선해 오래도록 소유하는 것을 기본 방침으로 삼고 있다. 사람을 선택하고 관계를 맺는 방식도 마찬가지다.

151 《워런 버핏, 부의 진실을 말하다》

"문제아를 보살피는 일과 같지요. 한 5년쯤 됐다고 주식을 팔아버릴 생각은 없습니다."

1985년 버핏은 오랜 지인인 톰 머피(캐피털 시티스의 CEO)에게 ABC 방송국을 인수했다는 전화를 받았다. 당시 기업 사냥꾼들의 먹잇감이 된 ABC를 구하기 위해 머피가 백기사•가 되어 방송국을 인수하기로 결정했는데, 어떻게 지불하면 좋을지 알려달라고 도움을 청한 것이다. 버핏은 약 5억 달러의 자금을 투자해 캐피털 시티스의 주식을 샀고 그 자금은 ABC 방송국을 인수하는 데 쓰였다. 버핏은 머피에게 이렇게 약속했다.

"문제아를 보살피는 일과 같지요. 한 5년쯤 됐다고 주식을 팔아버릴 생각은 없습니다. 우리는 파트너로서 투자하고 있으니까요."

버핏의 기본 원칙은 장기 보유다. 주가의 움직임을 살피며 짧은 기간 안에 주식을 사고파는 것은 '투기'이자 단순한 '매매 차익 벌이'에 불과하다. 버핏은 투자한 기업의 주가가 어떻게 되든 바로 놓아버리지 않았다. 문제가 있어도 늦지 않게 해결하면 그만이었다. 버핏은 가이코나 아메리칸 익스프레스가 문제에 맞닥뜨렸을 때 처음 투자에 나섰는데, 지금도 두 회사를 소유하고 있다.

• 기업 간에 적대적 인수합병이 진행될 때 기업이 경영권을 방어할 수 있도록 돕는 우호적인 세력을 뜻한다.

152 《워런 버핏, 부의 진실을 말하다》

"저는 투자의 출발점인 '십계'에 손을 댈 마음은 조금도 없었습니다."

1956년 벤저민 그레이엄은 그레이엄 뉴먼을 해산하고 투자의 세계에서 은퇴했다. 그러나 그레이엄이 남긴 투자 방식은 버핏에게 계승되었고 《현명한 투자자》 같은 훌륭한 저서 또한 여전히 많은 사람에게 사랑받고 있다.

은퇴 이후 20여 년이 지난 1970년대 후반, 캘리포니아주에서 입원 생활을 하던 그레이엄은 버핏에게 연락해서 《현명한 투자자》의 증보판 작업을 도와달라고 부탁했다. 버핏은 그가 부탁한 대로 내용을 살펴보고 몇 가지 수정을 제안했다.

"저는 인플레이션에 대해 내용을 조금 더 추가했으면 했고 기업을 분석하는 방법에 대해서도 좀 더 써보고 싶었습니다. 그게 전부였지요. 저는 투자의 출발점인 '십계'에 손 댈 마음은 조금도 없었습니다."

그 후 건강을 회복한 그레이엄이 홀로 증보판 작업을 마쳤기에 버핏의 제안은 반영되지 않았지만, 버핏의 파트너십을 이어받아 세쿼이아 펀드를 세운 윌리엄 루안은 두 사람의 관계에 대해 이렇게 이야기했다.

"우리에게 그레이엄의 저서는 성경이었습니다. 그리고 워런은 자신의 자산을 운용하면서 이 책을 고치고 바로잡았습니다. 말하자면 신약성서를 쓴 셈이지요."

정말 딱 맞아떨어지는 표현이다.

153 《워런 버핏, 부의 진실을 말하다》

"비즈니스 스쿨에서는 단순하고 명쾌한 행동보다 복잡한 행동을 더 높게 평가하는 모양이지만, 실제로는 단순하고 명쾌한 행동이 더 효과적입니다."

버핏이 말하기를 그레이엄의 "1달러짜리 지폐를 40센드에 산다"라는 개념을 배운 사람들은 즉시 효과를 발휘하는 사람과, 효과가 전혀 나타나지 않는 사람으로 나뉜다고 한다. IQ나 학위에 상관없이 설명을 듣고도 바로 이해하지 못하는 사람은 몇 년에 걸쳐 데이터를 보여줘도 그 단순한 개념을 온전히 받아들이지 못한다.

그뿐만 아니라 그레이엄의 이론 자체는 대학이나 대학원에서 가르치는 경우가 거의 없는 데다 지금껏 한 번도 크게 유행한 적이 없다. 그 이유를 버핏은 이렇게 설명했다.

"어렵지 않아서입니다. 다시 말해 대학은 어렵고 도움도 되지 않는 내용을 가르치고 있다는 뜻이지요. 비즈니스 스쿨에서는 단순하고 명쾌한 행동보다 복잡한 행동을 더 높게 평가하는 모양이지만, 실제로는 단순하고 명쾌한 행동이 더 효과적입니다."

그레이엄의 이론이 투자에서 큰 효과를 발휘한다는 사실은 버핏을 보면 잘 알 수 있다. 버핏 또한 그레이엄의 계승자로서 투자에 관한 자신의 생각을 감추지 않는다. 그럼에도 불구하고 경영대학원에서 이런 내용을 가르치지 않는다는 것은 버핏의 말처럼 복잡한 내용일수록 귀하고 단순히 명쾌한 내용은 귀하지 않다고 여긴다는 뜻일지도 모른다.

154 《스노볼》

"정장을 맞추러 가서 '회색 줄무늬 양복을 맞추려고요. 안감은 해서웨이로 부탁합니다'라고 말하는 사람은 없었습니다."

버핏이 애플에 투자하기 시작한 계기는 버크셔의 나이 지긋한 이사 중 한 명이 택시 안에서 아이폰을 잃어버렸다며 슬퍼한다는 이야기를 들은 것이었다. 비슷한 제품이 얼마든지 있음에도 '이 회사의 제품이 아니면 안 된다'는 강한 애착을 느끼게 하는 것이야말로 브랜드의 힘이기 때문이다.

섬유회사였던 버크셔 해서웨이에 투자를 시작한 무렵 버핏은 브랜드력을 중요하게 여기지 않았지만, 씨즈 캔디와 같은 기업을 인수하면서 브랜드가 강한 기업과 그렇지 않은 기업의 차이를 비로소 이해하게 되었다. 버핏은 버크셔 해서웨이에 대해 이렇게 한탄했다.

"우리는 미국 남성복에 쓰이는 안감을 절반이나 생산했지만, 정장을 맞추러 가서 '회색 줄무늬 양복을 맞추려고요. 안감은 해서웨이로 부탁합니다'라고 말하는 사람은 없었습니다."

버핏은 거래처인 시어스 로벅의 회장과도 친분이 있었는데, 가령 가격 인상에 관해 상담이라도 할라치면 "제정신인가?"라는 말을 들을 만큼 참담한 사업이었다. 강한 브랜드력을 지닌 기업은 제품의 가격을 어느 정도 스스로 결정할 수 있고 다른 회사보다 값이 조금 비싸더라도 고객들은 기꺼이 상품을 구입한다. 그런 의미에서 섬유회사 버크셔는 버핏에게 브랜드의 가치를 알려준 존재이기도 했다.

155 《워런 버핏, 부의 진실을 말하다》

"만약 씨즈 캔디를 사지 않았다면 코카콜라도 사지 않았을 겁니다. 그러니 이 120억 달러는 모두 씨즈 캔디 덕분입니다."

버크셔 해서웨이의 투자처 가운데 1, 2위를 다투는 기업은 애플과 코카콜라다. 다만 이들 기업에 투자할 수 있도록 버핏에게 확신을 심어준 것은 다름 아닌 씨즈 캔디였다.

1971년 씨즈 캔디가 매물로 나왔다는 소식을 들은 버핏은 씨즈 캔디야말로 캘리포니아에서 대적할 자가 없는 우수한 기업이라는 평가를 토대로 회사를 2,500만 달러에 인수했다. 자산 가치가 500만 달러인 회사에 지불하기에는 다소 '비싸게' 느껴졌지만, 자산 이외의 브랜드와 명성, 고객, 직원과 경영자가 지닌 보이지 않는 가치를 가산한 끝에 인수를 결정했다. 실제로 성과는 어마어마했다.

2019년 버크셔의 주주총회에서 버핏은 "2,500만 달러를 투자해서 20억 달러가 넘는 세전 이익을 얻었다"라며 씨즈 캔디가 가져다준 높은 성과를 극찬했다. 그리고 이때의 성공은 이후 코카콜라에 대한 투자로 이어졌다. 버핏은 이렇게 말했다.

"만약 씨즈 캔디를 사지 않았다면 코카콜라도 사지 않았을 겁니다. 그러니 이 120억 달러(코카콜라 주식으로 얻은 이익)는 모두 씨즈 캔디 덕분입니다."

한 번의 성공이 또 다른 성공으로 이어진 것이다.

156 《워런 버핏의 주주 서한》

"꽃에서 꽃으로 옮겨 다녀서는 장기적 투자에서 성공을 거둘 수 없습니다."

버핏이 오래도록 성장하는 뛰어난 기업에 적극적으로 투자하기 시작한 것은 1971년 씨즈 캔디를 인수하면서부터였다. 이후 버핏은 〈워싱턴 포스트〉와 네브래스카 퍼니처 마트 등을 인수했는데, 이 두 기업의 공통점은 '능력 있는 경영자가 운영하며 지속적으로 이익이 날 것으로 예상되며 버핏이 온전히 이해할 수 있는 큰 기업'이라는 점이었다.

버핏은 이 기업들을 '가능한 한 오래' 보유하고자 했다. 당시 버핏에게 이런 기업들은 '슈퍼스타 기업'이었고, 그가 말하는 '변변찮은 기업의 일부를 임기응변으로 사고팔아서 큰돈을 버는' 방식과는 완전히 다른 투자였다. 버핏은 이렇게 설명했다.

"꽃에서 꽃으로 옮겨 다녀서는 장기적 투자에서 성공을 거둘 수 없습니다. 요란하게 거래하는 '기관'에 '투자자'라는 이름을 붙이는 건 하룻밤 관계를 거듭하는 사람에게 로맨티시스트라 부르는 것과 같은 일이지요."

20세기를 대표하는 경제학자 존 메이너드 케인스에 따르면, 올바른 투자법이란 투자자 자신이 온전히 이해한다고 믿으며 신뢰할 만한 경영진이 있는 기업에 큰돈을 투자하는 것이다. 버핏은 이 말이 모든 것을 말해준다고 이야기했다.

157 《워런 버핏의 주주 서한》

"투자를 할 때 대부분의 사람에게 가장 중요한 것은 내가 얼마나 아느냐가 아니라, 오히려 내가 모른다는 사실을 정확하게 아는 것입니다."

버핏은 주주 서한에서 20세기의 대표적인 경제학자 케인즈가 쓴 편지의 내용을 소개한 적이 있다.

"자신감을 가질만 한 특별한 근거가 없음에도 자신이 거의 알지 못하는 여러 기업에 분산 투자하고서 리스크를 줄였다고 믿는 건 잘못된 생각이라네. 인간의 지식과 경험에는 의심의 여지 없이 한계가 있고, 나 또한 완전히 확신을 가지고 투자할 수 있는 곳이 동시에 두세 곳 이상 존재했던 적은 거의 없지."

'경제학의 거인' 케인스조차도 이렇게 말했다. 그리고 '투자의 거인' 버핏도 "정신없이 변화하는 기술 혁신을 뒤쫓을 수밖에 없는 기업에서는 장기적인 경제 상황을 안정적으로 평가하기가 어렵습니다"라며 1980년대에 컴퓨터 업계의 장래를 예측하기가 얼마나 어려운지 이야기한 적이 있다.

케인스와 버핏은 '자신의 능력으로는 예측하지 못하는' 부분이 있음을 분명하게 자각하고 있다는 점이 무엇보다 대단했다. 투자에서는 '내가 얼마나 아느냐가 아니라, 오히려 내가 모른다는 사실을 정확하게 아는 것'이 중요하다. 다시 말해 '능력 범위'를 알고 그 범위를 지키는 것이 성공으로 이어진다.

158 《스노볼》

"제가 기억하는 한 벤저민 그레이엄의 가격으로 필립 피셔의 종목을 살 수 있는 건 이번이 처음입니다."

버핏은 '오마하의 현인'이라 불릴 때는 있어도 '예언자'라 불리지는 않는다. 버핏이 여러 번 이야기했듯이 그는 결코 예측을 입에 담지 않으며 시장의 동향에 대해서도 자세히 말하는 법이 없다.

그럼에도 버핏의 발언과 행동은 대부분 시장의 미래를 정확하게 꿰뚫었다. 1969년 미국의 경제 호황이 절정에 달하려 한 시기에는 "이제 투자의 기회는 사실상 사라졌습니다"라며 투자조합의 해산을 선언했다. 그리고 1974년 11월에는 주가가 급락하고 미국 경제가 휘발유 부족으로 곤경에 처했음에도 불구하고 버핏은 〈포브스〉와의 인터뷰에서 이렇게 대답했다.

"지금이 투자를 시작할 절호의 기회입니다. 제가 기억하는 한 벤저민 그레이엄의 가격으로 필립 피셔의 종목을 살 수 있는 건 이번이 처음입니다."

〈포브스〉는 인터뷰의 앞부분만 싣고 그레이엄과 피셔에 대해서는 다루지 않았지만, 버핏에게는 이 말이 자신의 발언 가운데 가장 중요한 부분이었다. 이때는 버핏이 그레이엄의 '안전 마진'과 '기업의 일부를 사고' '주가 변동에 휘둘리지 않는' 원칙을 지키면서도 피셔의 말처럼 '성장주를 사서 오랜 기간에 걸쳐 보유하는' 방식을 중시하기 시작한 때였다. 버핏의 투자법은 이 무렵 크게 변화하기 시작했다.

WARREN
PRINCIPLES

BUFFETT
FOR LIFE

제4장 버핏의 56세부터 70세까지
(1986~2000년)

56세에서 70세까지 조금씩 나이 들어가는 동안 버핏은 '오마하의 현인'으로서 모두에게 존경받는 존재가 되었다.

버핏은 본래 <워싱턴 포스트>에 투자하고 버펄로 이브닝 뉴스를 인수하며 주로 신문사를 소유하거나 이사직을 맡는 존재였지만, <포브스>가 선정하는 400대 부자에서 10위 안에 든 이후로는 살로먼 브라더스의 요청으로 기업에 투자하고 이사에 취임했으며 코카콜라에서도 이사직에 앉았다. 돈뿐만 아니라 지위와 명예도 손에 넣은 존재가 된 것이다.

버핏의 명성을 단번에 높인 것은 1991년 국채 부정 입찰로 존속이 위태로워진 살로먼 브라더스의 임시 회장으로 취임해 회사의 재건을 진두지휘한 일이었다. 월가를 대표하는 기업 중 하나인 살로먼 브라더스의 임시 회장이 되는 것은 오랜 시간에 걸쳐 명성을 얻은 버핏에게는 큰 도박이기도 했다. 월가의 방식을 엄격히 비판했던 버핏이 지극히 월가다운 살로먼 브라더스에 투자를 결정하고 이사직에 앉았을 때도 비판을 받았는데, 하물며 회사의 재건을 지휘하는 일은 실패할 확률도 높은 데다 모처럼 쌓아 올린 명성이 한순간에 무너질 우려도 있었다.

그러나 버핏은 도박에서 멋지게 승리했다. 월급 1달러에 회장직을 맡은 그는 모든 사실을 감추지 않고 솔직하게 공개하고 잘못은 빠르게 처벌하는 뛰어난 솜씨로 살로먼 브라더스를 되살렸다. 이로써 버핏은 '세계 최고의 투자자'이자 '오마하의 현인'으로 많은 사람에게 인식되었다.

  그러나 1990년대 후반 닷컴버블이 한창이던 시기에 버핏은 다시 한번 비판의 대상이 되었다. 당시에는 제프 베이조스가 창업한 아마존과 스티브 잡스가 CEO를 맡은 픽사 등이 상장에 성공하고, 그 밖에도 IT 관련 기업들이 잇달아 탄생하며 대량의 자금이 흘러들었다. 그런데 버핏은 IT 기업에는 눈길도 주지 않고 예전과 다름없이 생필품이나 다루는 소박한 기업에만 투자했다. 결국 버핏은 '옛날 사람', '지난날의 상징' 같은 비웃음을 샀지만, 그럼에도 버핏은 결코 자신의 투자 방식을 바꾸지 않았다.

  그가 말한 '내면의 점수판' 덕분인지 버핏은 많은 비난 속에서도 자신의 신념을 지켰고 이윽고 그가 옳았다는 사실이 증명되었다. 2000년 닷컴버블이 붕괴하자 많은 사람이 버핏의 생각이 옳았음을 인정했고 버핏의 명성은 한층 더 높아졌다.

159 《스노볼》

"사람의 행동은 내면의 점수판을 가지고 있느냐, 외면의 점수판을 가지고 있느냐에 따라 크게 좌우됩니다."

버핏은 주가 예측이나 한창 유행하는 이론에는 눈길도 주지 않는다. 1990년대 후반 미국 전체가 닷컴버블로 들썩이고 모두가 IT 관련 기업에 투자해 큰돈을 벌 때도 그런 주식은 거들떠보려고도 하지 않았다. 전문가들은 그런 버핏을 '옛날 사람', '지난날의 상징'이라 불렀고, 월가의 전문지에서는 "워런, 뭐가 문제요?(What's Wrong, Warren?)"라는 제목까지 달았다. 그럼에도 버핏은 결코 IT 관련 주식을 사지 않고 자신만의 방식을 고수했다.

얼마 후 버블이 붕괴하자 주식 시장에서는 수조 달러에 달하는 가치가 소멸했고 10만 명이 넘는 IT 관련 기업의 직원들이 일자리를 잃었다. 버핏이 옳았다는 사실이 증명된 셈이었다. 버핏은 어떻게 주변의 극렬한 비판과 유혹을 이겨낼 수 있었을까?

"사람의 행동은 내면의 점수판을 가지고 있느냐, 외면의 점수판을 가지고 있느냐에 따라 크게 좌우됩니다. 내면의 점수판에 만족하면 마음은 흔들리지 않습니다."

이것이 버핏의 답이었다.

버핏에게 중요한 것은 다른 사람이 어떻게 생각하고 행동하고 평가하느냐가 아니라, 직접 생각하고 스스로 결정한 규칙에 따라 투자하는 것이었다. 그건 유행이나 시대의 분위기에 좌우되는 것이 아니었다.

160 《스노볼》

"재능 있는 사람에게 보수를 주는 건 당연한 일입니다. 하지만 특허권 사용료처럼 매번 지불해서는 안 되지요."

버크셔 해서웨이라는 큰 기업을 이끈다고 해서 버핏이 고액의 보수나 많은 금품을 받는 것은 아니다. 이 점만 보아도 월가에서 일하는 사람들이나 미국 대기업의 CEO와는 사뭇 다르지만, 자신이 그렇다고 해서 다른 사람에게 지불하는 보수에도 인색했던 것은 아니다. 다만, 많은 돈을 받으려면 정당한 '기여'가 꼭 필요하다고 여겼다.

살로먼 브라더스의 이사직을 맡은 버핏은 1991년에 이르기까지 자주 실망감을 맛보아야 했다. 주가는 8년간 거의 변하지 않았고 수익도 1억 6,700만 달러로 떨어졌다. 그리고 그 원인은 임원과 직원들에게 지급하는 거액의 보수에 있었다. 버핏은 집행 위원회에 보수 삭감을 요구했지만 오히려 처음보다 늘어나기까지 했다. 이에 관해 버핏은 이렇게 말했다.

"재능 있는 사람에게 보수를 주는 건 당연한 일입니다. 하지만 특허권 사용료처럼 매번 지불해서는 안 되지요."

성과를 올린 사람에게 정당한 대가를 지불하는 것은 당연하다. 문제는 성과를 내지 않은 사람도 거액의 보수를 받는 것이다. 보수는 누군가 기여한 정도에 따라 정해져야 마땅하다. 그런데 단순히 지위를 등에 업은 채 고액의 보수를 요구하는 것은 버핏에게는 단순한 '탐욕'에 지나지 않았다. 월가의 '탐욕'은 도가 지나쳤다.

161 《스노볼》

"명성을 드높이는 데는 평생이 걸리지만, 그걸 망치는 데는 5분도 채 걸리지 않는다."

버핏의 명성은 오랜 시간에 걸쳐 서서히 높아졌다. 1968년 〈포브스〉는 "오마하는 어떻게 월가를 꺾었나"라는 제목을 내걸고 "1957년 버핏 투자조합에 투자한 1만 달러는 이제 26만 달러가 되었다"라는 첫머리로 시작하는 기사를 실었다.

12년간 한 번도 돈을 잃지 않고 연 31%의 복리 수익률을 기록한 버핏 투자조합이 크게 다뤄지면서 버핏은 투자의 세계에서 모두가 알아주는 유명인이 되었다. 얼마 지나지 않아 〈워싱턴 포스트〉와 살로먼 브라더스의 이사라는 명예도 손에 넣었다.

그런 상황에서 국채 부정 입찰로 존속의 위기에 처한 살로먼 브라더스를 재건하기 위해 선두에 나서는(임시 회장으로 취임) 것은 실패하면 오랜 시간 쌓아 올린 명예가 땅에 떨어질 수도 있는 위험한 일이었다. 때는 1991년이었다.

명성을 드높이는 데는 평생이 걸리지만, 그걸 망치는 데는 5분도 채 걸리지 않는다.

그러면서도 버핏은 기업의 리더로서 '도망쳐 숨을 수도 없고 몸을 웅크릴 수도 없다'며 각오를 다졌고, 사실을 숨김없이 투명하게 밝히는 새로운 기업 문화를 도입해 회사를 되살리고자 온 힘을 다한 끝에 자신의 역할을 훌륭하게 완수했다. 이로써 버핏은 저명한 투자자에서 영웅으로 거듭났다.

162 《스노볼》

"회장인 저와 의논해야 할 문제와 밑에서 해결해야 할 문제를 구별할 줄 아는 사람이 필요했습니다. 나쁜 소식을 정확히 전해줄 사람 말이지요."

기업이 얼마나 건전한지는 나쁜 뉴스가 얼마나 신속하고 정확하게 리더에게 전해지느냐로 헤아릴 수 있다. 버핏은 버크셔 해서웨이의 산하에 많은 기업을 두고 있는데, 그들에게 상세한 보고는 요구하지 않지만 '만약 심각한 문제가 생겼을 때는 빠르게 보고하도록' 지시했다.

살로먼 브라더스가 한때 무너질 위기에 처한 이유는 국채 부정 입찰이라는 부정이 상부에 제대로 전달되지 않았기 때문이었다. 즉, 문제를 접한 경영진이 신속하게 올바른 조치를 취하지 않았기 때문이다. 그래서 버핏은 회사를 다시 일으켜 세우려면 이런 과오를 저지르지 않고 올바르게 판단할 줄 아는 인물이 필요하다고 여겼다.

"회장인 저와 의논해야 할 문제와 밑에서 해결해야 할 문제를 구별할 줄 아는 사람이 필요했습니다. 나쁜 소식을 정확히 전해줄 사람 말이지요."

버핏이 선택한 이는 제 몸을 지키려 들지 않고 보수에 관해서도 묻지 않았던 데릭 모건이었다. 그리고 자신이 선택한 사람을 믿고 온전히 맡기기도 했는데, 모건이 지시를 내려달라고 하면 버핏은 "그런 질문을 해야 한다면, 내가 사람을 잘못 뽑았을지도 모르겠군요"라고 하기도 했다. 선택했으니 믿고 맡길 뿐. 버핏은 나쁜 소식이 있을 때 곧바로 알려주기만 하면 충분했다.

163 《스노볼》

"음식에 관한 제 규칙은 지극히 단순합니다. 세 살 아이가 먹지 않는 음식은 저도 먹지 않는다는 거죠."

버핏의 음식에 관한 규칙은 유독 남다르다. 투자를 할 때 '능력 범위'를 중시하듯이 '범위'를 벗어나는 음식에는 결코 손을 대려 하지 않는다.

어느 날 버핏은 〈워싱턴 포스트〉의 경영자 캐서린 그레이엄의 권유로 소니의 창업자 모리타 아키오 부부와 함께하는 만찬에 참석했는데, 모리타가 준비한 10가지 이상의 일본 요리를 일절 입에도 대지 않았다. 버핏은 피가 뚝뚝 떨어지는 스테이크는 무척 좋아했지만, 날생선은 조금도 먹지 못했다. 민망해서 얼굴이 불탈 듯 달아올랐지만, 그렇다고 참고 먹는다는 선택지는 없었다.

버핏이 먹지 못하는 건 일본 음식만이 아니다. 버핏은 평소 햄버거와 샌드위치를 즐겨 먹고 거기에 코카콜라까지 있으면 만족했다. 그러면서도 살로먼 브라더스의 임시 회장직을 맡았을 시절에 고급 요리가 나오면 결코 손을 대려 하지 않았다. 버핏은 걱정하는 비서에게 이렇게 말했다.

"음식에 관한 제 규칙은 지극히 단순합니다. 세 살 아이가 먹지 않는 음식은 저도 먹지 않는다는 거죠."

버핏의 투자 원칙은 '능력 범위를 벗어나지 않는 것'과 '잘 아는 것에 투자하는 것'인데, 이런 원칙은 세계에서 손꼽히는 부자가 된 뒤에도 변하지 않았다.

164 《스노볼》

"홍보에 문제가 있는 게 아니라, 우리가 한 행동에 문제가 있었으니까요."

살로먼 브라더스가 국채 부정 입찰로 생사의 기로에 섰을 때 경영진은 회의장에 평소와 같이 홍보 회사의 직원들을 불러놓았다. 버핏이 회의장에 도착하자 그곳에는 홍보 전문가와 로비스트가 여럿 앉아 있었다.

그들이 말하는 위기 관리법을 잠자코 듣던 버핏은 "미안하지만 먼저 일어나야겠습니다"라고 말하며 자리에서 일어나 살로먼 브라더스의 경영진에게 "이 사람들에게는 볼일이 없다고 전해주시죠"라고 말했다. 세상이 그들을 '오해하고 있는' 것이 아니라 '그들이 한 행동이 문제였기' 때문이다.

자신들의 행동이 오해를 사서 잘못된 인식이 퍼졌다면 오해를 풀기 위해 홍보 전략도 활용해야 한다. 하지만 살로먼이 부정을 저지른 것은 틀림없는 사실이었고, 버핏은 그 사실을 홍보를 이용해 얼버무리는 방법에는 전혀 관심이 없었다. 필요한 것은 사실을 있는 그대로 정직하게 밝히는 일과 두 번 다시 부정을 저지르지 못하도록 체제를 만드는 일이었다.

버핏은 사법적 조치와 관련해 전적으로 협력하기로 약속했고, 무엇 하나 숨기지 않겠노라 선언했다. 그리고 150명의 기자가 모인 기자회견에서 살로먼 브라더스의 잘못을 정직하게 밝히고 "이런 기업 문화(비밀주의)는 바꿔 마땅하다"라고 솔직하게 이야기했다. 그 덕에 살로먼은 도산의 위기에서 벗어나 소생의 길을 걷게 되었다.

165 《스노볼》

"돈을 얼마나 가졌는지, 작년에 얼마나 벌었는지를 척도로 인생을 살아가면 언제가 성가신 문제에 휘말리게 될 겁니다."

살로먼 브라더스에서 부정을 저지른 국채 부문의 책임자 폴 모저는 상대를 깔보는 태도를 취하기도 하지만, 함께 일하는 동료들에게는 사랑받는 인물이었다고 한다. 당시 그가 받던 보수는 475만 달러로, 적지 않은 금액이었다. 그러나 외환 부문을 몇 개월 만에 흑자로 바꾼 모저에게는 턱없이 적은 돈이었다. 과거 동료였던 래리 힐리브랜드가 비밀리에 협상해서 보너스로 2,300만 달러를 받았다는 사실을 알고 '욱했는지' 그는 비리에 손을 대기 시작했다.

물론 이유는 그게 전부는 아니겠지만, 버핏은 설령 200만 달러의 보수를 받아도 다른 사람이 210만 달러를 받는 순간 기쁨이 질투로 바뀌기 마련이라고 여겼다. 질투는 인간에게 비참한 기분을 안겨주고 때로는 사람을 잘못된 판단으로 이끈다. 특히 돈과 관련된 문제라면 더더욱 그렇다. 버핏은 월가가 안고 있는 문제를 이렇게 지적했다.

"거대한 시장이 돈으로 사람의 가치를 판단하는 사람들을 끌어들이고 있습니다. 돈을 얼마나 가졌는지, 작년에 얼마나 벌었는지를 척도로 인생을 살아가면 언제가 성가신 문제에 휘말리게 될 겁니다."

돈을 버는 것이 유일한 목적이 되면 인생에서 큰 잘못을 저지르게 된다. 월가의 척도는 버핏이 가장 꺼리는 것 중 하나였다.

166 《스노볼》

"회사를 위해 일하다 손해를 내는 건 이해할 수 있습니다. 그러나 회사의 평판을 조금이라도 해치는 일은 용납하지 않을 것입니다."

버핏이 존경하는 피터 키위트는 다음과 같이 말했다. "명성은 섬세한 도자기와 같은 것이다. 비싼 돈을 주고 사야 하지만, 쉽게 깨져버린다."

버핏과 살로먼 브라더스의 관계는 버핏이 1976년 가이코를 위기에서 구하고자 애쓸 때 살로먼의 존 굿프렌드가 위험을 각오하고 도움을 준 것에서 시작되었다. 그리고 1986년 버핏은 아주 유리한 조건으로 살로먼의 우선주를 샀고 경영에도 참여하게 되었다. 버핏은 굿프렌드를 '성실하고 고결한 인물'이라고 평가했으나, 국채 부정 입찰이 벌어졌을 때 굿프렌드는 적절하지 못한 판단으로 회사의 존속까지 위험에 빠트렸다.

의회에서 증언을 하게 된 버핏은 하원 의원들 앞에서 이렇게 단언했다.

"회사를 위해 일하다 손해를 내는 건 이해할 수 있습니다. 그러나 회사의 평판을 조금이라도 해치는 일은 용납하지 않을 것입니다."

그 발언은 버핏의 결의를 나타내는 말이었고, 부정한 짓을 저질러 회사의 평판을 깎는 이에게는 단호하게 조치를 취하겠다는 선언이었다. 버핏은 버크셔 해서웨이의 산하 기업에도 같은 뜻을 전했다. 버핏은 버크셔의 업적은 평판 위에 세워졌으며, 조금이라도 평판이 떨어지면 끝이므로, 부적절한 행동은 절대 해서는 안 된다고 말했다. 사람뿐만 아니라 회사에게도 가장 중요한 것은 신뢰와 평판이었다.

167 《워런 버핏, 위대한 자본가의 탄생》

"저는 여러분이 가족이나 친구가 읽는 조간신문의 첫 페이지를 채울 사건에 가담해도 부끄럽지 않을지 스스로 생각해 보기를 바랍니다."

살로먼 브라더스의 회장이 된 버핏이 가장 중시한 것은 '지금까지와는 다른 새로운 기업 문화'를 지닌 회사로의 변화였다. 지극히 월가다운 살로먼의 기업 문화가 부정 입찰에 영향을 미쳤느냐는 기자의 질문에 버핏은 이렇게 대답했다.

"수도원이었다면 이런 일은 벌어지지 않았겠지요."

버핏은 법을 어기는 행위와 반윤리적 행동에 대해 '직원 한 명 한 명이 윤리 담당자가 된 듯' 엄격해지기를 요구했다. 그리고 만에 하나 부적절한 행위를 목격하거나 듣거나 그런 의심이 들 때는 망설임 없이 자신에게 전화하라고 직원들에게 명령했다. 그리고 이렇게 덧붙였다.

"저는 여러분이 가족이나 친구가 읽는 조간신문의 첫 페이지를 채울 사건에 가담해도 부끄럽지 않을지 스스로 생각해 보기를 바랍니다."

지금 자신이 하려는 일이 신문의 머리기사에 실리고 가족과 친구가 그것을 읽었을 때 정말 떳떳할 수 있는지 스스로에게 질문하라는 것이다. 버핏은 이것을 '신문 1면 테스트(The Newspaper Test)'라고 불렀다. 문제가 밝혀진 뒤 2년이 지났을 무렵 고객과 정부의 신뢰를 되찾은 살로먼 브라더스는 최고 이익을 경신했다. 재무부의 고위 인사는 이렇게 버핏을 치켜세웠다.

"살로먼의 주주들은 집에 버핏의 사진을 걸어두어야 합니다."

168 《스노볼》

"돈에 관해 조언하는 것이 특기였던 21세에는 아무도 제 말에 귀 기울이지 않았습니다. 그런데 지금은 세상에서 가장 어리석은 말을 해도 모두가 중대한 의미가 숨겨져 있으리라 믿습니다."

살로먼 브라더스를 위기에서 구하고 의회에서 월가와는 전혀 다른 가치관을 밝힌 버핏은 '부유한 투자자'에서 '영웅'으로 거듭났다. 그는 자신에 대한 평가가 크게 달라졌음을 알고서 "돈에 관해 조언하는 것이 특기였던 21세에는 아무도 내 말에 귀 기울이지 않았지만, 지금은 세상에서 가장 어리석은 말을 해도 모두가 중대한 의미가 숨겨져 있을 거라고 생각한다"라고 이야기했다.

버핏은 21세 무렵 아버지의 회사에서 주식을 사고팔았다. 버핏은 1만 페이지나 되는 〈무디스 매뉴얼〉을 몇 번이고 반복해서 읽으며 지식을 쌓았지만, 당시 버핏이 권하는 주식을 사려 하는 사람은 거의 없었다. "애송이가 이런 회사를 팔아넘기려 하다니"라는 말도 들었다.

그리고 26세가 되었을 때는 그레이엄 뉴먼의 마지막 주주총회에서 투자자 루이스 그린에게 이런 말까지 들었다.

"뒤를 맡길 사람이라고는 워런 버핏이라는 젊은이 하나뿐입니다. 그들은 이 애송이가 최고랍니다. 그런데 버핏과 한배를 탈 사람이 누가 있나요?"

그러나 지금은 모두가 버핏의 말에 귀 기울인다. 버핏은 세간의 평판이 쉽사리 변한다는 사실을 누구보다 잘 알고 있었다.

169 <워런 버핏 & 빌 게이츠 학교에 가다>

"정말로 중요한 것만 골라내고 그 외에는 요령껏 거절하는 것도 중요하다는 조언이었죠."

빌 게이츠는 1991년에 버핏을 처음 소개받은 이후, 버핏을 가장 좋은 의논 상대로 삼았다. 버핏은 마이크로소프트의 주식을 의리상 조금 가지고 있는 수준이었고 게이츠도 투자에 관해서는 묻지 않았는데, "버핏에게 들은 최고의 조언은?"이라는 질문에 빌 게이츠는 곧장 이렇게 대답했다.

"정말로 중요한 것만 골라내고 그 외에는 요령껏 거절하는 것도 중요하다는 조언이었죠."

버핏을 처음 만났을 때 빌 게이츠는 몹시 바빴다. 산처럼 많은 회의에 참석하고 밤이면 하루에 백만 통 이상 날아오는 메일(대부분은 스팸 메일)과 씨름하며 긴 답장을 썼다. 그리고 1년 중 4분의 1은 해외에 나가고, 쉬는 날도 1년에 겨우 2주뿐이었다.

반면 버핏은 회의에는 거의 나가지 않고 전화도 적당히 감당할 수 있을 만큼만 받았다. 버핏에게 일이란 '읽기'와 '생각하기' 정도가 전부였다. 버핏을 처음 만난 날 버핏의 다이어리 속 일정표가 새하얗다는 것을 본 게이츠는 의미 없는 일에 시간을 들이지 않는 것이 중요하다는 교훈을 얻었다고 한다.

버핏은 정말 중요한 것이 무엇인지 가려내고 아무 의미 없는 일에는 절대 시간을 낭비하지 않았다. 그렇게 해선 만들어낸 시간이 곧 '생각하는 시간'이 되었고 그것이 훌륭한 결단의 토대가 되었다.

170 《스노볼》

"저는 어디에 도움이 될지 모르겠다고 했습니다. 내가 가진 주식의 가격이 어떻게 변하는지 5분 단위로 알 필요는 없으니까요. 게다가 소득세 같은 건 암산으로 얼마든지 계산할 수 있고요."

버핏과 빌 게이츠는 25세 이상 나이 차이가 나지만, 처음 만났을 때부터 서로 마음이 잘 맞았는지 이후로도 오래도록 우정을 유지하고 있다. 첫 만남에 빌 게이츠는 버핏에게 컴퓨터를 사라고 권하며 마이크로소프트에서 가장 아름다운 직원을 보내 컴퓨터 사용법을 알려주겠다는 멋진 제안까지 했지만, 버핏은 이를 거절했다.

"저는 어디에 도움이 될지 모르겠다고 했습니다. 내가 가진 주식의 가격이 어떻게 변하는지 5분 단위로 알 필요는 없으니까요. 게다가 소득세 같은 건 암산으로 얼마든지 계산할 수 있고요."

1990년대 초 블룸버그 터미널이 많은 기업에 도입되었는데, 3년 동안 널리 보급되었음에도 불구하고 버핏은 구입하지 않았다. 버핏에게 시장을 분 단위로 좇는 것은 투자의 기술이 아니었기 때문이었다. 정말 가치 있는 기업이라면 주가가 오르든 내리든 걱정할 필요가 없다고 생각했다. 그러니 컴퓨터가 나설 자리가 없을 만도 했다.

얼마 뒤 버핏은 컴퓨터를 구입했지만, 목적은 투자가 아니라 여러 사람과 브리지 게임을 즐기기 위해서였다.

171 《스노볼》

"10년, 20년, 30년 후의 정신과 육체는 지금 내가 어떻게 행동하느냐에 따라 결정됩니다."

버핏은 이미 아흔이 넘었지만, 지금도 버크셔 해서웨이를 운영하고 주주총회에서는 몇 시간에 걸친 주주와의 질의응답을 어려움 없이 소화하고 있다. 그야말로 '경이로운 90대'라 할 수 있는데, 버핏은 사실 70세에 비결의 일부를 밝힌 적이 있는데, 앞서 얘기한 '요정이 준 자동차' 이야기이다.

한 차를 평생 타야 한다면 누구나 차를 애지중지하고 녹이 슬거나 상처가 생기면 바로 고칠 것이다. 버핏은 우리 모두의 정신과 육체도 요정이 준 자동차와 같다고 이야기한다.

"정신과 육체는 하나뿐이며 그것을 평생 써야 합니다. 단순히 오랜 세월 몰고 다니는 것뿐이라면 쉽겠지요. 하지만 정신과 육체를 소중히 여기지 않으면 40년 후에 너무 오래 탄 자동차처럼 삐거덕거리게 되지요. 그러니 지금부터, 오늘부터 당장 소중히 아껴야 합니다. 10년, 20년, 30년 후의 정신과 육체는 지금 내가 어떻게 행동하느냐에 따라 결정됩니다."

평생 현역처럼 활약하고 싶다면, 자기 자신에게 아낌없이 투자하고 인생을 소중히 여기며 살아가야 한다.

172 《워런 버핏의 오마하 순례》

"굳이 건초 더미에 파묻힌 바늘을 찾을 필요는 없지요. 눈앞에 바늘이 놓여 있을 때는 말입니다."

버핏은 1990년대 닷컴버블이 한창이던 때에 IT 기업에 투자하지 않는다는 이유로 한물간 과거의 유산 취급을 당했다. 이처럼 버핏이 유행하는 기업이나 첨단 기술 기업에 투자하지 않은 것은 이때가 처음이 아니었다. 1960년대 미국이 '고고 시대'라 불리는 거품 경기에 한껏 들떠 있을 때도 버핏은 제록스 같은 기업에는 눈길도 주지 않고 오로지 자신만의 길을 걸었다.

왜 첨단 기술이나 정보 통신 기업에 투자하지 않느냐는 질문에 버핏은 "우리가 급격하게 변화하는 업계의 미래를 예측할 수 있다고는 생각하지 않습니다"라며 겸손한 태도를 보이고는 이렇게 딱 잘라 말했다.

"그런 일보다는 더 단순한 안건을 다룹니다. 굳이 건초 더미에 파묻힌 바늘을 찾을 필요는 없지요. 눈앞에 바늘이 놓여 있을 때는 말입니다."

끊임없이 변화하는 시대에 지금 유행하는 것이 언제까지 살아남을지는 누구도 예상하지 못하지만, 버핏이 투자한 데어리퀸의 아이스크림은 어지간한 실수를 하지 않는 이상 10년 후에도 많은 사람에게 사랑받을 것이다. 버핏에게는 빠삭하게 잘 아는 분야가 몇 가지나 있다. 가격과 가치의 차이도 쉽게 계산할 줄 안다. 그런 그가 너무나 빠르게 변화해 예측하기 어려운 기업에 투자할 이유는 어디에도 없었다.

173 《워런 버핏의 주주 서한》

"우리가 성공한 이유는 2미터 높이의 장애물을 뛰어넘을 능력이 있어서가 아니라 30센티미터 높이의 장애물을 열심히 찾았기 때문입니다."

버핏은 세계 최고의 투자자이지만, 과거에는 쓰디쓴 실패도 몇 번 맛보았다. 볼티모어의 오래된 백화점 혹스차일드콘과 섬유회사 버크셔 해서웨이는 물론 US에어 같은 기업도 기대한 만큼 큰 이익을 가져다주지 못했다.

이런 경험을 통해 버핏이 배운 것은 어려운 상황에 놓인 사업을 되살리기란 몹시 어려운 일이라는 사실이었다. 설령 눈앞의 가격과 가치의 차이가 크다 해도 사업이 어려우면 아무리 애써도 회사를 일으켜 세우기는 힘들다.

그보다는 아무런 문제도 없는 유망한 사업을 그럭저럭 괜찮은 가격에 사야 번거롭고 가격이 저렴한 사업보다 훨씬 좋은 성과를 거둘 수 있다. 여기서 탄생한 것이 "쉬운 투자를 하라"라는 교훈이다. 버핏은 이렇게 말했다.

"우리가 성공한 이유는 2미터 높이의 장애물을 뛰어넘을 능력이 있어서가 아니라 30센티미터 높이의 장애물을 열심히 찾았기 때문입니다."

용을 피하면 용을 죽이는 것보다 좋은 결과를 얻을 수 있다. 굳이 많은 문제를 끌어안은 골치 아픈 사업이나 앞날을 내다볼 수 없는 사업에 투자해서 위험을 감수하느니 내가 잘 알고 깊이 이해하는 사업, 쉬운 사업에 투자하는 것이 좋다. 그것이 버핏의 방식이자 성공의 비결이다.

174 《찰리 멍거 자네가 옳아!》

"이발할 때가 되었는지 이발사에게 물어서는 안 됩니다."

　　1987년 버핏이 이끄는 버크셔 해서웨이는 살로먼 브라더스에 7억 달러를 투자해 상환전환 우선주를 매입했다. 그 결과 버크셔가 살로먼의 주식을 가장 많이 소유하게 되었고 버핏과 멍거가 살로먼의 최대 주주에 취임했다.

　　이러한 결단은 월가의 주민들을 깜짝 놀라게 했다. 버핏은 예전부터 증권업계나 투자은행의 경영자와 임원들이 아주 비싼 보수를 받아 챙기며 사치스러운 생활을 누리는 것을 격렬히 비판했기 때문이다. 버핏은 "그들은 자신의 이익이 되는 일이라면 어떤 투자 조언이든 서슴지 않는다"라고 여겼고 어느 해의 연차 보고서에는 이렇게 신랄한 말을 적기도 했다.

　　"이발할 때가 되었는지 이발사에게 물어서는 안 됩니다."

　　버핏은 증권회사 등이 고객에게 보내는 투자 권유 리포트나 고액의 보고서 따위는 절대 들여다보지 않으려 했고 그들에게 조언을 구하려 하지도 않았다. 그렇게나 싫어하던 투자은행에 투자하기로 결심한 이유는 CEO 존 굿프렌드(John Gutfreund)의 뛰어난 능력과 인품에 대한 신뢰 덕이었다. 결국 그 신뢰는 배신당하고 말았으나, 적어도 투자한 당시 굿프렌드는 아무리 많은 수수료가 들어오는 거래라 해도 고객에게 이롭지 않으면 손을 대지 말라고 조언할 만큼 정직한 인물이었다.

175 《워런 버핏의 주주 서한》

"버크셔의 전 직원 약 3만 3,000명 가운데 본사에서 일하는 사람은 12명뿐입니다."

기업이 성장하면 규모 또한 자연스럽게 커지기 마련이다. 조직이 복잡해지고, 직원들도 늘어나며, 현장과 본사의 거리도 점점 멀어지기 십상이다.

버핏은 기업의 경비 삭감이 지극히 자연스럽고 '당연한 일'이어야 한다고 여겼는데, 버크셔 해서웨이의 경영에 관해서도 마찬가지였다. 1990년대에 버핏은 버크셔의 규모가 얼마나 작은지를 이렇게 강조했다.

"버크셔의 전 직원 약 3만 3,000명 가운데 본사에서 일하는 사람은 12명뿐입니다."

찰리 멍거는 버크셔의 소박한 본사 사무실을 보고, "회사 경비는 다른 뮤추얼 펀드 평균의 250분의 1 정도로, 우리와 비슷한 규모의 기업 중에서는 경비가 더 적은 곳은 없을 겁니다"라고 이야기했다.

버크셔 해서웨이의 경비가 그토록 적은 이유는 '사치를 부리기 시작하면 한도 끝도 없을' 뿐만 아니라 본사가 경비를 최소한으로 줄여 산하 기업들에 '모범을 보이는' 것이 버핏과 멍거의 의도이기 때문이다. 그래서 건물이 일반 가격의 4분의 1 정도 되는 가격에 거래되던 시기에도 '호화스러운 사무실로 이사하면 직원들에게 나쁜 영향을 준다'라는 이유로 부동산 구매를 단념했다고 하니 그들의 신념이 얼마나 굳은지 알 수 있다. 버핏은 사생활은 물론 회사를 경영할 때도 근검절약을 무엇보다 중시했다.

176 《워런 버핏, 부의 진실을 말하다》

"만약 무슨 말인지 알 수 없는 각주가 나왔다면, 그건 쓴 사람의 잘못일지도 모릅니다. 저라면 그런 각주를 다는 회사에는 투자하지 않을 겁니다."

버핏은 기업의 가치를 알아보기 위해 수많은 자료를 읽는다. 점찍어둔 기업의 연차 보고서를 읽고 경쟁 기업의 연차 보고서까지 살핀다. 기업의 가치를 파악하고 과연 투자할 만한 기업인지 아닌지를 판단한다.

그러나 읽는 능력은 사람마다 다르다. 연차 보고서를 읽어도 단번에 이해하지 못하는 사람도 많다. 그럴 때는 내용을 제대로 이해하지 못하는 자신의 능력을 탓하며 한탄하기 십상이지만, 버핏은 조금 다르게 생각했다.

"만약 무슨 말인지 알 수 없는 (연차 보고서의) 각주가 나왔다면, 그건 쓴 사람의 잘못일지도 모릅니다. 저라면 그런 각주를 다는 회사에는 투자하지 않을 겁니다. 그렇게 알아듣지 못하길 바라는 회사의 태도가 글의 행간에서 드러나기 때문이죠."

예전에는 컴퓨터나 가전제품을 사면 하나같이 두껍고 내용도 어려운 설명서가 따라오곤 했는데, 스티브 잡스는 "초등학생도 알 수 있도록 초등학생에게 쓰게 하면 된다"라고 말하기도 했다. 고객이 정말로 깊이 이해하기를 바란다면 쉽게 알 수 있도록 쓰려고 노력해야 한다. 그런 점에서 읽기 쉬운 연차 보고서는 그 기업이 투자할 만한 곳인지 아닌지를 판단하는 좋은 기준이기도 하다.

177 《워런 버핏의 오마하 순례》

"우리는 회의에 참석하거나 재무에 관여하거나 실적을 트집 잡지 않습니다."

버핏은 투자자이며 기업을 소유하는 것을 좋아하지만, 기업 경영은 좋아하지 않는다. 물론 살로먼 브라더스처럼 회사가 긴급한 상황에 처했을 때는 회장으로 취임해 도움을 주기도 했지만, 대부분은 기업 경영에 간섭하려 하지 않는다.

"우리는 회의에 참석하거나 재무에 관여하거나 실적을 트집 잡지 않습니다"라고 분명히 밝히고서 버핏은 아래와 같이 이유를 설명했다.

"우리가 주로 할 수 있는 일은 그들을 방해하지 않는 것입니다. 예를 들어 제가 골프 팀의 매니저이고 잭 니클라우스나 아놀드 파머가 우리 팀에 들어와 준다면, 그들의 스윙에 대해 제가 조언할 일이 없다는 것과 같죠."

버핏은 훌륭한 경영자가 있는 유망한 기업을 선호하며, 인수 후에도 기존 경영자에게 회사를 맡겨 마치 그들이 주인인 것처럼 회사를 운영하기를 원한다. 그래서 경영자는 쓸데없는 일에 속을 태우지 않고 경영에 전념할 수 있다. 다만 서로에 대한 믿음 없이는 결코 실현할 수 없는 방식이다. 실제로 산하 기업의 경영진 중 한 명은 "그 사람을 실망시키고 싶지 않으니까요"라며 버핏을 위해 열심히 일한다고 말했다. 그건 버핏이기에 가능한 방식이 아닐까?

178 《워런 버핏의 주주 서한》

"사업이라는 길에는 구덩이가 여기저기 널려 있습니다. 그러니 구덩이를 모두 피하려만 한다면 앞으로 찾아올 것은 재난뿐이지요."

　버핏은 젊은 시절부터 과도한 부채를 싫어했고 투자를 할 때도 빚에 관해 부정적인 시각을 가지고 있다. 파트너인 찰리 멍거는 이렇게 말하기도 했다.

　"워런도 저도 신용 거래로 주식을 사는 건 무서워서 못 합니다. 되팔아 돈을 갚을 때까지 무슨 일이 일어나면 아주 조금이라도 엄청난 손실을 볼 가능성이 존재하니까요. 빚을 진다면 상환 기한을 정하지 않는 것이 가장 좋겠지요."

　1980년대에 발행 당시 이미 투자하기 적합하지 않다고 판정된 '정크 본드'가 등장했을 때 버핏은 이 채권의 위험성을 지적했다. 그리고 정크 본드는 10년 뒤에 정말로 정크(쓰레기)라는 이름에 어울리는 상태가 되었다. 버핏은 많은 부채를 이용해 사업을 운영하는 기업에 대해서 "핸들에 심장을 겨눈 단검이 달려 있는 상태에서 차를 운전하는 것"라는 신랄한 말을 남겼다.

　금융의 세계에서는 부채를 끌어안은 경영자는 빚을 갚기 위해 분골쇄신해 경영에 임하니 오히려 바람직하다고 이야기한다. 하지만 버핏의 말대로라면 경영자는 분명 운전에 온 신경을 집중할지 몰라도 길바닥에는 늘 작은 구덩이나 작은 돌멩이가 있기 마련이다.

　"사업이라는 길에는 구덩이가 여기저기 널려 있습니다. 그러니 구덩이를 모두 피하려만 한다면 앞으로 찾아올 것은 재난뿐이지요."

179 《워런 버핏, 부의 진실을 말하다》

"다음 주에 추첨하는 복권과 조금씩 부자가 될 기회가 있다면, 사람들은 아마 전자에 더 큰 가능성이 있다고 느끼겠지요."

버핏이 택한 삶의 방식은 '곧장 손에 들어오는 승리가 아니라 차근히 성공을 쟁취하는' 것이었다. 투자의 세계에서는 하룻밤 사이에 큰돈을 손에 넣어 '벼락부자'가 되는 사람도 있지만, 많은 이들이 하룻밤 만에 모든 것을 잃어버리기도 한다.

《워런 버핏의 오마하 순례》의 저자이자, 버핏의 원칙을 깊이 이해하는 제프 매튜스조차 "당첨금이 이월되어 1억 달러가 된다면 나는 '파워볼' 복권을 살 것이다"라고 썼을 정도이니 일확천금의 기회는 확률 따위와는 상관없이 많은 사람을 도박으로 끌어들인다. 버핏은 이러한 사람들의 심리를 날카롭게 꿰뚫어 보았다.

"다음 주에 추첨하는 복권과 조금씩 부자가 될 기회가 있다면, 사람들은 아마 전자에 더 큰 가능성이 있다고 느끼겠지요."

많은 사람이 1달러로 1억 달러를 벌 기회에 매료되지만, 버핏은 그렇지 않았다. 버핏은 차라리 복권을 팔아 이익을 조금씩 올린 다음 투자로 돈을 불릴 것이다.

버핏이 보기에 '월가에서 벌어지는 일들 또한 전부 도박'에 가까웠다. 대량의 자금을 빌려 주가의 작은 움직임을 이용해 매매 차익을 벌고자 하는 행동은 '시끌벅적한 카지노'와 마찬가지이며, 장기적 관점으로 투자하는 버핏과는 거리가 멀었다.

180 《워런 버핏, 부의 진실을 말하다》

"워낙 바보 같은 낙천주의자인지라 가장 재미있는 장은 이제부터 시작될 거라는 생각이 들어서 말입니다."

이름을 널리 알린 사람들은 은퇴 후 자서전을 출간하는 경우가 많다. 마찬가지로 당사자가 직접 풀어내는 이야기를 듣고 싶어 하는 사람도 많다. 그런 의미에서 많은 이들이 오래전부터 버핏의 일생을 담은 자서전을 기대해 왔지만, 출간될 기미는 여전히 보이지 않는다.

버핏이 직접 쓰는 자서전에 관해서는 〈포천〉 편집부의 캐럴 루미스와 1973년부터 이야기를 나누었다고 하는데, 약 16년이 지난 1989년 버핏은 사과의 편지를 통해 자신의 뜻을 밝혔다.

"만약 그 책이 자서전이 될 것이라면 저는 조금 더 기다려야 한다고 봅니다. 워낙 바보 같은 낙천주의자인지라 가장 재미있는 장은 이제부터 시작될 거라는 생각이 들어서 말입니다."

피터 드러커는 많은 베스트셀러를 세상에 내놓았음에도 "당신이 생각하는 최고의 걸작은 뭔가요?"라고 물으면 꼭 "다음 작품입니다"라고 대답했다고 한다. 버핏도 그와 같은 생각이 아닌가 싶다. 버핏은 현재의 성공만으로도 자서전을 내기에 충분하지만, 버핏은 이왕이면 많은 이에게 도움이 될 내용을 쓸 수 있길 바란다. 또한 아무도 밝힌 적 없는 멋진 아이디어를 담아내고 싶어 한다.

181 《워런 버핏의 주주 서한》

"10년 동안 기꺼이 주식을 보유할 마음이 아니라면 단 10분이라도 보유해서는 안 됩니다."

세계적인 투자자 벤저민 그레이엄과 필립 피셔는 훌륭한 기업에 투자하고, 가능한 한 오래도록 보유하는 것이 좋다고 이야기했다. 버핏 역시 이들과 마찬가지로 가능한 한 오랫동안 주식을 보유해야 한다고 말했다.

버핏은 투자의 조건으로 강한 경쟁력을 지닌 좋은 기업인 동시에 기업을 이끄는 경영자 역시도 뛰어난 능력을 가진 인재여야 한다는 점을 강조했다. 훌륭한 기업을 적절한 가격에 살 수 있는 기회란 그리 흔치 않으니 한 번 소유하면 되도록 오래, 가능하면 영원히 손에 쥐고 있는 것이 좋기 때문이다.

눈앞의 이익을 좇는 투기꾼은 이러한 생각을 전혀 하지 않는다. 가볍게 샀다가 이익이 나면 가볍게 팔아버릴 뿐이다. 하지만 그건 투기꾼의 방식이며, 진정한 투자자이고 싶다면 다음과 같은 마음가짐이 필요하다.

"10년 동안 기꺼이 주식을 보유할 마음이 아니라면 단 10분이라도 보유해서는 안 됩니다."

설령 오래 보유할 생각으로 투자했다 하더라도 날마다 주가가 오르락내리락하고 시장 전체가 들썩이고 수익이 좀 더 높아 보이는 주식이 나타나는 등 투자자의 마음을 흔드는 일들이 끊임없이 일어난다. 그러한 유혹에 쉽게 넘어가는 사람이라면, 투자를 해서는 안 된다. 진정한 투자자가 되고 싶다면 주식을 오래도록 보유하는 강인함, 유혹을 이겨내는 노력도 반드시 필요하다.

182 《워런 버핏의 주주 서한》

"새로운 실수를 저지르기 전에 과거의 실수를 되돌아보는 건 바람직한 일입니다."

지난 80년간 버핏이 남긴 투자 실적은 가히 압도적이다. 사실 투자는 성공할 때도 있고 실패할 때도 있는데, 큰 실패를 겪은 적이 없는 버핏은 그야말로 '세계 최고의 투자자'라 불러 마땅하다.

물론 버핏이 모든 투자에서 성공을 거둔 것은 아니다. 가끔 뼈아픈 실수를 저지르기도 했지만, 연 단위로 숫자를 헤아려보면 결과적으로는 대개 승리했다.

버핏은 1989년에 또 다른 실수를 저지르지 않기 위해 과거의 실수를 되돌아보았다. 그가 밝힌 가장 큰 실수는 바로 버크셔 해서웨이였다. 이미 섬유 산업의 전망이 밝지 않음을 충분히 알고 있었음에도 가격이 저렴하다는 이유 때문에 유혹을 이기지 못하고 20년이나 시간을 낭비했다며 지난날을 회상했다. 두 번째 실수는 US에어였다. 버핏은 "비행기 중독자를 지원하는 무료 상담 번호로 전화하지 않은 것이 잘못이었지요"라며 농담 섞인 후회를 하기도 했다. 세 번째 실수는 싱클레어 주유소로, 버핏은 이 실패가 없었더라면 그 투자는 60억 달러 규모가 되었을 것이라고 회고했다.

그 밖에도 몇 가지 여러 실수가 있었으니, 버핏은 백전백승의 투자자는 아니다. 그러나 실패로부터 끊임없이 배웠기에 그의 투자 역사 전체를 보면 버핏은 결국 '패배를 모르는' 투자자라 할 수 있다.

183 《워런 버핏의 주주 서한》

"우리는 앞으로도 좋아하고 존경할 수 있는 사람들과 일할 것입니다. 속을 뒤집는 사람과 일하는 건 돈을 보고 결혼하는 일과 마찬가지니까요."

어느 날 버핏은 평소 친분이 있는 한 컨설턴트에게 이런 조언을 했다.

"상대하기 어려운 사람과는 거래하지 않아도 됩니다. 그러지 않아도 되는 입장이니까요. 이 세상에는 거래 상대가 되어줄 사람이 얼마든지 있습니다. 내 컨설팅 서비스의 가치를 알아주지 않는 사람들을 위해 귀중한 시간을 허비할 필요는 없습니다."

줄곧 변화가 필요하다고 느끼면서도 망설이던 컨설턴트는 버핏의 조언을 듣고 마침내 결단을 내렸다. 버핏은 주주들에게 보내는 편지에서도 이렇게 단언했다.

"우리는 앞으로도 우리가 좋아하고 존경할 수 있는 사람들과 일할 것입니다."

대다수의 사람은 '일'이라는 이유로 불편한 사람들도 상대하며 견디지만, 버핏은 존경할 수 없는 사람과 일하는 것은 어떤 경우든 바람직하지 않다고 생각했다. 반면 자신이 좋아하고 존경하는 사람과 일하면 수익이 날 가능성이 최대한으로 높아질 뿐만 아니라 몹시 즐거운 시간을 얻을 수 있다고 여겼다.

일은 내가 진심으로 존경하는 사람 그리고 신뢰가 가는 사람과 해야 한다. 자신의 가치를 알아주지 않는 사람이나 상대하기 까다로운 사람과는 거래하지 않아도 된다. 버핏은 투자처를 고르듯이 자신과 함께할 사람 역시 신중하게 선택하며, 인생을 더욱 값지게 만들어왔다.

184 《스노볼》

"투자자는 평생 구멍을 20번만 뚫을 수 있는 펀치카드라고 생각해야 합니다."

날마다 오르락내리락하는 주가에 큰 관심을 두지 않듯이, 버핏은 다른 사람의 투자 제안 역시 잘 검토하지 않는다. 더욱이 불필요하다고 느껴지거나, 자신의 능력 범위를 벗어나는 일이라고 판단되면 눈길조차 주지 않는다. 버핏은 주가 변동에 일비일희하거나 작은 일에 손을 대서 사소한 이익을 손에 넣는 데 관심이 없다.

"찰리와 저는 투자를 하면서 평생 동안 몇백 번이나 현명한 결단을 내리기란 어렵다는 사실을 아주 오래전에 깨달았습니다. 그래서 지나치게 현명해지기보다는 단 몇 번만이라도 올바른 판단을 내리는 전략을 택했지요. 실제로 지금은 1년에 한 번 좋은 생각이 떠오르면 충분하다고 여기고 있습니다."

그건 투자와 관련해 더욱 좋은 선택을 하기 위해서이기도 했다. 버핏은 학생들에게 이렇게 조언하곤 한다.

"투자자는 평생 구멍을 20번만 뚫을 수 있는 펀치카드라고 생각해야 합니다. 투자에 관해 한 번 결정할 때마다 구멍을 하나 뚫는 겁니다. 그러면 사소한 일에 손을 대는 것은 삼가게 됩니다. 자연히 결정의 질이 높아지고 중대한 결정을 내리게 되지요."

결정의 질을 높이기 위해서는 사소한 일은 과감히 버릴 용기도 필요하다.

185 《워런 버핏, 부의 진실을 말하다》
"나는 수표 사본을 장식하렵니다."

버크셔 해서웨이가 샌프란시스코의 은행인 웰스 파고의 주식을 7% 보유하고 있을 당시, 웰스 파고의 임원 중 한 사람이 사무실에 크리스마스트리를 장식하고 싶다는 이야기를 꺼냈다. 그 말을 들은 CEO 칼 라이하르트는 장식하는 것 자체는 반대하지 않았지만 "그렇게 하고 싶으면 자네 돈으로 사게"라고 말했다고 한다.

이 이야기를 들은 버핏은 바로 웰스 파고의 주식을 추가로 매입했다. 평소 버핏이 검소함을 얼마나 중시하는지 엿볼 수 있는 일화다. 버핏의 절약 정신은 어린 시절부터 이어져왔는데, 이런 습관은 부자가 된 후에도 변하지 않았다.

1993년 버핏은 ABC 방송국의 회장 토머스 머피와 함께 드라마 〈올 마이 칠드런(All My Children)〉에 행인 역으로 출연했는데, 당시 버핏과 머피는 출연료로 300달러짜리 수표를 받았다. 머피는 그 수표를 받고는 액자에 넣어 장식해야겠다며 기뻐했으나 버핏은 이렇게 말했다.

"나는 수표 사본을 장식하렵니다."

버핏의 손에 들어온 300달러는 복리로 운용하면 10년, 20년 후에는 나름대로 큰돈이 된다. '쓰는 돈은 들어오는 돈보다 적게' 그리고 '복리식 사고법'은 버핏에게 있어 몸에 밴 듯 자연스러운 것이었다. 그가 부자인지 아닌지는 상관이 없었다.

186 《스노볼》

"시스티나 성당에서 몸을 젖히고 천장화를 그리는 것이나 다름없습니다."

출근할 때마다 느끼는 감정은 사람마다 다르지만, 버핏은 이렇게 말했다.

"사무실로 출근할 때면 시스티나 성당에 그림을 그리러 가는 기분이 듭니다."

바티칸에 있는 시스티나 성당은 미켈란젤로의 천장화를 비롯해 르네상스 시기에 활약한 화가들의 그림과 장식들로 유명하다. 기업의 내재 가치를 헤아리는 것이 곧 '예술'이라고 생각하는 버핏에게 일이란 '시스티나 성당 안에서 몸을 젖히고 천장화를 그리는 것과 같은' 일일지도 모른다.

1999년 미국의 주식 시장은 닷컴버블이 한창이었고 변함없이 IT 기업에 관심을 보이지 않는 버핏에게 많은 사람이 비난을 쏟아냈다. 그런 비판에 대해 버핏은 자신을 시스티나 성당에서 그림을 그리는 화가에 빗대며 입장을 분명히 밝혔다.

"사람들이 '우와, 그림 참 죽이네요!'라고 말하면 기분이 좋습니다. 하지만 그건 내 그림이니 '파랑색이 아니라 빨강색을 쓰는 게 어때요?'라고 말하는 사람이 있다면 '잘 가'라고 말할 겁니다. 제 그림이니까요. 다른 사람이 값을 어떻게 매기든 상관없습니다."

버핏에게 투자란 새하얀 캔버스에 도구를 이용해 좋아하는 그림을 그리는 일과 같았다. 그렇기 때문에 다른 사람이 어떻게 생각하는지는 상관이 없었다.

187 《워런 버핏의 주주 서한》

"시합에서 승리하는 건 경기에 집중하는 사람이지, 득점판만 바라보는 사람이 아닙니다."

버핏은 투자를 할 때 '주가'가 아니라 '가치'를 눈여겨보고 거기에서 얼마나 수익을 얻을 수 있느냐를 중시한다. 버핏은 버크셔 해서웨이의 주주 서한에서 농장과 부동산을 예로 들어 설명했다.

1986년 버핏은 오마하에서 북쪽으로 80킬로미터 떨어져 있는 400에이커(약 160제곱킬로미터) 크기의 농장을 28만 달러에 구입했다. 버핏은 농장 경영에 관한 지식은 없었지만, 아들 하워드가 대신 농장의 수확량과 경비를 계산해 주었다. 흉작을 맞은 해도 있었지만, 농사가 잘된 때도 있어서 30년 후 농장의 수익은 3배가 되었고 가격은 5배로 뛰었다.

1993년에는 뉴욕 대학 근처의 상업 부동산을 구입했다. 당시 이율은 10%였으나, 임대 계약을 갱신하면서 이익이 3배로 늘었다. 게다가 앞으로도 계속해서 증가할 것으로 보인다.

이 두 투자를 결정할 때 버핏이 눈여겨본 것은 '수익을 얼마나 얻을 수 있는가' 하나뿐이었다. 가격의 변동은 신경 쓰지 않았다. 버핏은 이익보다 가격 변동에 주목하는 것은 '투기'로 보았고, 투기로 계속해서 성공할 수 있다고 주장하는 사람은 결코 믿지 않았다.

"(투자라는) 시합에서 승리하는 건 경기에 집중하는 사람이지, 득점판만 바라보는 사람이 아닙니다."

그의 말처럼 우리가 눈여겨보아야 할 것은 이익이지, 가격이 아니다.

188 《워런 버핏의 주주 서한》

"우리는 앞으로도 정치적 혹은 경제적 예측 따위에 귀 기울이지 않을 것입니다."

사람들은 투자에 있어 무엇보다 정보가 중요하다고 여기지만, 1956년 뉴욕을 떠나 자신이 나고 자란 고향 오마하로 돌아간 버핏은 조금도 걱정하지 않았다. 버핏은 가까이에서 정보를 접할 수 있는 곳보다 오히려 "우편물이 도착하는 데 3주나 걸리는 시골에 살아야 더 좋은 실적을 남길 수 있을지도 모른다"라고 단언했다.

버핏이 그렇게 말한 이유는 그가 내부 정보나 경제 예측 같은 이야기에는 신경 쓰지 않기 때문이다. 버핏은 이렇게 말하기도 했다.

"연방준비제도의 앨런 그리스펀 의장이 저를 찾아와 향후 2년간 어떤 금융 정책을 취할지 알려준다 해도 제 행동에는 아무런 영향도 주지 않습니다."

여전히 버핏은 미래를 예측하거나 내부 정보를 입수해 간사하게 이익을 얻는 것이 아니라, 어떤 때든 건실하게 자신의 자리를 지킬 기업을 적절한 가격에 사서 오래도록 보유하는 자세를 유지하고 있다.

"우리는 앞으로도 정치적 혹은 경제적 예측 따위에 귀 기울이지 않을 것입니다."

내부 정보에 휘둘리면 눈 깜빡할 사이에 실패를 맛보게 된다. 버핏에게는 오래도록 좋은 기업으로 남을 수 있는지가 가장 중요하며, 가치를 정확하게 헤아릴 수만 있다면 경제나 정치가 어떻든 판단을 바꿀 이유가 없었다.

189 《워런 버핏, 위대한 자본가의 탄생》

"물론 당신들이 똑똑할지도 모르지만, 그럼 왜 내가 부자가 되었을까요?"

버핏과 멍거는 비할 데 없는 다독가이자 공붓벌레라 불리는데, 그렇다고 해서 어려운 금융 이론이나 학설을 신봉하는 사람은 아니다. 오히려 멍거는 학교에서 가르쳐주는 이론과 학설의 '절반은 허튼소리'라고 말했다.

버크셔 해서웨이의 주주총회에서 한 주주가 '베타(β)'에 대해 질문을 던졌다. 베타란 투자의 위험성을 측정하기 위한 변동률의 척도인데, 버핏은 "학교에서 이론을 가르치는 사람에게는 편리하겠지만, 우리에게는 도움이 되지 않습니다"라고 대답했다. 버핏은 리스크란 '경영의 문제'이며 수식으로 계산할 수 있는 영역이 아니라고 여겼다. 경영자가 사업을 깊이 이해하고 투자자가 그 사업과 기업의 가치를 올바르게 이해하느냐가 리스크의 크기를 결정한다는 것이다.

버핏과 멍거는 학자들의 가르침을 종종 '허튼소리', '시시한 헛소리'라고 표현해서 학자들에게 비판을 받기도 했는데, 그럴 때는 이렇게 받아쳤다.

"물론 당신들이 똑똑할지도 모르지만, 그럼 왜 내가 부자가 되었을까요?"

버핏은 컬럼비아 경영대학원에서 벤저민 그레이엄에게 가르침을 받고 네브래스카 대학에서 투자에 대해 강의한 경험도 있지만 학자는 아니다. 학자와 버핏의 말 중 어느 쪽이 더 도움이 되는지는 버핏의 실적에서 분명히 드러난다.

190 《워런 버핏, 위대한 자본가의 탄생》

"첫 번째 규칙, 결코 손해 보지 않는다. 두 번째 규칙, 절대 첫 번째 규칙을 잊지 않는다."

버핏의 간단명료한 투자법을 보고 "지극히 단순하고 오래전부터 쓰였으며 몇 안 되는 원칙을 따르는 방식"이라고 말하는 사람도 있지만, 버핏이 무엇보다 대단한 이유는 그런 원칙을 오래전부터 철저하게 지켜왔다는 데 있다.

1987년 10월 19일, 뉴욕 증권 시장에서 '블랙 먼데이(Black Monday)'라 불리는 주가 대폭락 현상이 벌어졌다. 당시 재정 적자와 무역 적자라는 '쌍둥이 적자'에 시달리던 미국의 달러 가치 하락과 인플레이션에 대한 우려가 원인으로 작용하며, 그때 막 유행하기 시작한 '프로그램 매매'도 주가 하락을 가속시키는 요인이 되었다. 이 폭락은 전 세계로 퍼져 각국에서 동시에 주가가 하락했다.

하루 만에 508달러(전일 대비 22.6%) 하락이라는 경악스러운 현상에 투자자들은 주식을 팔아 치우느라 혈안이 되었지만, 버핏은 기여도가 높은 주식은 결코 손에서 놓지 않았고 가격이 낮아진 주식은 오히려 추가로 매입했다. 버핏은 시장을 예측하려 하지 않을뿐더러 시장을 믿지도 않았다. 그저 "첫 번째 규칙, 결코 손해 보지 않는다. 두 번째 규칙, 절대 첫 번째 규칙을 잊지 않는다"라는 두 가지 원칙을 충실하게 따랐을 뿐이다.

버핏은 주가 폭락이라는 혼란 속에서도 동요하지 않는 몇 안 되는 투자자였다.

191 《워런 버핏, 부의 진실을 말하다》

"자기 능력 범위 안에 이렇다 할 투자처가 없다고 해서 함부로 원을 넓혀서는 안 됩니다. 그럴 때는 그저 가만히 기다립니다."

버핏이 투자조합을 해산한 이유는 당시 시장 환경을 고려했을 때 좋은 성적을 올릴 만한 투자처가 도무지 보이지 않는다고 판단했기 때문이다. 즉, 자신의 능력 범위 안에 '바로 이거다' 싶은 상대가 없었을 뿐이다.

버핏이 투자처를 정하는 방식은 다음과 같다. 먼저 종이와 연필을 준비한 뒤, 자신이 온전히 이해하는 기업의 이름을 쓰고 그 기업의 이름을 감싸도록 원을 그린다. 그다음 그 원 안에서 가치에 비해 가격이 비싼 기업, 경영진에 문제가 있는 기업, 사업 환경이 바람직하지 않은 기업을 골라 원 바깥으로 빼낸다. 그렇게 반복한 끝에 마지막까지 원 안에 살아남은 기업이 바로 버핏의 투자 대상이 되는 것이다.

"자기 능력 범위 안에 이렇다 할 투자처가 없다고 해서 함부로 원을 넓혀서는 안 됩니다. 그럴 때는 그저 가만히 기다립니다."

버핏은 억지로 자신의 능력 범위를 넓히려 들지 않았다. 중요한 것은 자기가 깊이 이해하는 업종, 경영진보다 풍부한 지식을 지녔다고 자부할 수 있는 업종이 있는가다. 버핏은 IBM의 창업자 토머스 왓슨의 말을 그대로 실천하고 있는 셈이다.

"나는 천재가 아니다. 어떤 분야에서는 높은 능력을 발휘하지만, 그 분야 외에는 손을 대지 않을 뿐이다."

192 《워런 버핏, 부의 진실을 말하다》

"가장 중요한 건 자신의 능력 범위를 얼마나 넓히느냐가 아니라 능력의 경계를 얼마나 분명하게 결정할 수 있느냐입니다."

투자에서 성공을 거두려면 무엇이 필요할까? 높은 IQ? 폭넓은 전문 지식? 버핏이 말하는 '능력 범위'로 보면 범위가 크면 클수록 기회가 많아지고 그만큼 많은 수익을 얻을 수 있다고 생각하기 쉽지만, 버핏은 그 의견에 동의하지 않는다.

'월가에서는 대체로 IQ가 적어도 140'은 되지만, '투자라는 게임에서는 IQ가 160인 사람이 130인 사람을 이긴다는 보장은 없기 때문'이다. 그렇다면 무엇이 승패를 결정할까? 버핏은 이렇게 단언한다.

"가장 중요한 건 자신의 능력 범위를 얼마나 넓히느냐가 아니라 능력의 경계를 얼마나 분명하게 결정할 수 있느냐입니다. 자기 능력으로 감당할 수 있는 범위를 정확하게 파악하면 투자는 성공합니다. 범위가 다른 사람보다 다섯 배 넓으면서도 경계가 모호한 사람보다 훨씬 부유해질 수 있지요."

투자의 세계에는 기본 원칙을 뒤흔드는 유혹과 무심코 능력 범위에서 벗어나고 싶어지는 매력적인 제안이 매우 많다. 유혹에 넘어가 제안을 따를 것인가, 정해진 원칙과 능력 범위를 지킬 것인가. 둘 중 어느 한쪽을 고르느냐에 따라 투자의 성과가 결정된다. 중요한 것은 높은 IQ나 폭넓은 능력이 아니다. 기본 원칙과 자신의 능력 범위에 얼마나 충실한지가 투자의 성공을 좌우한다.

193 《워런 버핏의 주주 서한》

"지난날의 업적이 얼마나 대단했든 변화에 제대로 대응하지 않으면 남은 것은 파탄뿐입니다."

버핏이 매년 많은 결산서와 연차 보고서를 검토하는 이유는 기업의 지난 실적이 얼마나 좋았는지 알고 싶어서가 아니라, 기업이 앞으로 얼마나 수익을 올릴 수 있을지 그리고 계획을 제대로 달성할 힘이 있는지를 파악하기 위해서다.

물론 버핏도 가끔 나무에서 떨어질 때가 있다. 1989년 버핏은 펜실베이니아주 피츠버그에 본사를 둔 US에어의 우선주를 3억 5,800만 달러에 구입했다. 오랜 기간 높은 수익을 올렸다는 이유에서였는데, 그것이 규제에서 비롯된 결과였음을 버핏은 미처 알지 못했다.

US에어는 원가가 높은 회사였다. 그런데 규제가 완화되고 경쟁이 치열해지면서 큰 영향을 받은 데다 원가 절감에 관한 정책 등에서 뒤처지면서 결국 배당 지급이 중단되고 평가액을 낮추는 결과가 되었다. 규제에 힘입어 유지되던 기업은 규제가 사라지면 원가 절감 없이는 살아남지 못한다. 버핏은 이 경험을 통해 다음과 같은 교훈을 얻었다.

"지난날의 업적이 얼마나 대단했든 변화에 제대로 대응하지 않으면 남은 것은 파탄뿐입니다."

중요한 것은 앞으로도 계속 성장할 수 있는가다. 과거의 성과에만 눈길을 주느라 미래를 눈여겨보지 않으면 누구나 비싼 값을 치러야 한다.

194 《워런 버핏, 부의 진실을 말하다》

"땅에서 걷는다는 게 뭔지 물고기에게 설명할 수 있을까요?"

기업을 경영하는 데 있어 경험은 어떤 가치가 있을까?

구글을 세운 래리 페이지는 "경험이 없다는 것에는 장점과 단점이 있다"라면서 선입견 없이 새로운 도전에 나서는 데는 도움이 된다고 강조했다. 버핏도 월가의 상식에 사로잡히지 않는다는 점에서는 투자라는 세계의 혁명가나 다름없지만, 회사의 경영에 관해서는 '경험'을 높이 평가했다.

버핏이 이끄는 버크셔 해서웨이에는 정년제가 없다. 네브래스카 퍼니처 마트의 B 부인처럼 열의가 넘치는 경영자를 단순히 특정한 나이가 되었다는 이유만으로 그만두게 하는 것은 너무나 어리석다고 생각하기 때문이다.

"땅에서 걷는다는 게 뭔지 물고기에게 설명할 수 있을까요? 아마 몇천 년에 걸쳐 설명해도 정확히 알려주지는 못하겠지요. 하지만 하루만 걸어보면 바로 모든 것을 알게 될 겁니다. 기업을 경영하는 일도 마찬가지입니다. 단 하루라도 기업의 경영자가 된다는 것은 몹시 귀중한 경험입니다."

사람은 경험을 통해 많은 것을 배운다. 하물며 버크셔 산하의 경영자들은 평균 20년 이상의 경력을 자랑하는 데다 열정 역시 세월에 조금도 바래지 않았다. 이토록 귀중한 경험을 쉽게 놓치는 건 너무도 안타까운 일이다. 이처럼 훌륭한 경영자를 키우려면 긴 세월이 필요하기 때문이다.

195 《친애하는 버핏 씨에게(Dear Mr. Buffett)》

"펜만 있으면 '이익'은 얼마든지 만들어낼 수 있습니다. 하지만 사기꾼들도 모여들겠지요."

기업의 경영자에게 '매출과 수익 증가'라는 말은 더없이 매력적이지만, 부도덕한 방법으로 이익을 낸다면 아무런 의미도 없다.

버크셔 해서웨이는 한때 신용 평가 기관에서 "AAA등급을 유지하려면 보험료 수입을 늘려야 한다"는 지적을 받은 적이 있다.

같은 말을 들은 다른 보험사들은 바로 행동에 나섰지만, 버핏은 '신용 평가 기관의 지적을 받아들이지 않고' 상황을 지켜보기로 결정했다.

나쁜 보험을 적극적으로 받아들이면 수입을 쉽게 늘릴 수 있지만, 기업의 가치를 해칠 수 있기 때문이다. 버핏은 "수익 증가를 목표로 삼는 일은 절대 없다"며 잘못된 가격에 리스크를 떠안아 보여 주기식으로 회사의 수익을 늘리는 어리석은 짓은 결코 하지 않았다. 주주들에게 보내는 편지에 이렇게 쓰기도 했다.

"펜만 있으면 '이익'은 얼마든지 만들어낼 수 있습니다. 하지만 사기꾼들도 모여들겠지요."

중요한 것은 장기적인 관점으로 기업의 가치를 키우는 것이다. 가격이 적절치 않은 보험을 잔뜩 떠안아 겉으로 보이는 매출을 높이고 주가를 올리는 것은 어리석은 짓이다. 버핏이 보기에 그런 어리석은 행동을 유도하는 신용 평가 기관의 의견 따위는 귀 기울일 필요가 없는 이야기였다.

196 《버크셔 해서웨이의 커튼 뒤(Behind the Berkshire Hathaway Curtain)》

"지성, 에너지 그리고 성실함. 그중 마지막 것이 없으면 앞의 2가지는 전혀 의미가 없어집니다."

버핏은 함께 일하는 사람을 고를 때 이렇게 생각했다.

"지성, 에너지 그리고 성실함. 그중 마지막 것이 없으면 앞의 2가지는 전혀 의미가 없어집니다."

버핏이 살로먼 브라더스의 최대 주주가 된 이유는 CEO 존 굿프렌드를 보고 '성실하고 고결한 인물'이라며 감탄했기 때문이다. 그러나 평소에는 착실하고 인품이 좋은 사람도 국채 부정 입찰이라는 커다란 문제와 맞닥뜨리자 그저 '손가락을 빠는 것' 외에는 아무것도 하지 못했다. 살로먼에서 가장 많은 수익을 벌어들이던 존 메리웨더 휘하의 채권 거래팀은 욕심이 많았고 오로지 자신의 보수에만 관심이 있었다. 또한 과거 메리웨더와 함께 일했던 폴 모저는 우수하고 돈을 버는 능력도 뛰어났으나 사악했다.

이 같은 문제를 해결하기 위해 버핏은 회장으로 취임했을 당시 데릭 모건을 사장으로 선택했는데, 그가 생각한 조건은 아래와 같았다.

"이쪽이 받아칠 수 없다는 걸 알고 머리에 총을 들이미는 행동을 하지 않는, 직업 윤리를 갖춘 사람을 원했습니다."

성과를 올리려면 지성과 에너지도 물론 필요하지만, 그보다도 걱정 없이 믿고 맡길 수 있는 착실함과 정직함이 무엇보다 중요했다. 결과적으로 살로먼 브라더스는 버핏과 모건의 노력으로 다시 일어설 수 있었다.

197 《워런 버핏의 오마하 순례》

"이토록 훌륭한 경영자는 좀처럼 찾아보기가 힘들 건만, 나이가 한 살 늘었다는 이유만으로 떠나보내야 한다니 정말 안타깝기 그지없습니다."

버핏은 훌륭한 경영자를 좋아했고, 자신이 기업을 인수한 뒤에도 훌륭한 경영자가 오래도록 회사를 맡아주기를 원했다. 그런 생각을 더욱 굳게 만들어준 인물은 네브래스카 퍼니처 마트의 전설적인 경영자 로즈 블럼킨, B 부인이다.

블럼킨은 맨몸으로 회사를 세워 3에이커(약 1만 2,000제곱미터) 넓이의 점포 하나로 연간 1억 달러 이상의 가구를 판매하며 꾸준히 매출을 올리며 성장해 나갔고, 1980년대 북미 최대의 가구점으로 키워냈다. 경쟁심을 불태우며 다른 지역에서 뛰어든 전국 체인 회사들도 그녀의 경영 앞에선 꽁무니를 뺄 수밖에 없었다.

버핏이 이 회사를 인수한 이유는 B 부인이라는 존재 덕분이었다. 인수가 결정된 날 B 부인은 53번째 생일을 맞은 버핏에게 "생일에 기름밭을 사셨군요"라고 말했다고 하니 회사에 대한 자신감이 얼마나 확고했는지 알 수 있다.

버핏은 그녀를 이렇게 칭송했다.

"B 부인은 103세가 될 때까지 회사를 위해 일했고, 이듬해에 세상을 떠났습니다. 이토록 훌륭한 경영자는 좀처럼 찾아보기가 힘들건만, 나이가 한 살 늘었다는 이유만으로 떠나보내야 한다니 정말 안타깝기 그지없습니다."

버크셔 해서웨이에는 다른 기업처럼 일을 그만두어야 하는 '나이'란 존재하지 않는다.

198 《워런 버핏의 주주 서한》

"만약 첫 번째 방법으로 성공을 거두었다면 다른 방법을 시도할 필요는 없습니다."

버핏이 뛰어난 기업을 되도록 오랜 기간, 가능하면 영원히 보존하려 하는 이유는 오랫동안 강한 경쟁력을 발휘하는 기업은 많지 않으며 그런 기업을 '그럭저럭 괜찮은 가격'에 살 수 있는 기회는 흔치 않다는 사실을 잘 알기 때문이다.

그중 대표적인 예로 버핏이 자주 언급하는 기업 중 하나가 바로 코카콜라다.

1938년 코카콜라는 2억 개 넘는 상자가 판매되었으나 1993년에는 107억 개의 상자가 팔리며 50여 년 사이에 판매량이 50배로 늘어났다. 1938년 포춘은 코카콜라에 대해 "코카콜라처럼 변하지 않는 제품의 매출을 이 정도 규모로 10년간 끊임없이 경신하는 기업은 달리 찾아보기 힘들다"라고 평가했다. 이러한 평가는 55년 후에도 그리고 지금도 변함없는 사실이라고 버핏은 생각했다.

그것만 보아도 버핏이 코카콜라를 계속 손에서 놓지 않는 이유는 명백하다. 그는 이렇게 말했다.

"멋진 기업과 뛰어난 경영자를 찾기란 매우 어려운 일이건만, 이미 실적이 좋은 기업을 버릴 이유가 어디 있겠습니까. 우리의 신조는 '만약 첫 번째 방법으로 성공을 거두었다면 다른 방법을 시도할 필요는 없다'라는 것입니다."

"꽃에서 꽃으로 옮겨 다녀서는 투자에서 장기적 성공을 거둘 수 없다"라는 버핏의 조언을 꼭 기억하자.

199 《워런 버핏의 주주 서한》

"사업의 세계에서 통하는 상식은 주식 시장에서도 통합니다."

"월가에서 주식을 사고파는 유능한 사업가들은 대부분 자기 사업에서 성공을 거두게 해준 원칙을 완전히 무시한 채 투자에 뛰어들려고 하는데, 정말 놀랍기 그지없다."

이것은 벤저민 그레이엄이 한 말이다. 그는 주식 투자를 할 때 단순히 주식을 사고파는 것이 아니라 그 회사의 일부를 소유한다는 생각으로 주식을 사야 한다고 여겼다. 그런데 능력 있는 사업가들은 저마다 자신만의 기술과 요령이 있음에도 불구하고 주식 투자를 할 때면 전부 까맣게 잊어버리고 이상한 행동을 한다는 것이었다.

그레이엄과 같은 생각을 가진 버핏 역시 다음과 같은 예를 들었다.

"재정 상태가 탁월한 자회사를 둔 모회사는 주가가 아무리 올라도 자회사를 팔지 않을 겁니다. 모회사의 CEO는 이렇게 말하겠지요. '왜 굳이 황금 알을 낳는 거위를 놓겠습니까?'"

하지만 그러한 CEO도 주식 투자를 할 때는 모처럼 품에 '황금 알'을 안고 있음에도 중개인의 감언이설에 넘어가 깊이 고민하지도 않고 다른 주식으로 갈아타 버린다. 주식 투자는 특별한 요령이 필요한 세계가 아니다. '사업의 세계에서 통하는 상식은 주식 시장에서도 통하니' 훌륭한 기업을 만났다면, 훌륭한 자회사를 지닌 것처럼 끈기 있게 손에 쥐고 있으면 된다.

200 《워런 버핏의 주주 서한》

"인수 합병의 세계에서는 아픈 말도 세크리테리엇*
행세를 합니다."

버크셔 해서웨이는 많은 기업에 자본을 투자하고 다양한 기업을 인수하는데, 그들이 상대하는 투자처는 오로지 뛰어난 경영자가 있는 훌륭한 기업뿐이다. 하지만 실제로는 버크셔 해서웨이처럼 늘 훌륭한 기업만 살 수 있는 것은 아니다.

기업을 매각하려 하는 매도인이나 대리인은 귀가 솔깃해지는 이야기만 들려주고 거기서 발생하는 문제는 대부분 언급하지 않는다. 버핏은 이렇게 말하기도 했다.

"월가는 워싱턴 못지않게 낙관적인 줄거리를 지어내는 데 탁월한 능력이 있을지도 모릅니다."

버핏이 매도인의 솔깃한 말을 귀담아듣지 않는 이유는 그가 이런 이야기를 가슴속에 새겨두고 있기 때문이다.

말이 아파서 수의사를 찾아간 남자가 "저희 말은 잘 걸을 때도 있지만, 가끔은 한쪽 다리를 절어요"라고 털어놓자 수의사는 "아무 문제 없습니다. 말이 잘 걸을 때 팔면 되지요"라고 대답했다고 한다. 버핏은 말 이야기과 함께 이런 교훈을 전했다.

"인수 합병의 세계에서는 아픈 말도 세크리테리엇 행세를 합니다."

버핏은 대부분의 기업 인수는 회사를 사들이는 기업의 주주에게 손해를 입힌다고 여긴다. 인수의 세계에서 '눈에 보이는 모습이 진실인 경우는 거의 없기 때문'이다.

● 1973년 미국의 3대 경마 레이스에서 우승한 명마.

201 《스노볼》

"기업이 한창 번성할 때 질서를 말하기란 쉽지 않습니다."

기업의 성과가 떨어지고 나아가 적자를 내게 되면 어떤 경영자든 변화를 주기 위해 대책을 강구하려 노력한다. 그리고 반대로 매출이 늘고 수익도 많이 나서 성과가 최고조에 달했을 때, 더 어려운 문제에 직면한다. 이 같은 시기야말로 훗날을 대비할 방법을 찾을 때이지만, 현실에서는 번영이라는 빛 뒤에서 부주의와 방심 때문에 문제가 발생하고 이윽고 큰 위기로 이어지기도 한다.

코카콜라는 CEO 로베르토 고이주에타가 회사를 이끌던 시절에 번영의 시대를 맞았는데, 그의 뒤를 이은 더글러스 아이베스터와 더글러스 대프트의 시대에는 온갖 문제가 끊이지 않았고 주가도 저조했다. 매출이 떨어졌음에도 직원은 늘어나 인건비가 증가했으며, 많은 비용을 들인 의미 없는 프로젝트가 잇달아 진행되었다. 코카콜라의 대주주이자 이사이기도 했던 버핏은 이렇게 한탄했다.

"잘나가는 회사는 돈 많은 집안과 같아서 코카콜라에서 질서를 되찾기란 특히나 어려운 일입니다. 기업이 한창 번성할 때 질서를 말하기란 쉽지 않습니다."

성공한 기업의 질서가 흐트러지면 이윽고 문제가 발생하기 마련이다. 코카콜라도 여러 문제로 한때 소비자의 지지를 잃기도 했다. 네빌 이스델이 CEO 자리에 오른 뒤 코카콜라는 다시 한 번 원래의 모습을 되찾았지만, 빛나는 시절에도 흐트러지지 않았다면 6년에 걸친 기나긴 혼란 없이 더 크게 성장할 수 있었을 것이다.

202 《워런 버핏의 주주 서한》

"주식을 산 다음에는 1, 2년쯤 시장이 폐쇄되더라도 신경 쓰지 않습니다."

새로운 주식을 사면 사람들은 매일같이 주가를 들여다보며 "좋았어, 올랐다!" 혹은 "뭐야, 떨어졌잖아!" 하며 일희일비한다. 물론 자기 돈을 들여 샀으니 값이 높아지면 기쁘고 값이 떨어지면 속상한 건 당연하다. 하물며 쭉쭉 오를 것이라고 기대했던 주가가 내려가기 시작하면 마음이 편치 않을 만도 하다.

하지만 버핏은 주가 변동에 얽매이지 않았으며, 이렇게 말했다.

"주식을 산 다음에는 1, 2년쯤 시장이 폐쇄되더라도 신경 쓰지 않습니다. 우리는 씨즈 캔디나 H. H. 브라운의 시세가 어떻게 변하는지 확인하며 우리가 한 투자가 제대로 굴러가는지 확인하지 않습니다."

버핏은 자신이 매우 좋아하는 코카콜라의 주가에 대해서도 같은 태도를 취했다.

정말 불안한 마음은 조금도 들지 않았을까?

버핏은 주식을 '산 뒤' 일희일비하는 대신 '사기 전'에 기업의 사업 내용을 깊이 이해하기 위해 도움이 되는 모든 정보를 모으고 스스로 납득이 갈 때까지 깊이 분석한다. '이 기업은 앞으로도 계속해서 성장할 것'이라는 확신이 있기에 투자를 결심했기 때문에 확신이 있으니 주가가 오르든 내리든 신경 쓸 필요가 없었던 것이다. 피터 린치가 지적했듯이 주식 투자도 가전제품이나 자동차를 살 때처럼 꼼꼼히 확인해야 안심할 수 있다.

203 《워런 버핏의 주주 서한》

"변화가 빠른 업계에 투자하면 막대한 이익을 얻을 수 있을지도 모르지만, 거기에는 우리가 바라는 확실성이 존재하지 않습니다."

지금은 애플에 많은 금액을 투자하고 있지만, 버핏이 투자하는 IT 기업은 여전히 많지 않다. 버크셔 해서웨이의 포트폴리오에는 코카콜라와 아메리칸 익스프레스 같은 낯익은 얼굴들이 굳건히 자리 잡고 있다. 버핏이 일본의 5대 종합 상사에 투자했을 때도 "왜 이제 와서 일본 상사에?"라고 의문을 가진 사람이 적지 않았다.

버핏이 말하기를, 그는 기업을 인수할 때 일부러 큰 변화가 나타나지 않을 듯한 기업이나 업계에 투자한다고 한다. 씨즈 캔디나 코카콜라 같은 업계에서는 변화가 일어나더라도 IT업계만큼 급격하지 않을 테고, 10년이나 20년 후에도 옆길로 빠지지만 않으면 경쟁 우위를 유지할 수 있기 때문이다. 버핏은 이렇게 말했다.

"변화가 빠른 업계에 투자하면 막대한 이익을 얻을 수 있을지도 모르지만, 거기에는 우리가 바라는 확실성이 존재하지 않습니다."

버핏도 IT업계 등에서 일어나는 변화 자체를 혐오하는 것은 아니다. 그러나 투자자에게 그런 변화는 마치 우주 탐험과 같다. 버핏은 여러 회사의 피나는 노력은 칭찬하지만, 스스로 우주선에 올라탈 마음은 없었다.

204 《워런 버핏의 주주 서한》

"자만심과 권태감에 젖은 경영자들이 초점을 잃고 길을 벗어나는 모습을 우리는 셀 수 없이 보았습니다."

버핏은 투자를 할 때 반드시 소유해야만 하는 기업을 찾아다닌다. 정확하게 예측할 수는 없어도 앞으로 10년이고 20년이고 시장을 이끌어갈 기업이 버핏이 생각하는 이상적인 투자처다. 그런데 훌륭한 기업의 경영자도 때로는 길을 벗어날 때가 있다.

기업을 이끄는 경영자들은 종종 '다각화'라는 명목으로 본업과는 상관없는 사업에 푹 빠지기도 한다. 훌륭한 기업의 대표적인 예인 코카콜라는 한때 새우 양식에 손을 댄 적이 있고 질레트도 한때 석유 개발에 나선 적이 있다.

누구도 넘보기 힘든 본업이 있음에도 기업들은 때때로 '획기적인 선택'이라며 비합리적인 행동을 보이곤 한다. 바보 같은 사업 계획이나 인수 계획을 실행에 옮기고 수중의 자금을 들이고 때로는 본업까지 위협한다. 투자자가 가장 두려워하는 것은 기업가들의 이런 어리석은 행동이다. 버핏은 이렇게 이야기했다.

"저와 찰리가 전반적으로 우수해 보이는 기업에 투자를 고려할 때 가장 우려하는 부분은 '초점을 잃어버리는 것'입니다. 자만심과 권태감에 젖은 경영자들이 초점을 잃고 길을 벗어나는 모습을 우리는 셀 수 없이 보았습니다."

따라서 투자자는 경영자가 집중력을 가지고 사업에 몰두하는, 신뢰할 만한 인물인지를 눈여겨보아야 한다.

205 《워런 버핏의 오마하 순례》

"넷젯을 이용하지 않았다면 맺지 못했을 계약이 있었을지는 모르지만, 적어도 이 계약 저 계약 맺으려고 수천 킬로미터를 날아다닐 의욕은 생기지 않았겠지요."

버핏은 스스로를 '비행기 중독'이라고 표현할 만큼 비행기 관련 회사를 좋아한다. 1989년에는 US에어를 인수했다가 뼈아픈 실패를 경험했는데, 무료 중독 상담 번호로 전화해서 "저는 워런 버핏이라고 합니다. 비행기에 중독된 사람이지요"라고 말하지 않은 것을 후회했을 정도다. 그러다 버핏은 1995년에 개인 항공기 전문 회사인 넷젯을 7억 2,500만 달러에 인수했다.

넷젯의 경쟁력과 성장 가능성을 높이 평가해서 내린 결정이었는데, 그와 동시에 버핏의 개인용 비행기 '인디펜서블(Indefensible)' 대신 넷젯의 전용기 공동 이용 서비스를 버크셔 해서웨이의 산하에서 활용할 수 있다는 이점도 있었다. 버핏은 회사 전용기 덕분에 좋은 실적을 낼 수 있었다며 이렇게 말했다.

"넷젯을 이용하지 않았다면 맺지 못했을 계약이 있었을지는 모르지만, 적어도 이 계약 저 계약 맺으려고 수천 킬로미터를 날아다닐 의욕은 생기지 않았겠지요. 회사 전용기는 귀중한 사업의 도구입니다."

버크셔 해서웨이의 경비를 비롯해 모든 면에서 근검절약을 중시하는 버핏에게는 금액이 많든 적든 상관없이 사치스러운 행동에는 스스로 납득할 만한 이유가 필요했다.

206 《스노볼》

"적은 보수로 일하지만, 움직이는 데는 돈을 좀 들이겠습니다."

버핏이 이끄는 버크셔 해서웨이는 같은 업종의 다른 기업에 비해 몇백 분의 1밖에 되지 않는 적은 경비로 운영된다. 또한 버핏과 찰리 멍거의 보수도 월가나 다른 기업과는 비교도 되지 않을 만큼 낮다.

이토록 검소한 인물인 만큼 1986년 전용기를 구입할 당시 엄청난 용기가 필요했다. 미국 기업에 전용기가 있는 것은 그리 드문 일이 아니다. 그러나 회사 전용기를 업신여기는 발언을 여러 번 했던 버핏에게는 온 땅이 흔들리는 것처럼 중대한 사건이었다.

자신의 이미지나 지금까지의 발언과 모순된다는 점을 우려한 버핏은 제트기를 여러 대 소유한 친구 월터 스콧 주니어에게 전화해서 '전용기 구입을 어떻게 정당화하면 좋을지' 묻기까지 했다. 그의 답은 이러했다.

"이유 따위는 필요 없어요. 그럴싸하게 꾸며대면 그만이죠."

버핏은 결국 자신이 구입한 전용기에 '인디펜서블'●이라는 이름을 붙이고 주주들에게는 "적은 보수로 일하지만, 움직이는 데는 돈을 좀 들이겠습니다"라고 변명했다. 버핏이 가져오는 이익에 비하면 전용기쯤은 아주 저렴한 수준이었지만, 버핏은 이런 농담을 날리며 스스로를 납득시켰다.

● '변명의 여지가 없는'라는 의미로 붙였다.

207 《스노볼》

"저는 '집중력'이라고 했습니다. 빌도 같은 대답을 했고요."

버핏과 빌 게이츠가 처음 만난 날, 식사 도중 빌의 아버지 빌 게이츠 시니어가 이런 질문을 했다.

"지금과 같은 성공을 손에 넣는 가장 중요한 요소가 무엇이라고 생각하나요?"

버핏은 '집중력'이라고 답했고 빌 게이츠도 같은 답을 내놓았다. 이 둘뿐 아니라 성공한 사업가들은 대부분 자신이 정말 잘하는 한 가지 사업에 온전히 집중해서 큰 성공을 거두었다. 빌 게이츠는 마이크로소프트를 세울 때 공동 창업자인 폴 앨런에게 하드웨어를 제조하자는 제안을 받았지만, "우리가 잘하는 건 소프트웨어야"라며 소프트웨어 개발에만 집중하기로 결정했다. 그리고 뛰어난 소프트웨어를 만들기 위해서라면 밤새워 일하는 것도 마다하지 않았다.

버핏도 마찬가지였다. 버핏은 고등학교 졸업 앨범의 장래 희망란에 '주식 중개인'이라고 썼듯이 이른 시기부터 자신이 나아갈 길은 '주식 투자'라고 분명히 정해두었다. 자신이 특히 잘하는 일은 '자본의 분배'임을 정확히 알고 한결같이 '읽고 생각해서' 지금의 지위를 쌓아 올린 것이다.

토머스 에디슨과 월트 디즈니가 그랬듯이 압도적인 성공에는 압도적인 '집중력'이 반드시 필요하다.

208 《워런 버핏의 주주 서한》

"교양 있는 신문사의 임원들은 세계에서 일어나는 중요한 사건들을 끊임없이 기록하고 분석하면서도 자기 코앞에서 일어나는 일은 외면하거나 무관심한 척하지요."

신문 산업이 저물어가고 있다는 점은 누구나 수긍할만한 사실이지만, 버핏은 1991년 버크셔의 주주 서한에서 이렇게 지적했다.

"(신문이라는) 언론 사업은 저나 업계 사람들 혹은 채권자들이 불과 몇 년 전에 생각한 것만큼 근사하지 않다는 사실을 알고 있을 겁니다."

신문 산업에 종사하는 사람들은 이 발언을 불쾌하게 여겼다고 하지만, 지금이라면 인정할 수밖에 없을 것이다. 버핏은 본래 신문을 높이 평가하고 버펄로 이브닝 뉴스와 〈워싱턴 포스트〉 등을 인수하거나 많은 돈을 투자하기도 했다. 버핏은 한 도시에 신문이 하나뿐인 경우는 "규제가 없는 유료 교량을 소유하는 것과 같은" 상황이며, 독점적으로 사업을 벌일 수 있는 좋은 기회라 여겼다. 그러나 인터넷이 등장하면서 속도와 타이밍 같은 면에서 뒤처지면서 신문은 확실히 경쟁력을 잃게 되었다. 다만 이런 변화를 알아챈 경영자는 그리 많지 않았다.

"교양 있는 신문사의 임원들은 세계에서 일어나는 중요한 사건들을 끊임없이 기록하고 분석하면서도 자기 코앞에서 일어나는 일은 외면하거나 무관심한 척하지요."

대개 변화는 바깥에서 찾아오므로, 계속해서 안만 바라보는 사람들이 변화를 깨달았을 때는 이미 늦은 경우가 많다.

209 《워런 버핏, 위대한 자본가의 탄생》

"버크셔는 저의 첫사랑이고 그 마음은 앞으로도 변하지 않을 겁니다."

1991년 버핏은 살로먼 브라더스의 임시 회장으로 취임했다. 버핏이 그토록 성가신 일을 맡은 데는 7억 달러를 투자했다는 이유도 있었지만, 자신이 임시 회장직을 맡은 것은 '마땅히 해야 할 일'이었다고 말하기도 했다. 만약 자신이 회장이 되었을 때 살로먼이 무너진다면 살로먼 브라더스가 일으킨 부정과 엮여 그간 쌓아 올린 명성이 땅에 떨어질 수도 있다는 사실을 알고 있었지만, 주주를 한데 모으고 감독 기관과 협상할 수 있는 사람은 자신뿐이라는 점도 알고 있었다.

살로먼이 무너져 금융위기가 일어나면 회장인 버핏은 뒤처리하기 위해 오랜 시간을 할애해야 할 터였다. 멍거는 만류했지만, 버핏은 "살로먼을 구제하려면 당분간 일해도 상관없네"라고 대답했다. 몹시 굳은 각오로 모든 것을 솔직하게 밝히고 직원들에게 '일류의 사업에 일류의 방식으로 임하는' 버핏의 방침을 강조한 끝에 살로먼 브라더스는 다행히 끝을 맞지 않고 재건의 길을 걷게 되었다.

회사가 다시 일어설 조짐이 보이자 버핏은 데릭 모건을 정식 CEO로 앉히고 자신을 대신해 변호사 밥 데넘을 회장으로 임명한 뒤 오마하로 돌아갔다. 비서 글래디스 카이저는 "하룻밤 만에 워런을 되찾았다"며 안도했고, 버핏은 주주들에게 이런 편지를 썼다.

"버크셔는 저의 첫사랑이고 그 마음은 앞으로도 변하지 않을 겁니다."

210 《워런 버핏, 위대한 자본가의 탄생》

"내 장례식에서는 손님들에게 '어린애인 줄 알았는데 노인네였다'는 말을 듣고 싶다네."

버핏은 2022년 8월을 기준으로 92세가 되었다. 게다가 여전히 두뇌가 명석하고 버크셔 해서웨이의 회장으로서 남다른 실력을 발휘하고 있다. 변함없는 모습을 유지하기 위해 그가 건강 관리에 많은 힘을 쏟느냐 하면, 그렇지도 않다. 버핏의 식습관은 미국의 평범한 어린이 수준이다. 그는 이렇게 말했다.

"음식과 식생활에 관한 저의 취향은 다섯 살, 아주 이른 시기에 형성되었습니다."

버핏이 좋아하는 음식은 핫도그와 햄버거, 팝콘과 아이스크림 그리고 코카콜라 같은 탄산음료다. 그 밖에도 아이스크림선디와 샌드위치가 있으면 만족할 정도다.

버핏이 64세일 무렵에는 이런 일도 있었다. 당시 미국의 경영자들 사이에서는 한참 건강 열풍이 불었는데, 버핏은 아무런 관심도 보이지 않고 아침부터 체리코크에 땅콩을 곁들여 먹었으며 친구와 슈퍼볼을 관람할 때는 초콜릿 소스를 얹은 아이스크림을 주문했다. 어처구니가 없어진 친구가 그를 놀려대자 버핏은 이렇게 받아쳤다.

"내 장례식에서는 손님들에게 '어린애인 줄 알았는데 노인네였다'는 말을 듣고 싶다네."

세월이 느껴지지 않는 버핏의 젊음은 어쩌면 '어린아이 같은 식습관'에서 비롯된 것일지도 모른다.

211 《워런 버핏, 부의 진실을 말하다》

"얼마나 벌었는지로 제 인생을 헤아리고 싶지는 않습니다. 그런 사람도 있겠지만, 저는 절대 그러지 않습니다."

유튜브를 보면 자신이 '얼마나 돈을 많이 벌었는지', '얼마나 많은 돈을 썼는지' 자랑스럽게 떠벌리는 사람들이 있다. 돈은 정말 한 사람의 인생을 헤아리는 척도가 될 수 있을까?

버핏이 처음으로 〈포브스〉의 400대 부자에서 10위 권 안에 든 것은 1986년, 그가 50대 중반이 되었을 무렵이다. 버핏은 그때 마침 한 칵테일파티에 참석했는데, 거나하게 취한 여성이 다가와 이렇게 속삭였다.

"우와, 대단해. 돈이 잔뜩 열리는 나무가 걷고 있네."

그 말이 칭찬인지 아닌지는 판단하기 어렵지만, 적어도 버핏이 세계에서 손꼽히는 투자자로서 많은 사람에게 부러움의 시선을 받는다는 점은 분명했다. 그 여성이 물러간 후 버핏은 기자에게 이렇게 말했다.

"얼마나 벌었는지로 제 인생을 헤아리고 싶지는 않습니다. 그런 사람도 있겠지만, 저는 절대 그러지 않습니다."

버핏은 돈이 있으면 재미있는 경험을 할 기회가 늘어나는 것은 사실이지만, 그렇다고 해서 사랑이나 건강을 살 수 있는 것은 아니라고 여겼다. 버핏이 생각하는 성공은 돈도 명예도 아니라 곁에 있는 이들에게 사랑받는 사람이 되는 것이었다.

212 《워런 버핏, 부의 진실을 말하다》

"사업의 다각화는 무지를 감추는 하나의 수단입니다."

한때 기업의 다각화가 각광을 받던 시대가 있었는데, 지금은 어떤 분야에서든 특출하게 강한 분야가 없는 기업보다는 한 분야에서 압도적인 힘을 발휘하는 기업이 크게 성장하고 높은 이익을 얻는 경우가 적지 않다. 버핏은 '선택과 집중'이 중요한 키워드가 되기 전부터 사업을 다양화하려고 조바심을 내기보다 한 가지 사업을 깊이 파고드는 것이 훨씬 효과적이라고 주장했다.

"사업의 다각화는 무지를 감추는 하나의 수단입니다. 자기가 맡은 사업을 제대로 이해하고 있다면 다각화 따위는 아무 의미 없게 느껴질 겁니다."

버핏의 말에 따르면 하나의 사업으로 큰 성공을 거두고 엄청난 부를 쌓은 경우는 셀 수 없이 많다. 허스트는 출판으로 부를 쌓았고 월튼은 소매업, 리글리는 풍선껌, 마스는 캔디 그리고 게이츠는 소프트웨어로 어마어마한 재산을 쌓았다. 버핏도 마찬가지였다.

버크셔 해서웨이의 산하에는 매우 다양한 기업이 있는데, 운영은 각 기업의 경영자에게 맡기고 버핏은 자신이 가장 잘하는 '투자'에 집중해 사업을 성공으로 이끌고 있다. 자기 자신이 정말 잘하는 일, 누구보다 자신 있는 사업이 있다면 거기에 집중하는 것이 가장 좋은 방법이다. 특기 분야, 최고의 분야 없이 그저 가짓수만 늘려 규모를 키우려 하는 기업은 결국 덩치만 커지고 경쟁력을 잃어버린다.

213 《워런 버핏이 선택한 CEO들》

"자기 회사와 직원을 조금도 염려하지 않는 사람이 회사를 경영하면 회사 전체의 태도와 습관까지 오염되기 마련입니다."

버핏은 뛰어난 실력을 지닌 경영자가 있는 훌륭한 기업에 투자한다. 다만 '훌륭한 기업'이란 단순히 '결산서의 숫자가 좋은' 기업이라는 뜻은 아니다. 버핏이 말하는 '훌륭한 기업'이란 경영자가 회사와 사원 그리고 제품에 '애정'을 가지고 있는 곳을 말한다. 버핏은 이렇게 설명했다.

"매출이 가져다주는 돈뿐만 아니라 자기 회사를 진심으로 사랑하는 사람들과 함께 일하고 싶습니다."

경영자에게 회사의 매출과 수익이 중요한 것은 당연하지만, 그것만으로는 충분하지 않다. 예를 들면 애플의 스티브 잡스가 그랬듯이 '근사한 상품에 대한 열정으로 가득한 회사, 대단한 회사를 만들고 싶다'는 마음이 있어야 진정한 의미에서 '훌륭한 기업'이 될 수 있다.

"자기 회사와 직원을 조금도 염려하지 않는 사람이 회사를 경영하면 회사 전체의 태도와 습관까지 오염되기 마련입니다. 기업에서는 한평생―혹은 여러 일생―을 바쳐 쏟아부은 조건 없는 애정과 남다른 재능에 의해 '걸작'이 만들어집니다."

기업에는 이처럼 경영자의 마음과 자세가 짙게 반영된다.

214 《워런 버핏이 선택한 CEO들》

"내가 회사를 산 이유는 딱 하나, 당신이 있어서입니다."

1990년 버핏은 신발 제조사인 H.H.브라운을 인수했다. H.H.브라운은 1883년 만들어진 회사로, 오랫동안 경영을 맡아온 레이 헤퍼넌이 세상을 떠나자 그의 가족이 사업을 매각하기로 결정했다. 당시 헤퍼넌을 대신해 회사를 이끈 사람은 사위인 프랭크 루니였다.

루니는 20대에 신발 제조업계에 들어와 멜빌의 CEO가 되었고 은퇴할 때까지 매출을 40배까지 키운 능력 있는 경영자였다. 루니는 안면이 있는 버핏에게 기업 인수를 제안했고 버핏은 공장이나 다른 부분은 전혀 살피지 않았음에도 2년분의 결산 자료만 보고 인수를 결정했다. 루니가 어째서 회사를 살 마음이 들었느냐고 묻자 버핏은 "내가 회사를 산 이유는 딱 하나, 당신이 있어서입니다"라고 대답했다.

그 후 주주들에게 보내는 편지에서 버핏은 H.H.브라운을 인수한 이유에 대해 "루니가 계속해서 CEO를 맡아주기로 했기 때문"이라고 이야기했다.

"우리 회사의 많은 경영자들과 마찬가지로 그(루니)도 계속 일해야 할 금전적인 이유는 없습니다. 그럼에도 일하는 이유는 일에 홀딱 반해서이지요. 그리고 게임에서 이기는 걸 아주 좋아하기 때문입니다."

루니에게도 버크셔 해서웨이는 어떤 회사보다도 이상적인 인수자였다.

215 《워런 버핏, 위대한 자본가의 탄생》

"우리가 결혼을 결심하는 이유는 뭘까요? 눈이 아름다워서? 성격이 좋아서? 여러 이유가 있으니 한 가지만 고르기는 어렵지 않겠습니까?"

1989년 3월, 버핏이 코카콜라의 주식을 다량 보유하고 있다는 사실이 밝혀졌다. 1년 전인 1988년에 버핏은 가격이 저렴해진 코카콜라의 주식을 열심히 사 모았다. 다만 버핏의 일거수일투족이 주식 시장에 큰 영향을 미친다는 이유로 증권거래위원회로부터 거래 내용을 1년간 개시하지 않아도 된다는 특례를 인정받았기 때문에, 그가 코카콜라 주식의 6%를 보유하고 있다는 사실이 밝혀지기까지는 제법 시간이 걸렸다.

버핏의 영향력은 엄청났다. 뉴욕 증권거래소는 코카콜라 주식의 급등을 피하기 위해 매매를 일시 정지했고, 코카콜라의 CEO는 급락했던 주가를 버핏이 보증해 주었다는 사실에 기뻐하며 이사회에 들어와 달라고 요청했다.

그뿐만 아니라 버핏이 주가가 떨어진 코카콜라에 투자한 이유에 많은 사람의 관심이 쏠렸다. 버핏은 코카콜라라는 회사가 만들어내는 풍부한 현금 흐름과 해외에서의 성장 가능성, 세계적인 브랜드 가치 등을 높이 샀다. 버핏은 코카콜라에 투자한 이유를 이렇게 설명했다.

"우리가 결혼을 결심하는 이유는 뭘까요? 눈이 아름다워서? 성격이 좋아서? 여러 이유가 있으니 한 가지만 고르기는 어렵지 않겠습니까?"

코카콜라는 지금도 버크셔 해서웨이의 중요한 투자처다.

216 《스노볼》

"투자란 소비를 미루는 것입니다. 정말 중요한 문제는 단 2가지뿐입니다. 하나는 얼마나 돌아오느냐, 또 하나는 언제 돌아오느냐이지요."

"이 돈을 복리로 굴리면 얼마가 될까?"라는 버핏의 사고방식은 어린 시절부터 이어져왔으며, 이제는 습관으로 자리 잡았다.

머리털을 다듬는 데 드는 적은 돈은 물론, 아내 수지가 1만 5,000달러를 들여 가구를 사들였을 때도 버핏은 친구에게 이렇게 푸념했다.

"그 돈으로 투자를 했다면 20년 후에 얼마가 됐을지 상상이 가나?"

버핏은 한 모임에서 강연을 할 때 이런 이야기를 했다.

"투자란 소비를 미루는 것입니다. 지금 돈을 내면 나중에 더 큰 돈이 되어 돌아오지요. 정말 중요한 문제는 단 2가지뿐입니다. 하나는 얼마나 돌아오느냐, 또 하나는 언제 돌아오느냐이지요."

버핏은 '돈을 불리는' 일에는 욕심이 많아도 '돈을 쓰는' 일에 대해서는 매우 신중했다. 막대한 부가 손에 들어온 뒤에도 사치에 돈을 들이려 하지 않았다.

버핏은 젊은 시절과 그리 다르지 않은 검소한 생활을 하며 돈을 사회로부터 잠시 맡아두었다는 생각으로 소중히 다루었다. 투자에 성공하고 싶다면 '투자란 소비를 미루는 것'이라고 생각해 보자. 투자와 사치는 궁합이 그리 좋지 않기 때문이다.

217 《스노볼》

"새로운 산업을 일으키고 널리 알리는 건 멋진 일입니다. 투자를 유도하기 쉬우니까요. 평범하고 일상적인 제품에 투자 자본을 끌어들이기란 매우 어렵습니다."

1990년대 후반 미국이 닷컴버블로 들끓던 무렵, 버핏은 인기 많은 IT 기업이 아니라 전통적인 산업에 자금을 돌렸다. IT 관련 주식으로 큰돈을 벌고자 하던 사람들의 눈에는 시대에 뒤떨어진 투자자로 비쳤지만, 버핏은 조금도 신경 쓰지 않았다. 그는 이렇게 이야기했다.

"새로운 산업을 일으키고 널리 알리는 건 멋진 일입니다. 투자를 유도하기 쉬우니까요. 평범하고 일상적인 제품에 투자 자본을 끌어들이기란 매우 어렵습니다. 하지만 몇몇만 아는 난해한 제품에 투자를 유도하기란 굉장히 쉽습니다. 심지어 손실이 나고 있는 것도 그렇지요. 정확히 수치로 나타내주는 지침이 없기 때문입니다."

버핏이 말하는 투자의 기본은 '자신이 온전히 이해하는 사업에 투자하는 것'이다. 폴라로이드나 제록스가 한창 인기를 끌 때도 마찬가지로 절대 투자하지 않았다. 사람들은 어째서인지 새로운 기업에 매력을 느끼고 선뜻 투자하려 한다. 새롭다는 느낌이 투자하고 싶다는 의욕을 불러일으키기 때문이다.

반대로 오래전부터 자신이 잘 아는 기업, 친근한 기업은 '흔하디흔하다' 여기고 투자 대상에서 쉽게 제외한다. 어느 쪽이 옳았는지는 닷컴버블이 붕괴한 후 분명하게 드러났다.

218 《워런 버핏, 위대한 자본가의 탄생》

"자금을 운용하는 사람들에게 주식은 게임에 참가하기 위한 패일 뿐, 모노폴리의 골무나 다리미 같은 말에 불과합니다."

버핏이 벤저민 그레이엄에게 얻은 중요한 가르침 중 하나는 '주식을 사는 것은 기업의 일부를 소유하는 것'이라는 사고방식이다.

한 기업을 소유하려면 그 사업에 대해 자세히 알아야 하며 경영자가 어떤 생각을 하고 혹시 잘못을 저지르고 있지는 않은지 파악할 필요가 있다. 또한 기업의 일부를 소유한다고 여기면, 주가가 오르는 것보다도 기업이 오래도록 성장하기를 진심으로 바라게 된다.

반면 1987년 블랙 먼데이로 주가가 곤두박질칠 때까지 자금 운용자들이 가장 눈여겨본 것은 지속적으로 상승하는 그래프와 비정상적으로 높은 주가를 이용해 돈을 벌 방법뿐이었다. 그들은 오로지 '주가'만 쳐다보느라 바빴고, '기업의 가치'를 진지하게 평가하고자 하는 사람은 거의 없었다. 버핏은 이렇게 비판했다.

"자금을 운용하는 사람들에게 주식은 게임에 참가하기 위한 패일 뿐, 모노폴리의 골무나 다리미 같은 말에 불과합니다."

주식 투자에서 컴퓨터가 널리 활용되기 시작하면서 주가가 떨어지면 자동으로 매수하고 주가가 올라가면 자동으로 매도하는 상황이 만들어졌다. 당연히 기준은 '주가'이고 '가치'는 누구도 평가하려 하지 않았다. 그러나 어떤 시대든 버핏이 투자에서 가장 중요하게 여긴 것은 '기업의 가치'를 헤아리는 일이었다.

219 《워런 버핏, 부의 진실을 말하다》

"만약 당신이 평범한 CEO이고 이사회에 당신의 친구가 여러 명 있다면, 당신은 축구팀에서 선발 테스트를 하지 않은 것이나 다름없습니다."

기업에서 큰 문제가 벌어지면, 이사회나 감사인은 대체 뭘 하고 있었느냐는 의문이 제기되곤 한다. 한편으로는 애초에 이사회와 감사인에게 그런 역할을 기대해서는 안 된다는 체념의 목소리도 나온다.

버핏은 지금껏 여러 기업에서 이사직을 맡아왔는데, 때로는 의견이 묵살된 적도 있고 이사직에 앉았다는 사실 자체가 비난의 대상이 된 적도 있다. 코카콜라에서는 버크셔 해서웨이의 산하 기업에서 코카콜라 제품을 1억 달러 이상 구입했다는 이유로 ISS(국제 의결권 자문사)가 버핏의 이사직 취임을 반대한 쓰디쓴 경험도 있다.

실제로 CEO가 부정을 명령하면 정직한 경영진도 거스르기가 쉽지 않다. 버핏은 그런 기업을 여러 번 목격했다.

"만약 당신이 평범한 CEO이고 이사회에 당신의 친구가 여러 명 있다면, 당신은 축구팀에서 선발 테스트를 하지 않은 것이나 다름없습니다."

평범한 CEO에 실력 없는 선수. 스포츠의 세계에서는 틀림없이 해고될 일이지만, 기업이라는 세계에서는 문제없이 자기 자리를 보존하는 경우가 적지 않다. 기업은 규범을 준수했는지를 따지기 전에 정말로 옳은 선발 테스트를 거쳤는지 헤아려볼 필요가 있다.

220 《스노볼》

"사람들은 주식과 관련해서도 이와 같이 생각합니다. 소문이 그러하니 진실일지도 모른다고 쉽게 믿어버리는 겁니다."

닷컴버블이 정점에 달했을 때 버핏은 한 강연에서 '지옥에서 석유를 찾는 사람들'의 이야기를 들려주었다.

한 석유 시굴자가 죽어서 천국에 가자 성 베드로가 이렇게 말했다.

"천국에 갈 필요조건은 모두 갖추었지만, 석유 시굴자들이 지낼 우리는 이미 꽉 차서 네가 들어갈 자리가 없구나."

그 말에 시굴자는 손을 모아 나팔처럼 만들고는 "지옥에서 석유가 발견되었다!"라고 외쳤고 우리 안에 있던 시굴자들이 모조리 뛰쳐나와 지옥을 향해 달려갔다.

그 광경을 본 성 베드로가 "제법 좋은 수를 썼구나. 이제 자리가 충분해졌으니 편히 쉬거라"라고 말하자, 시굴자는 잠시 생각하더니 "아뇨, 저도 같이 가겠습니다. 소문도 가끔은 진짜일 때가 있다고 하니까요" 하고는 바로 다른 사람들을 뒤따라갔다.

이야기를 들려준 버핏은 사람들에게 이렇게 말했다.

"사람들은 주식과 관련해서도 이와 같이 생각합니다. 소문이 그러하니 진실일지도 모른다고 쉽게 믿어버리는 겁니다."

지옥에서 석유가 발견되었다는 이야기는 석유 시굴자가 지어낸 말이다. 그럼에도 사람들은 의심도 하지 않고 소문만을 따라간다. 그뿐만 아니라 소문을 만든 사람조차 '혹시나' 하는 마음에 다른 이들을 쫓아간다. 우스꽝스러운 이야기지만, 실제로 많은 이들이 소문에 놀아난다.

221 《워런 버핏, 부의 진실을 말하다》

"내가 가진 주식이 오른다고 해서 자기 실력이라고 믿어서는 안 됩니다. 결국 주식은 당신이 자기를 소유하고 있다는 것조차 모르니까요."

파나소닉의 창업자 마쓰시타 고노스케는 "성공은 운의 덕, 실패는 자신의 탓"이라는 말을 자주 했다. 성공을 '자기 덕'이라고 믿으면 실력을 과신하게 되고 결국 실수로 이어지기 쉽다. 자기 실력을 지나치게 믿었다가 낭패를 보지 않으려면 실패는 '자신의 탓'이라고 반성하고 성공은 '운의 덕'이라고 생각해야 한다는 것이다.

버핏도 남부럽지 않을 만큼 어마어마한 성공을 거두었음에도 "나는 운이 좋았다"라고 이야기하곤 한다. 미국이라는 경제 대국에서 태어나, 벤저민 그레이엄과 필립 피셔라는 좋은 스승을 만나고, 본인이 가장 좋아하는 주식 투자라는 일에 몰두할 수 있었다는 사실을 '운이 좋았다'라고 여기고 늘 행운에 감사했다. 물론 실력도 있지만 일부러 '운'을 강조하는 것이 버핏의 대단한 점 중 하나다.

주식 투자를 할 때는 '성공은 자신의 실력, 실패는 운이 나쁜 탓'이라고 생각하지 않도록 주의해야 한다. 그렇게 생각하면 손해를 보았을 때 '운이 안 따라줘서'라며 '남 탓'을 하게 되지만, 실제로 대부분의 실패는 '자기 잘못'에서 비롯된다. 주식 투자로 성공을 거두고 싶다면 버핏의 말처럼 "내가 가진 주식이 오른다고 해서 자기 실력이라고 믿어서는 안 된다"는 점을 명심하자.

222 《워런 버핏, 부의 진실을 말하다》

"지금도 지구에 사는 25억 남성들의 수염은 조금씩 자라고 있습니다. 그렇게 생각하며 침대에 누우면 푹 잘 수 있습니다."

 1989년 버핏은 '버크셔에 반드시 돈을 벌어다 줄 것'이라는 믿음으로 미국의 제지회사 챔피언과 항공회사 US에어, 면도기 제조사 질레트의 전환 우선주를 구입했다. 이 세 회사에는 아무런 공통점도 없었지만, 평균 이율이 9%이고 실적이 높아졌을 때 보통주로 전환하면 이익이 더 커진다는 것이 버핏의 생각이었다.

 그러나 실제로 큰 이익을 벌어다 준 것은 질레트뿐이었다. 질레트는 그야말로 버핏이 선호하는 '10년이든 20년이든 변함없이 수요가 있는 제품을 만드는' 기업이었다. 버핏은 "사람들이 수염을 깎는 한 면도기의 수요는 사라지지 않습니다. 새로운 면도날 개발을 게을리 하지 않고 판매력 강화에도 힘쓰며 강한 브랜드 가치를 유지하는 기업이 있다면, 투자하지 않을 도리가 있을까요?"라며 질레트를 높이 평가했다. 그리고 이렇게 말하기도 했다.

 "지금도 지구에 사는 25억 남성들의 수염은 조금씩 자라고 있습니다. 그렇게 생각하며 침대에 누우면 푹 잘 수 있습니다. 아마 질레트의 직원들 중에 불면증에 시달리는 사람은 없을 것 같군요."

 현재 질레트의 시장 점유율은 다소 떨어지는 추세이지만, 생활에 반드시 필요한 제품을 만드는 기업에 투자하는 버핏이 불면증에 시달릴 일은 없어 보인다.

223 《워런 버핏, 부의 진실을 말하다》

"자신이 나고 자란 곳에서도 문화의 특색과 복잡한 요소들을 충분히 이해하기란 쉽지 않습니다. 다른 문화라면 더더욱 그렇겠지요."

2000년대에 들어서 버핏은 해외 기업에 관심을 가지기 시작했다. '세계 3대 투자자' 중 한 명인 짐 로저스는 '모험 투자자'답게 이른 시기부터 동유럽과 중국에서 투자를 벌여왔지만, 버핏은 2000년대 중반까지는 미국이 주요 무대였다. 미국에 집중했던 이유를 그는 이렇게 설명했다.

"자신이 나고 자란 곳에서도 문화의 특색과 복잡한 요소들을 충분히 이해하기란 쉽지 않습니다. 다른 문화라면 더더욱 그렇겠지요. 어쨌든 버크셔의 주주 대부분은 달러를 지불하며 생활하고 있습니다."

"몇만 마일이나 떨어진 곳에서 지금까지의 노하우를 발휘하면 더 많은 돈을 벌 거라는 말을 들은 적이 있습니다. 하지만 미국 시장에서 이익을 내지 못하면, 그보다 작은 시장에서도 내지 못합니다. 그저 희망적인 관측에 지나지 않지요."

버핏이 투자하는 기업 중에는 코카콜라나 아메리칸 익스프레스처럼 세계적으로 활동하는 기업이 많다. 그럼에도 "만약 코카콜라의 본사가 런던에 있다면?"이라는 질문에 버핏은 "물론 투자하겠지만, 미국만큼 잘 이해하지는 못하겠지요"라고 대답했다. 버핏이 생각하는 '능력 범위'는 1990년대까지는 아직 '미국 안'으로 한정되어 있었다.

224 《워런 버핏의 오마하 순례》

"우리는 모두 5센티씩 늘리고 싶습니다."

버핏은 한 번 투자한 주식은 오래도록 보유하는 것을 기본 원칙으로 삼는다. 버크셔의 주주들에게 보내는 편지에서도 종종 "우리가 보유하고 있는 주요 주식의 대부분은 기업의 내재 가치와 비교해 주가가 어떻게 매겨지든 놓아버릴 생각은 없습니다"라고 썼듯이 '훌륭한 경영자가 있는 좋은 기업을 적당한 가격'에 사거나 일부 소유하고 나면 특별한 이유가 있지 않은 이상 꾸준히 보유한다.

예를 들면 2022년을 기준으로 코카콜라에 투자한 기간은 34년, 아메리칸 익스프레스는 31년, 웰스 파고는 32년, 가이코는 47년, 씨즈 캔디는 50년으로 모두 장기간에 걸쳐 보유하고 있다. 이와 더불어 버크셔 해서웨이도 끊임없이 성장 중이다. 버핏은 이렇게 표현했다.

"배우 집시 로즈는 예전에 이런 말을 했습니다. '5년 전에 가지고 있던 것은 지금도 모두 가지고 있어요. 그저 전부 5센티씩 줄어들었을 뿐이죠'라고요. 우리는 모두 5센티씩 늘리고 싶습니다."

버크셔도 그가 처음 경영권을 쥔 당시만 해도 작은 이익도 내기 힘든 회사였지만, 투자를 특화하면서 산하 기업이 늘고 시가 총액도 늘었다. 버핏의 머릿속에는 성장은 있어도 정체나 축소는 존재하지 않는다.

225 《워런 버핏의 주주 서한》

"버크셔의 주식은 우리 가족 대부분과 투자조합을 운영하던 시절부터 함께해 온 많은 친구들의 투자 포트폴리오에서 큰 비중을 차지하는 종목입니다."

애플의 창업자 스티브 잡스는 최고의 제품을 만드는 비결 가운데 하나가 자기 자신과 가족 또는 친구가 진심으로 쓰고 싶다고 여기는 물건을 만드는 것이라고 말했다. 자기 자신이나 가까운 친구들을 위해 만든다는 생각 덕에 더욱 열정을 다할 수 있고 최고의 제품을 만들겠다는 의욕이 솟는다는 이야기다.

버핏과 찰리 멍거도 본인의 자산 대부분을 버크셔 해서웨이의 주식으로 보유하고 있다. 그뿐만 아니라 그들의 가족과 투자조합을 운영하던 시절부터 함께해 온 오랜 지인들도 버크셔의 주식이 자산의 대부분을 차지할 정도이니, 사랑하는 사람들을 위해 최선을 다하려 노력하고 그들을 배신하는 행동은 절대로 하지 않는다.

반대로 많은 사람에게 투자를 제안하면서도 자신과 가족의 자금은 전혀 다른 쪽으로 운용한다면 어떨까? 그런 행동 자체가 자신이 권하는 투자처를 믿지 않는다는 뜻이고, 설령 실패하더라도 자신은 타격을 입지 않으니 그만큼 최선을 다하지 않을지도 모른다. 버핏의 진심은 자신의 막대한 자산을 버크셔의 주식으로 보유하는 데서 엿볼 수 있다. 가족과 친구의 얼굴을 떠올리면 "우리가 이보다 더 최선을 다해야 할 이유는 찾을 수 없다"라는 것이 버핏의 마음이었다.

226 《워런 버핏의 주주 서한》

"낙관주의자들은 합리적인 투자자들의 적이나 다름없습니다."

버핏의 투자는 '훌륭한 기업'을 사는 것이며, 파는 것은 기본적으로 생각하지 않는다. 더구나 날마다 주가 변동을 살피면서 '차익'을 얻으려는 생각은 눈곱만큼도 없다. 따라서 매년 기업의 전부 또는 일부를 사들이는 버크셔 해서웨이에게는 기업의 가격이 떨어지는 것이 오히려 플러스가 되고 가격이 오르는 것은 마이너스가 된다고 한다.

물론 회계에서는 기업의 시가 총액이 지나치게 낮아지면 결산 수치를 낮추는 요인이 되지만, 그로 인해 기업의 가치가 훼손되지 않는다면 주가 하락이 심각하게 부정적으로 작용하지는 않는다. 그래서 버핏은 시장 전체의 주가가 떨어지고 때로는 특정 업계가 비관적인 분위기에 휩싸인 환경에서 투자하기를 꿈꾸기도 한다. 비관적인 전망이 시장과 업계를 덮치면 가격이 떨어지고 그만큼 기업의 가치와 가격의 차이가 벌어진다. 그럴 때 매력적인 가격으로 기업을 살 수 있기 때문이다.

반대로 시장 전체에 희망적인 분위기가 감돌아 주가가 오를 때는 기업의 가격도 오르므로 버핏에게는 매력적인 투자 기회를 찾기 어려운 시기다. 버핏은 이렇게 말했다.

"낙관주의자들은 합리적인 투자자들의 적이나 다름없습니다."

낙관적인 견해가 무너지고 비관적인 분위기가 시장을 지배하는 순간이야말로 버핏이 나설 차례다.

227 《워런 버핏의 주주 서한》

"조직에서 비롯된 낡은 습관이 작동하기 시작하면, 합리성이 나설 차례는 대부분 없다고 보아야 합니다."

기업은 기본적으로 '경제적 합리성'에 따라 움직이기 마련이지만, 때로는 이해할 수 없는 판단이나 이상한 행동을 보이기도 한다. 버핏은 '조직에서 비롯된 낡은 습관'이라 부르는 '보이지 않는 힘'이 얼마나 무서운지 설명했다.

첫 번째, 기업이란 본래 '변화에 대응하는 일'을 하는 곳이지만, 뉴턴의 '관성의 법칙'에 지배당하는 양 현재의 상황만을 완강하게 유지하려 한다.

두 번째, 피터 드러커는 "사람들은 중요한 일에서 달아나기 위해 의미 없는 일에 시간을 허비한다"라고 말했는데, 기업은 시간을 때우기 위해 일을 늘리려고 인수 계획을 실행하고 가진 돈을 몽땅 써버린다.

세 번째, 리더가 푹 빠져 있는 사업은 아무리 어처구니없는 일이어도 아랫사람들이 열심히 분석해서 신속하게 이루어진다. 일본에서도 대표가 관여한 사업은 결과가 불 보듯 뻔해도 중지되지 않고, 창업자가 시작한 사업이나 공장을 중간에 멈추기란 하늘의 별 따기와 같다.

네 번째, 사업 확장이나 인수, 임원의 보수 설정 등 다른 회사가 하는 일은 무의식적으로 따라 한다. 다들 하는 일은 언제나 아무런 조건 없이 지지를 받지만, '아무도 하지 않는' 일은 언제나 '하지 않을 이유'가 되어버린다.

버핏은 회사를 경영하거나 인수할 때 이런 점에 특히 주의를 기울인다.

228 《워런 버핏, 부의 진실을 말하다》

"눈이 휘둥그레지는 숫자가 눈앞에 펼쳐져 있어도 결국 0을 곱하면 아무것도 남지 않습니다."

버핏은 레버리지를 싫어하며 부채가 지나치게 많은 기업에는 결코 투자하려 하지 않는다. 시장 환경이 악화되었을 때 레버리지는 예상과 정반대의 결과를 초래하여 지금까지의 멋진 운용 수익이 안개처럼 사라지고 주주의 자본을 파괴하기 때문이다.

1994년 살로먼 브라더스 출신의 존 메리웨더가 세운 헤지펀드 롱텀캐피털매니지먼트(Long Term Capital Management, LTCM)는 25배의 레버리지를 이용해 거래를 거듭해서 이익을 올릴 계획이었다. 가장 큰 손실이 나도 자산의 20%에 그치리라는 것이 메리웨더의 생각이었다. 살로먼에서 뛰어난 성적을 냈던 메리웨더에 대한 기대 덕에 12억 5,000만 달러나 되는 사상 최대의 헤지펀드가 탄생했다.

투자자들의 돈은 3년 만에 4배로 불어나며 70억 달러가 되었다. LTCM은 1,290억 달러의 자산을 순조롭게 운용하는 듯 보였으나, 1998년 러시아가 채무 지급 유예를 선언하자 전 세계의 금융 시장이 흔들렸고 LTCM도 단 며칠 만에 자본의 절반을 잃어버렸다.

버핏은 이 사태를 보고 이렇게 지적했다.

"머리 좋은 사람들이 지금껏 몇 명이나 고배를 마시며 배운 것이 있습니다. 눈이 휘둥그레지는 숫자가 눈앞에 펼쳐져 있어도 결국 0을 곱하면 아무것도 남지 않는다는 사실입니다."

229 《워런 버핏의 주주 서한》

"(인수를 제안할 때) 은행은 우리가 어릴 적 읽었던 만화책 《슈퍼맨》이 떠오르는 '대본'을 준비해 옵니다."

기업 인수뿐만 아니라 꼭 실행하고 싶은 프로젝트가 있을 때 기업과 공공 단체에서는 자신들에게 유리한 방향으로 자료를 만드는 경향이 있다. 특히 수입과 지출에 관해서는 '이렇게 하면 모두 해결된다'라는 듯이 낙관적인 숫자를 지어내서 아무 상관 없는 사람이 보았을 때는 억지라는 생각이 드는 경우가 적지 않다.

버핏이 말하기를 버크셔 해서웨이의 기업 인수는 과거 거래한 적 있는 경영자의 소개로 이루어진 경우가 대부분이라고 하는데, 보통은 투자은행이 엮이는 경우가 많다. 그럴 때 은행에서 준비해 오는 자료는 버핏이 어린 시절에 읽었던 만화책 《슈퍼맨》과 비슷했다.

평범한 회사가 투자은행의 공중전화 박스에서 튀어나오는 순간 슈퍼맨처럼 무적의 힘을 갖게 되는 것이다. 대본을 손에 쥔 기업의 경영자는 곧 그 회사에 푹 빠져든다. 그러나 은행가에게 "당신 회사는 예상 이익이 얼마나 되나요?"라고 물으면 대개 시장의 불투명함을 이유로 들며 선을 긋기 시작한다. 자기 회사의 이익도 예상하지 못하면서 어떻게 지금 소개하는 회사는 인수하자마자 슈퍼맨이 될 거라고 단언할 수 있을까? 투자은행의 자료를 믿지 않는 찰리 멍거는 은행이 큰돈을 들여 만든 투자 안내서를 읽지 않기 위해 차라리 돈을 내는 것이 낫다고 말했다.

230 《워런 버핏의 주주 서한》

"기업을 매각할 때 매도인이나 대리인은 귀가 솔깃해지는 이야기만 강조하지만, 그 기업을 인수했을 때 뼈저리게 느끼게 될 '교육적 가치'는 겉으로는 거의 보이지 않습니다."

버핏이 말하기를 좋은 기업을 인수하는 것은 매우 어려운 일이어서 마치 미네소타주의 리치 호수에서 강꼬치고기를 찾는 것과 같다고 한다.

어느 날 리치 호수에 간 버핏의 친구가 원주민 가이드에게 "이 호수에서 강꼬치고기가 잡히나요?"라고 묻자, 가이드가 "이 호수는 강꼬치고기로 유명합니다"라고 대답했다고 한다. 그러면 여기서 얼마나 낚시를 했고 지금까지 몇 마리나 낚았느냐고 물었더니 이런 답이 돌아왔다.

"19년이요. 한 마리도 못 잡았지만요."

버핏이 생각하기에 기업 인수라는 게임은 리치 호수에서 강꼬치고기를 찾는 일과 같았다. 기대한 모습과 같은 부분은 거의 없는 데다 대개는 인수 후 여러 가지 문제로 골머리를 앓게 된다. 버핏은 이렇게 말했다.

"기업을 매각할 때 매도인이나 대리인은 귀가 솔깃해지는 이야기만 강조하지만, 그 기업을 인수했을 때 뼈저리게 느끼게 될 '교육적 가치'는 겉으로는 거의 보이지 않습니다."

그러나 버핏은 언제나 '인수라는 게임은 리치 호수에서 강꼬치고기를 찾는 것과 같다'는 의구심을 잃지 않았기에 기업을 인수했다가 문제를 끌어안은 적은 거의 없었다.

231 《워런 버핏, 부의 진실을 말하다》

"버크셔의 이사들은 지난해 총 100파운드를 감량하는 데 성공했습니다. 틀림없이 적은 임원 보수로 생활하려고 노력한 결과일 겁니다."

1990년대 중반에도 지금도 버크셔 해서웨이의 보수는 매우 낮은 편이다.

부회장인 그레그 에이블과 아지트 자인은 비교적 많은 금액을 받지만, 14명의 이사들은 전화 이사회에 대해서는 300달러, 직접 만나서 이야기하는 이사회에 대해서는 900달러를 받는다.

S&P500에 속하는 기업 임원들의 평균 연보수인 25만 달러와 비교하면 놀랄 만큼 낮은 금액이다. 그럼에도 버핏과 함께 일하는 것은 그들에게 매우 명예로운 일이며, 버크셔의 이사라는 사실은 무엇과도 바꿀 수 없는 만족감을 안겨준다.

물론 버핏이 받는 보수도 연간 10만 달러밖에 되지 않는다. 그래서인지 버핏은 한때 이런 이야기를 하기도 했다.

"버크셔의 이사들은 지난해 총 100파운드(약 45킬로그램)를 감량하는 데 성공했습니다. 틀림없이 적은 임원 보수로 생활하려고 노력한 결과일 겁니다."

실제로는 이사들이 이 보수만 가지고 생활할 리는 없지만, 정상에 선 이들이 적은 돈만 받고도 회사를 위해 성심성의를 다한다면 월가의 '탐욕'과는 거리가 먼 기업 문화를 만드는 데 큰 도움이 될 것이다.

232 《워런 버핏, 부의 진실을 말하다》

"누군가 지난주에 투자해서 돈을 벌었다 해도 이번 주에 내가 성공하리라는 보장은 없습니다."

투자에 대한 버핏의 생각은 시종일관 변하지 않는다. 언제든 '자신의 머리로 생각하고', '자기가 잘 알고 깊이 이해하는 기업에 투자하는 것'이 무엇보다 중요하다. 또한 어떤 일이 있어도 '열광의 소용돌이'에 휘말려 영문도 모른 채 함부로 투자를 결정해서는 안 된다.

과거에는 일반인이 읽는 주간지에 주식 특집이 실리면 주식 시장이 정점에 달한 것이라고 지적하는 사람도 있었다. 최근에는 유튜브 등에서 "저는 이렇게 주식으로 큰돈을 벌었어요!"라고 자랑스럽게 떠벌리는 사람도 있다. 그런 모습을 보면 자기도 모르게 '부럽다, 나도 해볼까?' 하는 생각이 들기 쉽지만, 버핏은 이런 충동에 넘어가서는 안 된다고 조언했다.

"누군가 지난주에 투자해서 돈을 벌었다 해도 이번 주에 내가 성공하리라는 보장은 없습니다. 주식을 사는 이유 가운데 가장 어리석은 것이 '값이 올랐으니까 산다'라는 이유입니다."

성공한 이를 보고 배우고 성공한 사람을 흉내 내는 것은 나쁜 일이 아니다. 하지만 주식 투자나 가상화폐 투자는 '다들 이렇게 한다', '나는 이렇게 큰돈을 벌었다'라는 광고 문구가 성공보다 실패를 불러오는 경우가 많다.

233 《워런 버핏의 주주 서한》

"지나치게 두꺼운 지갑을 가지고 있으면 투자로 좋은 성과를 거두는 데는 마이너스가 됩니다."

기업은 규모가 작을 때 이따금 경이로운 성장을 이루기도 하지만, 규모가 제법 커지고 나면 매출과 수익의 신장률이 아무래도 낮아지는 경향이 있다. 하물며 버크셔 해서웨이처럼 규모가 커지면 버핏과 찰리 멍거가 버크셔를 경영하기 시작했을 무렵만큼 높은 성장률을 기록하기란 사실상 어려워진다.

버핏의 말에 따르면 이 세상에는 훌륭한 기업들이 전에 없이 많다. 그중에는 예전이었다면 기꺼이 투자했을 만한 회사도 있지만, 버크셔의 자본에 눈에 띄게 기여하지 못할 회사를 사봤자 큰 성과로는 이어지지 않는다. 버핏은 자신을 농구 코치에 비유하며 이렇게 설명했다.

"거리로 나가 키가 2미터 이상인 남자를 찾는 것이 제 일입니다. '키는 190센티밖에 안 되지만 공 다루는 솜씨라도 한번 봐주세요'라며 다가오는 소년이 있어도 거절합니다. 2미터가 넘지 않으면 소용이 없으니까요."

작은 기업 중에도 장래가 촉망되는 회사는 얼마든지 있지만, 버크셔만큼 규모가 크면 투자하기에는 적합하지 않다. '지나치게 두꺼운 지갑을 가지고 있으면 투자로 좋은 성과를 거두는 데는 마이너스가' 되기도 한다. 어떤 이는 성과를 내려고 조바심 내다가 기준마저 낮추려 하지만, 버핏은 스스로 정한 기준을 확고히 지켰다.

234 《워런 버핏, 부의 진실을 말하다》

"종목이 50가지나 75가지씩 있으면 하나하나 집중하기 어렵습니다. 노아의 방주 같은 동물원이 되어버리지요."

버핏이 벤저민 그레이엄의 방식과 크게 다른 행동을 취한 것은 가이코에 자기 자산의 75%를 쏟아부었을 때였다. 그레이엄이 강조하는 '분산 투자'와는 완전히 반대되는 방식이었지만, 버핏은 이후 분산 투자에 대해 부정적인 견해를 갖게 되었다.

그건 찰리 멍거도 마찬가지였는데, 그는 버크셔의 주주총회에서 이렇게 말했다.

"미국 학생들은 경영이나 법률을 가르치는 명문 대학원에 가서 '성공의 비결은 분산 투자'라는 이야기를 듣습니다. 그건 정말 엉터리입니다. 분산 투자는 아무것도 모르는 투자자들이나 하는 일입니다."

정말이지 노골적인 표현이지만, 버핏도 이와 비슷한 이야기를 했다.

"종목이 50가지나 75가지씩 있으면 하나하나 집중하기 어렵습니다. 노아의 방주 같은 동물원이 되어버리지요. 엄선한 소수의 종목에 높은 금액을 투자하는 것이 저의 방식입니다."

버핏의 말에 따르면 리스크란 '무지'에서 비롯된다. 만약 50가지 또는 75가지나 되는 종목에 대한 지식을 모으고 있고 주가를 신경 쓸 필요가 없을 만큼 자신이 있다면 투자해도 상관없지만, 현실에서는 있을 수 없는 일이다. 중요한 것은 자신이 그 회사에 대해 얼마나 알고 있느냐이며, 모르는 회사에 아무리 분산 투자를 해봤자 리스크는 줄일 수 없다.

235 《워런 버핏, 부의 진실을 말하다》

"돈을 버는 건 간단합니다. 오히려 쓰는 법이 어렵지요."

빌 게이츠와 워런 버핏은 모두 어마어마한 대부호이지만, 두 사람 모두 일상생활에서는 사치와 낭비를 싫어한다.

마이크로소프트의 젊은 경영자로서 성공을 거둔 빌 게이츠의 비서는 게이츠가 좋아하는 음식을 언제든 주문할 수 있도록 전화에 단축번호를 지정해 두었는데, 바로 '버거 마스터'라는 패스트푸드점의 주문 번호였다. 게이츠는 늘 햄버거와 감자튀김 그리고 초콜릿 셰이크를 주문했다. 직원들과 함께 근사한 레스토랑으로 식사하러 가서 모두를 위해 고급 와인을 주문하면서도 게이츠 본인은 늘 햄버거를 시켰다. 자신을 위한 소비에 관심이 없었던 것은 버핏도 마찬가지였다.

버핏은 돈만 내면 1만 명을 고용해서 매일 자신의 자화상을 그릴 수도 있지만, 그렇게 해서 얻은 생산물은 가치가 전혀 없다고 생각했다. 그는 이렇게 말했다.

"돈을 버는 건 간단합니다. 오히려 쓰는 법이 어렵지요."

대다수의 사람에게는 쓰는 것은 매우 쉽다. 하지만 버핏과 게이츠는 단순한 '소비'에 많은 돈을 들이는 것이 얼마나 어리석은 일인지 잘 알았다. 버핏도 게이츠도 돈을 버는 데 탁월한 능력이 있는 천재지만, 한편으로는 '올바른 돈의 사용법'을 고민했다. 두 사람에게 돈을 쓴다는 것은 돈을 버는 일 이상으로 진지하게 생각해야 할 주제였다.

236 《워런 버핏의 오마하 순례》

"제가 값비싼 정장을 입으면 꼭 허름해 보이지 뭡니까."

버핏은 아주 많은 재산을 손에 쥔 부자이지만, 옷이나 소지품에 관해서는 무관심한 면이 있었다. 그는 오랫동안 면 셔츠에 슬랙스, 그리고 블레이저를 즐겨 입었는데, 〈워싱턴 포스트〉에 투자를 시작하고 그곳의 이사가 된 뒤로 한 달에 한 번은 워싱턴으로 가서 캐서린 그레이엄의 집을 방문했다.

캐서린은 버핏의 옷차림을 탐탁지 않게 여겼다. 당시 캐서린에게 푹 빠져 있던 버핏은 "(캐서린의 아들인) 돈만큼 말쑥하게 입겠다"라고 약속했다고 한다. 이에 대해 버핏은 "돈과 공동 전선을 편 셈이었지요"라고 말했다.

그 영향인지 어떤지는 확실치 않지만, 버핏은 멋을 부리기 시작했다. 그가 특히 좋아하는 옷은 이탈리아의 남성복 브랜드인 '제냐(Zegna)'의 정장이라고 하는데, 남들 눈에는 그렇게 보이지 않았는지 한 저널리스트에게 '싸구려 정장만 입는다'는 말을 듣고는 이렇게 한탄했다.

"비싼 정장을 사는데 말이지요. 제가 값비싼 정장을 입으면 꼭 허름해 보이지 뭡니까."

버핏의 정장은 분명 이탈리아의 제냐의 제품이지만, 사람들 앞에 설 때 주름이 져 있는 경우가 많았다고 한다. 하지만 어찌 보면 그것도 버핏다운 모습이 아닐까 싶다.

237 《스노볼》

"벽에는 몇십 억 달러나 하는 그림들이 걸려 있었는데, 그 그림을 보고 '오오!', '아아!' 하고 감탄하지 않은 건 저밖에 없었습니다. 저라면 차라리 <플레이보이> 표지들을 잔뜩 붙여놓았을 텐데 말이에요."

버크셔 해서웨이가 급격히 덩치를 불리고 버핏 또한 버펄로 이브닝 뉴스의 주인이자 〈포브스〉의 400대 부자에 등장하는 자산가가 되면서 그의 신변은 전에 없이 화려해졌다.

1987년 버핏은 영국 주재 대사 부부로부터 당시 별거 중이던 아내 수지와 함께 초대를 받았다. 대사의 친구인 레이건 대통령과 함께 주말을 보내자는 제안이었다. 대사 부부의 집은 90만 제곱미터나 되는 넓이에 2,322제곱미터의 유리로 둘러싸여 있어 '대부호의 악명 높은 라이프스타일을 엿볼 수 있는' 주택으로 유명했다. 저택 안에는 대사가 수집한 유명 인상파 작가들의 작품들이 전시되어 있었다.

그곳에서 주말을 보낸 버핏은 이런 인상을 받았다.

"서니랜즈는 궁전처럼 설계되어 있었습니다. 사는 건 둘뿐이지만 시중드는 사람은 50명이 넘었지요. 벽에는 몇십 억 달러나 하는 그림들이 걸려 있었는데, 그 그림을 보고 '오오!', '아아!' 하고 감탄하지 않은 건 저밖에 없었습니다. 저라면 차라리 〈플레이보이〉 표지들을 잔뜩 붙여놓았을 텐데 말이에요."

그곳에는 버핏이 생각하는 이상적인 삶과는 전혀 다른 세계가 펼쳐져 있었다.

238 《스노볼》

"자기 힘으로 고민하지 않으면 투자에 성공할 수 없습니다."

투자의 세계에는 이런저런 조언을 해주는 많은 존재가 있다. 월가의 주민도 있는가 하면, 신용 평가 회사도 있다. 사람들은 이런 조언자들을 굳게 믿고 의지하려 하지만, 버핏은 그들을 상대하려 하지 않았다. 그는 이렇게 딱 잘라 말했다.

"저는 중개인이나 애널리스트에게 의견을 묻지 않습니다. 일에 관해서는 스스로 생각해야 하니까요. 롤스로이스를 타는 사람이 지하철을 타는 사람에게 조언을 받는 곳은 월가뿐입니다."

버핏은 신용 평가 회사에 의지하거나 중개인이나 애널리스트에게 도움을 구하지도 않는다. 중요한 것은 다른 누군가의 의견을 듣거나 권위 있는 전문가의 조언을 얻는 것이 아니라 자기 자신의 머리로 직접 고민하는 것이다.

"자기 힘으로 고민하지 않으면 투자에 성공할 수 없습니다. 더구나 옳고 그름은 다른 사람이 찬성하는지 반대하는지와는 전혀 관계가 없습니다. 사실과 근거가 옳다면 옳은 것이지요. 결국 그게 중요합니다."

버핏은 투자의 근거를 밖에서 찾으려 하지 않는다. 누군가에게 의견을 묻거나 다른 사람이 결정해 주기를 원하는 것이 아니라, '그 주식에 투자해야 하는 이유'를 스스로 고민한다. 그러면 자신감을 가지고 투자할 수 있고 문제가 생기더라도 원인을 명확하게 파악할 수 있다.

239 《스노볼》

"다투는 건 좋아하지 않습니다. 싸울 필요가 있다면 도망치지 않겠지만, 즐기지는 않습니다. 저는 싸움을 위한 싸움은 하고 싶지 않아요."

버핏과 어깨를 나란히 하는 '3대 투자자' 중 한 명인 조지 소로스와 버핏의 차이는 '냉혹함'과 '투쟁심'일지도 모른다. 소로스는 "잉글랜드 은행을 무너뜨린 남자"라고도 불리는데, 그는 이런 평판에 대해 다음과 같이 이야기했다.

"양심의 가책 때문에 어떤 행동을 그만두어야 한다면, 나는 실력 좋은 투기꾼이 아니게 될 것이다."

버핏에게는 이런 강렬한 투쟁심이나 잔혹함이 없다. 버핏도 과거에는 샌본 맵의 이사회를 상대로 격렬한 논쟁을 벌이고 뎀스터 밀에서 냉혹한 청산인이라 불린 적도 있지만, 특히 뎀스터 밀과 관련해 주민들의 격렬한 반발을 경험한 뒤로는 '두 번 다시 같은 사태를 일으켜서는 안 되겠다'라고 스스로 다짐했다. 1980년대에 살로먼 브라더스의 이사가 된 버핏은 직원들의 보수를 올리는 데 반대하면서도 강경히 맞서지는 않았다. 그가 말한 이유는 이러했다.

"다투는 건 좋아하지 않습니다. 싸울 필요가 있다면 도망치지 않겠지만, 즐기지는 않습니다. 저는 싸움을 위한 싸움은 하고 싶지 않아요."

끈덕지게 반대 의견을 내세워 싸울 수도 있었지만, 흐름이 바뀌지 않으리라는 점은 명확했다. 버핏은 논쟁을 위한 논쟁, 싸움을 위한 싸움을 바라지 않았다.

"월급으로 1달러를 받고 일할 생각입니다."

　1991년 궁지에 몰린 살로먼 브라더스를 구제하기 위해 임시 회장이 된 버핏이 처음 기자회견에 모습을 드러냈을 때 보도진은 사납게 흥분한 상태였다. 그들은 살로먼이라는 거대 기업이 부정을 저질렀다는 엄청난 사건을 더 큰 뉴스로 만들기 위해 마치 야수처럼 질문을 쏟아냈지만, 버핏은 예상과 달리 차분했다.

　버핏은 자신이 아는 바를 솔직하게 밝혔고 기자회견을 도중에 그만두지도 않았다. 어느덧 한 시간 넘게 흐르자 한 이사가 "워런은 이걸 대체 언제까지 하려는 거죠?"라고 찰리 멍거에게 물었고 멍거는 이렇게 답했다.

　"워런은 기자회견을 끝낼 생각이 없을지도 모릅니다. 그게 워런의 전략이니까요."

　기자들을 더욱 놀라게 한 것은 "보수는 얼마 정도냐"는 질문에 대한 답이었다. 버핏은 "월급으로 1달러를 받고 일할 생각입니다"라며 이사들도 처음 듣는 숫자를 입에 담았다. 그건 월가의 상식과는 동떨어진 금액이었다.

　이렇게 솔직하게 털어놓으면 더 추궁하려도 추궁할 도리가 없어진다. 기자들이 등등했던 기세를 잃고 질문도 더 이상 나오지 않자 버핏은 기자회견을 종료했다. 오마하로 돌아가기 위해 빌딩을 나선 버핏은 살로먼에서 익히 본 검은색 리무진이 아니라 택시를 잡아탔다. 월급 1달러와 택시로 부정을 초래한 기업 문화와 연을 끊겠노라 선언한 것이었다.

241 《스노볼》

"빠르고 쉽게 돈을 벌 생각으로 버크셔 해서웨이의 주식을 사지는 않았으면 합니다. 아마 그럴 일은 없을 테니까요."

버핏은 버크셔 해서웨이의 주주들이 자신들과 같은 생각을 하는 사람이기를 바랐다. 버핏이 말하는 투자의 기본은 장기 보유이며, 단순한 주식이 아니라 회사를 소유한다는 마음으로 돈을 투자한다.

그는 버크셔의 주주들도 이와 같은 자세를 가지기를 원했다. 다시 말해, 버크셔의 주가에 일희일비하거나 기회를 노려 비싼 값에 팔아 버리려 하는 사람 또는 월가의 주민처럼 눈앞의 주가를 높이기 위해 구조 조정을 하거나 부하 직원에게 무리한 장사를 요구하는 사람도 주주가 되기를 원하지 않았다.

그 대신 버핏은 버크셔를 오랫동안 꾸준히 성장하는 기업, 무슨 일이 있어도 결코 흔들리지 않는 당당한 기업으로 키우기 위해 누구보다 애썼다. 그래서 버크셔의 가격은 '가치'에 어울리는 주가가 되었고 주주들도 오랜 기간에 걸쳐 조금 느리더라도 확실히 부유해졌다. 버핏은 이렇게 말했다.

"빠르고 쉽게 돈을 벌 생각으로 버크셔 해서웨이의 주식을 사지는 않았으면 합니다. 아마 그럴 일은 없을 테니까요."

"돈이 배로 불어날 거라고 기대하는 사람은 사지 말았으면 합니다."

버핏은 버크셔에 어울리는 사람이 주주가 되기를 누구보다 바랐다.

242 《워런 버핏, 부의 진실을 말하다》

"특정한 용도에 맞춰 설계된 도구가 늘어날수록 사용자는 점점 더 현명해져야 합니다."

투자처럼 많은 숫자가 난무하는 세계에서 컴퓨터는 없어서는 안 될 도구이지만, 버핏은 '투자를 위해' 컴퓨터를 쓰는 일을 부정적으로 생각했다. 어떤 사람이 "재무 데이터를 분류하는 데 컴퓨터 프로그램을 쓰면 어떨까요?"라고 제안하자 버핏은 "그런 건 안 씁니다"라며 거들떠보지도 않았다. 컴퓨터를 사용하면 주가 수익률이 낮은 기업이나 총자산 이익률이 높은 기업을 쉽게 찾을 수 있다. 그렇게 산출해 낸 기업 가운데 투자하기 적합한 기업을 가려내면 훨씬 쉽게 투자처를 찾을 수 있다는 이야기였지만, 버핏의 생각은 달랐다.

"특정한 용도에 맞춰 설계된 도구가 늘어날수록 사용자는 점점 더 현명해져야 합니다."

컴퓨터가 계산한 숫자는 '일시적인 현상'이며 기업의 장기적인 가능성을 반영한 값이 아니다. 버핏의 투자 방식에서는 현재의 가격과 내재 가치의 차이뿐만 아니라 장기적인 성장 가능성과 신뢰할 만한 경영자의 존재 여부가 무엇보다 중요하다. 컴퓨터는 결코 헤아리지 못하는 영역이었다. 따라서 버핏처럼 투자에 성공하려면 컴퓨터가 산출한 대로 투자하는 것이 아니라 자기 눈으로 직접 투자의 기회를 꿰뚫어 보아야 한다. 도구가 정밀하게 발달할수록 사람들은 더욱 영리하고 지혜로워져야 한다. 그렇지 않으면 도구의 노예 혹은 파수꾼이 되어버린다.

243 《워런 버핏, 부의 진실을 말하다》
"기회가 찾아왔을 때만 행동하면 됩니다."

"쉴 틈 없이 시세와 승부를 벌이며 끊임없이 승리를 거두기란 불가능하며, 그렇게 할 필요도 없다."

'전설의 투기왕' 제시 리버모어의 말이다. 리버모어는 대공황의 방아쇠를 당긴 인물이라 일컬어지는 투자자인데, 그가 늘 시장과 가까이 있었던 것은 아니다. 평생 몇 번이고 가진 주식을 현금화하고 거래를 그만두기도 했다. 쉴 틈 없이 시세와 줄다리기하는 것은 무모한 짓이라고 생각했기 때문이다. 버핏의 생각도 리버모어와 같았다.

"기회가 찾아왔을 때만 행동하면 됩니다."

버핏에게도 투자에 대한 아이디어가 끊임없이 샘솟은 시기가 있었는가 하면, 반대로 아무것도 떠오르지 않는 시기도 있었다고 한다. 무언가 떠올랐을 때는 행동에 옮기면 되고, 아무것도 떠오르지 않을 때는 무리해서 움직이려 애쓰기보다는 가만히 다음 기회를 기다리는 것이 버핏의 방식이다.

투자라 하면 날마다 주가를 확인하며 바쁘게 주식을 사고파는 광경을 떠올리기 쉽지만, 현실에서는 그리 많은 기회가 여기저기 굴러다니지는 않는다. 아무것도 하지 않으면 큰일이 날 것처럼 느껴질지도 모르지만, 투자할 때는 버핏이 말했듯이 모든 공에 배트를 휘두를 필요가 없다. 조바심 내지 않고 차분히 기다릴 줄 알아야 성공도 손에 쥘 수 있다.

244 《워런 버핏, 부의 진실을 말하다》

"무지와 부채가 합쳐졌을 때 몹시 흥미로운 결과가 나오기도 합니다."

버핏에 의하면 실수를 해도 어째서 그런 잘못을 했는지 스스로 설명할 줄 알면 괜찮다. 또한 자신이 하는 일을 충분히 이해하고, 합리적으로 행동해야 하면 성공을 거둘 수 있다. 그러나 세상에는 남들에게 휩쓸리거나 전문가가 권한다는 이유만으로 '제대로 이해하지 못하는' 사업에 투자해 버리는 사람도 있다.

버핏은 일찍이 파생 금융 상품에 관해 "언젠가 커다란 혼란을 불러일으킬 것"이라고 경고했다. 파생 상품에는 이중의 위험성이 있기 때문이다.

첫 번째는 고도의 금융 이론을 구사하기 때문에 대부분의 투자자는 내용을 온전히 이해하지 못한 채 '돈이 될 것 같다'라는 이유만으로 손을 댄다는 점이다. 그리고 두 번째는 투자자 개인의 돈만 들어가는 것이 아니라 레버리지 효과까지 이용한다는 점이다. 버핏은 이렇게 설명했다.

"무지와 부채가 합쳐졌을 때 몹시 흥미로운 결과가 나오기도 합니다."

버핏은 자신이 보유한 돈의 25%가 넘는 금액을 빌려본 적이 없을 만큼 빚을 싫어한다. 자신이 이해하지 못하는 사업에 투자하는 것이 얼마나 무서운 일인지, 그리고 실제로 주고받는 금액의 몇 배나 되는 이익과 손실이 난다는 것이 얼마나 무시무시한 일인지 사람들은 잘 모른다. 무지와 부채가 만나면 어리석은 집단이 만들어진다.

245 《스노볼》

"마음만 먹으면 도리스의 채권자에게 200만 달러쯤 내줄 수도 있었습니다. 하지만 그건 말이 되지 않았습니다."

1987년 10월 19일, 미국의 주식 시장이 폭락한 '블랙 먼데이'에 혼비백산한 투자자들과 달리 버핏에게는 투자를 할 절호의 기회였다. 그러나 그때 청천벽력 같은 소식이 들려왔다. 누나 도리스가 파생 상품에 엮여서 소유하고 있는 버크셔 해서웨이의 주식을 모두 처분해도 갚을 수 없을 만큼 큰 손해를 입었다는 연락이었다.

버핏은 도리스 같은 사람에게는 장기 국채나 지방채처럼 수익은 적지만 안전한 투자를 권했지만, 도리스는 어째서인지 버핏이 몇 년도 전부터 위험하다고 지적하며 규제를 강화해야 한다고 주장했던 파생 상품 매매에 손을 댔다. 도리스가 어머니 수지에게 도움을 청하자 버핏에게서 연락이 왔다. 그러나 전화의 내용은 투자자를 구제해 줄 필요는 없다는 냉정한 이야기였다. 도리스에게는 잔혹한 처사로 느껴졌지만 버핏의 뜻은 조금 달랐다.

"마음만 먹으면 도리스의 채권자에게 200만 달러쯤 내줄 수도 있었습니다. 하지만 그건 말이 되지 않았습니다. 도리스에게 그런 상품을 판 중개인은 그 파생 상품을 산 모든 사람을 파탄으로 몰아갔단 말입니다."

버핏은 200만 달러로 도리스를 도와줄 수도 있었지만, 그건 도리스를 파탄으로 내몬 사람에게 이득이 되는 일이기도 했다. 버핏은 다른 방법으로 누나를 돕는 길을 택했다.

246 《워런 버핏, 부의 진실을 말하다》

"높은 이율로 자산을 복리 운용하는 사람은 20년 후에 진행하는 자선 사업에 돈을 기부하는 편이 더 낫다고 생각했기 때문입니다."

2006년 버핏은 빌 앤드 멀린다 게이츠 재단에 고액을 기부하겠다고 발표했다. 당시 세계에서 자산으로 1, 2위를 차지한 버핏과 빌 게이츠가 자선 사업으로 손을 잡아 재단의 자산이 어마어마하게 불어날 것이라는 소식이었던 만큼 세계적으로 큰 화제가 되었다.

버핏의 영향 덕분인지 그 후 전 세계의 대부호들이 자선 사업에 많은 돈을 기부하기 시작했다. 버핏의 결단은 누구보다 훌륭했으며, 자선 사업의 황금시대를 여는 계기가 되었다.

이 놀라운 결단으로 버핏에 대한 평가는 더욱 높아졌다. 그전까지 버핏은 자선 사업에 그리 관심이 없어 보였다. 아내와 재단을 만들어 자선 사업에 돈을 기부하기는 했지만, 가진 자산에 비해 충분하게 느껴지는 금액은 아니라며 비판을 받기도 했다. 버핏은 이렇게 말했다.

"높은 이율로 자산을 복리 운용하는 사람은 20년 후에 진행하는 자선 사업에 돈을 기부하는 편이 더 낫다고 생각했기 때문입니다."

버핏의 복리식 사고방식으로 생각하면, 이른 시기에 자선 사업에 돈을 대기보다는 그 돈을 더 크게 불린 다음 기부하는 것이 좋다고 볼 수 있다. 버핏에게는 그럴 시간이 필요했던 것뿐이다.

247 《워런 버핏, 부의 진실을 말하다》

"주식 투자로 편하게 돈을 벌 수 있는 시기에 굳이 부동산을 살 필요는 없지."

'투자'라 하면 주식 투자를 생각하는 사람이 많지만, 실제로는 부동산 투자며 금 투자며 다양한 종류가 있고 어떤 방식을 고르느냐는 사람마다 다르다. 미국의 대통령 도널드 트럼프는 뉴욕 맨해튼 개발 사업으로 이름을 알려 '부동산 왕'이라는 별명을 얻었다. '3대 투자자'라 불리는 조지 소로스는 파운드화 공매도로 이름을 떨쳤고, 짐 로저스는 한발 빨리 동유럽과 중국에 투자한 것으로 유명하다.

모두 이름난 투자자들이지만, 각자 잘하는 분야는 다르다. 이들의 공통점은 저마다 자신 있는 분야에 집중하고 그 밖의 분야에는 그리 눈길을 주지 않았다는 점이다. 그런 면에서 버핏은 더욱 철저했다. 어느 날 친구가 부동산 매매를 해보지 않겠느냐고 제안하자 버핏은 이렇게 대답했다.

"주식 투자로 편하게 돈을 벌 수 있는 시기에 굳이 부동산을 살 필요는 없지."

버핏은 주식 투자만으로 1,000억 달러가 넘는 개인 자산을 쌓아 올린 사람이다. 그만큼 많은 자산을 쌓은 이들 대다수가 사업가인 것과 달리, 버핏은 자신이 가장 좋아하고 가장 잘하는 주식 투자에 몰두해서 큰 성과를 거두었다.

그는 '성공에 필요한 건 집중'이라고 이야기했는데, 투자, 그것도 미국을 중심으로 주식 투자에 열중한 것이 버핏의 성공 비결이었다.

248 《워런 버핏, 부의 진실을 말하다》

"만약 투자에 수학이 필요하다면 나는 예전에 하던 신문 배달 일로 돌아가야 할 겁니다."

버핏이 말하기를, 월가에서는 IQ가 높은 사람을 심심찮게 볼 수 있다고 한다. 금융 기관이나 증권사에서도 대학에서 수학을 전공한 사람을 고용하려 하는 경향이 있다. 금융 상품을 설계하고 투자 종목을 선택하는 일에는 고도의 수학 지식이 필요하다는 이유 때문이겠지만, 버핏은 "그런 건 필요 없다"라고 딱 잘라 말한다.

"만약 투자에 수학이 필요하다면 나는 예전에 하던 신문 배달 일로 돌아가야 할 겁니다."

투자에서는 '기업의 진정한 가치'를 알아보는 것이 중요하며, 한 주당 순이익이 얼마나 되는지 계산하려면 나눗셈은 할 줄 알아야 해도 고도의 지식은 필요가 없다. 그는 이렇게 말하기도 했다.

"벤저민 그레이엄과 필립 피셔의 저서 그리고 눈여겨보는 기업의 연차 보고서는 반드시 읽어보시길 바랍니다. 그래도 'α', 'β' 같은 그리스 문자가 들어간 수식은 무시해도 괜찮습니다."

농장을 살 때는 내가 산 농장이 앞으로 이익을 얼마나 가져다줄지를 알아야 한다. 버핏은 그걸 계산하려고 굳이 어려운 수학 공식을 아는 사람을 고용할 필요는 없다고 생각했다.

249 《워런 버핏, 부의 진실을 말하다》

"지금 하는 일을 다른 일과 바꾸고 싶은 마음은 조금도 없습니다. 정치인이 될 수 있다 해도 마찬가지고요."

버핏만큼 높은 지명도와 자금력이 있는 인물은 선거에 나가면 쉽게 승리를 거둘 수 있을지도 모른다. 실제로 버핏은 선거에 나가보라는 권유를 많이 받았는데, 본인은 "지금 하는 일을 다른 일과 바꾸고 싶은 마음은 조금도 없습니다. 정치인이 될 수 있다 해도 마찬가지고요"라고 거절했다고 한다.

버핏은 늘 자신이 하는 일에 대해 "직업에 관한 한 나는 세상에서 가장 운이 좋은 남자입니다"라고 말한다. 자신의 신념에 어긋나는 일은 하지 않아도 될뿐더러 어리석은 일도 할 필요가 없기 때문이다. 그런 행복한 일을 버리고 정치가가 된다면, 하고 싶지 않은 일들을 잔뜩 해야 할 것이다. 버핏은 이렇게 이야기했다.

"저는 정치에 대한 야심은 없지만, 의원들이 좋은 정책을 세우도록 힘을 보탤 수는 있습니다."

실제로 1990년대에 연방 정부의 재정 적자가 급속도로 확대되었을 때 버핏은 '3% 솔루션'이라는 아이디어를 제안했다. 예산의 적자 폭이 국내 총생산의 3%를 넘으면 의원들을 다음 선거에 나갈 수 없게 하자는 다소 농담 같은 제안이었다. 물론 실행하면 의원들이 적자를 줄이려고 필사적으로 노력하겠지만, 그러려면 버핏의 말대로 '자신의 이익을 몸소 희생하는 성인군자'가 있어야 했다.

250 《스노볼》
"돈을 벌고 싶다면 코를 쥐고 월가로 가면 된다."

버핏은 주식 투자로 1,000억 달러가 넘는 자산을 쌓았으나, 인생의 대부분을 오마하에서 보내고 월가와는 거리를 두었다. 월가의 방식을 "탐욕스럽다"라고 비판하기도 했다.

그래서인지 만약 경영대학원에서 막 MBA를 마친 학생이 "빠르고 쉽게 부자가 되려면 어떻게 해야 하나요?"라고 물으면 이렇게 대답하겠다고 말했다.

"나라면 벤저민 그레이엄이나 허레이쇼 앨저(Horatio Alger)●의 말을 인용하지는 않을 겁니다. 그저 아무 말 없이 코를 쥐고서 한 손으로 월가를 가리키겠지요."

버핏이 그레이엄에게 배운 투자법은 속도는 조금 느려도 확실히 부를 쌓고 계속해서 자산을 지킬 수 있는 방식이다. 반면 월가는 하룻밤 사이에 벼락부자가 되는 방식을 노린다. 버핏에게는 월가보다 자신이 몸소 실천해 온 방식이 훨씬 바람직한 방식이었다. 다만 버핏은 1980년대에 월가를 대표하는 기업 중 하나인 살로먼 브라더스에 돈을 투자하고 이사직에도 올랐다. 그럼에도 불구하고 "월가를 비판하는 이유가 뭐냐"라는 질문을 받자 버핏은 "속죄 같은 거죠"라고 대답했다.

● 미국의 소설가. 노력과 신념으로 끝내 성공을 이루는 이야기들을 선보이며 아메리칸 드림을 뒷받침했다.

251 《워런 버핏, 부의 진실을 말하다》

"글쎄요. 이번에는 미국에서 가장 장수하는 사람이 되어볼까 합니다."

　버핏의 자산은 60세 무렵 10억 달러를 넘어섰고 그때 이후로 한층 폭발적으로 증가했다. 다시 말해, 버핏의 자산 대부분은 보통 사람들이 정년을 맞아 '자산을 불리는' 시기에서 '자산을 쓰는' 시기로 넘어가는 나이부터 축적된 셈이다.

　그래서 버핏은 나이가 어떤 일을 하는 데 방해가 된다고는 조금도 생각하지 않는다. 버크셔 산하의 네브래스카 퍼니처 마트를 운영한 'B 부인' 로즈 블럼킨이 94세가 되었을 때 버핏은 그녀를 위해 100세 정년제를 철회해야 한다고 말했다.

　B 부인이 그랬듯이 버핏도 '은퇴' 따위는 눈곱만큼도 생각하지 않았다. 버크셔 해서웨이의 주주총회에서 한 주주가 "이제 미국의 억만장자가 되었는데, 다음 목표는 뭔가요?"라고 묻자 버핏은 이렇게 답했다.

　"글쎄요. 이번에는 미국에서 가장 장수하는 사람이 되어볼까 합니다."

　정말 그 자리를 노리고 있는지, 2008년 주주총회에서 버핏은 회사의 20년 후의 미래를 이야기하며 이렇게 덧붙였다.

　"그리고 거기에 세계 최고령 경영자가 있다면 정말 좋겠군요."

　오래 사는 것, 계속해서 현역으로 일하는 것도 버핏의 위대한 재능 중 하나라 할 수 있다.

252 《워런 버핏의 주주 서한》

"역사책이 성공의 열쇠라면, '포브스 400'은 모두 도서관 사서들이 차지할 겁니다."

과거에서 가르침을 얻는 것은 아주 중요한 일이다. 사람은 역사를 보고 배우고 과거의 실패에서 교훈을 얻어 성장하며 미래에도 대비한다. 하지만 비즈니스의 세계는 과거만 가지고 미래의 문제를 모두 해결할 수 있을 만큼 녹록지 않다.

버핏은 이렇게 말했다.

"역사책이 성공의 열쇠라면, '포브스 400'은 모두 도서관 사서들이 차지할 겁니다."

〈포브스〉가 매년 발표하는 우량 기업들의 경영자들은 물론 도서관 사서가 아니다. 그렇다면 어떤 인물이 이상적일까?

버핏은 자신이 세상을 떠난 뒤 버크셔 해서웨이의 미래를 맡길 사람은 '아직 일어나지 않은 일도 상상할 줄 아는 사람'이라고 이야기한 적이 있다.

시장에서는 늘 터무니없는 일들이 벌어지기 때문이다. 불합리한 일, 누구도 상상치 못한 일도 일어날 테고 자신이 일으킨 문제 때문에 지금껏 쌓아 올린 모든 것이 한순간에 무너질 수도 있다. 그럴 때 과거의 교훈은 물론 도움이 되겠지만, 그보다 더 중요한 것은 전례 없는 리스크를 간파하고 철저히 대비하고 위험을 회피할 줄 아는 지혜와 힘이다.

253 《워런 버핏, 부의 진실을 말하다》

"남다른 일을 하지 않아도 남다른 성과를 달성할 수는 있습니다."

애플의 창업자 스티브 잡스, 테슬라의 창업자 일론 머스크와 비교하면 버핏은 다소 수수해 보일지도 모른다. 그러나 그가 이룬 결실은 비할 데 없이 뛰어나다. 버핏은 이렇게 말했다.

"기업 경영이든 투자든 저는 같은 생각을 가지고 있습니다. 남다른 일을 하지 않아도 남다른 성과를 달성할 수는 있습니다."

월터 슐로스는 뉴욕금융연구소에서 그레이엄의 야간 수업을 듣고 그레이엄 뉴먼에서 일한 뒤 혼자서 투자를 했다. 슐로스의 실적은 놀랄 만큼 뛰어났는데, 어딘가에서 특별한 정보를 얻지 않고 그저 그레이엄에게 배운 방식을 충실히 실천한 것뿐이었다.

버핏의 말에 따르면, 슐로스는 책자에서 필요한 숫자를 찾고 연차보고서를 구해다 읽으며 '1달러의 가치가 있는 사업을 40센트에 사면 나에게 좋은 일이 일어날지도 모른다'라는 믿음을 가지고 100가지 이상의 종목에 자산을 분산 투자했다. 슐로스는 이런 방식을 몇 번이고 반복해 훌륭한 운용 실적을 올렸다. 버핏은 "우리는 모두 월터의 운용 방식을 배워야 한다"라고 슐로스를 극찬했다.

남다른 성적을 남기려면 남다른 일을 해야 한다고 생각하기 쉽지만, 조급하게 굴지 않고 원칙을 지키며 해야 할 일을 하는 것만으로도 누구나 남다른 성과를 거둘 수 있다.

254 《워런 버핏, 부의 진실을 말하다》

"주식 시장이란 누군가가 엉터리 같은 가격을 매기지 않았는지 확인하는 장소에 불과합니다."

일반적인 투자자와 버핏의 가장 큰 차이점은 주가에 대한 관심이 아닐까 싶다. 투자자들은 대부분 날마다 주가가 어떻게 변하는지에 관심을 기울인다. 주가가 오르면 기뻐하고 내리면 슬퍼하며 '이대로 가지고 있어도 될까?' 하고 전전긍긍하며 불안에 시달린다.

반면 버핏이 관심을 기울이는 것은 '기업의 가치'이지 '주가'가 아니다. 심지어 기업에 투자한 뒤 주식 시장이 얼마간 폐쇄되더라도 동요할 필요가 없다고 여겼다. 버핏이 주가를 신경 쓰지 않는 이유는 무엇일까?

"주식 시장이란 누군가가 엉터리 같은 가격을 매기지 않았는지 확인하는 장소에 불과합니다. 우리는 주식 투자를 통해 기업에 투자하는 것입니다."

요컨대 많은 투자자가 그래프를 신경 쓰며 주식을 사고팔 동안 버핏은 자신의 능력 범위 안에 있는 기업에 초점을 맞추고 경영진이 우수한지, 마음에 드는지, 브랜드력이 강한지 조사해서 그 기업에 주식 시장이 어떤 값을 매기고 있는지를 헤아린다. 그것이 투자를 판단하는 기준이 되는 것이다.

주식 시장은 때로는 터무니없는 가격을 매기기도 한다. 기업의 가치와 견주어 지나치게 높을 때도 있는가 하면, 가치보다 턱없이 낮을 때도 있다. 바로 그 순간이 버핏이 나설 타이밍이다.

255 《워런 버핏, 부의 진실을 말하다》

"투자란 IQ가 160인 사람이 130인 사람을 쓰러트리는 게임이 아니니까요. 합리적인가 그렇지 않은가가 문제입니다."

투자의 세계에는 놀랄 만큼 머리가 좋은 사람이 많다. 과거 살로먼 브라더스에서 일했던 존 메리웨더도 그중 한 명인데, 메리웨더는 1994년 LTCM 헤지펀드를 세우자마자 버핏을 찾아가 출자를 의뢰했다.

그가 내세운 것은 자본의 25배를 차입하고 수많은 거래를 거쳐서 이익을 얻는다는 전략이었다. 버핏과 함께 이야기를 들은 찰리 멍거는 메리웨더를 이렇게 평가했다.

"아주 머리가 비상한 자들이더군요. 하지만 너무 복잡한 데다 레버리지 때문에 조금 의문이 들었습니다. 그래도 LTCM 사람들은 아주 영리했어요."

버핏은 출자를 거절했지만, 메리웨더라는 천재와 함께 투자한다는 사실에 매료되어 12억 5,000만 달러가 모이면서 사상 최대의 헤지펀드가 탄생했다. 그러나 결말은 버핏이 우려했던 대로 몹시 비참했다. 버핏은 이렇게 말했다.

"로켓 공학으로 박사 학위를 딸 필요는 없습니다. 투자란 IQ가 160인 사람이 130인 사람을 쓰러트리는 게임이 아니니까요. 합리적인가 그렇지 않은가가 문제입니다."

투자는 단순히 지능을 겨루는 게임이 아니다. 성격과 합리성도 투자의 성패에 큰 영향을 미친다.

256《워런 버핏, 부의 진실을 말하다》

"사업에 성공한 사례보다 실패한 사례에서 더 많은 것을 얻을 수 있다고 느낄 때가 많습니다."

하버드 등 여러 경영대학원에서는 전 세계 기업들의 성공 사례를 토대로 학생들을 가르친다. 성공하기 위해서는 무엇이 필요한가. 선택의 갈림길에 섰을 때 어떤 길을 골라야 성공을 손에 쥘 수 있는가 등 성공을 위한 노하우를 익히는 것이다.

사람은 실패를 통해 배우고 성공을 본받아 성장하며 성공에 한 발씩 다가간다. 버핏은 성공과 실패 가운데 실패가 오히려 더 가치 있다고 여겼다.

"사업에 성공한 사례보다 실패한 사례에서 더 많은 것을 얻을 수 있다고 느낄 때가 많습니다. 경영대학원에서는 주로 성공 사례를 공부한다고 하는데, 제 파트너 찰리 멍거는 자기가 알고 싶은 건 언제 어디서 죽느냐는 것뿐이라고 하더군요. 거기만 피해서 지나가면 된다고 말이지요."

일본의 도요타 자동차에는 "실패 보고서를 써두어라"라는 말이 있다. 제조업이라는 분야에서는 성공을 거두었을 때는 완성된 상품이 있어서 결과를 쉽게 알 수 있다. 반면 실패는 쉬쉬하기 일쑤이니 금세 잊어버리는 경우가 많다. 그래서는 실패로부터 무언가를 배울 수 없으니 누군가 실수로 일을 그르쳤을 때는 '실패 보고서'를 쓰게 한다. 그러면 실패는 공유 재산이 되고 같은 실수를 반복하지 않게 된다.

성공한 사람은 실패의 가치를 알고, 실패를 통해 교훈을 얻어 더 큰 성공을 손에 넣는다.

257 《워런 버핏, 부의 진실을 말하다》

"우리는 회사를 인수할 때 직원들을 쓰지 않습니다. 협상을 할 때 컨설턴트나 투자은행, 상업은행의 손을 빌리지도 않습니다."

기업이 성장하면 간접 부문을 담당하는 인원이나 본사 직원의 수가 지나치게 늘어나는 경향이 있는데, 버크셔 해서웨이만은 예외다. 한 기업을 인수하려 할 때 기관에서 직원이 만든 내부 자료를 제출하라고 하자 찰리 멍거는 그건 어렵다면서 거절했다. 그가 난색을 표한 이유는 이러했다.

"애초에 내부 자료 같은 건 없고 일을 도와주는 직원도 없거든요."

1986년 버크셔는 신문에 회사를 산다고 광고를 냈는데, 거기에는 이렇게 적혀 있었다.

"우리는 회사를 인수할 때 직원들을 쓰지 않습니다. 협상을 할 때 컨설턴트나 투자은행, 상업은행의 손을 빌리지도 않습니다. 협상의 자리에 앉는 사람은 버크셔의 부회장인 찰리 멍거와 저 워런 버핏뿐입니다."

같은 해 버핏은 존 굿프렌드에게 제안을 받아 살로먼 브라더스의 우선주를 7억 달러어치 구입했는데, 그때 버핏은 여행 가방도 없이 홀로 뉴욕으로 날아가 살로먼 브라더스 담당 변호사의 사무실에서 굿프렌드와 만나 악수를 나누고 계약에 합의했다. 버핏에게는 일을 대신 처리해 줄 직원이나 전문가의 사전 협상, 주변을 에워쌀 측근들도 필요하지 않았다. 결정도 버핏 혼자, 협상도 버핏 혼자면 충분했다. 버크셔는 덩치만 큰 간접 부문과는 거리가 멀었다.

258 《스노볼》

"저는 악몽을 꾸게 되었습니다. 아침에 일어나 보니 내가 1조 엔이 아니라 1,000조 엔을 입력했다는 걸 알아차리는 꿈 말이지요."

　　2005년 12월 일본에서는 '제이컴 사건'이라 불리는 사태가 벌어졌다. 도쿄 증권거래소 마더스에 신규 상장한 종합 인재 서비스 회사 제이컴의 주식을 미즈호증권의 담당자가 '61만 엔에 1주'가 아니라 '61만 주를 1엔'에 팔도록 잘못 입력하는 바람에 주식 시장이 혼란에 빠진 것이다.

　　버핏은 1986년 찰리 멍거와 함께 살로먼 브라더스의 이사직에 취임했는데, 살로먼의 업무를 보다가 컴퓨터가 리스크를 키울 우려가 있다는 사실을 알아차렸다. 그리고 한때 살로먼에서 외환 옵션 업무 담당자에게 "컴퓨터에는 어떤 숫자든 입력할 수 있나? 거래 규모에 제한이 있냐는 말일세. 자네가 실수를 하면 컴퓨터는 명령을 거스르나?"라고 질문했다. 그러자 그는 "얼마든지 원하는 숫자를 입력할 수 있습니다"라고 대답했다. 이 말을 듣고 버핏은 이렇게 생각하게 되었다.

　　"저는 악몽을 꾸게 되었습니다. 아침에 일어나 보니 내가 1조 엔이 아니라 1,000조 엔을 입력했다는 걸 알아차리는 꿈 말이지요."

　　사람이 하는 일에는 늘 오류가 따르기 마련이다. 그리고 사람의 실수와 스스로 판단하지 못하는 컴퓨터가 만나면 재앙이 벌어진다. 버핏은 살로먼의 경영진에게 자신의 뜻을 전했지만, 결국 아무것도 바뀌지 않았다.

259 《워런 버핏, 부의 진실을 말하다》

"아들에게는 버핏이라는 이름을 모두 소문자로 쓰라고 말했습니다. 그러면 유권자들도 대문자가 없는 버핏이니 자금도 없다는 걸 알아줄 거라고 생각했습니다."

버핏의 아버지 하워드는 하원 의원이었지만, 버핏은 정치가가 될 마음은 전혀 없었다. 대신 장남 하워드 그레이엄 버핏이 정치가의 피를 물려받았다.

할아버지와 같은 공화당원을 자칭하던 하워드가 오마하의 군 행정 위원회 의원 선거에 입후보했을 때, 유권자들은 '버핏'이라는 이름을 보고 그가 엄청난 선거 자금을 들일 것이라고 예상했다. 그러나 버핏은 이미 아들에게 과도한 지원은 하지 않겠노라 선언한 적이 있었다. 그는 이렇게 말했다.

"아들에게는 버핏이라는 이름을 모두 소문자로 쓰라고 말했습니다. 그러면 유권자들도 대문자가 없는 버핏이니 자금도 없다는 걸 알아줄 거라고 생각했습니다."

영어로 '대문자'는 'Capital letter'라고 쓴다. 'Capital'에는 '자본'이라는 뜻도 있는데, 이름을 소문자로 쓰면 '자본이 없다'는 점을 유권자들도 알아주지 않겠느냐는 것이 버핏의 주장이었다. 자금은 지원해 주지 않았지만, 어머니가 선거 운동을 도와서 가족 모두가 아들을 뒷받침한다는 인상을 주었고 하워드는 무사히 당선되었다. 버핏도 하워드의 당선을 자기 일처럼 기뻐했다고 한다.

260 《워런 버핏, 부의 진실을 말하다》

"우선주라는 이유로 투자했는데, 애초에 그게 잘못이었습니다. 멋진 사업이라고 판단해서 투자한 게 아니었다는 뜻이죠."

2000년 조지아 대학에서 한 강연에서 "지금까지 어떤 실수를 했나요?"라는 질문을 받은 버핏은 버크셔 해서웨이, US에어, 싱클레어 주유소를 꼽았다.

이 실수들의 공통점은 인수할 때 자기 나름대로 곰곰이 생각한 결과였으나 결코 훌륭한 회사는 아니었다는 점이다. 그중에서도 가장 문제가 큰 기업은 US에어였다. 1989년 버핏은 버크셔에 분명히 큰돈을 가져다주리라는 믿음을 가지고 US에어를 비롯한 세 회사의 전환우선주를 구입했다. 그러나 US에어는 얼마 뒤 보장받았던 9% 이율의 배당금도 지불하지 못하는 상태가 되었고 주가도 곤두박질쳤다. 버핏은 이후 실수를 인정하며 이렇게 말했다.

"우선주라는 이유로 투자했는데, 애초에 그게 잘못이었습니다. 멋진 사업이라고 판단해서 투자한 게 아니었다는 뜻이죠. 이 세상에 훌륭한 사업이란 그리 많지 않습니다."

US에어는 완전히 과거의 유물이었다. 버핏은 좋은 사업을 적절한 가격에 사는 것을 좋아하지만, US에어는 사업 자체에 문제가 있었음에도 그 점을 미처 보지 못했다. 투자에서 성공을 거두려면 다른 조건보다도 사업 자체가 정말 탄탄하고 가치 있는지를 제대로 파악해야 한다.

261 《워런 버핏, 부의 진실을 말하다》

"상품 자체의 가치가 오랫동안 유지될지를 헤아리는 것이 중요합니다. 그 종목을 사야 할지 팔아야 할지 끝도 없이 고민하기보다는 그 편이 훨씬 더 큰 결실을 안겨주지 않을까요?"

주식 투자를 할 때 사람들은 주가가 어떻게 변하지는 살피면서 '지금이 사야 할 때인지' 판단하려 하지만, 버핏은 그것보다 더 눈여겨보아야 할 부분이 있다고 지적했다.

"상품 자체의 가치가 오랫동안 유지될지를 헤아리는 것이 중요합니다. 그 종목을 사야 할지 팔아야 할지 끝도 없이 고민하기보다는 그 편이 훨씬 더 큰 결실을 안겨주지 않을까요?"

버핏이 큰 애정을 가지고 있는 코카콜라에는 많은 '이야기'가 담겨 있다. 코카콜라를 오늘날과 같은 세계적인 음료로 키운 것은 로버트 우드러프다. 제2차 세계대전이 벌어지던 중 우드러프는 비용이 얼마가 들든 상관하지 않고 전쟁터에서 병사들이 5센트에 코카콜라를 살 수 있도록 전장 이곳저곳에 공장을 만들었고, 그곳에서 병사들과 코카콜라에 관한 다양한 이야기가 탄생했다.

버핏이 말하기를 코카콜라가 주식을 공개한 1919년에 주식을 40달러에 산 사람이 가격 변동을 무시하고 계속 보유하고 배당금까지 모두 재투자했다면, 1982년에는 180만 달러의 가치를 가지게 되었을 것이라고 한다. 우리는 기업이 가진 상품이 어떤 가치를 지녔으며 그것이 10년, 20년 후에도 그 가치를 유지할 수 있느냐를 눈여겨보아야 한다.

262 《워런 버핏, 부의 진실을 말하다》

"우리는 매일 8시간에서 10시간 가까이 읽고 또 생각했습니다."

버핏이 투자를 할 때 중요하게 여기는 일은 많이 읽고 깊이 생각하는 것이다. 오마하는 이처럼 뭔가를 읽고 생각하기에 안성맞춤인 장소라 한다. 버핏은 이렇게 이야기했다.

"여기서는 차분히 생각할 수 있습니다. 도시에 있을 때보다도 시장에 대한 생각이 훨씬 잘 정돈됩니다. 쓸데없는 잡음도 없어서 눈앞에 있는 종목에 정신을 집중할 수 있지요."

1998년 버핏과 인연이 깊은 존 메리웨더의 LTCM이 아시아 금융 위기와 러시아의 재정 위기에 영향을 받아 붕괴할 위험에 처했을 때 이런 강점이 발휘되었다. LTCM은 미국과 유럽의 금융 기관으로부터 투자받은 자금에 25배의 레버리지를 활용해 막대한 금액을 운용하고 있었기에 전 세계의 금융 기관과 1조 달러가 넘는 거래 계약을 맺고 있었다. 따라서 LTCM이 무너지면 세계 금융 시장에 막대한 영향을 미쳐 모두가 공황에 빠질 위험도 있었다. 그때 버핏은 무엇을 하고 있었을까?

"롱텀캐피털 위기 당시 기회가 곳곳에 널려 있음을 알았기에 우리는 매일 8시간에서 10시간 가까이 읽고 또 생각했습니다."

세계의 금융 기관이 공포에 떨 때 버핏은 월가에서 멀리 떨어진 곳에서 '읽고 생각하고' 있었다. 그런 자세야말로 위기가 닥쳤을 때도 침착하게 기회를 잡는 비결이 아닐까.

263 《워런 버핏의 주주 서한》

"대부분의 경영자는 말만 번지르르하고 행동은 따라가지 못하면서 당근만 가득하고 채찍은 적은 보상 제도를 택합니다."

버핏은 CEO들이 받는 보수에 엄격하다. 다만 자신처럼 연봉 10만 달러만 받고 일하라고 강요하는 것은 아니다. 버핏은 버크셔 해서웨이의 경영자들을 위한 상여금에 제한을 두지 않았고, 우수한 경영자는 나이와 상관없이 성과에 걸맞은 보수를 받아야 마땅하다고 생각했다.

문제는 1990년대에 이르러 더욱 가속하기 시작한 '탐욕스러운' 보수 체계였다. 버핏이 보기에 지나치게 높은 보수는 주주들에게 손해를 입히는 요소였다. 1991년 버핏은 북미의 대표적인 신발 제조사 H.H.브라운을 인수했는데, 브라운의 보상 제도는 주요 경영진이 7,800달러의 연봉과 더불어 회사의 이익에서 투하 자본 비용을 제외한 금액의 일정 비율을 추가로 받는 구조였다.

즉, 경영진이 주주와 같은 입장이 되는 것이다. 버핏은 이를 '가슴이 훈훈해지는 보상 제도'라고 불렀다. 현재 많은 기업에서는 정반대로 '대부분의 경영자가 말만 번지르르하고 행동은 따라가지 못하면서 당근만 가득하고 채찍은 적은 보상 제도를 택하고' 있다.

능력과 성과에 걸맞은 보수를 받는 것은 당연한 일이다. 그러나 이렇다 할 성과도 내지 않고 주주에게 부담만 주면서 지나치게 많은 보수를 가져가는 것은 버핏으로서는 용납할 수 없는 행동이었다.

"때때로 유행하는 '공포'와 '탐욕'이라는 강력한 전염병은 투자의 세계에서 영원히 사라지지 않을 것입니다."

주식 시장에서는 때로는 '탐욕'이라는 전염병이, 때로는 '공포'라는 전염병이 기승을 부린다. 대공황이 세계를 덮친 1929년처럼 시장에 큰 혼란이 닥치면 많은 투자자가 부를 잃고 공포에 떨며, 거품 경제로 주가가 비정상적으로 상승할 때는 일시적 호황에 도취된 사람들이 여기저기서 눈에 띈다.

"강세장에 참여하는 것만큼 신나는 일은 없습니다만, 그건 기업의 실적이 시원찮아도 투자자들이 이익을 누릴 수 있기 때문입니다."

그럴 때는 많은 사람이 '탐욕'이라는 병에 걸리지만, 버핏이 익히 말했듯이 주가란 기업 가치를 영영 뛰어넘어 과대평가될 수는 없다. 값이 영원히 오르지 않는 이상 언젠가는 끝이 오기 마련이라는 뜻이다.

다만 버핏은 '공포'와 '탐욕'이 언제 유행할지, 언제 가라앉을지 예측하려 하지는 않았다. 거품이 꺼지고 큰 문제가 일어나리라는 사실은 알아도 그것이 언제가 될지는 누구도 알지 못한다. 중요한 건 모두가 탐욕에 사로잡혀 있을 때는 신중하게 행동하고, 모두가 공포에 떨 때는 적극적으로 움직여야 한다는 점뿐이었다.

265 《워런 버핏의 주주 서한》

"어떤 업계나 분야에서는 '덩치 큰 자가 살아남는' 자연의 법칙이 성립하지만, 대다수의 산업에서 그런 우위는 영원히 지속되지 않습니다."

아마존이나 구글 같은 기업이 이익을 뒤로 미루면서까지 성장에 온 힘을 쏟은 이유는 정보 통신 업계에서는 시장 점유율이 압도적으로 높은 기업이 앞으로도 강자의 자리를 차지할 수 있기 때문이다. 맹렬한 속도로 성장하면 경쟁자는 결코 따라잡지 못하고 주가도 급격히 상승하니 이익은 나중에라도 얼마든지 얻을 수 있다.

정보 통신 업계뿐만 아니라 미국에는 자동차 분야의 제너럴모터스나 컴퓨터 분야의 IBM과 같이 몇십 년 동안 '세계의 거인'으로 자리해 온 기업이 있었다. 버핏은 음료업계의 거인 코카콜라를 '인에비터블(inevitable, 필연적으로 소유해야만 하는)'이라고 부르는데, 세계적으로 높은 점유율을 기록하는 거대 기업들 모두가 '인에비터블'인가 하면 그렇지는 않다. 버핏은 이렇게 설명했다.

"어떤 업계나 분야에서는 업계를 주도하는 기업이 사실상 가장 높은 곳에 군림하고 '덩치 큰 자가 살아남는' 자연의 법칙이 성립하지만, 대다수의 산업에서 그런 우위는 영원히 지속되지 않습니다."

꼭 소유해야만 하는 기업으로 보여도 지금은 잠시 파도에 올라타고 있는 것일 뿐, 사실은 사기꾼도 있고, 시대의 변화에 뒤떨어지게 되는 곳도 있다. 기업이 오래도록 강한 힘을 유지하기란 생각보다 어려운 일이다.

266 《워런 버핏의 주주 서한》

"우리에게 현명한 행동이란 '적극적으로 움직이지 않는' 것입니다. 산 뒤에는 기업이 좋은 상태를 유지하도록 감시하는 것만으로도 충분하지요."

버핏은 그레이엄의 《현명한 투자자》를 성서처럼 여겼다. 이 책을 통해 본격적으로 투자를 시작한 버핏은 버크셔의 주주들에게 보내는 편지에서 '현명한 투자'에 대해 이렇게 이야기했다.

"우리에게 현명한 행동이란 '적극적으로 움직이지 않는' 것입니다. 투자자가 바라는 건 능력 있는 경영자가 훌륭한 재정 상태로 운영하는 기업의 주식을 그에 걸맞은 가격에 사는 것입니다. 산 뒤에는 기업이 좋은 상태를 유지하도록 감시하는 것만으로도 충분하지요."

다시 말해, 많은 투자자가 그렇듯이 오르락내리락하는 주가를 좇아 빈번히 주식을 사고팔거나 인기주를 찾아 헤매며 포트폴리오를 수정할 필요는 없다는 이야기다. 버핏이 말하는 방식을 따르면 어떤 결과가 나올까?

"이런 투자 방법을 제대로 실행하면 처음에는 얼마 되지 않았던 주식이 그 투자자의 포트폴리오에서 매우 큰 부분을 차지하는 종목으로 성장할 것입니다."

아메리칸 익스프레스와 코카콜라 같은 주식을 사서 오래 보유하는 사이 기업들은 착실히 성장해서 이익을 낳고 주가도 서서히 오른다. 그것이 버핏의 말대로 '적극적으로 움직이지 않았을 때' 찾아오는 결과다.

제5장 버핏의 71세 이후
(2001년 이후)

"역시 워런의 말은 귀담아들어야 한다"라는 제프 베이조스의 말처럼 2000년 이후 버핏은 많은 사람이 '귀 기울이는 존재'가 되었다.

2004년 기업 공개에 나선 구글의 창업자 래리 페이지과 세르게이 브린은 증권위원회에 제출한 편지에서 자신들의 경영 이념을 설명하며 버핏의 말을 인용했다. 그들 또한 기업이 갖추어야 할 자세를 버핏에게 배운 것이다.

"경영자가 단기적 이익에 정신을 빼앗기는 것은 다이어트 중인 사람이 30분에 한 번씩 체중계에 올라가는 것처럼 핵심을 벗어나는 일입니다. 워런 버핏은 실적을 '보기 좋게 조작하는 일은 하지 않을 것'이라고 말했습니다."

이처럼 버핏의 영향력은 전보다 한층 커졌다.

2006년에는 자산의 대부분을 빌 게이츠와 멀린다가 운영하는 재단에 기부하겠다고 발표해 화제를 모았으며, '99대 1'이라는 키워드와 함께 당시 세계적 과제로 떠오른 빈부 격차의 심화에 대해서도 적극적으로 발언하기 시작했다. 전문 분야인 투자에서도 서브프라임 모기지와 파생 상품의 위험성에 대해 일찍이 경종을 울리며 '탐욕'이 불러오는 많은 문제를 지적했다.

2000년대에 들어선 이후 버핏의 투자에서 몇 가지 특징을 꼽자면 다음과 같이 3가지를 들 수 있다.

1. 미국 이외의 나라에 대한 투자.

2. 애플과 아마존에 대한 투자.
3. 자사주 매입.

지금껏 버핏은 조지 소로스나 짐 로저스와 달리 미국을 중심으로 투자를 벌였지만, 2000년대 이후부터는 한국과 이스라엘, 영국, 중국 같은 나라의 기업에도 투자하기 시작했다. 2020년에는 일본의 5대 종합 상사에도 투자했다. 그뿐만 아니라 줄곧 피해왔던 정보 통신 분야에도 투자를 시작했는데, 그중에서도 애플은 버크셔 이사가 보인 아이폰에 대한 강한 애착을 계기로 투자를 결심했다. 애플에 대한 투자는 버크셔 해서웨이의 포트폴리오에서 큰 비중을 차지할 정도로 규모가 커졌다.

또한 전 세계에 닥친 코로나 바이러스의 재앙으로 규모가 큰 투자처를 찾기가 어려워졌다는 이유도 있어서인지 버핏은 자사주 매입에도 나섰다. 그리고 2022년에는 오랜 기간 버핏의 관심사였던 후계자 문제도 매듭지었으나, 버핏은 여전히 굳건하니 앞으로도 몇 년간은 버크셔를 이끌 수 있으리라 기대된다. '세계 최고의 투자자'는 예전에 자신이 말했듯이 '가장 장수하는 사람'이 될지도 모르겠다.

267 《스노볼》

"자선 사업에 재능이 있는 인재를 찾는 것은 투자에 재능 있는 인재를 찾는 일보다 훨씬 더 중요합니다."

버핏은 버크셔 해서웨이의 산하 기업들을 각각 전문 경영인에게 맡기고 있다. 경영자들의 성실함과 능력을 전적으로 신뢰하기 때문이다. 나쁜 사람과 손잡았을 때 좋은 결과가 나오는 경우는 거의 없다. 그래서 버핏은 누구와 함께 일하느냐, 누구에게 일을 맡기느냐에 늘 신중함을 가한다.

버핏은 자선 사업도 같은 방식으로 운영했다. 버핏은 아내와 함께 '버핏 재단'을 설립하고 운영했지만, 2006년 6월 자신이 가진 버크셔 해서웨이 주식의 85% 가운데 6분의 5를 빌 앤드 멀린다 게이츠 재단에 기부하겠다고 결정했다. 나머지 6분의 1은 버핏의 자녀들이 운영하는 재단 등에 기부하기로 했다. 버핏은 자신의 결정이 아주 논리적이라고 설명했다.

50년 전 버핏이 투자조합을 설립했을 때 파트너들이 1만 5,000달러를 선뜻 내어준 것은 버핏이 그 돈을 잘 운용해 주리라 판단했기 때문이었다. 그런데 자선 사업에 재능이 있는 인재를 찾는 것은 투자에 재능 있는 인재를 찾는 일보다 훨씬 더 중요한 문제였다. 그래서 버핏은 자신보다 부를 잘 분배해 줄 사람에게 재산을 맡기기로 했다.

무언가를 맡기려면 마음속 깊이 신뢰하는 사람에게 맡겨야 한다는 생각은 투자든 비즈니스든 자선 사업이든 버핏에게는 변치 않는 원칙이었다.

268 《스노볼》

"위기가 닥쳤을 때 현금에 용기가 더해지면 무한한 가능성이 생깁니다."

버핏의 스승인 벤저민 그레이엄은 한 치 앞도 내다볼 수 없는 불확실한 상황 속에서 투자로 성공을 거두려면 "자금과 용기가 필요하다"라고 말했다.

버핏의 생각도 그와 같았다.

"위기가 닥쳤을 때 현금에 용기가 더해지면 무한한 가능성이 생깁니다."

1990년대 후반부터 2000년대 초까지 한껏 부풀어 올랐던 닷컴버블이 단번에 무너지자 거의 모든 투자자가 큰 부상을 입고 앞이 보이지 않는 상황에서 다음 한 수를 두지 못한 채 망설이고 있었다. 하지만 버핏은 자신의 논리와 자금, 용기에 자신이 있었다.

버핏은 이미 담배꽁초가 된 정크 본드를 사들이고 "대중의 엉덩이를 책임지겠습니다"라는 농담을 던지며 속옷 브랜드 프룻오브더룸(Fruit of the Loom)을 인수했으며, 그 밖에도 액자 제조사인 라슨 줄(Larson-Juhl)과 아동복 브랜드 칼린(Carlyn), 주방용품을 만드는 팸퍼드 셰프(Pampered Chef) 등도 잇달아 인수했다.

중요한 것은 자신의 판단에 자신감을 갖는 것이다. 자신감과 용기가 있다면 언론이 아무리 위기를 부채질하든, 월가가 비관론에 휩싸이든 상관이 없다. 적절한 판단, 자신감, 용기 그리고 자금만 있으면 위기마저 사업의 기회로 바꿀 수 있다. 버핏은 다른 회사에는 없던 앞을 내다보는 밝은 눈과 자금, 용기를 모두 갖추고 있었다.

269 《워런 버핏의 오마하 순례》

"당신을 만나러 온 사람의 몸무게가 150킬로그램에서 180킬로그램 사이라면, 한눈에 보아도 뚱뚱하다는 건 알 수 있을 테니까요."

버크셔 해서웨이의 주주총회에 참석한 한 투자자가 버핏에게 "어떻게 연차 보고서만 보고 투자를 결정할 수 있죠?"라고 질문한 적이 있다. 버핏이 중국의 국영 석유회사 페트로차이나의 주식 1.3%를 4억 8,800만 달러에 매수할 때 연차 보고서 이외에 아무것도 알아보지 않고 결정했다는 이야기 때문이었다. 이에 버핏은 명쾌하게 답했다.

"더 깊이 분석할 필요는 없습니다. 주식을 사야 할 때에 깊이 분석하는 건 시간 낭비니까요. 소수점 셋째 자리까지 계산하는 건 좋은 생각이 아닙니다. 당신을 만나러 온 사람의 몸무게가 150킬로그램에서 180킬로그램 사이라면, 한눈에 보아도 뚱뚱하다는 건 알 수 있을 테니까요."

버핏은 페트로차이나의 2002년, 2003년 연차 보고서를 읽고 자신이 잘 아는 회사들과 비교했을 때 이 회사의 가치를 1,000억 달러 정도로 판단했다. 주식 시장에서 페트로차이나의 가치는 350억 달러로 회사의 가치가 주가를 훨씬 웃돌았으니, 당연히 이 회사의 주식을 사들인 것이다. 물론 때로는 분석이 필요할 때도 있다. 하지만 깊이 분석할 필요가 없음에도 불구하고 복잡하게 따져보느라 기회를 놓치면 안 된다. 성공에 필요한 것은 빠른 판단과 신속하게 행동에 옮기는 실행력이다.

270 《워런 버핏의 오마하 순례》
"판단을 내리는 데는 5분만 있으면 충분합니다."

답이 없는 고민이나 문제 앞에서 이리저리 고민하느라 시간만 흘려보낸 경험은 누구나 있을 것이다. 인간에게 주어진 시간이라는 유한한 자원을 어떻게 사용하느냐에 따라 인생과 성과는 하늘과 땅만큼 달라진다.

버핏의 아들 하워드의 말에 따르면, 버핏은 잔디 깎는 기계를 다룰 줄 몰라서 마당의 잔디를 깎거나 산울타리를 손질하거나 세차를 한 적이 없다고 한다. 그 대신 버핏은 쓸 수 있는 시간 대부분을 투자에 할애했다. 그리고 투자를 할 때도 결코 이리저리 고민하느라 시간을 낭비하지 않았다.

"아직 판단할 수 없는 일을 이래저래 고민하며 시간을 낭비하지 말아야 한다는 점을 늘 염두에 두고 있습니다. 판단을 내리는 데는 5분만 있으면 충분합니다. 그렇게 복잡한 일이 아니에요."

버핏은 기업 인수 같은 중요한 제안을 받아도 신속하게 답한다. '돌아가서 생각해 보는' 성가신 일은 일절 하지 않는 데다, 제안이 마음에 들 때는 그 자리에서 "예스!"라고 대답하고 마음에 차지 않을 때는 설령 상대의 설명이 끝나지 않았더라도 "노!"라고 딱 잘라 말했다. 언뜻 보기에 무례한 행동처럼 보이지만, 자신의 시간을 소중히 여기듯이 상대의 시간도 소중히 여기고 싶다는 마음에서 비롯된 행동이었다. 좋은 성과를 올리는 사람은 시간이란 유한하며 무엇보다 귀한 자원임을 알고 행동한다.

271 《스노볼》

"나를 사랑해 줬으면 하는 사람들 가운데 몇 사람에게 실제로 사랑받고 있는지가 진정한 인생의 성공을 헤아리는 척도가 됩니다."

인생의 성공 여부는 무엇으로 판단할 수 있을까? 버핏은 자산의 크기 같은 것이 아니라 '사랑'이야말로 성공을 헤아리는 기준으로 여겼다.

"제 나이쯤 되면 나를 사랑해 줬으면 하는 사람들 가운데 몇 사람에게 실제로 사랑받고 있는지가 진정한 인생의 성공을 헤아리는 척도가 됩니다."

돈으로 얻을 수 있는 것은 수없이 많다. 성공을 축하하는 만찬을 열 수도 있고, 기부금을 내서 자신의 이름을 내건 병원이나 대학교 강의실을 만들 수도 있다. 섹스도 만찬도 자신을 칭송하는 자서전도 돈만 내면 얼마든지 살 수 있다.

그러나 단 하나, 사랑만은 돈으로도 사지 못한다. 예를 들어 사랑을 100만 달러어치 사고 싶다고 말해도 진정한 사랑을 손에 넣기란 어렵다. 버핏이 생각하기에는 아무리 막대한 자산이 있어도 누구도 나를 사랑해 주지 않으면 세상에서 가장 비참한 사람이 되고, 그것이 곧 실패한 인생이었다.

버핏은 열렬히 사랑을 고백해 아내 수잔 톰슨의 마음을 얻었지만, 오로지 일에만 집중하는 그를 견디지 못한 아내가 결혼 25년 만에 집을 나가는 바람에 아픔을 겪기도 했다. 이후 기묘한 삼각관계가 이어졌으나, 2004년 수지가 세상을 떠나며 끝을 맺었다. 버핏에게 '사랑'은 이해하기 어렵고 성가신 존재였다.

272 《스노볼》

"1층에서 100층까지 올라갔다가 다시 98층으로 돌아가면, 1층에서 2층으로 올라갔을 때보다 불만스럽게 느껴지는 법이지요. 하지만 그런 마음은 다스려야만 합니다."

인간의 욕망에는 끝이 없다. 많은 돈을 손에 넣어도 오히려 더 많은 돈을 원하게 된다. 권력이나 명예도 마찬가지인데, 더 답답한 경우는 지위와 명예와 돈을 모두 손에 쥔 사람이 아무리 시간이 지나도 자리에서 물러나려 하지 않거나, 은퇴한 뒤에도 여전히 '권력자' 행세를 할 때다.

기업지배구조에 대한 인식이 엄격해지면서 기업의 CEO임에도 예전처럼 마음대로 행동할 수 없게 되고 비판을 받는 일이 늘었다고 불평하는 사람이 많아졌다. 전에는 100층에서 모든 사람을 내려다보았건만, 이제 98층까지 끌려 내려온 듯한 기분이 든다는 것이다.

이처럼 불만이 가득한 CEO들에게 버핏은 "아직 98층에 있으니 그런 불만을 다스려야 한다"라고 충고했다. 조금 답답하게 느껴지더라도 가족이 있고 건강하며 세상에 도움이 되는 일을 할 수 있다면, 억울하다고 푸념을 늘어놓을 것이 아니라 오히려 감사해야 한다는 것이다.

정점을 찍은 사람이 다시 계단을 내려오기란 쉬운 일이 아니다. 지미 카터 전 대통령은 대통령 재임 시절 큰 성과를 내지 못했으나, 퇴임 후 인권 외교에 힘써 노벨 평화상을 수상했다. 버핏은 그처럼 과거를 돌아보지 않고 앞을 바라보는 삶의 자세를 존경했다.

273 《스노볼》
"인터넷을 지배하는 자가 싸움을 지배합니다."

버핏에게 보험회사 가이코는 역시 특별한 존재다. 1950년 컬럼비아 경영대학원에 다니던 시절 가이코의 본사를 찾아갔다가 뛰어난 비즈니스 모델에 반한 버핏은 그 자리에서 가이코에 투자하기로 결심했다.

한때는 잠시 연이 끊어지기도 했으나, 버핏은 가이코에서 눈을 떼지 않았고 1976년 가이코가 경영 위기에 처했을 때 다시 한번 주식을 사들였다. 그리고 살로먼 브라더스의 CEO 존 굿프렌드의 힘을 빌려 회사를 위기에서 구해냈다. 1996년에는 버크셔 해서웨이에서 가이코의 모든 주식을 취득하고 회사를 인수했는데, 그 후에도 버핏은 가이코에 각별히 관심을 기울였다.

가이코의 투자 실적은 충분히 만족스러웠지만, '인터넷 자동차 보험 판매'에서 경쟁사에 뒤지고 있다는 점은 유일한 걱정거리였다. 버핏은 오래전부터 '인터넷을 지배하는 자가 싸움을 지배한다'고 생각했기에 마이크로소프트의 임원이었던 샬럿 가이먼(버크셔의 이사)을 가이코에 파견해 웹사이트 개선 등을 추진했다. 버핏은 가이코를 전적으로 신뢰했지만, 인터넷 자동차 보험 판매에서 경쟁사에 뒤처지면 장래를 기대할 수 없다고 생각했다. 버핏은 인터넷이 품은 가능성을 제대로 이해하고 있었다.

274 《워런 버핏의 오마하 순례》

"'지금 가격에 이 회사를 매수하는 이유'에 대해 짧은 논문을 쓰지 못한다면, 100주도 사지 않는 편이 좋습니다."

투자에는 자신만의 확고한 이유가 필요하다. 안타깝게도 많은 이들이 '주가가 오르고 있어서', '전문가가 추천한 종목이라서' 같은 아주 단순한 이유로 주식을 사고, 반대되는 이유로 주식을 팔아버린다.

버핏도 생애 첫 주식은 '아버지가 권해서'라는 이유로 구입했고, 학창 시절에는 '그레이엄이 산 종목'이라며 깊이 생각하지도 않고 스승의 의견을 따르기도 했다. 하지만 머지않아 자신만의 투자법을 익힌 후로는 무엇보다 '스스로 생각하는 것'을 중시하게 되었다. 투자에는 '이유'가 반드시 필요하다. 버핏은 학생이나 다른 투자자들에게 이렇게 조언한다.

"'지금 가격에 이 회사를 매수하는 이유'에 대해 짧은 논문을 쓰지 못한다면, 100주도 사지 않는 편이 좋습니다."

투자를 결정하는 데는 반드시 확고한 이유가 있어야 한다. '○○가 샀으니까', '○○가 추천해서' 같은 건 이유가 아니다. 직접 조사하고 자기 머리로 생각해서 얻은 확고한 결론이 필요하다. '어떤 종목을 살 것이며 왜 그 종목을 사고 싶은지' 스스로에게 물어보자. 만약 충분히 납득이 가는 답을 내놓지 못한다면 그 주식에 손댈 자격이 없다는 뜻이다. 하지만 반대로 확고한 이유만 있다면 주변의 목소리 따위는 더 이상 신경 쓸 필요가 없다.

275 《워런 버핏의 주주 서한》

"여러분이 괴로울 때는 우리도 괴롭고, 우리가 이익을 얻을 때는 여러분도 똑같이 이익을 얻을 것입니다."

20대에 투자조합을 운영하기 시작한 이래 버핏은 "기쁨도 괴로움도 고객과 함께"라는 말을 신조로 삼고 있다. 버크셔 해서웨이 주주들과의 관계 또한 마찬가지다.

주주들에게 보내는 편지에 "농장이나 아파트를 가족과 함께 소유하는 것처럼 영원히 함께할 기업의 한 부분을 소유한다고 생각하셨으면 좋겠습니다"라고 적었듯이 버핏은 버크셔의 주주들이 쉽게 주식을 팔지 않고 버핏에게 자금을 맡겨 긴 안목으로 결과를 지켜봐 주기를 바랐다.

물론 주주들이 오래 주식을 보유하도록 만들려면 버핏과 경영진에게도 그에 걸맞은 자세가 필요하다. 주주를 파트너로 여기는 버핏은 자신이 어떤 자세로 경영에 임하는지 다음과 같이 설명했다.

"여러분이 버크셔의 주주인 한 여러분의 이익이 우리의 이익과 같으리라는 점은 분명합니다. 다시 말해 여러분이 괴로울 때는 우리도 괴롭고, 우리가 이익을 얻을 때는 여러분도 똑같이 이익을 얻을 것입니다."

버핏과 멍거는 자산의 대부분을 버크셔의 주식에 투자했다. 주주들이 주식을 오래 보유하기를 원한다면 경영진도 그들의 믿음에 답하는 자세를 보여주어야 한다.

276 《워런 버핏의 오마하 순례》

"저희는 오래전부터 미국 밖에도 버크셔를 널리 알리고 싶었습니다."

이 말을 남긴 뒤 1년이 지난 2006년, 줄곧 미국 기업에 집중적으로 투자했던 버핏이 처음으로 다른 나라의 기업에 큰 금액을 투자했다. 40억 달러를 들여 이스라엘의 절삭 공구 제조사인 이스카르(Iskar)가 중심이 되는 IMC그룹의 주식을 80% 사들인 것이다.

투자를 제안한 것은 IMC그룹이었다. 이스카르가 지닌 기술은 뛰어났지만, 세계 최대 엔지니어링 기업인 스웨덴의 샌드빅을 따라잡으려면 아시아 등 다른 지역에서 인수 합병을 진행해야 했다. 그러려면 자금은 물론이거니와 기업의 지명도도 필요했다.

그래서 IMC는 버크셔 해서웨이에 도움을 청했다. 버크셔의 자금력과 버핏의 지명도 그리고 인수 후에도 경영자에게 기업을 맡기는 방식은 IMC가 바라는 최고의 파트너에 맞는 조건이었다. 이는 버핏 또한 바라 마지않는 상황이었다.

당시 버핏은 70대 중반을 넘어선 시기였는데, 아직 몸이 건강할 때 가능한 한 버크셔를 크게 키우고 '미국 밖에도 버크셔를 널리 알리고 싶다'고 생각하고 있었기에 IMC의 제안은 그야말로 안성맞춤이었다. 버핏은 미국의 미래를 누구보다 굳게 믿었지만, 전 세계에 투자할 만한 훌륭한 기업이 많다는 사실도 알고 있었다.

277 《워런 버핏의 오마하 순례》

"정해진 로드맵은 그릴 수 없습니다. 하지만 지혜는 기를 수 있습니다."

버크셔 해서웨이의 주주총회에서 23세의 청년이 "앞으로 50년 또는 100년 사이에 투자로 큰 결실을 얻을 최고의 기회는 무엇일까요?"라고 질문하자 버핏은 몇 가지 이야기를 들려준 다음 이렇게 말을 맺었다.

"찰리와 저는 여러 방법으로 돈을 벌었습니다. 그중에는 30년 전이나 40년 전에는 예상조차 못 했던 방법도 있지요. 정해진 로드맵은 그릴 수 없습니다. 하지만 지혜는 기를 수 있습니다."

1942년 겨우 11세에 주식 투자를 시작한 버핏의 커리어는 이때 이미 70년에 달했지만, 그동안 주식 시장에서는 계속해서 주역이 교체되고 새로운 이론과 새로운 금융 상품이 끝도 없이 등장했다. 전쟁의 시대와 몇 번의 호황과 거품이 일었고, 거품이 꺼지며 주가가 폭락하는 시대도 있었다. 투자라는 세계의 주역은 제너럴모터스와 US스틸 같은 대기업에서 제록스와 인텔 그리고 마이크로소프트와 애플, 구글 같은 정보 통신 기업과 테슬라로 넘어가고 있다.

미래를 완벽하게 예상하지 못하는 한 완벽한 로드맵을 그리기란 어렵다. 중요한 것은 지금 일어나고 있는 변화, 새로운 조류 등을 날카로운 시선으로 바라보며 눈앞에 찾아온 기회를 유연하게 잡아채는 지혜다.

278 《워런 버핏의 오마하 순례》

"기회는 분야에서 나오지 않습니다. 우리의 두뇌에서 나옵니다."

사업을 할 때 어떤 사람은 산업 분야에 대해 '현재 업계의 상황'이나 '그 분야의 장래성'을 분석하려 애쓴다. 이 분야는 앞으로도 크게 성장하겠지만, 저 분야는 쇠퇴의 길을 걸을 듯하다고 따져보는 것이다.

과연 이러한 내용은 사실일까? "완벽하게 성숙한 시장 따위는 어디에도 없으며, 필수품 또한 존재하지 않는다"란 마케팅의 거장 필립 코틀러가 한 말이다. 코틀러의 말에 따르면, 아무리 변화의 여지가 없어 보이는 '성숙한 시장'이라 해도 혁신을 일으키는 인재가 나타나 새로운 수요를 발굴하는 일은 그리 드물지 않다.

주식 투자도 마찬가지다. 예를 들어 닷컴버블이 한창일 때는 정보 통신 분야가 앞으로도 크게 성장하리라 기대하며 모두가 IT 기업에 투자했지만, 거품이 꺼지자 기업도 투자자도 큰 손실을 입었다. 반대로 정보 통신 기업 대신 전통적인 기업에 투자한 버핏은 큰 이익을 손에 넣었다. 2000년대 후반 버크셔의 주주총회에서 버핏은 이렇게 단언했다.

"기회는 분야에서 나오지 않습니다. 우리의 두뇌에서 나옵니다."

유행에 휩쓸려 '돈이 되는 분야'만 좇아서는 성공하지 못한다. 지혜를 갈고닦는 사람만이 투자의 세계에서 승리를 거머쥘 수 있다.

279 <닛케이 베리타스(日経ヴェリタス) No.194>•

"IBM의 연차 보고서를 지난 50년 동안 매년 읽었습니다."

버핏은 매년 몇천 개가 넘는 결산서와 연차 보고서를 읽는다. 그러다가 '바로 이거다!' 싶은 기업을 만나면 곧바로 움직이는데, 주로 연차 보고서의 내용을 보고 투자를 결심한다. 게다가 잘 아는 기업일 때는 연차 보고서 하나만으로도 충분하다고 여겼다.

버핏은 관심 있는 기업이 생기면 꾸준히 자료를 들여다보고 현황을 확인한다. 미국의 철도회사 BNSF와 정보 통신 기업 IBM도 꾸준히 살피고 살핀 끝에 투자했다. 2011년 인터뷰에서 버핏은 이렇게 말했다.

"(BNSF의) 연차 보고서를 30, 40년간 계속해서 읽었지만, 그동안은 아무것도 하지 않았습니다. 그러다 몇 년 전부터야 철도회사에 투자하기 시작했지요."

"IBM의 연차 보고서를 지난 50년 동안 매년 읽었습니다. 올해도 어김없이 자료를 읽다가 IBM의 경쟁력이 앞으로도 굳건하리라는 사실을 쉽게 예측할 수 있음을 깨달았습니다."

버핏은 수많은 연차 보고서를 읽고 눈여겨보는 기업에 계속해서 관심을 기울인다. 그리고 그 기업을 '저렴한 가격'에 얻을 수 있는 때가 오면 망설임 없이 움직인다. 투자의 세계에는 '삼진 아웃'이 없다. 확신할 수 있을 때까지, 정말 이득이 되는 가격이 나올 때까지 몇 년이고 기다리면 된다. 그 기업이 마침내 '치기 좋은 공'이 되었을 때 배트를 휘두르는 것이 버핏의 방식이다.

• 일본의 경제 전문 주간 신문.

280 《워런 버핏의 주주 서한》

"우리는 미래를 예상할 수 있다고 말하는 CEO를 믿지 않습니다. 약속한 목표를 달성하겠노라 호언장담하는 경영자는 언젠가 '숫자를 조작할' 유혹에 빠지기 때문입니다."

분식 회계 같은 문제를 일으킨 기업에서는 "상부의 지나친 압박"이라는 말이 자주 들려온다. 기업의 리더가 내건 목표를 달성하기 위해 순수하게 판매 등에 최선을 다하는 것이 아니라, 어떻게든 목표를 달성하려고 '숫자를 꾸며내는' 것이 문제의 원인이다.

버핏은 "CEO가 자기 회사의 성장률을 예상하는 것은 눈속임이며 아주 위험한 일"이라고 지적했다. 예를 들어 "주당 이익이 장기적으로 연 15% 증가할 것이다"와 같은 높은 성장률을 제시하면, 근거 없는 낙관론이 퍼질 뿐만 아니라 공표한 목표를 달성하기 위해 CEO가 비합리적인 경영 조작에 관여하는 경우가 많기 때문이다.

심지어 경영 조작에 손을 대고도 부족하다는 이유로 숫자를 꾸며내려고 온갖 꼼수를 쓰다가 회계상의 속임수가 눈덩이처럼 불어나게 된다.

정말 사기나 다름없는 행위다. 이런 무모한 행동의 계기가 된 것은 결국 CEO가 내건 근거 없는 예상인데, 주변 사람들은 리더의 예상을 어떻게든 실현하기 위해 갖은 방법을 동원할 수밖에 없다. 따라서 한 기업의 CEO라면 애널리스트들이 아무리 부추겨도 넘어가지 않고 굳건히 버텨내야 한다.

281 <워런 버핏 & 빌 게이츠 학교에 가다>

"우리 회사는 풍부한 자금을 보유하고 있어서 손실을 어느 정도 견딜 여유가 있습니다. 그러나 평판을 떨어뜨릴 여유는 없습니다."

살로먼 브라더스를 다시 일으켜 세우기 위해 임시 회장직에 올랐을 때 버핏이 가장 엄격하게 요구한 것은 '높은 윤리관'이었다.

기업은 이따금 "법에 어긋나지는 않으니까"라고 변명을 늘어놓으며 법률의 테두리를 아슬아슬하게 넘나들기도 하는데, 버핏은 절대 그래서는 안 된다고 생각했다. 버핏은 버크셔 해서웨이의 경영자들에게 '자신이 앞으로 하려고 하는 일을 법적인 기준뿐 아니라 그 밖에 다양한 기준에 비추어 판단해야 한다'라고 강조했다.

이토록 까다로운 기준을 요구하는 이유는 평판이란 것이 얼마나 쉽게 깨지는지 잘 알아서였다. 버핏은 아들 하워드에게 이런 말을 하기도 했다.

"주변 사람들에게 그런대로 좋은 평판을 얻는 데는 20년이 걸리지. 하지만 그 평판은 단 5분 만에 무너지기도 해. 그걸 머릿속에 담아두면 앞으로의 삶이 달라질 거야."

기업 또한 이와 같다. 버크셔는 전 세계 기업의 시가 총액 순위에서 열 손가락 안에 들 만큼 규모가 크고 자금도 풍부해서 손실을 어느 정도 견딜 수 있지만, 회사의 평판을 해치는 일이 벌어지면 버핏에 대한 평가도 떨어지고 주주들도 떠나가며 앞으로의 사업에도 먹구름이 드리우게 된다. 대기업일수록 높은 윤리관이 필요한 이유다.

> **"인간이 실수를 하는 건 당연한 일이니 계속 고민하며 끙끙 앓지는 않습니다. 우리에게는 내일이 있으니 긍정적인 마음으로 생활하며 다음 일을 시작하는 편이 훨씬 바람직합니다."**

버핏은 투자로 많은 성공을 거뒀지만, 결과가 시원치 않은 투자도 있었다. 게다가 버크셔 해서웨이의 주주 서한에도 종종 언급했듯이 '형편없는 투자'도 몇 번 한 적이 있다. 다만 버핏은 주주들에게는 어떨지 몰라도 자신에게는 큰 문제가 되지 않는다며 이렇게 이야기했다.

"인간이 실수를 하는 건 당연한 일이니 계속 고민하며 끙끙 앓지는 않습니다. 고민해 봤자 아무 의미도 없으니까요. 우리에게는 내일이 있으니 긍정적인 마음으로 생활하며 다음 일을 시작하는 편이 훨씬 바람직합니다."

버핏은 투자를 하다 실패를 맛본 적도 있는가 하면, 투자해야 한다는 걸 알면서도 하지 않았다가 깊이 후회한 적도 있다. 그리고 투자를 하기는 했지만, 너무 적은 금액으로 끝내서 후회한 적도 있다. 버핏은 2005년 당시 "우리 회사는 100억 달러 정도의 이익을 놓쳐버렸습니다"라며 과거를 되돌아보았다. 하지만 그것도 인간이기에 있을 수 있는 일이라고 여겼다.

투자를 할 때든 일을 할 때든 인간인 이상 실수를 저지르게 된다. 중요한 건 실수를 최소한으로 줄이는 것과 실패로부터 교훈을 얻은 뒤에는 더 이상 신경 쓰지 않고 앞으로 나아가는 용기다.

283 《친애하는 버핏 씨에게》

"비즈니스의 세계에서 가장 위험한 말은 '다른 사람도 다 하고 있다(Everybody else is doing it)'라는 다섯 단어입니다."

기업은 전례가 있거나 다른 회사가 이미 하고 있는 일이라 하면 유독 안심하는 경향이 있는데, 이는 부조리 또한 마찬가지인 듯하다. 2006년 미국에서는 100곳이 넘는 기업에서 스톡옵션의 부여 시점을 부당하게 조작했다는 사실이 밝혀져 큰 문제가 되었다. 경영진이 고의로 스톡옵션 부여 일자를 조작해서 자신들이 얻을 이익을 더 크게 만든 것이다. 버크셔 해서웨이는 이 문제와 관계가 없었지만, 버핏은 산하 기업들에게 이렇게 경고했다.

"다른 회사가 부조리한 행동을 한다고 해서 우리 회사도 그렇게 행동해도 괜찮다고 생각해서는 안 됩니다. 비즈니스의 세계에서 가장 위험한 말은 '다른 사람도 다 하고 있다(Everybody else is doing it)'라는 다섯 단어입니다."

사람들은 자신이 하려는 일을 정당화하기 위해 '다른 사람도 하고 있으니까', '다들 그렇게 하니까'라는 말을 자주 쓰는데, 사업과 관련해서는 대부분 좋지 않은 행동을 정당화하기 위해 쓰인다. 누군가 이 말을 이유로 든다면 실제로는 정당한 이유가 없어서이기에 버핏에게는 안심할 요소가 아니라 오히려 리스크를 높이는 불길한 말이었다.

284 《워런 버핏의 주주 서한》

"오르내리는 주가 정보와 '가만히 있지 말고 행동해야 한다'는 말에 시달리다 보면, 본래 절대적 이점이어야 할 유동성이 저주로 변해버립니다."

버핏은 주식 외에 농장과 상업 부동산 등도 소유하고 있는데, 주식 투자와 그 밖의 투자에는 큰 차이가 있다고 생각한다. 다른 재산들의 가치를 정확히 평가하려면 부동산 감정 같은 조사가 필요하지만, 주식은 분 단위로도 자산의 가치를 확인할 수 있다. 그리고 비교적 쉽게 자산을 현금으로 바꿀 수 있다는 점, 즉 유동성도 주식이 가진 매력 중 하나다.

그런데 버핏은 유동성이라는 이점이 때로는 시장을 비합리적으로 만드는 '저주'가 된다고 여겼다. 본래 가치와 동떨어진 가격이 매겨질 때가 많은 데다 시장 전체가 비관론에 휩싸여 많은 사람이 앞다퉈 주식을 팔아치울 때도 있다. 버핏은 이렇게 설명했다.

"주식을 보유하는 사람은 대부분 다른 사람의 변덕으로 비합리적인 행동에 휩쓸려 비합리적인 행동을 취하곤 합니다. 실없는 잡담이 넘쳐날 때, 어떤 투자자는 학자가 하는 말을 그대로 따라야 한다고 믿는가 하면, 어떤 이는 그들이 한 말을 바탕으로 행동해야 한다고 생각하지요."

사람들은 오르락내리락하는 주가나 월가와 전문가의 잡담에 깜짝 놀라곤 한다. 그럴 때 조심하지 않으면 사지 말아야 할 때 주식을 사거나 팔지 말아야 할 주식을 자기도 모르게 팔아서 매력적인 유동성이 저주와 악몽으로 변해버린다.

285 《워런 버핏, 부의 진실을 말하다》

"보통 이 세계에서는 머리가 하얘져도 마이너스가 되지 않습니다."

버핏은 1930년 8월에 태어나 2020년에 90세가 되었다. 찰리 멍거는 1924년 1월에 태어나 버핏보다 6세가 많다. 특히 최근에는 장수하는 사람은 많지만, 90세가 넘어서도 시가 총액이 3,600억 달러가 넘는 거대 기업의 수뇌로 군림하는 사람은 이 둘뿐이다.

버핏은 이미 후계자를 지명해 두었기에 걱정할 필요는 없지만, 두 사람이 언제까지 정상에서 회사를 이끌 수 있을지 많은 사람이 우려 섞인 시선을 보내고 있을 것이다. 하지만 버핏은 의외로 긍정적이다.

"보통 이 세계에서는 머리가 하얘져도 마이너스가 되지 않습니다. 스포츠와 달리 투자에서는 눈과 손의 매끄러운 연계도 우람한 근육도 필요하지 않습니다. 찰리도 저도 머리가 제대로 돌아가는 한 지금까지와 다름없이 일할 수 있습니다."

이 말을 한 지 벌써 10년이 지났으나, 버핏은 여전히 투자에 관해 중요한 판단을 내리고 있고 주주총회에서도 전과 다를 바 없이 재치 있는 입담을 자랑하고 있다. 세상에는 언제까지고 회사에 눌러앉아 있다가 '꼰대'가 되는 경영자도 있지만, 90대인 버핏은 정반대다. 정말이지 놀랍지 않은가. 고령화가 급속도로 심화되고 있는 지금 버핏의 명석한 두뇌는 다른 고령자들에게 용기를 안겨줄지도 모른다.

"만약 내일 일본의 대기업에서 전화가 와서 버크셔에 인수를 제안한다면 비행기를 타고 곧장 날아갈 겁니다."

버핏이 처음 일본을 찾은 것은 동일본 대지진 이후 8개월이 지난 2011년 11월 20일이었다. 당시 일본 기업을 둘러싼 환경은 몹시 혹독했다. 수출 산업에서 급속도로 엔화 강세와 달러화 약세가 나타나고 여기에 유로화 약세까지 더해지면서 과거 많은 이익을 가져다주었던 미국과 유럽 시장은 이익을 얻기 힘든 시장으로 변해버렸다. 신흥국 시장에서도 한국 기업과 중국 기업이 우위를 점하고 있어 이익을 내기 위해 악전고투해야 했다.

이런 악조건에 동일본 대지진이 더 큰 타격을 입혀 일본 기업의 미래를 비관적으로 바라볼 수밖에 없는 상황이었으나, 버핏은 "일본인과 일본의 산업에 대한 생각은 변함이 없다"며 이렇게 단언했다.

"우리는 일본에서 큰 회사를 인수하기를 진심으로 바라고 있습니다. 만약 내일 일본의 대기업에서 전화가 와서 버크셔에 인수를 제안한다면 비행기를 타고 곧장 날아갈 겁니다."

버핏은 "저뿐만이 아니겠지만, 전 세계 사람들이 이번 재해와 원전 사고를 겪은 일본을 보고 역시 일본은 끊임없이 앞으로 나아가는 나라라는 것을 새삼 느꼈으리라 봅니다"라며 일본을 높이 평가했다. 그의 말은 일본의 기업과 국민들에게 용기를 심어주었다.

287 《워런 버핏, 부의 기본 원칙》

"우리 사무실에는 '범위 내', '범위 외', '난제'라는 세 가지 메일박스가 있습니다."

2007년 버핏은 학생들을 위한 강연에서 투자의 성공 비결을 이렇게 설명했다.

"저는 제 마음에 드는 공이 날아올 때 배트를 휘두릅니다. 살아가는 동안 야구 배트를 10번 휘두르면 부자가 될 수 있지요."

버핏은 온갖 사업에 무분별하게 손을 대거나 날마다 많은 결정을 내리려고 바쁘게 머리를 굴리는 것은 매우 어리석은 행동이라고 거듭 강조했다. 그중에서도 그는 능력 범위를 가장 중요하게 여긴다. 버핏은 농담을 섞어 이렇게 설명했다.

"우리 사무실에는 '범위 내', '범위 외', '난제'라는 3가지 메일함이 있습니다. MIT 학생들에게 농담으로 어려운 문제를 담을 상자가 필요하겠다고 말했더니 정말로 만들어줘서 지금도 사용하고 있지요."

'범위 내', '범위 외'란 자신이 잘 아는, 즉 가치를 비교적 쉽게 판단할 수 있는 회사인지 아닌지를 뜻한다. 한마디로 '능력 범위' 안에 해당하는 사업이냐, 범위를 벗어나는 사업이냐 하는 의미다. 지나치게 어렵고 복잡한 문제도 있는데, 버핏은 그런 문제들을 '너무 어려운 문제'라며 무시하기로 마음먹었다. 정말 가치 있는 기업을 괜찮은 가격에 살 수 있는 기회란 그리 흔치 않지만, 결코 조바심 내지 않고 자신에게 가장 알맞은 때에만 행동하면 누구나 확실히 성공을 거둘 수 있다.

288 《워런 버핏의 오마하 순례》

"주식을 산다면 바보도 경영할 수 있는 우수한 회사를 사고 싶습니다. 언젠가는 어리석은 경영자가 나타나기 마련이니까요."

버크셔 해서웨이가 오랜 기간 보유하고 있는 코카콜라는 국제 시장에서 끊임없이 성장하며 계속해서 정상의 자리를 유지하는 힘을 지니고 있다. 특별한 일이 없는 한, 코카콜라 지위가 변할 일은 없을 듯하다. 이토록 기업의 힘이 강력하면 경영쯤은 식은 죽 먹기일 거라고 생각했는지, 버핏은 한때 "코카콜라는 햄 샌드위치가 경영해도 굴러갈 것"이라고 우스갯소리를 하기도 했다. 물론 버핏에게는 더없이 바람직한 기업이었다. 버핏은 이렇게 말했다.

"주식을 산다면 바보도 경영할 수 있는 우수한 회사를 사고 싶습니다. 언젠가는 어리석은 경영자가 나타나기 마련이니까요."

실제로 코카콜라에도 어리석은 경영자가 나타났다. 로베르토 고이주에타가 갑작스레 세상을 떠난 후 더글러스 아이베스터가 CEO를 맡았을 때 유럽의 오염 사태를 비롯해 여러 문제가 발생했으나, 그는 적절하게 대처하지 못했다. 뒤를 이은 더글러스 대프트 시절에도 문제는 끊이지 않았다. 네빌 이스델이 CEO로 취임하면서 코카콜라는 겨우 부활했고, 버핏은 이렇게 과거를 회상했다.

"전에는 빌 게이츠와 이야기하면서 햄 샌드위치라도 코카콜라를 경영할 수 있다고 말하곤 했는데, 성말 복에 겨운 말이었지요."

투자는 바보 같은 경영자도 운영할 수 있을 만큼 우수한 기업에 해야 한다.

289 《스노볼》

"투자를 할 때는 어느 정도 리스크를 감수해야 합니다. 미래는 언제나 불확실하니까요."

버핏은 투자를 할 때 '안전 마진'을 중시한다. 그러면서 한편으로는 미래를 예측하기란 불가능하며 리스크를 완전히 없앨 수는 없다는 생각도 가지고 있다.

2004년에 한국 기업에 투자했을 때 버핏은 이렇게 말했다.

"투자를 할 때는 어느 정도 리스크를 감수해야 합니다. 미래는 언제나 불확실하니까요."

어느 나라든 위험 요소는 존재한다. 한국의 경우 아직 휴전이지만 전쟁이 일어난다면 단지 한반도에 국한되지 않고 중국과 일본, 더 나아가 아시아 전체가 전쟁의 소용돌이에 휩싸일 가능성이 있다. 그 여파는 상상조차 어렵다. 그러나 버핏은 이러한 지정학적 리스크를 인식하면서도, 강철, 시멘트, 밀가루, 전기처럼 10년 후에도 사람들에게 반드시 필요한 제품을 만드는 기업에 꾸준히 투자해왔다.

당시에는 원화의 약세로 주가는 낮아졌으나 각 기업의 이익은 오히려 늘어난 생태였다. 그뿐만 아니라 국내 시장 점유율이 높고 중국과 일본에도 제품을 활발히 수출하고 있었다. 버핏은 자신의 원칙대로 앞으로도 몇 년 동안 계속해서 경쟁력을 유지할 듯 보이는 기업에 투자한 것이다.

미래는 불확실하며 예측도 불가능하다. 하지만 버핏은 그런 상황에서도 사용자가 틀림없이 필요로 하고 반드시 팔릴 만한 제품을 만드는 기업에 투자하면 리스크를 크게 덜 수 있다고 생각했다.

290 《친애하는 버핏 씨에게》

"세계는 어디든 위험으로 가득합니다. 미국도 평상시의 이스라엘과 다를 바 없이 위험합니다."

버핏은 2011년 일본에 방문했을 때, 그가 투자하는 이스라엘의 IMC그룹이 후쿠시마현 이와키시에 공장을 새로 지어 준공식에 참석하기도 했다.

버핏은 2006년 IMC그룹에 40억 달러를 투자해 80%의 주식을 인수했다. 미국 이외의 나라에서 처음으로 벌인 대규모 투자였는데, 투자를 결심한 배경에는 IMC그룹의 에이탄 베르트하이머 회장이 내건 "직원 한 명 한 명을 소중히 여기며 100년 앞을 내다보는 경영"과 이스카르 같은 기업의 압도적인 기술력이 있었다.

훌륭한 경영자와 오랜 세월 경쟁력을 지킬 훌륭한 제품이라는 점에서 버핏이 무엇보다 선호하는 기업이었다. 문제는 IMC그룹의 주력 공장이 이스라엘에 위치한다는 점이었다. 보통은 그것만으로도 피하려 하겠지만, 버핏은 조금도 개의치 않았고 공적인 자리에서 이렇게 말하기도 했다.

"세계는 어디든 위험으로 가득합니다. 미국도 평상시의 이스라엘과 다를 바 없이 위험합니다."

물론 리스크는 있다. 하지만 IMC그룹은 세계에서 필요로 하는 제품을 제조하고 세계 60개국에서 사업을 벌이고 있다. 게다가 경영진은 열정이 있고 능력도 뛰어나다. 어떤 상황이든 좋은 사업은 변함없이 좋은 사업이다. 버핏은 좋은 사업에 투자하기 위해서라면 리스크도 기꺼이 감수했다.

291 《워런 버핏의 오마하 순례》

"물론 버크셔는 레버리지를 더 많이 이용할 수도 있었습니다. 하지만 그랬다면 밤에 푹 잠들지 못하게 되었겠지요."

레버리지란 '지렛대 효과'라는 뜻인데, 금융에서는 부채를 이용해 투자 규모를 키우면 수익을 높일 수 있다는 의미를 가지고 있다. 예를 들어 30%의 위탁증거금을 예치하면 거래가 가능한 경우, 약 3.3배의 레버리지 효과를 얻을 수 있다.

사람들은 버핏이 레버리지를 이용했다면 더 빠르게 더 많은 돈을 벌었을 거라고 말하지만, 버핏도 찰리 멍거도 레버리지를 지양했으며, 리스크에 대해 몹시 신중한 태도를 보였다. 버핏이 말한 이유는 다음과 같았다.

"물론 버크셔는 레버리지를 더 많이 이용할 수도 있었습니다. 하지만 그랬다면 밤에 푹 잠들지 못하게 되었겠지요. (주주총회) 회장에는 전 재산을 버크셔에 맡긴 분이 많이 계십니다. 그러니 레버리지 같은 걸 이용했다가는 저 혼자 파멸을 맞고 명예가 땅에 떨어지는 것으로는 끝나지 않는, 아주 끔찍한 결과를 맞게 될 겁니다."

세상에는 '성급하게 이익을 얻으려 하는' 사람이 아주 많다. 다른 사람의 돈을 맡아 운용하는 기업 경영자나 펀드 매니저들이 서둘러 부자가 되려고 욕심을 부리면, '다른 사람의 돈'임을 망각하고 투자가 아닌 투기에 빠지고 만다. 그런 투기꾼들에게는 버핏의 말처럼 "밤에 푹 잠들지 못하게 될 것"이라는 두려움이 필요하다.

292 《워런 버핏의 오마하 순례》

"100명의 학생을 한 명 한 명 지켜보고 장래성을 판단해서 1위부터 100위까지 순위를 매기는 건 제게는 불가능한 일입니다. 그래서 우리가 사는 회사에는 이미 경영자가 있지요."

버핏의 경영 방식은 단순하다. 우수한 기업을 그럭저럭 괜찮은 가격에 사고 경영은 그 기업의 전문 경영인에게 맡긴다. 사업에 간섭하거나 실적으로 압박을 가하지도 않는다. 그럼에도 버크셔 해서웨이의 경영은 순조롭다.

버크셔의 주주총회에서 시애틀에서 온 남성이 "좋은 경영자를 고용하는 게 너무 어려워서 고민입니다"라고 한탄하며 "어떻게 하면 우수한 경영자를 찾을 수 있을까요?"라고 질문한 적이 있다. 버핏의 답은 간단했다.

"(반 단위로 강연을 들으러 오는) 100명의 학생을 한 명 한 명 지켜보고 장래성을 판단해서 1위부터 100위까지 순위를 매기는 건 제게는 불가능한 일입니다. 그래서 우리가 사는 회사에는 이미 경영자가 있지요."

버핏은 처음부터 유능한 경영자가 있는 좋은 회사를 골라 투자한다. 아무리 능력 있는 경영자라도 문제투성이 기업을 부활시키기란 아주 어렵다. 그보다는 뛰어난 경영자가 있는 훌륭한 기업을 사서 기존의 경영자가 되도록 오래 회사를 맡아주도록 노력하는 편이 낫다. 누군가의 재능을 꿰뚫어 보기란 쉽지 않다. 버핏은 '좋은 성과를 내는 경영자'를 소중히 여김으로써 버크셔를 크게 성장시켰다.

293 <닛케이 베리타스 No.194>

"오늘이나 내일, 다음 달에 주가가 오르든 내리든 상관없습니다. 뱅크오브아메리카가 5년 뒤, 10년 뒤에 어떻게 되느냐가 중요하지요."

버핏이 투자한 회사라고 해서 언제까지고 순조롭게 성장한다는 보장은 없다. 당연히 주가는 오를 때도 떨어질 때도 있는데, 버핏은 그리 신경 쓰지 않는다.

2011년 여름, 버핏은 미국의 대형 은행 뱅크오브아메리카(Bank of America)의 우선주에 50억 달러를 투자했으나, 주가는 그 후로도 계속해서 하락했다. 〈닛케이 베리타스〉의 기자가 "후회하지 않으시나요?"라고 묻자 그는 이렇게 대답했다.

"장기적인 관점에서 투자했으니까요. 오늘이나 내일, 다음 달에 주가가 오르든 내리든 상관없습니다. 뱅크오브아메리카가 5년 뒤, 10년 뒤에 어떻게 되느냐가 중요하지요."

"이 회사에는 해결해야 할 문제가 몇 가지나 있지만, 몇 개월 만에 뚝딱 해결할 수 있는 문제가 아니라 5년에서 10년은 걸린다고 합니다. 그러기 위해 CEO가 열심히 일하고 있고, 문제가 있더라도 뱅크오브아메리카가 지닌 미국 최대 규모의 예금액과 사업 기반은 매력적이고 충분히 양호하니 눈앞에 닥친 일에 일희일비할 필요는 없습니다."

2022년 현재 뱅크오브아메리카는 버크셔의 포트폴리오에서 두 번째로 높은 비중을 차지하며 '버핏 최고의 투자처 중 하나'라 불리고 있다.

294 <비즈니스 인사이더(BUSINESS INSIDER) 2021.7.12.>

"가장 중요한 일은 여러 거대 조직이 맞닥뜨리는 'ABC' 리스크, 다시 말해 '오만(Arrogance)', '관료주의(Bureaucracy)', '자기만족(Complacency)'과 싸우는 것입니다."

젊은 시절 스티브 잡스는 몸집이 거대해진 조직은 처음에 가지고 있던 혁신적인 힘을 잃고 평범한 회사로 몰락한다고 지적한 적이 있는데, 버핏 역시 비슷한 생각을 가지고 있었다. 기업은 몇 번의 성공을 거듭하며 거대 기업으로 성장하는데, 그건 동시에 여러 리스크를 만들어낸다는 뜻이기도 하다. 버핏이 거액을 기부한 빌 앤드 멀린다 게이츠 재단의 새로운 CEO로 취임한 마크 수즈먼이 2020년 오마하를 찾아와 버핏과 함께 식사를 했을 때 버핏은 수즈먼에게 이렇게 조언했다.

"가장 중요한 일은 여러 거대 조직이 맞닥뜨리는 'ABC' 리스크, 다시 말해 '오만(Arrogance)', '관료주의(Bureaucracy)', '자기만족(Complacency)'과 싸우는 것입니다."

또한 한때 세계적인 기업이었던 IBM, US스틸 같은 기업들도 내부에 'ABC'가 널리 퍼지면서 "이들을 CEO들도 상상하지 못한 깊은 구렁텅이로 빠트렸다"라고 이야기했다.

한때 놀라운 성장을 보여준 기업도 '오만'과 '관료주의'가 퍼지는 순간 평범한 기업으로 변해버린다. 회사가 병에 걸렸음을 알아차리지 못하면, 그 앞에 있는 것은 긴 침체와 파멸 또는 파탄뿐이다.

295 <비즈니스 인사이더 2021.7.12.>

"딱딱한 관료주의적 시스템 때문에 의사 결정이 늦어져서 눈에 보이지 않는 많은 비용을 감당하느니 잘못된 의사 결정으로 눈에 보이는 비용을 감내하는 편이 낫습니다."

버크셔 해서웨이는 본사에 인사, 홍보, IR, 법률 같은 부서를 따로 두지 않고 적은 인원으로 운영하는 것으로 유명하다. 의사 결정은 버핏과 멍거가 하고 산하 기업들은 각각 전문 경영자에게 맡기고 있기에 가능한 일인데, 관료주의를 싫어하는 버핏이 조직을 되도록 간소화하려 노력한 결과이기도 하다.

기업이 커질수록 의사 결정에 더 오랜 시간이 걸리게 된다. 제너럴 일렉트릭의 전설적인 CEO 잭 웰치는 "회사의 조직이 많을수록 중요한 결정이 늦어진다. 더 현실적인 게임에 가까워져야 한다. 조직의 계층에 바람직한 계층이란 존재하지 않는다"라는 말을 남겼다. 웰치는 속도를 무엇보다 중시해서 늘 "일단 실행하라. 그건 아마 옳은 결단일 것이다"라고 말하기도 했다.

실패하지 않으려고 결정을 내리는 데 지나치게 오랜 시간을 들이면 버핏의 말처럼 '눈에 보이지 않는 많은 비용'이 발생하고 모처럼 찾아온 기회를 놓쳐버린다. 즉 어리석은 실수를 저지르지 않기 위해서는 빠른 의사 결정과 실행을 더 중요하게 여겨야 한다. 버핏은 설령 결정에 문제가 있더라도 비용을 감내하는 편이 낫다고 말할 정도로 딱딱한 관료주의를 싫어했고 이러한 구조가 불러오는 폐해를 강하게 지적했다.

296 《스노볼》

"투기는 쉬워 보일수록 위험합니다."

투자와 투기의 세계에는 일확천금으로 이어질 것 같은 이야기들이 여기저기 나돌기도 한다. 개인을 상대로 적은 돈으로 부자가 될 수 있다고 꼬드기거나, 기업을 상대로 솔깃한 제안을 하는 사람들이 생각보다 많다.

1990년대 닷컴버블이 한창일 때는 큰 성과도 없고 흑자를 내본 적도 없는 기업이 화려한 사업 계획을 내세워 많은 자금을 모으기도 했다. 버핏은 그 모습을 보고 이렇게 말했다.

"인터넷의 탄생은 이기적인 자본가들이 쉽게 속아 넘어가는 사람들의 '희망을 화폐로 바꿔' 돈을 벌어들이는 기회가 되었습니다."

높은 가능성과 빠르게 성장하는 기업의 이미지가 확실한 이익을 가져다줄 것이라는 생각에 많은 투자 자금이 모였지만, 거품이 꺼지자 아무것도 남지 않았다. 버핏은 다시 한번 경고했다.

"지난 몇 년 사이 그런 기업을 설립한 이들은 뻔뻔스럽게도 새 한 마리 없는 대숲을 팔아넘겨 대중의 주머니 속에 있던 몇십억 달러나 되는 돈을 자신들의 지갑으로 옮겼습니다. 투기는 쉬워 보일수록 위험합니다."

사악한 이들은 생글생글 웃는 얼굴로 그럴듯해 보이는 이야기를 늘어놓으며 기업과 대중의 돈을 갈취해 간다. 쉽게 돈을 벌 수 있을 것처럼 들리는 이야기에는 늘 그만한 위험이 도사리고 있다.

297 《워런 버핏의 오마하 순례》

"운 좋게 1%로 태어난 사람들은 나머지 99%의 사람들을 헤아릴 의무가 있습니다."

2011년 미국의 월가를 중심으로 벌어진 점령 시위에서 가장 큰 화두가 된 말은 '1%대 99%'였다. 이 세상에는 부유한 1%와 불행한 99%의 사람들이 있다는 막막한 심정과 분노를 표출하는 말이었다.

버핏은 부모에게 막대한 유산을 물려받지는 않았지만, 좋은 교육을 받고 투자의 재능을 타고났다는 점을 어린 시절부터 행운이라 여겼다. 그는 교육에 열정적인 부모님 밑에서 자라면서 존경할 만한 사람들을 만났으며 자신이 좋아하는 일에 마음껏 몰두했다. 그런 과정이 세계에서 손꼽히는 자산가라는 결과로 이어진 것이다. 자신이 운이 좋은 사람임을 알고 있기에 버핏은 그렇지 못한 사람들의 입장을 헤아릴 필요가 있다고 생각했다.

"운 좋게 1%로 태어난 사람들은 나머지 99%의 사람들을 헤아릴 의무가 있습니다."

버핏은 미국의 세금 제도는 보통 사람들에게 불공평한 체계이며 부자를 우대하는 세제는 당장 바로잡아야 한다고 주장했다. 자신이 쌓은 부도 운 좋은 1%가 아니라 전 세계의 가난한 사람들을 위해 써야 한다는 생각으로 많은 돈을 기부했다. 버핏은 운 좋은 1%에 속하는 사람으로서 자신의 의무를 다하려 노력하고 있다.

298 《스노볼》

"돈이란 사회에 돌려주어야 할 자원을 잠시 맡아두었음을 나타내는 보관증이라고 생각해 왔습니다."

미국에는 부자가 손에 쥔 돈을 자기 자신이 아니라 가난한 이들과 사회를 위해 쓸 의무가 있다고 여기는 '좋은 전통'이 있다. 이러한 전통을 미국에 정착시킨 사람은 세계 최고의 '철강왕'이라 불린 앤드루 카네기다.

카네기는 1848년 가족과 함께 미국으로 건너가 12세에 일을 시작했고 철강업에 진출해서 막대한 부를 쌓았다. 그는 "잉여 재산은 공동체의 이익을 위해 관리하도록 잠시 맡아둔 신탁 재산이다"라는 철학을 바탕으로 여러 자선 사업에 힘쓴 인물로도 유명하다.

버핏과 빌 게이츠는 이러한 좋은 전통을 이어받아 실천했다. 버핏은 어린 시절부터 '돈을 불리는 일'에 관심이 아주 많았고 줄곧 뛰어난 성과를 냈지만, '돈을 쓰는' 데는 거의 관심이 없었다. 그런 버핏이 빌 게이츠의 재단에 엄청난 돈을 기부한 이유는 무엇일까?

"돈이란 사회에 돌려주어야 할 자원을 잠시 맡아두었음을 나타내는 보관증이라고 생각해 왔습니다. 세대에서 세대로 그대로 물려주는 건 그리 내키지 않습니다."

버핏은 손에 넣은 부를 자식이나 가족에게 물려주기보다 카네기처럼 '돈은 사회에 쓰일 자원을 맡아두었다는 보관증'이라는 신념으로 사회를 위해 사용하는 길을 택했다. 버핏을 시작으로 더 많은 자산가들이 자선 사업에 뛰어들게 되었다.

299 《워런 버핏의 주주 서한》

"문화는 스스로 증식합니다. 관료적인 절차는 관료주의를 낳고, 오만한 기업 문화는 독단적인 행동을 부릅니다."

스티브 잡스는 기업 문화와 가치관이 바뀌면 기업도 변질된다고 지적했다. 잡스가 세운 애플의 사명은 세계를 뒤바꿀 최고의 제품을 만드는 것이었는데, 잡스를 쫓아낸 존 스컬리가 매출과 수익, 규모를 우선시하는 사이 '최고의 제품을 만드는' 문화가 사라지면서 애플은 한때 도산이냐 합병이냐 하는 갈림길에 놓이기도 했다. 이후 다시 돌아온 잡스가 최고의 제품을 만드는 것을 중시하는 기업 문화를 되살린 끝에 애플은 부활에 성공했다.

버크셔 해서웨이의 특징은 자신의 일을 사랑하는 경영자와 주주의 돈을 신중하게 사용하는 자세를 가지고 있다는 것이다. 버핏은 다른 회사가 쉽게 따라 하지 못할 버크셔의 기업 문화야말로 회사를 발전시킨 원동력이라고 생각했다. 기업 문화의 중요성을 버핏은 이렇게 설명했다.

"문화는 스스로 증식합니다. 관료적인 절차는 관료주의를 낳고, 오만한 기업 문화는 독단적인 행동을 부릅니다."

2010년 당시 버크셔의 '세계 본부'가 지불하는 연간 임차료는 약 27만 달러였다. 가구 등을 포함해도 대략 30만 달러로 세계적인 기업치고는 매우 소박한 수준이었다. 이 또한 버핏이 만들어낸 기업 문화의 효과였는데, 버핏은 기업 문화가 오래도록 유지되는 한 버크셔는 앞으로도 꾸준히 성장할 것이라고 자신했다.

300 《워런 버핏의 주주 서한》

"채무자는 그제야 신용이 산소와 같다는 사실을 알게 됩니다."

금융업계에서는 하룻밤 만에 상황이 몰라보게 급변할 때가 있다. 일본이 거품 경제로 들썩이던 1989년 12월, 일본은행 총재로 취임한 미에노 야스시는 취임 직후부터 급격한 금융 긴축을 단행하며 버블 퇴치에 힘써서 한때 영웅 취급을 받았다. 그러나 급격한 금리 인상으로 주가와 땅값이 하락하고 기업들의 대출이 막혀 자금 융통이 어려워진 데다 은행도 급증한 불량 채권 때문에 신음하게 되었다.

버핏의 말에 따르면, 고액의 채무를 끌어안은 회사는 만기가 다가오면 돈을 다시 빌릴 수 있다고 여긴다. 일반적으로는 잘못된 생각이 아니지만, 때로는 회사 자체의 문제나 세계적인 금융경색 탓에 기일에 돈을 갚아야 하는 상황이 생기기도 한다. 버핏은 이렇게 설명했다.

"채무자는 그제야 신용이 산소와 같다는 사실을 알게 됩니다. 모두가 풍부할 때는 존재조차 느끼지 못하지만, 사라진 뒤에야 분명히 깨닫는 것이지요."

자금에 여유가 없는 기업은 아주 잠시만 대출이 막혀도 회사를 더 이상 꾸려나가지 못하게 된다. 그런 사태를 피하기 위해서 버크셔 해서웨이에서는 항상 현금을 적어도 200억 달러는 보유하고 있다. 금융 위기가 닥쳐도 여유를 지킬 수 있는 이유는 그만큼 철저한 대비 덕분이다.

301 《워런 버핏의 주주 서한》

"부채가 지닌 놀라운 효과로 한번 이익을 내고 나면, 보수적인 방식으로 돌아가려 하는 사람은 거의 없습니다."

투자에서 승리를 거두려면 우선 자금이 필요하다면서 돈을 빌리거나 신용거래를 하는 사람이 있는데, 성공한 투자자 중에는 신용거래나 부채는 지양하는 동시에 잉여 자금으로 현물을 사야 한다고 여기거나 투자에 한없이 신중해야 한다고 주장하는 사람도 적지 않다. 버핏은 젊은 시절부터 부채의 위험성을 잘 알고 있었기 때문에 빚지기를 싫어했다.

"몇몇 사람이 차입금을 이용한 투자로 큰 부를 얻었다는 점은 의심할 필요도 없는 사실입니다. 하지만 그건 몹시 곤궁해지는 길이기도 합니다."

버핏은 부채를 적절히 이용해 이익을 늘리면 사람들의 존경을 받겠지만, 부채에 중독되어서 현금으로 투자하는 보수적인 방식으로는 두 번 다시 돌아가지 못한다고 말했다. 돈을 빌릴 수 있고 계속 이익이 날 때는 괜찮지만, 리먼 브라더스 사태나 닷컴버블 붕괴 같은 문제가 나타나면 눈 깜짝할 사이에 모든 부를 잃고 빚더미 위에 오르게 된다. 버핏은 이렇게 말했다.

"부채에 이토록 신중한 탓에 우리는 수익률 면에서 약간 손해를 보았습니다. 하지만 엄청난 유동성 덕분에 두 다리 뻗고 편히 잠듭니다."

리먼 브라더스 사태로부터 2개월이 지났을 무렵 많은 기업이 자금을 융통하기 위해 고군분투하는 동안 버크셔 해서웨이는 투자에 156억 달러를 썼다.

302 《워런 버핏의 오마하 순례》

"그 사람들(석유 회사의 경영진)의 보수를 늘리는 건 바보 같은 짓입니다. 하지만 석유를 얻는 데 드는 비용을 다른 기업보다 절감했다면 큰돈을 줘도 좋습니다."

버핏은 실적을 올린 경영진에게 고액의 보수를 지불하는 데는 한 치의 망설임도 보이지 않는다. 버크셔 해서웨이의 산하 기업을 경영하는 이들에게도 기꺼이 많은 돈을 내어준다.

그런 의미에서 버핏은 성과제를 지지하는 사람이라 할 수 있지만, 단순히 회사가 돈을 벌거나 경기가 좋다는 이유만으로 많은 보상을 주는 데는 의문을 표했다. 버크셔의 주주총회에서 원유 가격 상승으로 석유 회사가 덕을 보았을 때 경영진이 고액의 보수를 받은 경우를 예로 들며 이렇게 말했다.

"그 사람들의 보수를 늘리는 건 바보 같은 짓입니다. 하지만 석유를 얻는 데 드는 비용을 다른 기업보다 절감했다면 큰돈을 줘도 좋습니다."

당시 석유 회사가 돈을 번 것은 석유 가격이 상승해서이며, 경영진은 그때 마침 그 자리에 있었을 뿐 회사에 크게 기여한 것은 아니다. 많은 보수를 주는 것은 문제없다. 하지만 그건 '마침 운 좋게 그 자리에 있어서'가 아니라 '회사를 위해 기여했다'는 이유 때문이어야 한다는 것이 버핏의 신념이었다. 하지만 현실에는 전자와 같은 이유로 당연하다는 듯이 큰돈을 챙기는 경영진이 너무나 많다.

303 《스노볼》
"거울을 보고 오늘은 뭘 할지 정하는 겁니다."

2005년 9월 버핏과 빌 게이츠는 링컨에 위치한 네브래스카 대학의 경영학부에서 학생들의 질문에 답하는 형식으로 강연을 진행했다. 그때 한 학생이 "두 분은 누구에게 의견이나 조언을 구하시나요?"라고 질문하자 버핏은 "거울을 봅니다"라고 대답했다. 남이 보기에는 상대를 어리둥절하게 만드는, 심지어 진지하게 질문한 학생을 놀리는 대답처럼 느껴질지도 모르지만, 버핏에게는 틀림없는 사실이었다. 그는 다른 곳에서 이렇게 이야기한 적도 있다.

"저는 날마다 까다로운 과정을 거칩니다. 거울을 보고 오늘은 뭘 할지 정하는 겁니다. 그 순간만큼은 누구에게나 결정권이 있지 않을까요."

중요한 결정을 내려야 할 때 사람들은 다른 사람의 의견을 듣고 싶어 하지만, 버핏은 그런 식으로는 투자에 성공할 수 없다고 단언했다.

"뭔가를 결정할 때 내각을 소집해야 한다면, 저는 투자할 자격이 없다고 생각합니다. 책임지는 사람이 아무도 없는 사람들 속에서 나온 판단은 좋은 결과로 이어지지 않으니까요."

중요한 건 혼자 힘으로 생각하는 것이며 자신이 책임지고 판단을 내리는 것이다. 주변 사람이 어떻게 생각하는지, 모두가 찬성하는지는 아무 상관이 없다. 자기 힘으로 생각해서 얻은 결론이 옳다면 충분하며, 결국 그것이 가장 중요하다.

"그리 멀지 않은 미래에는 조금 다른 식으로 물을지도 모릅니다. '만약 당신이 트럭에 치이지 않으면 버크셔는 어떻게 되나요?'라고 말이지요."

유능한 창업자나 리더 밑에서 빛나는 성과를 올린 기업일수록 주변 사람과 주주들은 "이 사람이 없어지면 이 회사는 어떻게 될까?" 하고 걱정하기 마련이다.

버핏이 이끄는 버크셔 해서웨이도 이와 같은 우려의 목소리가 끊이지 않았다. 버크셔의 주주총회에서는 "만약 당신이 트럭에 치이기라도 하면 버크셔는 어떻게 되나요?"라는 질문이 자주 나올 정도였다. 버핏이 버크셔의 회장으로 취임한 것은 1965년으로, 이후 약 60년 동안 회사를 이끌며 버크셔를 시가 총액 2,800억 달러가 넘는 대단한 기업으로 키워냈다. 게다가 버핏의 세계적 지명도를 생각하면 누구나 이렇게 묻고 싶어지는 건 당연한 일일지도 모른다.

버핏은 이런 질문에 감사를 표하면서도 때로는 이렇게 유머 넘치는 대답을 하기도 한다.

"그리 멀지 않은 미래에는 조금 다른 식으로 물을지도 모릅니다. '만약 당신이 트럭에 치이지 않으면 버크셔는 어떻게 되나요?'라고 말이지요."

실제로 지긋한 나이가 되어서 더 큰 권력을 쥐고 회사를 그릇된 방향으로 이끄는 경영자도 있지만, 버핏은 이미 후계자도 선택했으니 그런 걱정은 필요가 없다.

305 《워런 버핏의 주주 서한》

"우리는 '나보다 못한 사람을 뽑으면 회사는 난쟁이들의 회사가 될 것이다. 그러나 나보다 뛰어난 사람을 뽑으면 회사는 거인들의 회사가 될 것이다'라는 말을 믿습니다."

혼다의 창업자 혼다 소이치로는 인사 책임자에게 "자네가 감당할 수 없는 사람만 뽑으면 어떻겠나?"라고 제안한 적이 있다. 됨됨이가 좋고 상상의 말을 고분고분하게 따르는 사람을 채용하면 관리직은 편하지만, 결국 상사를 뛰어넘는 인재는 나오지 않는다. 그러면 기업에는 머지않아 고만고만한 직원들만 남고 규모도 줄어든다. 그보다는 "이 녀석은 도무지 감당이 안 되는군"이라는 말이 절로 나오는 인재를 채용해야 회사가 더 크게 성장할 수 있다고 생각한 것이다.

버핏은 원래부터 진심으로 존경할 수 있는 사람 밑에서 좋아하는 사람들과 함께 일해야 한다고 생각했다. 단, 이것이 '자기 뜻을 순순히 따른다'는 뜻은 아니다. 버핏과 멍거는 광고 대행사 오길비앤매더의 창업자 데이비드 오길비의 "나보다 못한 사람을 뽑으면 회사는 난쟁이들의 회사가 될 것이다. 그러나 나보다 뛰어난 사람을 뽑으면 회사는 거인들의 회사가 될 것이다"라는 말을 굳게 믿는다.

버핏은 뛰어난 실력을 가진 경영자를 채용해 회사를 온전히 맡기는 방식을 좋아한다. 한 나라의 리더나 경영자가 고분고분한 사람만 곁에 두면, 나라도 기업도 쇠퇴하고 만다.

306 《워런 버핏의 오마하 순례》

"저는 아무것도 희생하지 않았습니다."

버핏은 젊은 시절부터 근검절약을 마음에 새겨왔다. 언제나 '쓰는 돈은 들어오는 돈보다 적게'를 되새기고, 돈을 쓸 때도 '이 돈을 복리로 굴리면?' 하고 헤아려보는 것이 습관이었다. 35세 무렵에는 투자자들에게 보내는 편지에 "영화 보러 갈 돈을 아껴서 투자하고 있다"라고 썼는데, 이처럼 검소한 생활도 꾸준히 계속하다 보면 당연한 습관이 된다.

그 덕인지 세계 최고의 투자자가 된 뒤에도 버핏의 생활은 거의 달라지지 않았으며, 자신이 검소한 생활을 한다는 점을 특별하게 여기지도 않았다. 2006년 빌 게이츠가 운영하는 재단에 자산의 대부분을 기부하겠다고 발표한 것에 대해 주주총회에서 질문을 받았을 때, 버핏은 자기희생 같은 행위가 아니라며 다음과 같이 대답했다.

"저는 아무것도 희생하지 않았습니다. 희생이란 밤에 외출을 삼가거나 대부분의 시간을 할애하거나 디즈니랜드 여행을 그만두고 교회에 기부하는 것을 가리킵니다. 하지만 저의 생활은 조금도 달라지지 않았습니다."

좋은 습관도 오래 지속하면 당연한 일이 된다. 버핏에게 절약은 지극히 당연한 일이었고, 아무리 많은 자산을 쌓아도 그의 생활이 달라지는 일은 없었다.

307 《워런 버핏의 오마하 순례》

"정부가 사회의 심부름꾼임을 망각하고 시민의 약점을 이용해 돈을 벌려 한다는 사실에 화가 납니다."

지금껏 버핏이 해온 투자에 관해 찰리 멍거는 이렇게 말했다.

"워런 버핏은 일부러 이익을 제어해 왔습니다."

버핏만큼 뛰어난 재능이 있고 버크셔 해서웨이만큼의 커다란 규모의 기업이 있고, 투자 수익을 냉철하게 계산할 줄 알면, 인수의 제왕이 되거나 회사를 더 자유롭게 사고팔 수 있다. 그러나 버핏은 사람과 사람의 관계를 무엇보다 소중히 생각하기에 '돈만 되면 뭐든 상관없다'는 식의 투자에는 결코 손을 대려 하지 않았다.

버크셔의 주주총회에서 왜 도박업계에 투자하지 않느냐는 질문을 받은 버핏은 이렇게 대답했다.

"정부가 사회의 심부름꾼임을 망각하고 시민의 약점을 이용해 돈을 벌려 한다는 사실에는 화가 납니다."

버핏은 10대 시절 경마장에서 직접 만든 우승마 예상지를 팔거나 경마로 수중에 있던 돈을 몽땅 잃어본 적도 있다. 하지만 그때 이후로는 도박에 손을 대지 않았고 도박 관련 회사에 투자하지도 않았다. 버핏의 투자 대상은 능력 있는 경영자가 있는 훌륭한 기업이자 장기적으로 많은 사람이 필요로 할 상품을 만드는 기업이다. 거기에 도박업계는 포함되지 않았다.

"아침에 눈을 떴을 때 낯선 금융인에게 도움을 청해야 하는 입장은 절대 되고 싶지 않을 겁니다. 저는 그런 생각을 몇 번이나 해왔습니다."

2008년 3월, 미국의 투자은행 베어스턴스에서 뱅크런 사태가 벌어졌다. 당시 베어스턴스의 차입금은 보유 자산 1달러당 33달러까지 부풀어 올랐고, 거래처들도 돈을 빌려주거나 맡기기를 꺼리는 바람에 순식간에 궁지에 몰렸다. 살로먼 브라더스처럼 위기에 빠질 상황이었으나, 연방준비제도가 베어스턴스의 채무 300억 달러를 보증해 주면서 사태는 일단 진정되었다. 하지만 버핏은 상황을 조금 다르게 보고 있었다.

"건전하다 여겨지는 금융 기관에까지 감염이 번지는 건 바람직하지 않습니다. 베어스턴스가 무너지면 2분 뒤에는 리먼이 위태로워지겠지요. 또 2분 뒤에는 메릴 린치는 괜찮으냐는 말이 돌 테고요. 그렇게 감염이 점점 확산됩니다."

이후 베어스턴스는 JP모건에 2억 3,600만 달러라는 공짜나 다름없는 금액에 인수되었다. 버핏에게도 제안이 왔지만, 리스크가 너무 크다며 거절했다. 버핏은 이렇게 이야기했다.

"아침에 눈을 떴을 때 낯선 금융인에게 도움을 청해야 하는 입장은 절대 되고 싶지 않을 겁니다. 저는 그런 생각을 몇 번이나 해왔습니다. 언제든 돈은 충분히 준비해 두어야만 합니다."

지금은 여태껏 한 번도 일어난 적 없는 사태가 벌어지는 시대다. 궁지에 빠지지 않으려면 늘 빈틈없이 준비해야 한다.

309 《스노볼》

"저는 음악은 좋아하지만, U2의 노래는 감동할 정도는 아니라고 생각했어요. 제가 감탄한 이유는 보노가 밴드의 수입을 모두 공평하게 나눠 가지도록 한다는 점 때문이었습니다."

　　버핏은 로마 교황을 만난 재단사의 이야기를 들려준 적이 있다. 친구들이 로마에서 교황을 보고 돌아온 재단사에게 교황님은 어떤 사람이었느냐고 묻자, 재단사가 교황의 '옷 사이즈'를 알려주었다는 이야기다.

　　실제로 의류와 관련된 일을 하는 사람 중에는 한 번 보기만 해도 그 사람의 사이즈를 알아맞히는 사람이 있는데, 이야기 속의 재단사도 자신의 직무에 정말 충실한 사람이었음을 알 수 있다.

　　그런 의미에서는 버핏도 자신의 일에 늘 진심이었다.

　　버크셔 해서웨이 산하의 항공기 회사 넷젯이 주최하는 행사에 록 밴드 U2의 보컬인 보노(Bono)가 참석한 적이 있었다. 그때 보노의 부탁으로 15분간 시간을 내준 버핏이 보노의 질문에 답하던 도중 두 사람은 '어째서인지 의기투합했다'고 한다. 버핏은 그를 만난 후 느낀 바를 이렇게 설명했다.

　　"저는 음악은 좋아하지만, U2의 노래는 감동할 정도는 아니라고 생각했어요. 제가 감탄한 이유는 보노가 밴드의 수입을 모두 공평하게 나눠 가지도록 한다는 점 때문이었습니다."

　　자본 배분에 탁월한 재능을 가진 버핏에게 가장 큰 관심사는 보노가 벌어들이는 거액의 돈을 어떻게 나누는가였다.

310 《친애하는 버핏 씨에게》

"나쁜 기업을 좋은 경영자가 이끄는 것보다는 좋은 기업을 나쁜 경영자가 이끄는 것이 낫습니다."

2007년 미국에서 일어난 서브프라임 모기지 사태는 수많은 금융기관을 끌어들였고 이후 리먼 브라더스 사태로 이어지는 위기를 초래했다. 미국 최대의 주택담보대출 업체인 컨트리와이드 파이낸셜(Countrywide Financial)은 문제의 주요 당사자 중 하나였다.

컨트리와이드 파이낸셜의 대출은 급속도로 악화되었고 같은 해 8월에는 "컨트리와이드가 백기사를 찾고 있다"는 소문이 퍼져나갔다. 당시 버핏은 《친애하는 버핏 씨에게》의 저자이자 금융 컨설턴트인 재닛 타바콜리(Janet Tavakoli)에게 "대기업 두 곳이 접촉해서 10억 달러 단위의 자금을 지원해달라고 요청했습니다. 다른 선택지가 없어서 두 곳 모두 궁지에 몰려 있는 상황이지요. 이대로라면 두 번의 대규모 도산이 일어날 겁니다"라고 이야기했다.

버핏은 회사의 이름은 밝히지 않았지만, 그중 하나는 틀림없이 컨트리와이드일 것이다. 물론 버핏이 움직이면 살로먼 브라더스 때처럼 재정 불안을 해결할 수 있었을지도 모르지만, 버핏에게 컨트리와이드는 리스크가 지나치게 높은 데다 회장인 안젤로 모질로에게도 문제가 있었다. 컨트리와이드는 버핏이 좋아하는 기업과 정반대로 '나쁜 기업을 나쁜 경영자가 이끄는' 상황이었다.

결국 컨트리와이드는 2008년 뱅크오브아메리카에 인수되었다.

311 《친애하는 버핏 씨에게》

"프레디맥과 패니메이의 주식을 대부분 매각했습니다. 두 회사가 연 15%의 매출 증가를 내걸었다는 점이 마음에 걸렸기 때문입니다."

미국의 뱅크오브아메리카에 인수된 컨트리와이드는 2008년 금융 위기 전 미국의 국책 주택담보금융업체인 패니메이와 프레디맥에 수천 건의 악성 모기지 채권을 팔아넘겨 손실을 입혔다는 이유로 2014년 7월, 13억 달러를 지불하라는 명령을 받았다.

버핏은 한때 패니메이와 프레디맥의 주주였지만, 서브프라임 모기지 사태가 일어나기 한참 전이었던 2002년 버크셔 주주들에게 보내는 편지에서 두 회사의 주식 대부분을 매각했다고 밝혔다. 그가 주식을 판 이유는 이러했다.

"프레디맥과 패니메이의 주식을 대부분 매각했습니다. 두 회사가 연 15%의 매출 증가를 내걸었다는 점이 마음에 걸렸기 때문입니다. 매출을 늘린다고 영업 이익 면에서 두 자릿수 성장을 지속할 수 있는 건 아니니까요."

버핏은 매출 '증가'에는 그리 신경을 쓰지 않는다. 예를 들어 버크셔 해서웨이에서도 리스크가 높은 보험을 맡으면 매출은 늘겠지만, 매출의 '질'은 오히려 떨어진다. 중요한 것은 '양'이 아니라 '질'이라 생각하는 버핏에게 CEO가 회사의 성장률을 예측하는 행동은 단순한 '눈속임이자 위험한 행동'이었다. 버핏의 기본 원칙은 장기 보유이지만, 옆길로 새어버린 기업은 과감히 놓아버리기도 한다.

312 《친애하는 버핏 씨에게》

"좋은 물건은 아무리 많아도 방해가 되지 않아요. 오히려 멋지지요."

버핏은 '훌륭한 경영자가 있는 훌륭한 기업'을 좋아한다. 특히 자신의 마음에 드는 기업은 "사는 것은 좋아하지만 파는 것은 좋아하지 않는다"라며 되도록 영원히 보유하려 했다. 버핏은 한때 팬이었던 여배우 메이 웨스트의 말을 좋아한다.

"좋은 물건은 아무리 많아도 방해가 되지 않아요. 오히려 멋지지요."

다만 좋은 물건도 너무 많으면 제대로 관리하기가 어려워져서 내심 불안해하는 사람도 있다. 버핏은 본래 분산 투자를 싫어하고 엄선한 기업에 큰돈을 투자하라고 권하는데, 특히 '훌륭한 경영자가 있는 훌륭한 기업'과 관련해서는 조금도 걱정할 필요가 없다고 여긴다.

자신이 투자하는 기업에 대해 깊이 이해하고 있는 데다 각각 믿을 수 있는 전문 경영자가 회사를 운영하고 있기 때문이다. 이 정도로 큰 믿음이 있으면 버핏이 종종 말했듯이 주가가 어떻게 바뀌든 신경 쓸 필요가 없고, 한두 해쯤 주식 시장이 폐쇄되어도 걱정할 이유가 없다.

버핏이 말하는 '좋은 물건'이란 그런 것이었다.

이토록 '좋은 물건'이라면 아무리 많아도 방해가 되지 않을 테니 "오히려 멋지다"라는 말은 틀림없는 사실일 것이다.

313 《워런 버핏, 부의 진실을 말하다》

"100명의 학생 앞에서 옳은 이야기를 하면 몇 명은 귀를 기울여주겠지요. 그 결과 그들의 인생이 바뀔지도 모릅니다."

버핏과 찰리 멍거는 사람들에게 이야기를 들려주는 것을 정말 좋아한다. 하지만 한편으로는 '신발 단추 콤플렉스'에 빠지지 않도록 늘 각별한 주의를 기울였다. 신발 단추 콤플렉스란 신발에 다는 단추 시장을 독점하는 데 성공한 사람이 모든 권위를 손에 쥐었다고 착각했는지 이 세상에 자기가 모르는 일은 없다는 양 떠들어대기 시작했다는 이야기에서 비롯되었다. 버핏과 찰리는 그런 태도를 취하지 않도록 자신들이 자세히 아는 일, 잘하는 일에 대해서만 이야기하기를 원했다.

버핏이 학생들에게 적극적으로 조언을 하게 된 것은 2002년 무렵부터였다. 그는 쉽고 빠르게 부자가 되는 것은 인생에서 가장 존중해야 할 목표는 아니라고 생각했지만, 학생들이 버핏의 이야기를 귀담아듣는 이유는 그가 세계 최고의 투자자이며 세계에서 가장 부유한 이의 자리에 오른 적이 있어서였다. 버핏의 입장에서는 정말이지 얄궂은 일이었지만, 그럼에도 그는 다음과 같은 생각을 가지고 학생들 앞에 섰다.

"100명의 학생 앞에서 옳은 이야기를 하면 몇 명은 귀를 기울여주겠지요. 그 결과 그들의 인생이 바뀔지도 모릅니다. 예순 넘은 아저씨들을 상대로는 그렇게 되지 않거든요."

버핏은 말에 사람을 바꾸는 힘이 있다고 믿었다.

314 <닛케이 베리타스 No.194>

"신뢰할 수 있는 제품 그리고 10년, 20년, 50년이 지나도 모두가 원하는 제품을 만드느냐가 제가 투자를 결정하는 기준입니다."

"위대한 기업이란 앞으로 25년이든 30년이든 계속해서 위대한 기업을 말합니다. 저는 그렇게 정의했습니다."

버핏의 이 말은 정말이지, 장기 투자를 사랑하는 버핏다운 생각이 아닌가 싶다.

짧은 기간 동안 눈부시게 화려한 실적을 보여주는 기업, 어마어마한 수익을 올리는 기업은 얼마든지 있지만, 그런 기업의 대부분이 3년 뒤, 5년 뒤, 10년 뒤에도 계속해서 빛날 가능성은 낮다는 점도 틀림없는 사실이다. 버핏이 친구 빌 게이츠의 마이크로소프트가 아닌 씨즈 캔디의 주식을 산 이유도 그래서였다.

버핏의 투자 기준은 모든 이의 생활에 없어서는 안 될 물건, 돈을 내고서라도 어떻게든 사고 싶은 물건을 만드는 기업이자 어떤 분야에서든 강한 브랜드력을 지닌 기업이었다. 그런 기업은 허리케인 카트리나가 오든, 일본에서 큰 지진이 일어나든 결코 흔들리지 않는 강한 힘을 가지고 있다.

"신뢰할 수 있는 제품 그리고 10년, 20년, 50년이 지나도 모두가 원하는 제품을 만드느냐가 제가 투자를 결정하는 기준입니다."

이런 확고한 기준을 언제나 흔들림 없이 고수한 것이 버핏이 투자에서 큰 성공을 거둔 요인이었다.

315 《워런 버핏, 부의 진실을 말하다》

"어느 날 오후에 전화로 인수 제안을 받았는데 내용이 상당히 좋다면, 그날 밤 당장 계약서에 사인할 수도 있습니다."

버핏은 '시간 낭비'를 극도로 싫어한다. 투자 여부를 결정할 때도 다른 사람들이 흔히 하듯이 '회의를 소집하거나' '논의를 몇 차례씩 반복하지' 않고 스스로 판단해서 결론 내리기를 좋아한다. 인수 제안을 받았을 때도 '이 기업은 살 가치가 없다'고 생각하면 아직 상대방이 말을 끝내지 않았더라도 중간에 끊고 "노"라고 말할 정도로 철저했다.

답을 이미 알고 있음에도 끝까지 이야기를 들으면, 상대에게 좋은 인상은 줄 수 있을지언정 상대방의 시간과 자신의 시간을 모두 낭비하게 되기 때문이다. 반대로 답이 "예스"일 때는 버핏의 말처럼 '그날 밤' 바로 계약서에 사인을 하기도 한다.

이렇게 망설임 없이 행동할 수 있는 이유는 버핏이 생각하는 또렷한 '능력 범위'가 있으며, 그 범위 안에 드는 기업은 다른 회사와 비교해 빠르게 결론을 내릴 수 있을뿐더러 버크셔 해서웨이가 언제든 고액의 현금을 보유하고 있기 때문이다. 버핏은 부채를 꺼려서 버크셔에 100억 달러에서 200억 달러나 되는 현금을 마련해 두고 있다. 대부분의 기업은 인수를 결정한 뒤 돈을 마련하기 위해 동분서주하지만, 버핏은 그럴 필요가 없었다.

신속한 판단과 풍부한 현금이야말로 버핏의 힘이다.

316 《친애하는 버핏 씨에게》

"확실히 잘못하는 것보다는 대체로 옳은 방향으로 나아가는 편이 낫습니다."

미국 기업에서 일하는 사람들에게 스톡옵션은 매력적인 존재다. 특히 벤처 기업은 보수가 적더라도 스톡옵션이 있으면 이후 기업이 성장해서 주식을 상장했을 때 거액의 자산을 손에 넣을 수 있는 기회가 되기도 한다.

하지만 버핏은 스톡옵션이 인건비로 계산되지 않아 때로는 회계를 조작할 수 있게 만든다는 점에 의문을 가졌다. 버핏은 "스톡옵션이 급여의 한 형태가 아니라면 대체 무엇인가?", "이익을 계산하는 데 비용을 포함하지 않으면 대체 어디에 포함한단 말인가?"라며 의문을 표했다.

처음에는 반대 의견이 대부분이었지만, 2002년에는 코카콜라가 사원들의 스톡옵션을 비용으로 처리하기로 결정했고 2003년에는 빌 게이츠가 마이크로소프트의 스톡옵션 부여를 중단하고 성과에 따라 주식을 지급하기로 결정했다. 버핏은 스톡옵션을 비용에 포함해야 한다고 주장하는 글을 〈워싱턴 포스트〉에 기고하고 의회에 이렇게 충고했다.

"의원 여러분, 확실히 잘못하는 것보다는 대체로 옳은 방향으로 나아가는 편이 낫습니다."

버핏은 회계적으로 문제가 있는 부분은 바로잡아야 하며 그러려면 대략적으로나마 옳은 방향으로 한 걸음씩 발을 내디뎌야 한다고 생각했다. 다소 문제는 있더라도 나아가는 방향만 틀리지 않는다면, 조금씩 바로잡으며 발을 내딛는 동안 어느새 올바른 장소에 도달할 수 있다.

317 <워런 버핏 & 빌 게이츠 학교에 가다>

> **"많은 사람과 함께하는 인생의 좋은 점은 우수한 사람들에게 둘러싸여 지내는 동안 그 사람들을 본받아 행동하게 된다는 점입니다. 그 대신 주변 사람들도 당신의 영향을 받게 되지요."**

혼자서 살아가기란 무척이나 어려운 일이다. 우리는 대부분 부모의 손에서 자라 스승의 가르침을 받고 친구와 관계를 쌓으며 배우고 성장해 나간다.

일 또한 마찬가지다. 사람들이 서로 힘을 합쳐야 일이 굴러갈뿐더러 모두가 같은 마음으로 일해야 일이 완성된다.

버핏은 사람과 사람의 관계를 소중하게 여겼다. 자신보다 뛰어난 사람, 존경할 만한 사람과 일하면 자신도 조금씩 나아진다고 믿었다.

그뿐만 아니라 자기 행동이 주변 사람에게 주는 영향을 자각해야 한다고도 말했다. 스스로 노력해서 바람직한 행동을 하면 가족과 친구에게 좋은 영향을 주지만, 무책임한 태도를 취하면 나쁜 영향을 주기 때문이다. 버핏은 이렇게 말했다.

"많은 사람과 함께하는 인생의 좋은 점은 우수한 사람들에게 둘러싸여 지내는 동안 그 사람들을 본받아 행동하게 된다는 점입니다. 그 대신 주변 사람들도 당신의 영향을 받게 되지요."

사람은 다른 사람에게 영향을 받을 뿐만 아니라 주변 사람들에게 영향을 미치는 존재이기도 하다. 이 점을 알면 '어떻게 살아가야 하는가'라는 질문의 답도 분명해진다.

318 <워런 버핏 & 빌 게이츠 학교에 가다>

"저는 1년에 50주 정도를 '생각하는' 데 씁니다. 일하는 시간은 기껏해야 2주쯤 되지 않을까 싶네요."

버핏은 벤저민 그레이엄의 회사에서 일하는 동안 뉴욕에서 생활했지만, 그때 이외에는 고향인 오마하를 자신의 거점으로 삼았다. 지금은 통신망이 발달한 덕에 인터넷만 연결되면 어디서든 일할 수 있지만, 버핏이 오마하에서 일하기 시작한 1950년대에는 인터넷도 없었으니 오마하는 정보라는 면에서 몹시 불편한 환경이었을 것이다. 그러나 버핏은 조금도 개의치 않았다.

지금도 오마하는 버핏의 주된 일터다. 오마하에서 지내는 것이 어떤 점에서 이로운지 버핏은 이렇게 설명했다.

"저는 1년에 50주 정도를 '생각하는' 데 씁니다. 일하는 시간은 기껏해야 2주쯤 되지 않을까 싶네요."

버핏은 회의도 열지 않고 전화나 메일에 많은 시간을 할애하지도 않는다. 버핏에게 가장 중요한 것은 '읽는 것'과 '생각하는 것'이며, 오마하는 읽고 생각하기에 아주 적합한 장소다. 우리가 쫓아야 할 것은 시시각각 변하는 주가 또는 월가나 연방준비제도의 동향과 소문이 아니다. 눈앞에 있는 종목에 관한 정보를 읽고 깊이 곱씹어 보아야 한다. 버핏은 "일하는 시간은 기껏해야 2주쯤"이라고 말했는데, 충분히 생각하는 시간이야말로 투자의 질을 높이는 요인이라고 할 수 있다.

319 <애플인사이더(AppleInsider)>

"자, 이렇게 매각했는데도 불구하고 버크셔는 애플을 5.4%나 보유하고 있지 않습니까."

코카콜라가 버크셔 해서웨이의 포트폴리오에서 오랜 기간 정상을 차지했던 챔피언이라면, 지금 그 자리에 앉은 것은 애플이다. 애플의 주식은 버크셔의 국내 포트폴리오에서 전체의 40%를 차지하며, 버핏 또한 애플을 보험 사업을 이을 '두 번째 거인'이라 불렀다.

버핏이 애플에 처음 투자한 것은 2016년인데, 버크셔의 이사 중 한 사람이 택시에서 아이폰을 잃어버리고 나서 "영혼의 일부를 잃어버린 것 같다"라고 한탄한 것이 계기였다. 그 이야기를 들은 버핏은 애플에 관심을 가지게 되었고 그것이 투자로 이어졌다. 버핏은 애플의 주식 일부를 매각한 때도 있었지만, 그 시기에 애플이 '자사주 매입'을 실행하면서 버크셔의 보유 비중은 오히려 늘어났다. 버핏은 "자, 이렇게 매각했는데도 불구하고 버크셔는 애플을 5.4%나 보유하고 있지 않습니까"라며 기뻐했다.

버핏에게 정보 통신 관련 기업은 '능력 범위를 벗어나는' 영역이었지만, 애플은 '많은 사람이 진심으로 원하는 제품을 오랜 기간에 걸쳐 만들어온, 사람들의 생활에 없어서는 안 될 회사'이고 '적극적으로 자사주 매입에 나서 주주 배당을 챙겨준다'라는 점 또한 마음에 들었다. 참고로 버크셔 또한 종종 자사주를 매입한다.

320 《워런 버핏의 오마하 순례》

"우리에게는 누구도 겪어본 적 없는 일을 비롯한 중대한 리스크를 꿰뚫어 보고 이를 회피할 줄 아는 힘을 타고난 인물이 필요합니다."

버크셔 해서웨이에게 '버핏의 후계자 문제'는 오랜 숙제였다. 제법 긴 기간 동안 세 후보자가 거론되었다고 했으나 이름을 공표하지 않아서 '만약 버핏에게 무슨 일이 생기면 어쩌나' 하는 우려는 주주뿐 아니라 모든 투자자들의 큰 관심사 중 하나였다.

2021년 5월 버크셔는 그레그 에이블 부회장(당시 58세)을 후계자로 내정했다고 발표했고 버핏도 미국 CNB 방송에서 "만에 하나 자신에게 무슨 일이 생기면 그레그가 뒤를 잇기로 이사회에서 합의했다"고 밝혔다. 버핏은 자신이 세상을 떠난 뒤 버크셔 해서웨이의 미래를 맡길 인물에 대해 이렇게 이야기한 적이 있다.

"앞으로 시장에서는 터무니없는 일이나 기묘한 일들이 계속해서 일어날 겁니다. 한 번 큰 문제를 저지르기만 해도 그때까지 꾸준히 쌓아온 성공이 단숨에 무너질 수도 있습니다."

경험과 여러 문제를 통해 교훈을 얻는 것도 물론 중요하지만, 투자와 사업의 세계에서는 리먼 브라더스 사태나 코로나 바이러스의 세계적 유행 같은 누구도 겪어보지 못한 사태가 벌어지기도 한다. 그럴 때 필요한 것은 '아직 일어나지 않은 일도 상상할 줄 아는' 능력이다.

321 <워런 버핏 & 빌 게이츠 학교에 가다>

"재능 있는 모든 사람에게 성공을 손에 쥘 기회가 공평하게 주어지는 것이야말로 이 나라의 정신일 테니까요."

'아메리칸드림'이라는 말에는 독특한 울림이 있다. 이민자의 나라 미국에서는 가진 것이 꿈과 비전밖에 없는 젊은이들이 한결같이 노력해 꿈을 이루고 세계적인 유명 인사나 세계적 사업가, 세계적 자산가가 된다는 이야기가 오랫동안 진실처럼 받아들여졌다.

물론 일론 머스크 같은 대부호가 탄생하기는 했지만, 최근 몇 년간은 아메리칸드림에 대한 의문이 속속 등장하고 있다. 부자의 자식은 자산과 지위를 물려받아 더욱 부유해지는 반면, 대부분의 젊은이는 명문 대학을 나와도 수중에 아무것도 없으면 꿈을 실현하기 어렵다는 막막함이 미국을 뒤덮고 있다.

버핏은 일찍부터 막대한 부를 상속하는 일에 대해 부정적인 의견을 보였고 자신도 자산의 대부분을 자선 사업에 기부하겠노라 발표했다. 계승된 부가 젊은 세대로부터 공평한 기회를 빼앗고 미국이 지닌 힘을 해친다는 생각 때문이었다.

"저는 막대한 부를 물려주는 데 전혀 관심이 없습니다. 그건 전혀 미국답지 않은 일 아닌가요? 재능 있는 모든 사람에게 성공을 손에 쥘 기회가 공평하게 주어지는 것이야말로 이 나라의 정신일 테니까요."

버핏은 부유한 집에서 태어났다는 이유로 아무런 조건 없이 재산과 사회적 지위를 손에 넣어야 마땅하다고 여기는 것은 미국답지 않다고 생각했다.

"제가 보기에 이 나라의 세금 제도는 너무나 균등합니다. 솔직히 말해서 빌과 나는 더 많은 세율을 적용해야 합니다."

미국의 세금 제도는 부자에게 유리한 체계이므로 바로잡아야 한다는 의견이 종종 나온다. "제가 보기에 이 나라의 세금 제도는 너무나 균등합니다. 솔직히 말해서 빌과 나는 더 많은 세율을 적용해야 합니다"라고 말한 버핏이 대표적인 인물이다.

버핏은 소득이 낮을 때는 낮은 세율을, 높을 때는 높은 세율을 적용해 개인소득세의 누진도를 높여야 한다고 주장했다. 자신의 비서나 이라크로 파병된 병사들이 부자인 자신보다 높은 소득세율을 적용받는다는 점을 도무지 납득할 수 없었기 때문이다.

몇몇 정치가와 관료들은 과세가 비교적 느슨한 금융 투자로 거액의 부를 얻은 버핏이 부자에게 유리한 세금 제도를 비판하는 건 이상한 일이라고 노골적으로 비판하기도 했다. 하지만 버핏은 2006년 다음과 같이 반론하며 자신은 고액의 세금에도 불만이 없다고 밝혔다.

"버크셔는 미국 정부가 쓰는 하루 지출의 절반 이상을 부담한 셈이 되었습니다. 온갖 지출을 모두 합한 금액의 절반이지요. 만약 버크셔 같은 납세자가 600명 있다면 다른 사람은 아무도 연방소득세나 급여세를 납부할 필요가 없어질 겁니다."

버핏은 미국이라는 나라가 돈 많은 이에게 과도하게 유리한 정책으로 부자를 '특권 계급'으로 만들어서는 안 된다고 생각했다.

323 《워런 버핏의 오마하 순례》

"상대가 '식은 죽 먹기죠'라고 말하면 그건 대개 쉬운 일이 아닙니다. 우리는 바로 경계하지요. 그런 이야기는 거의 대부분 거절합니다."

버핏은 자신이 투자한 회사의 경영에 세세하게 참견하지 않는다. 오마하로 그룹의 경영진들을 불러 모아 정기적으로 상황을 보고하게 하거나 매달 회의를 열지도 않는다. 숫자는 보고받지만, 그보다 자세한 지시를 내리는 경우는 없다.

버핏은 그만큼 산하 기업의 경영자들을 깊이 신뢰한다. 하지만 세상에는 모두 선량한 사람만 있는 것은 아니다. 하물며 회사를 위기에서 구하기 위해서라면 아무렇게나 거짓말을 늘어놓는 사람도 있다. 버크셔 해서웨이의 주주총회에 참석한 젊은 투자자가 "어떻게 하면 믿을 만한 사람인지, 그렇지 않은지 판단할 수 있을까요?"라고 묻자 버핏은 이렇게 대답했다.

"찰리와 나는 회사를 인수하거나 경영자를 믿고 일을 맡길 때 대개 운이 좋았습니다. 하지만 그건 많은 사람을 떨쳐낸 결과였지요."

그렇다면 어떻게 사람들을 정리했을까? 버핏은 이런 예를 들어 설명했다.

"상대가 '식은 죽 먹기죠'라고 말하면 그건 대개 쉬운 일이 아닙니다. 우리는 바로 경계하지요. 그런 이야기는 거의 대부분 거절합니다."

버핏은 숫자를 읽는 달인이지만, 경영자가 신뢰할 수 있는 사람인지 아닌지 꿰뚫어 보고 대담하게 가려내는 능력도 뛰어나다.

324 <로이터(Reuters) 2020.8.31.>

"버크셔 해서웨이가 일본의 미래에 참가하는 것은 기쁜 일입니다."

    2020년 8월 버핏이 이끄는 버크셔 해서웨이가 일본의 5대 종합 상사인 이토추, 미쓰비시, 미쓰이, 스미토모, 마루베니의 주식을 매수했다고 공시하자 일본에서 크게 화제가 되었다. 투자 금액은 약 60억 달러에 달했다.

    5대 종합 상사에 대한 투자는 지금껏 버핏이 일본에 한 투자 중 가장 규모가 크다. 매수 후 9월, 10월 동안 다섯 회사의 주가가 모두 떨어지자 상사 투자에 의문을 표하는 사람도 나왔지만, 주가보다 가치를 중시하는 버핏에게 기업의 일시적인 주가 변동은 아무런 상관이 없는 문제였다.

    버핏이 5대 종합 상사에 투자한 이유로는 회사가 이익을 내고 있음에도 주식 시장에서 뒤처지고 있으며 긴 역사를 지닌 상사에는 대기업들이 주주로 이름을 올리고 있어 '안전 마진'의 역할을 한다는 점 등 다양한 요소를 들 수 있다. 버핏은 이렇게 설명했다.

    "버크셔 해서웨이가 일본의 미래에 참가하는 것은 기쁜 일입니다. 5대 상사는 세계 각지에서 여러 공동 사업을 운영하고 있고 앞으로도 더 늘어날 가능성이 큽니다."

    일본의 성장 가능성에 의문을 나타내는 사람도 많지만, 버핏은 "장래에 유익한 기회가 있기를 바란다"며 일본과 일본의 상사에 대한 기대감을 표현했다.

325 《스노볼》

"문제가 있을 때는 개인이든 회사든 지체 없이 행동해야 합니다."

문제가 일어났을 때는 되도록 빨리 해결에 나서는 것이 중요하지만, 놀랍게도 해결하기보다 미루기를 선택하는 사람들도 있다.

살로먼 브라더스가 국채 부정 입찰을 저질렀을 때 미루기를 택한 CEO 때문에 회사는 큰 위기에 빠졌다. 버핏은 이런 행위를 "엄지손가락 빨기(Thumb sucking)"라고 표현하며 주의해야 한다고 강조했다. 그런데 버핏도 어떤 이유에서인지 '엄지손가락 빨기'를 한 적이 있다.

1997년 버핏은 재보험회사인 제너럴 리를 220억 달러에 인수했다. 제너럴 리의 실적은 나쁘지 않았지만, CEO 론 퍼거슨은 버핏과 다른 철학을 가지고 있었고 이따금 문제를 일으켰다. 사기에 걸려들거나, 충분히 조사하지도 않고 승낙하거나, 인터넷 복권 보험을 떠맡아 손실을 냈다. 그리하여 당시 버핏의 투자 인생에서 가장 규모가 큰 인수였던 제너럴 리는 곧 버핏의 걱정거리가 되었다.

게다가 제너럴 리에는 파생 상품 부문도 있었다. 파생 상품의 위험성을 아는 버핏은 2002년 경영진을 바꾸고 보유한 모든 지분을 처분한 뒤 문을 닫았지만, 처리하는 데 오랜 시간이 필요했다. 버핏은 우유부단함이 원인이었다며 "문제가 있을 때는 개인이든 회사든 지체 없이 행동해야 합니다"라며 과거를 회상했다.

문제를 발견했을 때는 빨리 해결해야 한다. 미루기는 최악의 선택이다.

326 《스노볼》

"뉴올리언스의 제방이 믿을 만한지 점검하고 고치는 건 허리케인 카트리나가 오기 전이어야 했습니다."

버핏이 1997년 220억 달러에 인수한 재보험회사 제너럴 리는 버핏의 입장에서는 드물게도 문제가 많은 회사였다. 보장을 약속하는 방식에도 문제가 있었지만, 무엇보다 큰 문제는 파생 상품 부문이 있다는 점이었다.

버핏과 찰리 멍거는 파생 상품이 문제라는 점을 알고 있었기에 경영진에게 손을 떼라고 지시했으나 "사태를 똑바로 마주하고 단호하게 처리하지 않은 탓에 겨우 그 부문을 매각하게 되었을 때는 이미 몇 년이나 시간을 허비한 뒤였다"라고 한다. 더 큰 문제는 그다음이었다. 채무를 해결하는 데 오랜 시간이 걸린 데다 지불 의무가 발생했을 때 손실액이 얼마가 될지 확정하지 못한 것이다.

"그런 의미에서 우리는 이 사업(파생 상품)이라는 탄광의 카나리아이며, 죽기 전까지 계속 경고의 노래를 불러야 합니다."

버핏은 이런 문제를 경험한 이후 제너럴 리의 사례를 들며 파생 상품의 위험성을 지적하게 되었다. 세계로 널리 퍼진 파생 상품을 방치하면 머지않아 '어마어마한 폭발'이 일어날 것이 뻔했기 때문이다. 버핏은 파생 상품을 '금융의 대량 살상 무기'라 부르며 경고했다.

"뉴올리언스의 제방이 믿을 만한지 점검하고 고치는 건 허리케인 카트리나가 오기 전이어야 했습니다."

그러나 버핏의 경고에도 불구하고 결국 모두가 혼란에 휩싸이게 되었다.

327 《워런 버핏의 주주 서한》

> "세상에는 멍거도 저도 10년 후 어떤 모습이 될지 도무지 상상하기 힘든 회사가 아주 많습니다. 그래도 이런 한계는 한 업계만 경험해 본 경영자보다는 훨씬 낫습니다."

버핏이 버크셔 해서웨이의 경영권을 인수한 지 정확히 50년이 된 2015년, 버핏은 '버크셔의 50주년과 그 후'에 대해 이야기했다. 버핏은 기존 복합 기업들의 문제점을 지적하면서 같은 복합 기업이라도 버크셔에는 기존의 기업과 다른 큰 가능성이 있다고 말했다.

"세계는 버크셔의 뜻대로 흘러가고 있습니다."

버핏이 한 말치고는 세법 대담한 표현인데, 그가 이렇게 말한 이유는 버핏과 찰리 멍거가 그간 갈고닦아 온 '능력 범위' 덕분이었다.

세계에는 버핏과 멍거가 이해하지 못하는 업계와 기업이 있고 정보 통신 분야처럼 10년 후의 모습을 도무지 상상하기 힘든 회사가 셀 수 없이 많다. 하지만 두 사람은 자신들이 누구보다 잘 알고 전망을 헤아릴 수 있는 회사가 많을뿐더러 버크셔의 산하에도 다양한 업계와 기업을 가지고 있다.

버핏은 이것이 '한 업계만 경험해 본 경영자보다 훨씬 나은' 점이며 '자기가 속한 업계의 가능성에 갇힌 채 움직이는 여러 회사보다 효과적으로 규모를 키울 수 있다는' 점이야말로 다른 회사가 갖추지 못한 버크셔의 강점이라고 생각했다.

328 《워런 버핏의 주주 서한》

"버크셔는 회사를 매각하고자 하는 소유주에게 제3의 선택지가 되어 사원과 문화를 유지할 수 있는 마지막 거처를 제공합니다."

버핏이 버크셔 해서웨이의 경영권을 인수한 지 정확히 50년이 된 2015년, 버핏은 '버크셔의 50주년과 그 후'를 이야기했다. 버핏은 버크셔의 강점 중 하나로 훌륭한 회사를 가진 소유주와 경영자에게 매우 바람직한 인수자라는 점을 들었다.

버핏의 말에 따르면 소유주가 기업을 완전히 매각하려 할 때는 2가지 선택지가 있다. 한 가지는 경쟁사에 매각하는 방법이고, 두 번째는 월가의 인수자들에게 매각하는 방법이다. 하지만 첫 번째 선택지는 인수한 회사가 그 회사의 발전에 온 힘을 쏟아온 이들을 머지않아 내쫓을 것이며, 두 번째 선택지는 회사가 또 다른 매매의 도구가 되기 쉽다.

이런 사태를 피하고 싶다면 버크셔에 매각하는 제3의 선택지를 고르면 된다. 버크셔 산하에 들어가면 그 기업은 대부분 기존의 경영자가 그대로 회사를 운영할 수 있을 뿐만 아니라 재무 상태와 성장률 또한 극적으로 강화된다. 금융 기관이나 월가의 눈치를 볼 필요도 없어져 회사의 성장에만 전념하게 되고 소중히 지켜온 기업 문화도 지킬 수 있다.

이런 조건 덕에 기업을 매각하기를 원하는 소유주에게 버크서는 최고의 인수자가 된다. 버핏은 50년에 걸쳐 낡은 섬유회사를 매력적인 회사로 바꾸었다.

329 《워런 버핏의 주주 서한》

"만약 내일 무슨 일이 일어날지 예상할 수 없다면, 무슨 일이 일어나도 문제가 없도록 대비해야 합니다."

"인생에는 오르막길과 내리막길 그리고 예상치 못한 길이 있다"라는 말이 있다. 버핏은 이렇게 '예상치 못한' 사태에 철저히 대비해야 한다고 생각했다.

버크셔 해서웨이는 늘 많은 현금을 마련해 두고 그중 대부분을 미국 재무부 채권으로 보유하고 있으며, 이율만 겨우 몇 퍼센트 높은 단기 채권은 피한다고 한다. 게다가 은행의 한도액에 의지하지 않으며 담보를 제공해야 하는 계약도 일절 맺지 않는다. 차입이나 레버리지가 당연한 사람들이 보기에는 너무 보수적인 방식이라 할 수도 있지만, 버핏은 "기일이 다가오면 현금이 유일한 법정 통화"라며 조금도 신경 쓰지 않았다.

버핏은 왜 그토록 신중할까?

진주만 공격 전날에도, 9.11 테러 전날에도, 리먼 브라더스 사태 전날에도, 하루는 대부분 평온하게 흘러갔고 모두가 큰 불안을 느끼지 못했음에도 문제가 발생한 순간 세상의 모든 것이 바뀌어버렸다. 이런 일은 생각보다 자주 일어난다. 대공황이나 닷컴버블이 그랬듯이 주식 시장에서 혼란이 벌어질 것이라는 사실은 예상할 수 있어도, 언제 일어날지는 예상하지 못한다. 그래서 버핏은 이렇게 생각했다.

"만약 내일 무슨 일이 일어날지 예상할 수 없다면, 무슨 일이 일어나도 문제가 없도록 대비해야 합니다."

330 《워런 버핏의 주주 서한》

"신호등의 파란불은 언제든 노란불도 거치지 않고 빨간불로 바뀔 수 있습니다."

주식 시장은 지금 아무리 평화로워 보여도 어떤 계기로 갑작스레 곤두박질칠 때가 있다. 버핏의 말에 따르면, 신종 코로나 바이러스 유행 이전에 버크셔 해서웨이의 주가는 총 네 번(1973년 3월~1975년 1월, 1987년 10월, 1998년 6월~2000년 3월, 2008년 9월~2009년 3월) 크게 하락한 (37~59%) 적이 있다.

물론 버크셔뿐만 아니라 시장 전체가 하락했지만, 이만큼 주가가 떨어지면 신용 거래를 하는 사람은 큰 손해를 입고, 앞이 보이지 않는 주가에 가진 주식을 허겁지겁 팔아 치우는 사람도 많아진다. 버핏은 이렇게 '신호등의 파란불이 노란불도 거치지 않고 빨간불로 바뀌는' 일은 언제 일어날지는 몰라도 앞으로도 몇 번이고 일어날 것이라고 말한다.

그런 사태 자체는 버크셔도 피할 수 없지만, 버핏은 그 순간이야말로 기회라고 이야기했다.

"시장이 크게 하락했을 때 부채를 짊어지지 않은 사람에게는 멋진 기회가 찾아옵니다."

버핏이 과도한 부채를 꺼리는 이유는 시장에서는 때로 파란불이 아무런 조짐도 없이 빨간불로 변하기 때문이다. 하지만 그런 순간에도 결코 동요하지 않고 냉정을 지키고, 자신에게 부채 대신 돈이 있다면 버크셔처럼 멋진 기업에 많은 금액을 투자할 수 있다.

331 《워런 버핏의 주주 서한》

"이런 현실 때문에 파생 상품을 이용하는 야심만만한 CEO의 회사가 살아남을 제1법칙이 만들어집니다. 적당한 실수가 아니라 어마어마한 실패 말입니다."

경제학에는 '대마불사'라는 말이 있다. 어떤 기업에 큰 문제가 있어도 부채의 규모가 너무 크거나 기업의 도산이 지나치게 많은 피해를 불러온다는 이유로 반드시 구제해야 한다고 판단하는 것을 가리킨다.

미국에서도 같은 일이 벌어졌다. 미국에서 서브프라임 모기지 사태가 벌어졌을 때 미국의 투자은행 가운데 다섯 손가락 안에 들던 베어스턴스의 경영이 급속도로 악화되었다. 그때 뉴욕 연방준비은행은 '규모를 예상할 수 없는 연쇄 반응을 막기 위해' 베어스턴스에 긴급 자금을 지원했고, 2008년 5월 30일에는 베어스턴스가 최대 규모의 은행 중 하나인 JP모건에 인수되었다.

이런 사례를 보면 국가가 우려하는 것은 사소한 문제가 있는 회사가 아니라 주변 모두에게 악영향을 미칠 듯한 회사의 문제뿐이다. 버핏은 이런 점을 꼬집었다.

"이런 괘씸한 현실 때문에 레버리지를 비롯해 이해할 수 없는 거액의 파생 상품을 이용하는 야심만만한 CEO의 회사가 살아남을 제1법칙이 만들어집니다. 적당한 실수가 아니라 어마어마한 실패 말입니다."

괘씸하지만 이것이 현실이다.

"애널리스트들의 전망에 맞출 필요는 없어요. 매년 결과를 적어 내어주면 그만입니다."

버핏은 주가가 어떤지, 분기 결산이 어떤지, 그리고 앞으로 기대되는 실적은 어떠하고 전망과 실적의 차이는 어떠한지 같은 세세한 사항에는 관심을 두지 않는다. 그러나 많은 기업 경영자들이 가장 관심을 가지는 것은 이런 숫자들이다. 코카콜라도 예외는 아니었다.

코카콜라를 세계에서 가장 유명한 브랜드 가운데 하나로 만든 로베르토 고이주에타는 버핏도 존경했던 경영자 중 한 명인데, 그가 타계한 뒤에는 판매 실적 부풀리기와 회계 조작 등 여러 문제가 잇따르며 주가가 급락했다.

버핏은 이런 문제를 일으킨 원인이 '관리된 이익'에 있다고 지적했다. 월가가 기대하는 예상 이익에 맞추기 위해, 경영진이 원하는 대로 주가를 올리기 위해, 여러 수치를 조작하고 실적을 실제 숫자보다 크게 부풀리는 것이다. 버핏은 실제 값이 아니라 기대에 걸맞은 숫자를 꾸며내는 행위를 엄격하게 비판했다.

"문제를 발견한 뒤 나는 몇 번이나 설득했다. '자, 이제 그만두어야 합니다. 애널리스트들의 전망에 맞출 필요는 없어요. 매년 결과를 적어 내어주면 그만입니다. 우리가 번 돈이 곧 이익, 그뿐이지요.'"

버핏은 월가와 투자자, 신용 평가 기관의 비위를 맞추려고 숫자를 조작하는 일을 혐오했다. 그건 사람을 속이는 행위라고 생각했기 때문이다.

333 《워런 버핏의 주주 서한》

"기회를 잡는 데 위대한 지성이나 경제학 학위 그리고 월가의 전문 용어는 필요치 않습니다. 그보다는 오랫동안 특출한 곳 없고 어리석은 사람처럼 보여도 신경 쓰지 않는 대범함이 중요합니다."

버핏은 투자에 관해 "복잡한 수학을 공부하지 않아도 투자에서 성공을 거둘 수 있다"라고 자주 말한다. 버핏은 월가에 머리 좋은 사람이 넘치도록 많지만, 그것이 투자의 성공을 보장하지는 않는다고 줄곧 이야기했다.

버핏이 얼마나 머리가 좋은지는 이미 검증된 사실이기는 하지만, 이와 별개로 버핏이 성공하는 데 필요하다 여기는 재능은 2가지가 있다.

한 가지는 사람들의 공포와 열광을 무시하고 몇 가지 단순한 지표를 눈여겨보는 것이다. 그리고 또 하나는 '오랫동안 특출한 곳 없고 어리석은 사람처럼 보여도 신경 쓰지 않는 대범함'이다.

어려운 것은 두 번째 재능인 '어리석은 사람처럼 보여도 신경 쓰지 않는 것'이다. 그중에서도 자기 자신이 똑똑하고 재능 있는 인재라고 믿는 사람일수록 다른 사람의 비판을 쉽게 견디지 못하는 경향이 있다. 그런 사람은 자꾸 반론하려 하고 '나는 머리가 좋다'는 사실을 보여주고 싶어 하지만, 버핏은 남들의 눈을 신경 쓰지 않았다. 대중이 열광하는 것을 외면하고 아무도 신경 쓰지 않는 기업에 투자할 줄 알았다. 때로는 '옛날 사람'이라고 놀림을 받기도 하지만, 열기가 가시고 난 뒤에는 모두가 버핏을 칭송했다.

334 《워런 버핏의 주주 서한》

"돈 많은 사람과 경험 많은 사람이 만나면, 경험 많은 사람은 돈을 손에 넣고 돈 많은 사람에게는 경험만 남는다."

버핏은 예전부터 투자에 관해 조언을 해달라는 요청을 받으면 수수료가 저렴한 S&P500 인덱스 펀드를 추천해 왔다고 한다. 그러면 자금이 변변찮은 친구는 버핏의 제안을 순순히 따르지만, 부자나 기관 투자자 혹은 연금 펀드에서는 버핏의 조언 대신 고액의 수수료를 무는 컨설턴트를 의지한다고 한다.

세계 최고의 투자자가 해준 조언을 듣지 않는 것도 어찌 보면 대단하지만, 버핏이 말하기를 부자들은 평범한 서민들이 이용하는 서비스에는 아무 관심도 없고 설령 수수료가 비싸더라도 서민과 다른 특별한 서비스를 받아야 마땅하다고 여긴다고 한다. 그래서 S&P500 인덱스 펀드는 거들떠보지도 않고 '특별한 컨설턴트'가 해주는 '특별한 조언'을 선호하며 '특별한 투자'를 하려 한다.

그러나 실제로는 기대한 만큼 성과가 나오지 않으니 버핏이 계산하기로 그들은 '지난 10년간 총 1,000억 달러를 허비한 셈'이 되었다. 버핏은 이러한 부자들의 기대와 그들의 기대대로 고액의 보수를 챙기는 컨설턴트들의 관계를 나타내는 격언을 소개했다.

"돈 많은 사람과 경험 많은 사람이 만나면, 경험 많은 사람은 돈을 손에 넣고 돈 많은 사람에게는 경험만 남는다."

부자는 언제나 '특별한 것'을 원하는 모양이다.

335 《워런 버핏의 주주 서한》

"사람들이 원하는 것을 생산할 뿐만 아니라 본인조차 아직 깨닫지 못한 욕구까지 채워주는 시장 제도는 가히 따라올 것이 없습니다."

버핏은 미국이라는 나라가 지금까지 걸어온 길을 높이 평가하고 앞으로의 가능성에 대해서도 강한 믿음을 가지고 있다. 그리고 그 이유 중 하나는 "사람들이 원하는 것을 생산할 뿐만 아니라 본인조차 아직 깨닫지 못한 욕구까지 채워주는 시장 제도"에 있다.

예를 들어 스티브 잡스가 만든 매킨토시나 아이폰 등은 대다수의 사람들에게 이전에는 미처 상상하지 못했으나, 손에 넣은 순간 '아, 나는 이런 걸 원했구나' 하고 느끼게 하는 제품이었다. 버핏은 빌 게이츠가 권할 때까지 컴퓨터가 필요하다고 생각하지 않았지만, 컴퓨터가 얼마나 편리한지 알게 된 후로 버핏의 생활에도 큰 변화가 생겼다.

"지금은 일주일에 10시간이나 온라인으로 브리지 게임을 즐깁니다. 그리고 이 편지(주주 서한)를 쓸 때는 '검색' 기능이 필수고요."

버핏에게 브리지는 전문가를 고용해 브리지를 배울 정도로 단순한 취미 이상이다. 또 "젊은 세대들이 브리지를 모르는 건 큰 실수다"라고 말할 정도로 브리지를 적극적으로 권하고 있다. 그런 버핏도 브리지를 함께할 친구들을 모으는 건 쉽지 않았는데, 컴퓨터 덕에 실력을 겨룰 친구들을 한결 쉽게 모으게 된 것도 버핏이 미국의 가능성을 높이 평가하는 이유일지도 모른다.

336 《워런 버핏의 주주 서한》

"대부분의 미국인이 점점 더 풍족한 생활을 하는 대가로 불운한 이들에게 가난한 생활을 강요해서는 안 됩니다."

1776년 건국 이래 미국은 몇 번의 위기가 있었지만, 기적이라 부를 만큼 엄청난 발전을 이루었다는 점은 모두가 인정하는 사실이다. 버핏의 말에 따르면, 미국은 아무것도 없는 불모지에서 제대로 된 구조도 없이 적은 생산량으로 출발했음에도 2010년대까지 90조 달러나 되는 부를 쌓아 올렸다.

그 결과 버핏을 비롯해 상위 중산층들이 모여 사는 지역에서는 버핏이 태어난 시기의 존 D. 록펠러보다도 높은 수준의 생활을 영위하며 오락과 통신, 의료 등 다양한 서비스를 누리게 되었다.

그런 의미에서는 미국인들의 생활 수준은 전체적으로 높아졌으나, 언제나 사회에서 소외된 사람들은 존재하기 마련이다. 버핏은 가난한 이들이 적절한 생활을 할 수 있도록 사회 안전망을 만들어야 한다고 주장한다. 이유는 다음과 같다.

"대부분의 미국인이 점점 더 풍족한 생활을 하는 대가로 불운한 이들에게 가난한 생활을 강요해서는 안 됩니다."

경제가 발전하고 사회가 풍요로워지는 것은 바람직한 일이지만, 어떤 시대든 사회에서 소외되어 어쩔 수 없이 원치 않는 삶을 사는 사람도 분명 존재한다. 버핏은 그런 사람들을 헤아리는 것도 '가진 자의 의무'라 여겼다.

337 《워런 버핏의 주주 서한》

"버크셔는 늘 천 년에 한 번 찾아오는 대홍수에 대비하고 있습니다. 오히려 그런 일이 벌어졌을 때 준비를 게을리한 사람들에게 구명조끼를 팔 생각이지요."

버크셔 해서웨이는 투자회사이자 보험회사이기도 하다. 그래서 버핏은 어떤 일이 있어도 문제가 없도록 재무 안정성이 탄탄해야 한다고 여겼다. 버핏이 설명한 버크셔의 강점은 다음과 같다.

"이건 무엇보다 중요한 점입니다만, 버크셔의 인내심 강한 주주들이 지닌 자본이 영영 사라질 가능성은 다른 어떤 회사에 투자했을 때보다도 낮다고 생각합니다."

그리고 이렇게 딱 잘라 말하기도 했다.

"버크셔가 자금난에 빠질 만한 문제가 일어날 가능성은 사실상 전무하다고 봅니다. 버크셔는 늘 천 년에 한 번 찾아오는 대홍수에 대비하고 있습니다. 오히려 그런 일이 벌어졌을 때 준비를 게을리한 사람들에게 구명조끼를 팔 생각이지요."

버핏이 보기에 금융의 세계에서 오래도록 굳건히 버티는 회사는 어떤 상황에서든 다음과 같은 3가지 상태를 유지했다. 첫 번째, 언제든 믿을 수 있는 수입원이 있다. 두 번째, 많은 유동 자산이 있다. 그리고 마지막으로 단기적인 거액의 현금 수요가 없다.

이 3가지 요소에 끊임없이 대응하고 있다는 점이야말로 버핏이 버크셔의 굳건함에 자신감을 가질 수 있는 이유다.

338 《워런 버핏, 부의 진실을 말하다》

"저는 지금껏 사람에게 많은 것을 걸어왔고 그들을 이해하고 있다고 생각합니다. 많은 사람이 저를 믿어준 적도 있었고요."

버핏의 투자에는 확고한 2가지 원칙이 존재한다. 하나는 기업이 지닌 가치보다 저렴한 가격에 사는 것이고, 또 하나는 그 기업이 믿을 수 있는 경영진의 손에 운영되고 있어야 한다는 것이다.

버핏이 경영진을 얼마나 주의 깊게 살피는지는 클레이튼 홈스의 사례에서 잘 드러난다. 버핏은 짐 클레이튼의 자서전, 아들이자 경영자인 케빈에 대한 평가, 재무 정보까지 모두 검토한 끝에 클레이튼 홈스를 인수하기로 했다. 버핏은 그 무엇보다 사람 자체를 보고 투자를 결정한다.

2002년 레벨3 커뮤니케이션에 5억 달러를 투자했을 때도 마찬가지였다. 레벨3 커뮤니케이션은 음성 및 데이터 고속 통신 네트워크를 운영하는 회사로, 정보 통신 기술이 '능력 범위' 밖의 영역이라 여기는 버핏과는 거리가 멀었지만, 친구이자 버크셔의 이사이기도 한 월터 스콧 주니어가 회장이라는 점 덕에 투자를 결정했다. 버핏은 이렇게 말했다.

"저는 지금껏 사람에게 많은 것을 걸어왔고 그들을 이해하고 있다고 생각합니다. 많은 사람이 저를 믿어준 적도 있었고요."

투자할 때 눈여겨보아야 할 부분은 가격과 가치의 차이, 그리고 회사를 운영하는 사람이다. 악하고 간사한 사람은 반드시 피해야 한다. 버핏은 '사람'에게 성패를 거는 투자자였다.

339 《워런 버핏의 오마하 순례》

"노사 협상이 몇 주 동안이나 이어지고 있다는 뉴스를 자주 듣습니다. 하지만 이사회와 CEO가 보수를 가지고 협상한다는 뉴스는 한 번도 들어본 기억이 없습니다."

버핏은 때로 CEO와 이사회의 태도, 보수를 결정하는 방식 등에 대해 엄격한 비판을 가하기도 한다.

예를 들어 아무런 성과도 내지 않고 많은 보수만 받아 챙기는 CEO가 있다고 가정해 보자. 그렇다면 CEO를 평가하는 이사회는 어떨까? 이사들은 결코 스스로를 평가하지 않으며 이사회는 표준 미달인 기업 실적을 변명하기 위한 장소가 될 뿐이다.

버핏의 말에 의하면 CEO와 이사회는 본래 의견을 나누는 관계가 되어야 하지만, 대개 '이사회에서 CEO의 실적을 비판하는 것은 대중 사회에서 트림을 하는 것과 다를 바 없는', 모두가 꺼리는 일이라고 한다.

이사회와 CEO는 말하자면 내연의 관계이며, 이사회는 CEO의 말을 순순히 들어주는 곳이 되어버렸다는 것이다. 버핏은 이렇게 지적했다.

"(임금이나 노동 조건을 둘러싸고) 노사 협상이 몇 주 동안이나 이어지고 있다는 뉴스를 자주 듣습니다. 하지만 이사회와 CEO가 보수를 가지고 협상한다는 뉴스는 한 번도 들어본 기억이 없습니다."

이사회에서는 CEO에게 터무니없이 많은 보상을 마치 사탕을 주듯 척척 내어주면서 노동자와는 죽을 둥 살 둥 협상에 매달린다. 버핏은 이것이 경영진의 문제라 생각했다.

340 《워런 버핏의 오마하 순례》

"그쪽은 도베르만이 아니라 코커스패니얼을 원하는 모양입니다. 저도 코커스패니얼을 흉내 내고 있는데, 아무도 속아주지 않네요."

버핏은 기본적으로 개인의 능력에 따라 보수를 지불해야 한다는 생각을 가지고 있다. 성과를 올린 사람, 능력이 뛰어난 사람에게 높은 보수를 주는 것은 당연한 일이지만, 마땅한 성과도 내지 않은 사람에게 매번 돈을 주는 것은 잘못된 일이라고 여겼다.

살로먼 브라더스의 이사직에 있을 무렵 버핏은 과도한 보수를 줄여야 한다고 주장했지만, 결국 제안한 금액보다 줄기는커녕 오히려 늘어난 적도 있다. 버핏의 입장에서는 도무지 이해할 수 없는 상황이었다.

2007년 버크셔 해서웨이의 주주총회 당시 버핏은 19곳의 이사직을 맡고 있었는데, 그중 보상위원회에 배정된 것은 한 곳뿐이었다. 버핏이 전에 보상위원회를 '꼬리 흔드는 강아지'라고 비꼰 것도 영향을 미쳤는지 버핏에게 의뢰하는 회사는 거의 없었다. 버핏은 이렇게 이야기했다.

"그쪽은 도베르만이 아니라 코커스패니얼을 원하는 모양입니다. 저도 코커스패니얼을 흉내 내고 있는데, 아무도 속아주지 않네요."

코커스패니얼은 메이플라워호를 타고 이민자들과 함께 미국으로 건너온 두 견종 중 하나로, 주인에게 충직해 남녀노소 할 것 없이 누구나 키우기 쉬운 개다. 이사회에게 버핏은 함께 보상을 협의하기에는 너무나 위험한 존재였다.

341 《워런 버핏의 오마하 순례》

"저의 바람은 지금으로부터 20년 뒤, 몇십 년의 역사를 지닌 일류 기업이 회사를 팔아야 할 상황이 되었을 때 인수자로 가장 먼저 버크셔 해서웨이를 떠올렸으면 좋겠다는 것입니다."

긴 역사를 지닌 버크셔 해서웨이는 원래 다 무너져가는 회사였으나, 버핏이 경영권을 인수한 이후로는 투자를 중심으로 세계에서 손꼽히는 기업으로 성장했다. 또한, 기업을 아주 단순한 방법으로 인수한다.

"꼼꼼히 다듬어진 버크셔의 인수 방법은 아주 단순합니다. 전화를 기다리는 것이죠."

이런 식으로 사업이 성립한다면 그보다 쉬운 일도 없겠지만, 그건 버크셔의 경영자가 버핏이기에 가능한 일이다.

버핏은 이미 후계자를 정해두었지만, 버핏의 후계자가 버핏만큼 존경받는 존재가 될 수 있을지는 미지수다. 다만 버핏은 그렇게 믿고 있다. 2008년 주주총회에서 그는 이렇게 말했다.

"저의 바람은 지금으로부터 20년 뒤, 몇십 년의 역사를 지닌 일류 기업이 회사를 팔아야 할 상황이 되었을 때 인수자로 가장 먼저 버크셔 해서웨이를 떠올렸으면 좋겠다는 것입니다."

세계 최고의 투자자 워런 버핏이 버크셔 해서웨이에 건 희망은 그가 지금껏 쌓아 올린 주주와 경영자를 소중히 여기는 문화, 절약을 중시하고 주식이 아닌 사업에 투자해 오래도록 보유함으로써 멋진 성과를 올린 기업 문화를 앞으로도 이어가는 것이다.

342 《워런 버핏의 오마하 순례》

"저는 학생들에게 인생에서 가장 중요한 것은 아이를 키우는 일이라고 이야기합니다."

버핏은 아내인 수지에게 육아를 모두 맡기다시피 했지만, 아이들이 부잣집 자식처럼 어리광 부리며 자라지 않도록 주의를 기울였다.

버핏은 자녀들이 태어난 뒤에도 으리으리한 저택으로 이사하지 않고 젊은 시절에 구입한 집에서 생활했다. 아이들에게 큰돈을 주지도 않았고, 줄곧 오마하에 살며 아이들의 학교도 공립학교를 선택했다. 버핏 본인은 엄청난 부를 지닌 자산가이지만, 자산의 대부분을 자식들에게 물려주는 대신 자선 사업에 기부하기로 했다. 버핏은 "우리 집은 엄청난 부자가 되지는 않을 겁니다. 아이들은 그럭저럭 부유한 수준에 머무르겠지요"라고 말했는데, 그걸로도 충분하다고 여겼다.

버핏은 육아에 대해 이렇게 생각한다.

"저는 학생들에게 인생에서 가장 중요한 것은 아이를 키우는 일이라고 이야기합니다. 아이에게 애정과 먹을 것을 주는 일이지요. 아이들은 부모 곁에서 날마다 세상을 배웁니다."

육아에 정답이란 존재하지 않는다. 아이를 키우는 것이 얼마나 어려운 일인지를 버핏은 이렇게 표현했다.

"비디오와 달리 되감기 버튼이 없어요."

정답이 없고 되돌릴 수도 없는 일이기에 육아는 더욱 즐겁고 보람 있다. 버핏은 적어도 아이들을 대부호의 자식으로는 키우지 않았다.

343 《워런 버핏 라이브(University of Berkshire Hathaway)》

"투자자에게 손해를 입히는 건 미국이 아닙니다. 투자자 자신입니다."

버핏은 기본적으로 미국의 경제를 신뢰한다. 물론 과거에는 대공황과 제2차 세계대전, 9.11 테러와 리먼 브라더스 사태 그리고 코로나 바이러스의 유행 등 몇 번이나 마이너스 요인이 있었지만, 다우존스 평균은 버핏의 말대로 20세기 동안 66달러에서 1만 달러로 상승했다.

즉, 미국이라는 나라에서는 훌륭한 기업에 투자해서 오랫동안 보유하면 확실히 이익을 얻을 수 있다는 뜻이다. 하지만 미국 시장에서도 투자에 실패하는 사람, 모든 것을 잃는 사람이 적지 않다. 다만 버핏은 그건 미국의 탓이 아니라 그 사람의 책임이라고 생각했다.

"투자자에게 손해를 입히는 건 미국이 아닙니다. 투자자 자신입니다."

장기적으로 보면 미국 시장은 계속해서 성장하고 있다. 그곳에서 실패를 맛본다면 그건 투자자 본인이 온전히 이해하지 못한 주식에 투자했거나 부채를 이용해 투자했다는 점이 원인일 것이다.

버핏은 2008년 리먼 브라더스 사태 이후에도 "미국의 주식을 사십시오. 저는 그렇게 합니다"라고 말했고 코로나 바이러스가 유행했을 때도 "미국이 쇠락한다는 데 돈을 걸지 말라"라고 단언했다.

"만약 제가 브로콜리와 방울양배추만 먹고 살았다면, 이렇게 오래 살지 못했을 겁니다."

버핏은 어린 시절부터 음식에 대한 호불호가 확고했던 데다 하루에도 몇 번씩 코카콜라를 마시는 것으로 유명하다. 1990년대 후반에는 이런 독특한 계산 결과를 들려주기도 했다.

"저는 체리코크를 매일 5병씩 마십니다. 전부 해서 750킬로칼로리이지요. 만약 체리코크를 마시지 않는다면 1년에 몸무게가 34킬로나 줄어든다는 계산이 나옵니다. 콜라는 그야말로 생명의 은인입니다."

자신이 좋아하는 것을 정당화하기 위한 억지나 다름없었지만, 이후로도 버핏의 마음은 변하지 않았다. 2018년 주주총회에서도 지난 30년간 소비한 칼로리의 4분의 1이 코카콜라에서 비롯되었다고 당당하게 밝혔다.

"만약 제가 브로콜리와 방울양배추만 먹고 살았다면, 이렇게 오래 살지 못했을 겁니다."

영양학 전문가는 버핏처럼 나이가 많은 사람이 코카콜라를 자주 마시는 것에 우려를 표하겠지만, 90세가 넘은 지금도 몸과 정신 모두 건강하니 반론하기가 어려워진다. 버핏은 먹고 싶은 음식을 먹고 마시고 싶은 음료를 마시며 좋아하는 일을 하는 것이 건강하게 장수하는 비결임을 증명하고 있다.

345 《워런 버핏 라이브》

"경제 전문가가 있는 기업들은 쓸데없이 직원이 한 명 더 있는 것이나 다름없습니다."

버핏은 거시 경제를 예측하거나 그런 예측을 토대로 투자를 결정하지 않는다. 버핏에게 중요한 것은 투자하는 기업이 장기적으로 얼마나 큰 성장을 이루고 얼마나 많은 이익을 가져다주는가이며, 거시 경제의 움직임과는 관계가 없다.

버핏은 경제에 대한 예측은 물론 정치적인 관측에도 개의치 않고 투자를 스스로 판단해야 한다고 생각했다. 설령 힘 있는 누군가가 앞으로 일어날 일을 귀띔해 준다 해도 자신의 행동에는 아무런 영향도 미치지 않는다고 단언하기까지 했다.

그뿐만 아니라 버크셔 해서웨이에게는 경기가 좋은 시기는 평소보다 더 신중해져야 하는 때이며, 경기가 악화되어 주가가 떨어졌을 때야말로 훌륭한 기업을 적절한 가격에 살 수 있는 가장 좋은 시기다.

버핏은 이렇게 말했다.

"경제 전문가가 있는 기업들은 쓸데없이 직원이 한 명 더 있는 것이나 다름없습니다."

공인 회계사나 세무사가 자신들보다 경영을 더 잘하면 그들에게 일을 맡기면 되고, 경제 전문가가 미래를 예측해서 정확하게 대응할 줄 안다면 전문가에게 모두 맡기면 된다. 하지만 현실에서 경제 전문가의 예측은 버핏에게 아무 의미 없는 이야기에 불과했다.

346 《워런 버핏의 오마하 순례》

"섣불리 빌려주고, 섣불리 빌린 탓이지요."

서브프라임 모기지란 신용카드 대금을 자주 연체해서 신용 등급이 낮은 사람이나 저소득층을 대상으로 하는 주택 담보 대출을 뜻한다. 우대 금리인 '프라임 레이트(Prime Rate)'보다 신용 등급이 낮다는 의미에서 '서브프라임(Subprime)'이라 불린다. 미국에서는 2004년경부터 부동산 열풍이 불면서 주택 담보 대출 전문 회사 등에서 대출을 확대했는데, 처음 2, 3년은 금리를 낮게 설정했다가 나중에는 금리가 높아지는 구조인 데다 저금리 정책이 끝나고 부동산 거품이 꺼지면서 돈을 갚지 못하게 된 사람들이 속출했다.

이것만으로도 큰 문제였지만, 증권회사가 서브프라임 모기지를 담보로 한 증권을 전 세계 금융 기관에 판매한 탓에 세계 여러 나라의 금융 기관들까지 휘말려 문제가 더 커졌다. 버핏은 이 문제를 이렇게 지적했다.

"섣불리 빌려주고, 섣불리 빌린 탓이지요."

찰리 멍거는 "도움받아 마땅한 저소득층에게 돈을 빌려주는 건 국익에 이롭습니다. 하지만 도움받을 상황이 아닌 사람이나 돈을 불리려 기를 쓰는 부자에게 돈을 빌려줘 봤자 성가신 사태가 벌어질 뿐입니다"라고 매서운 말로 비판했고, 돈을 빌려준 쪽에 대해서도 "(면도할 때) 거울에 비친 건 사악하고 어리석은 자의 얼굴이었을 것"이라며 강하게 지탄했다.

과오와 어리석은 행동, 욕망과 무지가 만나면 이처럼 크나큰 문제가 발생한다.

347 《스노볼》

"영원하지 않은 것에는 끝이 있다."

거품이 한창일 때는 이 호황과 상승이 영영 계속될 것이라는 착각이 들곤 한다. 하지만 그런 일은 물론 일어나지 않는다.

1990년대 후반부터 2000년에 걸쳐 일어난 미국의 닷컴버블은 이렇다 할 수익이나 역사도 없는 기업마저 인기를 끌게 만들어 주가의 급상승을 불러일으켰다. 그러나 거품이 꺼지고 나자 기업들은 줄줄이 도산하고 많은 사람이 직장을 잃었다. 닷컴버블이 일어났을 때 버핏은 많은 사람에게 야유를 받았지만, 버블의 붕괴에서 살아남은 아마존의 창업자 제프 베이조스의 말처럼 "역시 워런의 말은 귀담아들어야 한다"라는 평가가 굳게 자리 잡았다.

버핏은 지금껏 닷컴버블뿐만 아니라 여러 번의 거품 경제와 주가 폭락을 겪었다. 버크셔 해서웨이의 주주총회에서도 이렇게 말한 적이 있다.

"이제 미국의 기업 사회는 절정에 달했습니다. 그런 상태가 오래 지속되지 않는다는 사실은 역사가 증명합니다."

그는 한 강연에서도 하버드 대학 교수 제러미 스타인(Jeremy Stein)의 "영원하지 않은 것에는 끝이 있다"라는 말을 소개하며 '마음속 깊이 새겨두어야 할 말'이라고 강조했다.

348 <워런 버핏 & 빌 게이츠 학교에 가다>

"아주 평범한 직업을 가졌거나 형편이 좋지 못해도 주변 사람에게 사랑받는 사람은 성공한 인생이라고 느끼기 마련입니다."

진 폴 게티는 석유 개발로 대성공을 거두어 '미국 최초의 억만장자'라 불리는 인물인데, 그의 장례식은 몹시 쓸쓸해서 '누구도 본 적 없는 슬픈 광경'이었다고 전해진다. 집안에서 불행이 끊이지 않았던 데다 게티 본인도 5번의 결혼과 5번의 이혼을 경험했다. 그가 세상을 떠나기 1년 전이었던 82세 무렵에는 "자신이 언젠가 외톨이가 될 줄은 꿈에도 몰랐다"며 한탄했다고 하니 그의 만년이 얼마나 적적했을지 짐작이 간다.

버핏이 말하기를, 나이가 들었을 때 주변에 가족과 동료 등 자신을 사랑해 주는 이들이 있는 사람은 하나같이 "성공한 인생"이라고 말하는 반면, 자신의 이름이 붙은 학교나 병원이 있음에도 아무도 그를 신경 쓰지 않고 사랑해 주지 않으며 본인도 그 사실을 알고 있는 사람은 "모든 인생이 허무해진다"고 한다.

버핏이 생각하는 성공의 증거는 다음과 같다.

"아주 평범한 직업을 가졌거나 형편이 좋지 못해도 주변 사람에게 사랑받는 사람은 성공한 인생이라고 느끼기 마련입니다."

버핏이 생각하는 인생의 목적은 한 명이라도 더 많은 사람에게 사랑받는 것이다. 진정한 성공은 돈이 아니라 사랑으로 헤아릴 수 있다.

349 《워런 버핏의 주주 서한》

"우리는 늘 짧은 기간 안에 더 많은 이익을 벌어들이기를 원합니다. 하지만 단기 목표와 장기 목표가 충돌할 때는 우선 해자를 확대해야 합니다."

기업을 경영할 때 단기적 목표와 장기적 목표 중 무엇을 중시해야 하는가는 머리 아픈 숙제다. 사분기 결산이나 당장의 주가 상승 같은 단기적 목표를 지나치게 우선시하면, 비교적 시간이 걸리고 이익으로 이어지기 어려운 장기적 목표는 아무래도 뒷전이 되기 십상이다. 물론 당장은 이익이 높아지고 주가도 상승하겠지만, 장기적 목표를 뒤로 미룬 탓에 머지않아 경쟁력을 잃고 성장 속도가 더뎌지는 경우도 적지 않다.

버핏은 버크셔 해서웨이 산하 기업의 경영자들이 다음 사분기의 이익이 아니라 최대한 장기적 가치를 추구하는 방식으로 회사를 경영하기를 바란다. 물론 이익을 무시해도 된다는 말은 아니지만, 버핏은 "더 큰 경쟁력을 얻을 기회를 희생하면서까지 단기적 성과를 달성하고 싶지는 않다"라고 밝혔다.

버핏은 투자할 때 장기 보유를 원칙으로 삼고 있는데, 이 점은 버크셔의 주주도 마찬가지다. 대다수의 주주가 장기 보유를 전제로 생각하며 버크셔의 주식을 쉽게 놓아버리지 않는다. 그런 주주가 있기에 산하 기업의 경영자들도 마음 놓고 긴 안목으로 경영에 임할 수 있다. 만약 단기적 이익에 너무 몰입한 나머지 잘못된 결정을 내리면, 아무리 잘 대처하더라도 이미 생긴 손실을 메꾸기란 쉽지 않다.

350 《친애하는 버핏 씨에게》

"찰리와 저는 가격 변동을 신경 쓰지 않습니다. 설령 사분기 만에 10억 달러가 떨어졌다 해도 말이지요. 주주 여러분도 부디 신경 쓰지 않으셨으면 좋겠습니다."

2000년 닷컴버블이 꺼지며 아마존의 주가가 급락했을 때, 제프 베이조스는 주가와 기업 가치의 관계에 관해 이렇게 말했다.

"주가가 30% 올랐다고 해서 머리가 30% 좋아졌다고 느끼는 사람은 없을 겁니다. 그렇다면 주가가 30% 떨어졌을 때도 머리가 30% 나빠졌다고 생각할 필요는 없지 않을까요?"

베이조스는 "주식 시장은 단기적으로는 투표 기계, 장기적으로는 저울"이라는 버핏과 그레이엄의 말을 인용하며 이렇게 이야기했다. 주가가 급락하면 주주는 갑자기 비관적인 생각에 빠지기 쉽지만, 베이조스의 말처럼 주가가 떨어졌다고 해서 그 기업의 본질적인 가치가 훼손되는 것은 아니다. 따라서 '주가가 아니라 가치를 보아야 한다'는 것이 버핏의 사고방식이다. 버핏은 이렇게 말했다.

"찰리와 저는 가격 변동을 신경 쓰지 않습니다. 설령 사분기 만에 10억 달러가 떨어졌다 해도 말이지요. 부디 주주 여러분도 신경 쓰지 않으셨으면 좋겠습니다."

누구나 주가가 오르면 기쁘고 내리면 속상하기 마련이지만, 그보다는 기업의 가치를 높이는 데 온전히 집중해야 한다. 그러면 가격은 머지않아 회사의 가치를 올바르게 반영하게 된다.

351 《워런 버핏, 부의 진실을 말하다》

"만일 어떤 프로젝트에 큰돈을 쏟아부었다가 실패하더라도 걱정할 필요는 없습니다. 분명 신의 가호를 얻을 수 있을 테니까요."

2006년 버핏이 빌 게이츠가 운영하는 빌 앤드 멀린다 게이츠 재단에 300억 달러를 기부하겠다고 발표했을 때 전 세계의 언론이 깜짝 놀랐다. 그때 버핏은 빌 게이츠에게 "게이츠 재단이 기부를 확대할 때는 폭을 넓히기보다는 깊이가 한층 깊어지는 방향을 택했으면 좋겠다"라고 요청했다.

버핏은 이미 다른 재단에서 지원을 받고 있어서 우리가 꼭 지원하지 않아도 충분히 굴러가는 단체에 넓고 얕게 지원하기보다는 매우 중요한 문제임에도 우리가 지원하지 않으면 자금이 모이지 않는 사업, 즉 수는 적지만 아주 중요한 사업에 자금을 할애하기를 바란다고 말했다. 그리고 이렇게 덧붙였다.

"만일 어떤 프로젝트에 큰돈을 쏟아부었다가 실패하더라도 걱정할 필요는 없습니다. 분명 신의 가호를 얻을 수 있을 테니까요."

넓고 얕게 안전한 사업만 골라내서는 중요한 일을 할 수 없다. 버핏은 그보다 정말 중요한 사업에 대담하게 뛰어들기를, 실패를 두려워하지 않고 자신이 믿는 길로 대담하게 나아가기를 원했다. 게이츠 재단의 신조는 "어떤 목숨이든 같은 가치를 지녔다"이다. 세계에서 가장 많은 부를 쌓은 버핏과 게이츠는 그렇지 않은 사람들에게 강한 책임을 느끼고 있었다.

352 《워런 버핏의 오마하 순례》

"인간에게는 바보 같은 짓을 저지르려 하는 본능이 있고, 때로는 그 본능이 터무니없이 큰 규모로 발휘됩니다."

거품이 거대하게 부푼 시대에는 기업을 이끄는 경영자든 개인이든 자신의 본업보다 돈벌이에 눈길이 쏠리기 쉽다. 경종을 울린 사람들도 있었지만, 모두가 들뜬 상황에서 그런 목소리에 귀 기울이는 사람은 그리 많지 않았다. 미국에서도 닷컴버블과 부동산 열풍이 일어 많은 사람이 일시적으로나마 이제껏 겪어본 적 없는 호황에 들떴지만, 겨우 몇 년 만에 거품이 빠지며 많은 사람이 뼈아픈 실패를 맛보아야 했다.

버핏은 서브프라임 모기지 사태에 대해 "어떤 일이 일어날지는 쉽게 예상이 가지만, 언제 일어날지는 그리 간단하게 예측할 수 없습니다"라고 위험성을 경고했지만, 미국을 넘어 전 세계에까지 해를 끼칠 것이라고는 예상하지 못했다. 그는 "부동산 버블이 이토록 큰 충격파를 일으킨 사례를 저는 태어나서 지금까지 단 한 번도 본 적이 없습니다"라며 자신에게도 얼마나 충격적인 사태였는지 설명하며, 비슷한 일이 틀림없이 일어날 것이라며 다시 한번 경고했다.

"사람들은 당장 부자가 되기 위해 동화 같은 이야기를 믿으려 합니다. 이처럼 인간에게는 바보 같은 짓을 저지르려 하는 본능이 있고, 때로는 그 본능이 터무니없이 큰 규모로 발휘됩니다."

열광 속에서는 상황을 객관적으로 바라보고 냉정함을 유지해야 한다.

353 <워런 버핏 & 빌 게이츠 학교에 가다>

"여러분이 어떻게 행동하느냐가 다른 사람의 본보기가 됩니다. 그러니 내가 태어났을 때보다 더 나은 세상을 뒤로하고 떠날 방법은 분명 찾을 수 있을 겁니다."

스티브 잡스는 "세상을 바꾼다"라고 자주 말했다. 그의 말에 매료된 젊은이들이 잡스의 곁에 모여 '세상을 바꿔버릴' 만큼 근사한 제품을 만든 결과 애플은 세계에서 가장 높은 시가 총액을 자랑하는 기업으로 성장했다.

잡스의 "세상을 바꾼다"라는 말, 그리고 일론 머스크의 "세상을 구한다"라는 말에는 그만큼 사람들을 끌어당기는 매력이 있다. 버핏은 빌 게이츠와 함께 네브래스카 대학 링컨 캠퍼스에서 강연을 할 때 "여러분은 날마다 세상을 바꾸고 있습니다"라고 단언했다.

아이를 키울 때는 부모의 세계관과 인생관이 큰 영향을 미친다. 아이의 세계관을 형성하는 것은 부모이며, 그렇기에 부모는 날마다 세상을 바꾼다고 할 수 있다. 이와 마찬가지로 누군가의 행동은 주변 사람들에게 알게 모르게 영향을 미친다. 사소한 수준일지도 모르지만, 버핏의 말처럼 "내가 태어났을 때보다 더 나은 세상을 뒤로하고 떠나겠다"는 강한 의지가 중요하다.

내가 살아가는 방식은 세상과 그리 관계가 없게 느껴질지도 모르지만, 세상은 그런 사람들이 한 명, 한 명 모여 만들어진다. 그러므로 '어떻게 세상을 살아갈 것인가'가 무엇보다 중요하다 할 수 있다.

354 <머니 인사이더(MONEY INSIDER) 2021.1.4>

"독서보다 좋은 것은 없습니다. 만약 역사상의 인물을 비롯해 누군가 한 사람과 점심을 먹을 수 있다면 누구를 고르겠냐는 질문을 받을 때가 있습니다. 그런데 책을 읽으면 역사 속의 모든 위대한 인물과 점심 식사를 함께할 수 있지요."

버크셔 해서웨이의 주주총회에서 투자에 성공하려면 무엇이 필요하냐는 질문을 받은 버핏은 "닥치는 대로 읽어야 합니다"라고 답한 적이 있다. 버핏의 투자와 인생은 이처럼 '독서'가 밑바탕이 되었다. 2008년 버핏의 둘째 아들 피터는 아버지에 대한 질문을 받고 이렇게 대답했다.

"아버지가 뭘 하셨는지 저는 잘 모릅니다. 다만 아주 많이 읽으셨죠."

2020년 12월 네브래스카 대학의 학장과 대화를 나누었을 때도 버핏은 모교를 졸업하는 학생들을 위해 이런 조언을 남겼다.

"독서보다 좋은 것은 없습니다. 우리는 탐구심을 길러야 합니다. 만약 역사상의 인물을 비롯해 누군가 한 사람과 점심을 먹을 수 있다면 누구를 고르겠냐는 질문을 받을 때가 있습니다. 그런데 책을 읽으면 역사 속의 모든 위대한 인물과 점심 식사를 함께할 수 있지요."

버핏은 인생에서 좋은 스승을 만나는 것이 중요하다고 여겼다. 책을 펼치면 역사 속의 훌륭한 위인들을 만나 귀한 가르침을 얻을 수 있다. "독서보다 좋은 것은 없다"라는 말은 버핏의 경험에서 비롯된 가장 유익한 조언 가운데 하나다.

355 <머니 인사이더 2021.1.4>

"올해 졸업생들에게는 이 말을 전하고 싶군요. 저는 그들과 같은 입장이 되고 싶습니다. 학생들은 이제부터 불확실한 세상에 뛰어들어야 한다고 느끼겠지만, 그만큼 재미있는 시기는 없으니까요."

2020년 12월 네브래스카 대학 링컨 캠퍼스의 학장과 대화하던 중 버핏은 모교를 졸업하는 학생들에게 이런 응원을 보냈다.

"올해 졸업생들에게는 이 말을 전하고 싶군요. 저는 그들과 같은 입장이 되고 싶습니다. 학생들은 이제부터 불확실한 세상에 뛰어들어야 한다고 느끼겠지만, 그만큼 재미있는 시기는 없으니까요."

코로나 사태로 혼란스러웠던 당시 상황에서 누군가는 버핏의 메시지가 너무 무책임한 말이라고 생각할지도 모르지만, 이 말은 명백히 버핏의 진심이었을 것이다. 버핏이 태어난 1930년 8월은 세계적 대공황이 일어난 지 1년도 채 지나지 않았을 무렵이다. 그리고 제2차 세계대전이 끝난 1945년 버핏은 15세가 되었다.

그 후에도 미국은 한국전쟁과 베트남전쟁, 걸프전쟁 등 여러 전쟁에 참전했고 경제적으로도 여러 차례에 걸친 거품 경제와 붕괴, 그리고 오일쇼크를 겪었다. 코로나 사태도 마찬가지로 심한 타격이었다. 버핏은 이처럼 불확실성의 시대를 살아왔지만, 투자 면에서는 계속해서 승리를 거두어왔다. 세상이 불확실하면 사람들은 불안에 빠지기 쉽지만, 버핏에게는 그런 시대가 곧 기회이며 가슴이 설레는 즐거운 시대이기도 했다.

356 《워런 버핏의 오마하 순례》

"누가 어떤 사업을 하고 있는지 제대로 이해하면 리스크는 그렇게 크지 않을 겁니다."

투자에는 다양한 수치를 이용한 척도가 존재한다. 예를 들어 '베타(β)'는 투자의 위험성을 헤아리기 위해 널리 쓰이는 '변동률'의 척도인데, 버핏은 이런 지표를 믿지 않는다. 그는 단호하게 말한다.

"베타는 수학적으로 잘 만들어진 척도지만, 잘못된 지표입니다. 베타로는 리스크를 제대로 계산할 수 없습니다."

버핏이 생각하기에 리스크란 이런 수치로 따질 값이 아니라 '경영의 문제'이며, 특히 '어떤 사람이 어떤 사업을 운영하고 있는지 이해하는' 것이 가장 중요하다. 누가 무슨 사업을 하는지 알고 싶다면 연차 보고서를 읽으면 된다. 버핏은 이렇게 말했다.

"우리는 연차 보고서를 읽습니다. 그걸 읽으면 회사를 경영하는 사람에 대해 많은 것을 알 수 있지요."

버핏은 숫자를 정확하게 읽어내는 달인이다. 연차 보고서만 보고 투자할 만한 기업인지 아닌지 순식간에 판단하는 것만 해도 대단하지만, 버핏은 그와 동시에 경영자의 인간성도 주의 깊게 살핀다. 경영자가 '어떤 말을 하고 무엇을 중시하는 사람인지' 알면 투자하기 적합한 기업인지 아닌지 판단할 수 있기 때문이다. 기업은 결국 사람이 운영하는 것이니 투자에 앞서 숫자뿐 아니라 경영자의 사고방식과 자질도 눈여겨보아야 한다.

357 <비즈니스 인사이더 2021.1.6.>

"일론은 어떤 분야에서는 상황을 뒤집을 수 있을지 몰라도, 사탕으로는 우리를 상대하고 싶지 않을 겁니다."

버핏과 일론 머스크는 모두 세계를 대표하는 투자자인데, 머스크는 버핏의 투자 방식을 자주 비판했다. 예를 들어 책상에 앉아 하염없이 유가증권 보고서를 들여다보는 방식을 "절대 하고 싶지 않은 일"이라고 말하는가 하면, 버핏이 투자할 때 중시하는 경제적 해자는 "시대착오"이며 혁신이야말로 중요한 요소라고 단언했다.

일론 머스크는 자동차업계와 로켓 개발이라는 전통적인 산업의 벽을 혁신으로 무너뜨리고 새로운 흐름을 만들어낸 인물이니 '해자'보다 '혁신'이 중요하다 생각하는 것도 충분히 이해가 간다. 반면 버핏이 좋아하는 코카콜라나 씨즈 캔디에서도 그런 혁신을 일으킬 수 있는가는 또 다른 문제다. 버핏은 머스크의 성과를 인정하면서도 농담 섞인 말로 반론했다.

"일론은 어떤 분야에서는 상황을 뒤집을 수 있을지 몰라도, 사탕으로는 우리를 상대하고 싶지 않을 겁니다."

코카콜라와 씨즈 캔디처럼 수많은 팬을 거느린 기업을 쓰러뜨리기란 정말 어려운 일이다. 머스크는 "이번에는 사탕 가게라도 해볼까?"라고 받아쳤지만, 그가 다음에 도전한 분야는 SNS였다.

358 <포브스 재팬(Forbes Japan) 2021.1.8.>

"저는 암호화 자산을 가지고 있지 않고 앞으로도 소유할 일은 없을 겁니다."

세계 최대의 암호화폐인 비트코인은 2020년 말부터 이듬해 1월 3일까지 약 23% 상승하며 비트코인 투자자들에게 행복한 새해를 선사했지만, 버핏은 2014년 "비트코인은 쥐약과 같은 것"이라고 논한 이후 조금도 관심을 보이지 않았다.

비트코인이 1만 달러를 돌파한 2020년 2월에는 CNBC에서 이렇게 단언하기도 했다.

"저는 암호화 자산을 가지고 있지 않고 앞으로도 소유할 일은 없을 겁니다."

버핏은 비트코인에는 뒷받침해 줄 가치가 없을뿐더러 수익도 배당도 나오지 않는다고 말했다. 1637년 네덜란드에서 '튤립 파동'이 일었듯이 본질적으로 큰 가치가 없는 존재의 가격이 인기에 힘입어 일시적으로 치솟으면 언젠가 거품이 꺼지기 마련이라는 것이다.

그런 경고에도 불구하고 암호화 자산의 열풍은 계속되었지만, 2022년 11월 대형 가상화폐 거래소 FTX가 파산하고 창업자가 체포되면서 암호화 자산 열풍은 종언으로 나아가게 되었다. 그리고 이런 상황은 가격이 상승한 고위험 자산에 대해서도 역풍으로 작용할 것으로 보인다. 과거 아마존의 제프 베이조스도 이야기했듯이 역시 버핏의 말은 귀담아들어야 한다는 사실을 증명하는 또 하나의 사례가 되었다.

359 <라이프 인사이더(LIFE INSIDER) 2021.3.27.>

"어쩌면 그가 실제로 지닌 시장 가치보다 훨씬 낮은 금액을 받고 일함으로써 모범을 보여주려 할지도 모릅니다. 만약 그렇게 된다면 정말 멋지겠지요."

버크셔 해서웨이에서 버핏의 연봉은 10만 달러로 줄곧 변함이 없다. 그 밖에도 임원 보수로 7만 5,000달러, 신원 보호와 보안을 위한 경비 비용으로 35만 달러를 받지만, 월가의 CEO들이 받는 연봉에 비하면 매우 적다.

물론 버핏에게는 1,000억 달러가 넘는 자산이 있지만, 자산이 많은 다른 CEO들도 고액의 연봉을 받는다. 버핏의 이런 자세는 '사치를 부리지 않는' 버크셔의 기업 문화로도 이어졌다. 2017년 주주총회에서 '후계자의 급여'에 관해 질문을 받았을 때 버핏은 이렇게 대답했다.

"어쩌면 그가 실제로 지닌 시장 가치보다 훨씬 낮은 금액을 받고 일함으로써 모범을 보여주려 할지도 모릅니다. 만약 그렇게 된다면 정말 멋지겠지요."

CEO는 어마어마한 연봉과 보너스, 스톡옵션이라는 단기적 수입이 아니라 기업의 장기적인 성공을 통해 인센티브를 얻어야 한다는 것이 버핏의 생각이었고, 그는 후계자도 같은 사고방식을 가지기를 바랐다. CEO는 자기 배를 불리는 것보다 앞으로도 오랫동안 성장할 기업을 만드는 것을 목표로 삼아야 한다.

360 《워런 버핏의 주주 서한》

"만일 버크셔의 비경제적 가치를 잃어버린다면, 많은 경제적 가치도 함께 무너질 것입니다."

　제프 베이조스는 "경쟁사도 기업 문화까지 흉내 내지는 못한다"라고 말했다. 베이조스는 아마존을 처음 세웠을 때부터 기업 문화를 중시했고, 사람을 뽑거나 다른 기업을 인수할 때도 자신들의 기업 문화를 지키는 방향을 늘 염두에 두었다. 고객을 최우선으로 생각하고 끊임없이 새로운 것을 발명하려 노력하는 기업 문화가 있기에 정상을 지킬 수 있다고 믿는 것이다.

　버핏도 기업 문화를 매우 중요하게 여긴다. 버크셔 해서웨이가 아무리 거대해져도 본사는 간소하게 유지하고, 자회사의 경영자에게 기업을 믿고 맡기며, 주주를 누구보다 소중히 여기고, 단기 목표가 아닌 장기 목표를 중요하게 생각하는 기업 문화를 절대 바꾸어서는 안 되며 자신이 정상에 서 있는 동안은 물론 뒤를 이을 사람 또한 기업 문화를 소중히 지켜야 한다고 몇 번이나 강조했다. 버핏이 기업 문화를 중시하는 이유는 무엇일까?

　"만일 버크셔의 비경제적 가치를 잃어버린다면, 많은 경제적 가치도 함께 무너질 것입니다. '맨 위에 선 사람의 자세'는 버크셔의 특별한 문화를 지킬 열쇠가 됩니다."

　오만과 관료주의가 회사를 뒤덮으면 버크셔는 버크셔가 아니게 되어버린다. 좋은 기업 문화는 기업이 반드시 지켜야 하는 중요한 요소다.

361 《워런 버핏의 주주 서한》

"자꾸 지시하거나 보고를 몇 번이고 강요하는 것보다 믿고 맡기는 편이 훨씬 좋은 결과로 이어집니다."

버핏은 자회사의 경영자들에게 세세한 보고를 요구하거나 자주 회의를 소집하지 않는다. 자본을 배분하는 일은 버핏이 주도하지만, 큰 문제가 일어났을 때 이외에는 경영자에게 전부 맡긴다. 경영자들은 이런 방식을 어떻게 생각할까?

2011년 11월 버핏은 탕가로이 공장을 시찰하기 위해 처음으로 일본을 방문했다. 탕가로이는 버크셔의 손자회사인 셈이었고, 반대로 탕가로이에게 버핏은 아주 거대한 존재였다. 탕가로이의 사장 기노시타 사토시는 당시 인터뷰에서 이런 심경을 전했다.

"버크셔의 손자회사가 되었다는 사실이 정말 자랑스럽습니다. 물론 경영에 대한 압박감은 굉장합니다. 버크셔에 외면당하면 어쩌나 하는 두려움이 없다고 말하면 거짓말이겠지요. 하지만 버크셔처럼 탄탄한 투자자가 있다는 건 정말 든든한 일입니다. 지속성과 경쟁력을 중심으로 거기서 벗어나지 않도록 긴 안목으로 회사를 경영할 수 있다는 건 정말 큰 장점입니다."

이것이 버핏이 경영자들에게 보내는 신뢰의 힘이다. 산하 기업들은 버핏의 믿음에 답하기 위해 온 힘을 다한다. 신뢰는 쓸데없는 지시나 보고보다 좋은 결과를 가져다준다.

362 《워런 버핏의 주주 서한》

"어떤 행동이 규칙을 어기는 일인지 아닌지 헷갈린다면, 그건 이미 규칙에 어긋나는 일이라 생각하고 당장 거리를 두고 잊어버려야 합니다."

살로먼 브라더스가 국채 부정 입찰로 경영 위기에 봉착했을 때 버핏은 직원들에게 '일류의 사업에 일류의 방식으로 임하는' 자세를 강조했다. 이익을 위해 규칙을 깨트리는 일은 물론, 버핏이 정한 행동 방침에 따라 행동하기를 강하게 요구했다. 버핏은 버크셔 해서웨이에서도 늘 이렇게 말한다.

"규칙을 지키는 범위 안에서도 돈은 얼마든지 벌 수 있습니다. 어떤 행동이 규칙을 어기는 일인지 아닌지 헷갈린다면, 그건 이미 규칙에 어긋나는 일이라 생각하고 당장 거리를 두고 잊어버려야 합니다."

일을 하다 보면 '이 정도는 괜찮지 않나?' 싶은 생각이 들 때가 있다. '좀 아슬아슬하긴 하지만 이 정도는 괜찮겠지' 하고 자기 마음대로 판단하기도 한다. 버핏은 어떤 일이 타당하고 법적으로 옳은 일인지 조금이라도 망설여질 때는 자신에게 바로 전화를 걸라고 말하면서 어떤 일이든 의문이 들 때는 그만두는 편이 좋다고 단언했다.

아슬아슬하게 선을 지키던 사람도 한두번 규칙을 어기면 나중에는 아무렇지 않게 선을 넘어버리게 된다. 따라서 의문이 들거나 망설여질 때는 바로 잊어버리는 것이 좋다. 경기장 안에서도 생각보다 많은 돈을 벌 수 있다는 점을 기억하자.

363 《워런 버핏의 주주 서한》

"집은 거주할 목적으로 사야지 매매 차익이나 재융자를 위해 사서는 안 됩니다. 그리고 구매자의 소득 수준에 맞는 집이어야 합니다."

서브프라임 모기지는 신용카드 대금을 자주 연체해서 신용 등급이 낮은 사람이나 저소득층을 대상으로 하는 주택 담보 대출이다. 금리는 일반 주택 담보 대출보다 높고, 심사 기준이 그만큼 느슨하다. 미국에서는 2004년 무렵 부동산 열풍이 불면서 주택 담보 대출을 전문으로 하는 회사들이 대출을 확대하기 시작했는데, 대부분 처음 2, 3년 동안은 금리를 낮게 설정했다가 나중에는 금리가 높아지는 구조였다. 금리가 높아지는 것은 큰 리스크지만, 당시에는 부동산 가격이 당연히 상승할 것이라고 전제하는 대출이었기에 값이 오른 집을 팔아서 빚을 갚거나 재융자를 하면 문제가 없다고 여겼다. 그러나 주택 가격이 더 이상 오르지 않고 금리도 높아지면서 돈을 갚지 못하게 된 사람들이 속출했다.

버핏은 이런 안이한 생각이 문제라고 지적했다.

"집은 거주할 목적으로 사야지 매매 차익이나 재융자를 위해 사서는 안 됩니다. 그리고 구매자의 소득 수준에 맞는 집이어야 합니다."

내 집 마련은 모두의 꿈이며 바람직한 일이지만, 집을 살 때는 적어도 10%의 계약금이 필요하고 상환액은 반드시 돈을 빌리는 사람의 소득으로 감당할 수 있는 금액이어야 한다. 오래전부터 당연하게 여겨진 원칙을 무시하면 언젠가 큰 문제가 발생한다.

364 《워런 버핏의 주주 서한》

"내 집 마련은 멋진 일입니다. 우리 가족은 지금 사는 집에서 50년간 생활하고 있고 앞으로도 계속 살 것입니다."

서브프라임 모기지가 금융 시장에 큰 상흔을 남겼을 때 버핏은 주주들에게 이런 편지를 썼다.

"내 집 마련은 멋진 일입니다. 우리 가족은 지금 사는 집에서 50년간 생활하고 있고 앞으로도 계속 살 것입니다."

서브프라임 모기지는 신용 등급이 낮은 사람이나 소득이 적은 사람도 집을 마련할 수 있는 방법이지만, 부동산 가격의 상승을 전제로 하기에 집값이 떨어지면 돈을 갚을 수 없게 되고 재융자도 어려워진다. 따라서 버핏이 보기에는 일종의 도박이나 다름없는 일이었고, 가족을 위해 집을 사고 그 집에서 생활해야 한다고 믿는 그의 생각과는 거리가 멀었다.

버핏이 오마하에 주택을 마련한 것은 1957년이었으니 서브프라임 모기지 사태는 그로부터 약 50년 뒤에 벌어진 셈이다. 그 전까지 버핏은 좁은 셋집에서 생활하고 거기서 일도 했지만, 셋째 아이의 출산을 앞두고 3만 1,500달러에 집을 구입했다. 버핏의 집은 50년 후 약 70만 달러가 되었다고 하는데, 세계 최고의 투자자가 사는 집치고는 너무나 소박한 수준이다. 그럼에도 버핏은 그 집을 떠나지 않았다. 집이란 가족이 함께 살아가기 위한 공간이지 결코 투기와 도박의 대상이 되어서는 안 된다고 생각했기 때문이다.

365 《워런 버핏의 주주 서한》

"저는 버크셔를 경영하는 일을 매우 즐기고 있습니다. 만약 인생을 만끽하는 것이 장수로 이어진다면, 므두셀라가 남긴 기록도 깨트릴 수 있을 정도이지요."

버크셔 해서웨이의 최대의 관심사는 버핏이 언제까지 최전선에서 활동할 수 있느냐다. 후계자는 이미 정해졌지만, 주주와 자회사들에게 버크셔란 버핏이 있기에 완전해지는 것 또한 사실이기 때문이다.

물론 버핏도 본인의 나이를 의식하고 있기에 자신이 잘못된 행동을 하게 되면 즉시 자리에서 물러나도록 자식들에게 부탁했다고 한다. 다만 지금은 걱정할 필요가 없어 보인다. 도리어 버핏은 구약성서의 《창세기》에 등장하는 '므두셀라'●에 자신을 빗대며 이렇게 말했다.

"저는 버크셔를 경영하는 일을 매우 즐기고 있습니다. 만약 인생을 만끽하는 것이 장수로 이어진다면, 므두셀라가 남긴 기록도 깨트릴 수 있을 정도이지요."

버핏은 젊은 시절부터 자신이 진심으로 좋아하고 자기가 가장 잘하는 투자라는 일에 전념했다. 그뿐만 아니라 자신이 정말 좋아하는 사람, 존경하는 사람과 함께 일하는 것을 중시했다. 그런 의미에서 버핏은 누구보다 회사를 운영하는 일을 즐기고 인생을 만끽하고 있다고 말할 수 있다. 그러니 버핏의 말대로 되도록 그가 현역으로 오랫동안 활동할 수 있기를 바란다.

● 하느님의 계시로 방주를 만든 노아의 할아버지로, 969세까지 살았다고 전해진다.

WARREN
PRINCIPLES

BUFFETT
FOR LIFE

워런 버핏의 연표

0세부터 21세까지(1930~1951년)

1929년	세계 대공황
1930년	8월 30일 미국 네브래스카주 오마하에서 하워드와 레일라의 둘째 아이이자 장남으로 출생
1936년	콜라와 껌을 팔아 이익을 남기는 '작은 사업'을 시작
1939년	제2차 세계대전 발발
1941년	태평양 전쟁 시작
1942년	아버지가 하원 의원에 당선되어 워싱턴 D.C.로 이사했으나, 도시에 적응하지 못하고 꾀병을 부려 오마하로 돌아왔다. 11세에 120달러를 모은 버핏은 누나 도리스를 설득해 시티스 서비스의 주식을 각각 3주씩 총 6주를 한 주당 약 38달러에 사서 40달러에 팔아 5달러씩 이익을 얻었다. 그것이 버핏의 첫 주식 투자였다. 그 후 시티스 서비스의 주가는 200달러까지 치솟았고 그에게 많은 교훈을 안겨주었다.
1944년	생애 첫 소득세 신고
	버핏은 "35세가 되기 전에 백만장자가 되겠다"라고 선언했으나, 부자가 되는 것보다는 '돈을 불리는' 일 자체에 관심이 많았다. 이때 도서관에서 읽은 《백만장자가 되는 1,000가지 비밀》에 감명받아 책의 내용을 실천하기 시작했다.
1945년	신문 배달로 이미 2,000달러가 넘는 돈을 모은 버핏은 오마하의 철물점 회사에 투자하고 40에이커(약 16만 제곱미터) 규모의 농지를 1,200달러에 구입해서 농장을 운영하며 경험을 쌓았다.
	제2차 세계대전 종전
1947년	고등학교 졸업 앨범의 장래 희망란에 '주식 중개인'이라고 적음. 명문 대학인 펜실베이니아 대학 와튼스쿨에 입학
1949년	와튼스쿨을 그만두고 링컨에 위치한 네브래스카 대학에 편입
1950년	평생의 스승이 될 벤저민 그레이엄의 저서 《현명한 투자자》를 읽고 감명을 받아 그레이엄이 강의하는 뉴욕의 컬럼비아 경영대학원에 입학

	한국전쟁 발발
1951년	그레이엄의 회사에서 일하고 싶었으나 거절당하고 오마하로 돌아가 아버지가 운영하는 증권회사에서 일을 시작함. 보험회사 가이코에 첫 투자

22세부터 39세까지(1952~1969년)

1952년	네브래스카 대학의 야간 강의에서 투자 원리를 가르침
1954년	오랜 바람대로 그레이엄이 운영하는 자산 운용 회사 그레이엄 뉴먼에 입사
1956년	그레이엄 뉴먼이 해산되자 뉴욕을 떠나 오마하로 돌아왔으며, 이때 자산은 이미 17만 달러에 달함. 첫 파트너십인 '버핏 투자조합' 설립
1958년	총 6개의 투자조합 운영
	3만 1,500달러를 주고 오마하 교외에 집을 구입(현재까지 살고 있음)
1962년	이후 자신의 회사가 될 섬유회사 버크셔 해서웨이의 주식을 구입
1965년	버크셔 해서웨이의 경영권 인수
	'1억 달러를 투자해 5%의 이익을 얻기보다는 1,000만 달러를 투자해 15%의 이익을 내는 기업으로 만들고 싶다'며 분투한 결과, 버크셔의 주가는 2021년까지 5만 배 이상 상승했다.
	미국이 베트남 전쟁에 본격적으로 개입하기 시작
1969년	버핏 투자조합을 해산하고 버크셔 해서웨이의 경영에 전념하기 시작
	<포브스>가 처음으로 버핏을 주목, "오마하는 어떻게 월가를 꺾었나"라는 기사를 게재함

40세부터 55세까지(1970~1985년)

1972년	워터게이트 사건 발각
1973년	<워싱턴 포스트>에 투자
1975년	베트남 전쟁 종전
1976년	경영 위기에 빠진 보험회사 가이코에 다시 투자해 회사를 구제하기 위해 힘씀
1978년	찰리 멍거가 버크셔 해서웨이의 부회장으로 취임
1979년	세계 부호 순위 '포브스 400'에 처음으로 등장. 자산은 6억 2,000만

	달러에 달함
1985년	버크셔 해서웨이의 섬유 부문을 정리하고 투자회사로 전향

56세부터 70세까지(1986~2000년)

1986년	세계 부호 순위 '포브스 400'에서 처음으로 10위 안(5위)에 듦. 자산은 14억 달러
1987년	블랙 먼데이 발생
1988년	코카콜라 주식을 사들이기 시작
1991년	국채 부정 입찰로 위기에 빠진 살로먼 브라더스의 임시 회장직에 앉아 사태 해결을 위해 힘씀
1993년	'포브스 400'에서 1위에 등극(2위는 빌 게이츠)
1997년	<뉴욕타임스>에서 '오마하의 현인(Sage of Omaha)'으로 소개됨
2000년	닷컴버블이 붕괴하며 다시 한번 버핏의 혜안에 눈길이 쏠림

70세 이후(2001년~)

2001년	미국 9.11 테러 발생
2006년	자산의 85%를 자선 단체에 기부하겠다고 발표. 현재까지 370억 달러 기부
2007년	서브프라임 모기지 사태 확대
	'포브스 400'에서 1위에 오름
2008년	리먼 브라더스 사태 발생
2011년	처음으로 일본을 방문해 후쿠시마현에 위치한 투자 기업의 새 공장을 살핌
	동일본 대지진 발생
2012년	전립샘암 진단 사실 공표
2020년	신종 코로나 바이러스 감염 확산
2021년	코로나 사태의 영향을 이겨내고 버크셔 해서웨이의 일사분기 영업 이익 70억 달러를 달성. 후계자로 그레그 에이블 부회장(58세) 지명
	개인 자산이 1,000억 달러를 돌파해 전 세계에서 여섯 번째로 '1,000억 달러 클럽'에 입성

워런 버핏의 명언

제1장 버핏의 6세부터 21세까지(1930~1951년)

001 "나는 아주 일찍부터 작은 눈덩이를 단단히 뭉쳐왔다. 만약 10년 늦게 시작했다면 지금쯤 저 언덕 밑에 서 있었을 것이다."

002 "눈을 잘 뭉치려면 절로 달라붙고 싶어지는 사람이 되어야 한다."

003 "발품 들여 판매하는 모습에 그 제품의 매력과 가능성을 강하게 실감했습니다. 그로부터 52년간 콜라가 전 세계로 퍼져 나가는 광경을 보았습니다."

004 "10살 때는 이미 오마하 도서관에서 제목에 금융이라는 말이 들어간 책은 전부 두 번씩 읽었지요."

005 "일단 시작하지 않으면 절대 성공할 수 없습니다."

006 "사업 성공에 가장 큰 영향을 미친 것은 무엇일까요? 연구를 했더니 바로 사업을 시작한 나이였다고 합니다."

007 "저는 학생들에게 이런 질문을 자주 합니다. 같은 반 친구 중 한 명에게 투자한다면 누구에게 하겠는가. 이때 나는 가장 실행력이 강한 사람을 선택할 겁니다."

008 "아버지의 일터에 가서 일과 관련된 책을 닥치는 대로 읽었습니다. 그러는 사이 투자의 재미에 눈떴지요. 아버지가 목사였다면 그렇게 열심히 일터를 찾지는 않았을 겁니다."

009 "적은 금액이어도 좋으니 투자하세요. 책만 읽어서는 안 됩니다."

010 "두 번째 연주자처럼 남이 하는 대로 따라서 사는 것은 쉽지만, 첫 번째 연주자가 잘못된 음을 불면 소용이 없어집니다."

011 "돈 자체가 좋은 건 아니에요. 돈을 벌고 그 돈이 불어나는 걸 보는 게 즐거울 뿐이에요."

012 "할아버지는 주식 매매에 아주 부정적이고 식료품점에서 땀 흘리며 일하는 게 진정한 노동이라 생각하셨어요. 결국 두 손 두 발 다 들었죠."

013 "오마하의 농장을 구입하려 할 때 매일 가격만 보는 사람은 없습니다. 가격과 비교해 기대할 수 있는 생산량이 얼마나 되느냐를 보겠지요."

014 "아버지도 어머니도 나를 외면하지 않았습니다. 두 사람 모두 내 편이었지요. 나를 믿어주는 부모님이 있다는 건 정말 굉장한 일입니다."

015 "정신과 육체는 하나뿐이며 그것을 평생 써야 합니다. 정신과 육체를 소중히 여기지 않

으면 40년 후에는 오래 탄 자동차처럼 삐거덕거리게 되지요."

016 "아무 생각 없이 레이스에 참가하는 사람은 많을수록 좋습니다. 요컨대 제대로 분석해서 돈을 거는 사람이 없는 집단에 들어가는 것이 중요하다는 뜻입니다."

017 "첫 번째 원칙, 경주 하나가 끝났다고 집으로 돌아가는 사람은 없다. 두 번째 원칙, 손해를 같은 방법으로 벌충하려 할 필요는 없다."

018 "실패한 방법을 굳이 반복할 필요는 없습니다."

019 "아버지는 내게 인생을 어떻게 살아야 하는지 가르쳐주셨습니다."

020 "자기 내면의 점수에 만족하면 행복한 인생을 살 수 있습니다. 반대로 외면의 점수만 신경 쓰는 사람은 다소 공허한 인생이 되겠지요."

021 "버핏 집안에서 막대한 유산을 남긴 사람은 한 명도 없었을지 몰라도, 아무것도 남기지 않은 사람은 없었습니다."

022 "부모님에게 재산을 물려받지 않았고 받을 생각도 없었습니다. 하지만 저는 아주 멋진 장소와 시기에 태어났습니다. 태어나며 로또에 당첨된 것이지요."

023 "굳이 대학에 갈 필요가 있을까 생각했습니다. 저는 제가 뭘 하고 싶은지 이미 알고 있었습니다. 충분히 먹고살 돈도 있었고요. 대학은 그저 제 발목을 잡을 뿐이었습니다."

024 "단주에 관한 통계 사용법을 적어서 보냈습니다. 채용되기는 했지만, 제가 통계를 이용해 번 돈은 이 5달러가 처음이자 마지막이었어요."

025 "저는 76세가 된 지금도 19세에 책에서 얻은 가르침을 실천하고 있습니다."

026 "이 책을 손에 든 것은 제 인생의 가장 큰 행운이었습니다."

027 "그 책에 대해서는 내가 훨씬 잘 알았습니다. 어떤 부분이든 인용할 수 있었거든요. 글자 그대로 모조리 외우고 있었지요."

028 "지금껏 내가 한 일 가운데 자랑스럽게 말할 수 있는 것은 올바른 스승을 선택한 일이었습니다. 나의 모든 것은 그레이엄과의 만남에서 시작되었습니다."

029 "1929년 이후에 나온 신문들을 모두 읽었습니다. 아무리 읽어도 부족했지요. 온갖 글을 모조리 읽었습니다."

030 "US스틸이 좋은 회사인지, 아닌지 생각하는 사람은 한 명도 없었던 것 같습니다. 그들은 자신이 어떤 열차에 올라타는 것인지 전혀 생각하지 않았습니다."

031 "그레이엄은 '시장에서 가격은 당신과 함께 회사를 경영하는 미스터 마켓이라는 변덕스러운 남자에 의해 결정된다'라고 설명했습니다."

032 "자기가 가장 좋아하는 일을 하고, 누구보다 존경하는 사람 곁에서 일하세요. 그러면 인생 최고의 기회를 얻을 수 있습니다."

033 "중요한 건 자신이 좋아하는 일을 특출하게 잘하는 겁니다. 돈은 그에 따르는 부산물에 지나지 않지요. 자신이 멋지다고 생각하는 일을 하는 것이 참된 만족을 얻을 수 있는 유일한 방법입니다. 아직 찾지 못했다면 계속해서 찾으세요."

034 "나보다 훌륭한 사람을 사귀어야 한다는 사실을 배웠습니다. 그러면 나도 조금은 나아지지요."

035 "사람은 습관에 따라 행동하므로 올바른 사고와 행동을 일찍이 습관화해야 합니다."

036 "재능이 있는 사람은 어디에 있든 굉장히 눈에 띄기 마련입니다. 그 사람의 행동이 그렇게 느끼게 하기 때문이지요. 일에 대한 에너지, 높은 완성도, 주변 사람을 대하는 방식 등이 그렇습니다."

037 "투자는 힘을 쓰는 일이 아닙니다. 남보다 배로 읽고 배로 생각해야만 합니다."

038 "그건 내가 얻은 학위 가운데 가장 중요한 학위였습니다."

039 "연례 주주총회는 질문을 위한 시간과 장소입니다. 그러니 찰리와 저는 얼마나 시간이 걸리든 기꺼이 모든 질문에 답하고 싶습니다."

040 "그린은 제 얼굴을 보고 원 스트라이크라고 말했습니다. 그 눈빛과 말은 평생 잊을 수가 없습니다."

041 "우리는 좋아하는 걸 잔뜩 포식하는 성격이거든요."

042 "그때 제가 가진 돈은 1만 달러였습니다. 만약 그레이엄의 조언을 따랐다면 지금도 수중에 1만 달러 정도밖에 없었겠지요."

제2장 버핏의 22세부터 39세까지(1952~1969년)

043 "중요한 건 내가 영웅이라 부를 수 있는 사람을 만드는 겁니다."

044 "처방하는 약의 양으로 보수가 결정된다니, 그런 의사를 대체 누가 찾고 싶어 할까요."

045 "저는 고객 충성도가 얼마나 강력한 힘을 발휘하는지 깨달았습니다. 그건 누구도 바꾸지 못합니다."

046 "제게는 야망이 있었습니다. 가이코 주식의 0.1%를 소유할 생각이었지요."

047 "벤은 결산서의 숫자만 들여다보았지만, 저는 장부에 적히지 않은 자산이나 눈에 보

이지 않는 자산에 주목했습니다."

048 "저는 벤에게 많은 것을 배웠지만, 이 점(좋은 투자처를 공유하는)만은 물려받지 않았습니다."

049 "회사가 멀지 않을 때는 직접 경영진을 만나러 갔습니다."

050 "오마하에서 지내는 게 훨씬 좋습니다. 여기서 생활하는 편이 생각이 더 잘 정리됩니다."

051 "오마하에 있으면 도시에서 살아가는 고통을 견딜 필요가 없습니다."

052 "고객과 탁자를 사이에 두고 앉기는 싫었습니다. 파트너들과 탁자 한쪽에 나란히 앉아 모두가 정보를 알게 하고 싶었습니다."

053 "저는 7명과 작은 파트너십 계약을 맺고 운용 자금 10만 5,000달러를 맡았습니다. 그들은 자금을 직접 운용하는 것보다 제게 맡겨야 자산을 더 많이 불릴 수 있다고 믿어주었습니다."

054 "저는 사람들을 실망하게 하고 싶지 않아요. 처음 주식을 팔기 시작했을 때부터 사람들에게 너무 큰 기대를 심어줄까 봐 정말 두려웠지요."

055 "정말 이 머리에 30만 달러를 들여야 하나?"

056 "먼저 자기 자신이 고객이 되고 그다음 다른 사람을 위해 일해야 합니다. 하루 1시간을 자신에게 할애하는 것이죠."

057 "그때 저는 찰리 멍거의 영향으로 서서히 변화하고 있었습니다. 이리저리 왔다 갔다 했지요. 마치 종교 개혁이 한창인 시기 같았습니다."

058 "내년 한 해의 모든 시간을 쏟아 기술을 공부해도 저는 그 분야에서 100번째나 1,000번째, 아니 10,000번째로 우수한 전문가도 되지 못할 겁니다."

059 "버크셔 해서웨이라는 이름을 듣지 못했다면, 지금쯤 저는 더 부유해졌을 겁니다."

060 "유능한 기수도 명마를 타면 이기겠지만, 다리가 부러진 짐말을 타고는 이길 도리가 없다."

061 "쓰고 말하는 능력은 매우 중요합니다. 소통하는 능력은 가장 강력한 무기가 되지요."

062 "투자의 세계에는 삼진 아웃이 없습니다."

063 "2월에 미래를 내다보지 못했다면, 어째서 5월이 되었을 때 8월에 일어날 일을 알 수 있을까요?"

064 "저는 이 영화가 앞으로 몇 년간 계속해서 상영될지 직접 눈으로 확인하고 싶었습니다."

065 "이건 아마 저의 편견일지도 모르지만, 집단 안에서는 뛰어난 투자 실적이 나오지 않습니다."

066 "최고의 CEO라 불리는 사람은 회사를 경영하는 것을 좋아하지, 사업가들의 원탁 회의나 오거스타 내셔널 골프 클럽에서 하는 게임 따위는 좋아하지 않습니다."

067 "열정이야말로 최고의 대가입니다."

068 "주식 시장은 단기적으로는 투표 기계에 불과합니다. 그러나 장기적으로는 기업의 진정한 가치를 측정하는 저울이 되어주지요."

069 "단순히 많은 사람이 한때 당신에게 동의했다고 해서 당신이 옳다는 뜻은 아닙니다. 중요한 인물이 동의했다고 해서 당신이 옳다는 뜻도 아니고요."

070 "언제 일어나느냐가 아니라 무엇이 일어나느냐에 초점을 맞춥니다."

071 "자신이 보유한 주식의 시장 가격이 20%나 30% 하락했을 때 감정적으로 또는 금전적으로 괴로워질 것 같다면, 주식 투자에는 손을 대지 말아야 합니다."

072 "새로운 방식이 큰 이익을 낳고 동시에 내 방식이 효력을 잃어 큰 손실을 낼 가능성이 있다고 해도 저는 지금까지의 방식을 바꿀 생각이 없습니다."

073 "조금 더 높은 이익을 내겠다고 끝없이 새로운 유행에 편승하고 싶지는 않습니다."

074 "우리는 기업을 사는 것은 좋아하지만, 파는 것은 좋아하지 않습니다. 산하로 거둔 기업과의 관계가 평생 이어지기를 바랍니다."

075 "처음에는 아침마다 입금 우편이 날아오기 바쁘고 보험 청구는 거의 없습니다. 그때는 감정은 마치 처음 신용카드를 받았을 때처럼 유쾌한 기분이지요."

076 "수지와 저는 영화 보러 갈 돈을 아껴서 684만 9,936달러를 투자했습니다."

077 "'얼마 전 파티에서 언뜻 듣고 200주를 사봤다'라는 이야기를 자주 듣는데, 사람들은 소액 투자를 마땅한 이유도 없이 결정하는 경향이 있는 듯합니다."

078 "성격과 적성에 맞는 방식으로 일하는 것이 결국 가장 효율적이라는 뜻입니다."

079 "때로는 적은 금액을 쏟아붓는 것이 오히려 실수가 되기도 합니다. 기나긴 인생에서는 때때로 믿기 어려울 만큼 큰 기회가 찾아오기 때문입니다."

080 "시간은 훌륭한 기업에게는 친구이지만, 시시한 기업에게는 적입니다."

081 "멍거와 저는 걸음을 서두를 생각이 없고, 결과보다 과정을 한껏 즐기고 있습니다."

082 "간절히 바라면 꿈이 이루어지는 건 디즈니 영화 속 이야기일 뿐, 사업에는 독이 됩니다."

083 "설령 실수를 하더라도 어쩌다 그렇게 되었는지 설명할 수 있어야 합니다."

084 "이름을 바꾼다면 버핏 앤드 파더겠지."

085 "다른 사람이 욕심을 낼 때는 조심하고, 다른 사람들이 두려워할 때는 욕심을 내라."

086 "우리는 경제학에서 말하는 순수한 경제적 동물이 아닙니다. 그 때문에 경제 효과가 조금 악화될 때도 있지만, 그래도 지금의 방식이 좋다고 생각합니다."

087 "자신을 믿어주는 사람들을 자꾸 성가시다는 듯 내쫓으면 분명 불편한 마음이 들 겁니다."

088 "말이 아니라 기수에게 걸었습니다."

089 "이 시가에 내 돈이 들어 있다."

090 "'워런, 당신이 황금 건초 더미에서 금바늘을 찾으려 한다면 그냥 바늘을 찾는 것보다 나을 게 뭐가 있죠?' 하지만 저는 잘 알려지지 않은 것일수록 좋았습니다."

091 "처음에는 다들 작은 부자처럼 보였는데, 지금은 모두 큰 부자입니다."

092 "지금은 비참해도 10년 후에는 좋아질 거라고 생각하며 행동해서는 안 됩니다."

093 "어떤 상황이든 거짓말을 해선 안 돼. 변호사가 하는 말은 신경 쓰지 말고."

094 "엑설런트 컴퍼니라 불리는 우량 기업이 비정상적인 사태로 주가가 마땅한 평가를 받지 못할 때. 투자에 나설 절호의 기회란 바로 이럴 때 찾아옵니다."

095 "가격은 당신이 지불하는 것, 가치는 당신이 얻는 것입니다."

096 "비단 지갑은 비단으로 만들어야지, 돼지 귀로 만들면 반드시 실패한다는 사실을 깨달았습니다."

097 "장래성과 업계의 고유한 강점, 훌륭한 경영진 등을 갖춘 알맞은 회사를 사면 주가는 저절로 오릅니다. 그럴 때 금전등록기는 노래를 부르지요."

098 "저는 지금 시장에 맞지 않고, 제가 알지 못하는 경기에 참여하려다 지금까지 이룬 근사한 성적을 망치고 싶지는 않습니다. 영웅인 채 떠나가고 싶습니다."

099 "경제 활동 외에도 시간을 할애할 수 있도록 목표를 설정하고 싶습니다. 그 목표는 적당히 쉽고 안전하며 이득이 되고 즐거운 일들로 좁히고 싶습니다."

제3장 버핏의 40세부터 55세까지(1970~1985년)

100 "2인자는 설 자리가 없습니다. 2등이 받을 빨간 리본 따위는 존재하지 않습니다."

101 "피라미드를 짓기 위해 돈을 나르는 사람들을 고용하는 것을 훌륭한 일이라고 생각하는 사람도 있습니다. 하지만 그건 터무니없는 착각입니다. 그런 사람들은 투입하는 것만 생각하고 거기서 뭐가 만들어지는지는 생각하지 않는 겁니다."

102 "저는 제가 약속한 자세를 지키겠습니다. 그렇게 약속했기 때문이고 그럴 필요가 있으니까요."

103 "빚을 잔뜩 진 상태에서 모아둔 돈이 하나도 없다면 그건 큰 실수입니다. 저는 가진 돈의 25% 이상을 빌려서 써본 적이 없습니다. 1만 달러밖에 없는 상황에 100만 달러를 투자하면 좋겠다는 아이디어가 떠올랐을 때도 그랬지요."

104 "네브래스카 미식축구 팀 선수가 자기 아버지가 유명한 쿼터백이었다고 해서 쿼터백 자리를 물려받을 수는 없지 않겠니?"

105 "그저 그런 기업을 훌륭한 가격에 사는 것보다 훌륭한 기업을 그저 그런 가격에 사는 것이 훨씬 낫습니다."

106 "B 부인은 할 줄 아는 모든 일을 빠르게 행동에 옮겼습니다. 망설이거나 생각을 바꾸는 일도 없었지요."

107 "진정한 가치의 몇 분의 1밖에 안 되는 가격으로 증권을 살 수 있다면 리스크 따위는 거의 없는 셈이다."

108 "벤저민 그레이엄을 아는 사람은 많지만, 그의 이론을 실행에 옮기는 사람은 얼마 되지 않습니다."

109 "어느 회사가 경비 삭감에 나섰다는 소식을 들을 때마다 그 회사는 비용이라는 걸 제대로 이해하지 못했구나 하는 생각이 듭니다."

110 "부엌에서 바퀴벌레 한 마리가 눈에 띄면, 이미 여러 마리가 있다는 증거이지요."

111 "사소한 일에서 규칙을 어기면, 중요한 일에서도 어기게 되는 법이지."

112 "어떤 일이든 내가 정말로 이해하고 있다면, 다른 사람이 이해하도록 표현할 수 있습니다."

113 "찰리는 언젠가 과자 가게 주인이 되는 게 꿈일지도 모르지만, 저는 사업 보고서만 계속 읽으려고 합니다."

114 "늘 관행이 아니라 무엇이 가장 옳은 길인지를 중시했습니다."

115 "오늘의 투자자는 어제의 성장에서 이익을 얻지 못합니다."

116 "장기적으로 좋은 전망이 보인다면, 단기적인 주가 변동은 매력적인 가격에 보유고

를 늘릴 기회가 아닌 이상 우리에게 아무 의미가 없습니다."

117 "허투루 써서는 안 돼. 이 돈을 투자하면 몇 배나 불어나니까."

118 "만능선수가 될 필요는 없지만, 자신의 한계가 어디까지인지는 알 필요가 있습니다."

119 "저는 같은 음식을 계속 반복해서 먹는 걸 좋아합니다. 50일 동안 아침으로 햄 샌드위치를 먹을 수도 있습니다."

120 "'시장 폭락으로 투자자 손실 발생'. 그러나 앞으로 투자할 사람들에게는 이익이 됩니다."

121 "주식을 파는 이유는 '신문사 주식이 떨어지고 있으니까', '다들 파니까' 같은 이유가 대부분입니다. 다들 그리 확고한 이유는 없지요."

122 "모든 걸 생각할 필요는 없습니다. 다른 사람의 어깨 위에 올라서는 건 조금도 나쁜 일이 아닙니다."

123 "좋은 주주를 끌어당겨 꼭 붙잡고 있으려면, 사업과 이념을 늘 분명하게 설명하고 나머지는 각자의 판단에 맡기면 된다고 생각합니다."

124 "사람들은 대부분 다른 사람이 한다는 이유로 주식 투자에 관심을 갖습니다. 하지만 사실은 다른 사람이 하지 않을 때 관심을 갖는 것이 가장 좋습니다."

125 "우리는 기업의 정상에 선 이로서 물질적으로, 정신적으로 많은 편익도 누리고 있습니다. 그런 목가적인 상황에서는 주주들에게 부담을 주면서까지 필요도 없는 보수를 더 받을 생각은 없습니다."

126 "우리는 묵묵히 참고 기다릴 수 있습니다. 아무리 많은 재능과 노력을 기울여도 반드시 시간을 들여야 하는 일도 있지요."

127 "만약 자꾸 물이 새는 배를 타고 있다면, 새는 곳을 막으려고 애쓰기보다는 새로운 배로 갈아타는 편이 훨씬 생산적입니다."

128 "저는 참을성과 냉정함이 IQ보다 중요할지도 모른다고 생각합니다."

129 "배가 둥근 지구 위를 항해하고 있어도 '지구가 평평하다고 믿는 이들'은 여전히 많습니다. 시장에서는 가격과 가치의 괴리가 계속해서 나타날 테고, 그레이엄과 도드의 책을 읽은 사람은 계속해서 성공을 거둘 겁니다."

130 "할 필요가 없는 일은 잘해봤자 의미가 없습니다."

131 "리스크란 자기가 뭘 하고 있는지 잘 모를 때 발생합니다."

132 "우리는 많은 키스를 보았지만, 기적이 일어난 적은 거의 없었습니다."

133 "어려운 건 새로운 아이디어를 낳는 일이 아니라 낡은 생각에서 벗어나는 일입니다. 저는 낡은 생각에서 빠져나오는 데 제법 시간이 걸렸습니다."

134 "노름판의 주인이 유리할수록 고객은 불리하다."

135 "저는 아이스하키 선수 웨인 그레츠키의 '지금 퍽이 있는 곳이 아니라 퍽이 향할 곳으로 가라'라는 조언을 따랐습니다."

136 "CEO는 대부분 전략기획 부서나 컨설턴트, 또는 투자은행에 기업을 인수해도 될지 묻습니다. 그건 인테리어 디자이너에게 5만 달러짜리 카펫이 필요하냐고 묻는 것과 마찬가지입니다."

137 "허풍 떠는 사람이라는 평판은 평생 따라다닙니다. 그래서 그런 사람이 아니라는 걸 인정받고 싶었습니다."

138 "3층에 있는 사람들이 하는 일 가운데 이익에 영향을 미치는 일은 아무것도 없습니다."

139 "미래가 확실했던 적은 한 번도 없었습니다. 불확실성이야말로 장기 투자자의 아군이지요."

140 "자네는 정말 솜씨가 좋으니까 말이야. 자네가 없으면 그 구멍을 메우는 데 세 명은 필요할 거야."

141 "그들이 잘못한 건 아무것도 없지만, 그들은 결국 트랙터가 나온 시대에 농장에서 일하던 말 같은 신세가 되었습니다. 재교육 같은 건 그저 허울 좋은 이야기에 불과하지요."

142 "트로피 아내가 우승컵처럼 보인 적은 단 한 번도 없었습니다."

143 "우리는 신용 평가를 토대로 판단하지 않습니다. 만약 신용 평가 회사인 무디스나 스탠더드 앤드 푸어스에게 투자 자금 운용을 맡기고 싶었다면 이미 예전에 그렇게 했겠지요."

144 "대다수는 다른 사람들이 주목하는 주식에 관심이 있는 듯합니다. 하지만 사실은 그렇지 않은 주식에 관심을 갖는 것이 가장 좋습니다."

145 "기업의 가치 평가(밸류에이션)란 그렇게 쉬운 일이 아닙니다. 하지만 몇 가지 업종에 초점을 맞추면 밸류에이션에 관해 제법 많은 지식을 얻을 수 있습니다."

146 "아무런 위험도 없는 오마하에 있으면서 운전기사들에게 위험한 결단을 내릴 수는 없었습니다."

147 "우리 아이들은 자신이 설 자리를 스스로 개척합니다. 그리고 어떤 일을 하길 원하든 내가 자기편이 되어줄 거라는 걸 잘 알고 있지요."

148 "업자가 3만 파운드의 하중을 버틸 수 있다고 주장하는 다리가 건설되었다 해도 그 다리를 건너는 트럭은 겨우 1만 파운드입니다."

149 "트랙터가 등장한 시기의 말이나, 자동차가 등장한 시기에 말의 편자를 만들던 대장간 같은 입장이 되는 건 역시 즐거운 일이 아닙니다."

150 "함께 일하는 사람은 신중하게 선택하고 싶습니다. 가장 중요한 사항이니 단 한 명도 대충 넘기지 않고 살핍니다. 마치 결혼 상대를 찾는 것 같은 자세로 말이지요."

151 "문제아를 보살피는 일과 같지요. 한 5년쯤 됐다고 주식을 팔아버릴 생각은 없습니다."

152 "저는 투자의 출발점인 '십계'에 손을 댈 마음은 조금도 없었습니다."

153 "비즈니스 스쿨에서는 단순하고 명쾌한 행동보다 복잡한 행동을 더 높게 평가하는 모양이지만, 실제로는 단순하고 명쾌한 행동이 더 효과적입니다."

154 "정장을 맞추러 가서 '회색 줄무늬 양복을 맞추려고요. 안감은 해서웨이로 부탁합니다'라고 말하는 사람은 없었습니다."

155 "만약 씨즈 캔디를 사지 않았다면 코카콜라도 사지 않았을 겁니다. 그러니 이 120억 달러는 모두 씨즈 캔디 덕분입니다."

156 "꽃에서 꽃으로 옮겨 다녀서는 장기적 투자에서 성공을 거둘 수 없습니다."

157 "투자를 할 때 대부분의 사람에게 가장 중요한 것은 내가 얼마나 아느냐가 아니라, 오히려 내가 모른다는 사실을 정확하게 아는 것입니다."

158 "제가 기억하는 한 벤저민 그레이엄의 가격으로 필립 피셔의 종목을 살 수 있는 건 이번이 처음입니다."

제4장 버핏의 56세부터 70세까지 (1986~2000년)

159 "사람의 행동은 내면의 점수판을 가지고 있느냐, 외면의 점수판을 가지고 있느냐에 따라 크게 좌우됩니다."

160 "재능 있는 사람에게 보수를 주는 건 당연한 일입니다. 하지만 특허권 사용료처럼 매번 지불해서는 안 되지요."

161 "명성을 드높이는 데는 평생이 걸리지만, 그걸 망치는 데는 5분도 채 걸리지 않는다."

162 "회장인 저와 의논해야 할 문제와 밑에서 해결해야 할 문제를 구별할 줄 아는 사람이 필요했습니다. 나쁜 소식을 정확히 전해줄 사람 말이지요."

163 "음식에 관한 제 규칙은 지극히 단순합니다. 세 살 아이가 먹지 않는 음식은 저도 먹지

않는다는 거죠."

164 "홍보에 문제가 있는 게 아니라, 우리가 한 행동에 문제가 있었으니까요."

165 "돈을 얼마나 가졌는지, 작년에 얼마나 벌었는지를 척도로 인생을 살아가면 언제가 성가신 문제에 휘말리게 될 겁니다."

166 "회사를 위해 일하다 손해를 내는 건 이해할 수 있습니다. 그러나 회사의 평판을 조금이라도 해치는 일은 용납하지 않을 것입니다."

167 "저는 여러분이 가족이나 친구가 읽는 조간신문의 첫 페이지를 채울 사건에 가담해도 부끄럽지 않을지 스스로 생각해 보기를 바랍니다."

168 "돈에 관해 조언하는 것이 특기였던 21세에는 아무도 제 말에 귀 기울이지 않았습니다. 그런데 지금은 세상에서 가장 어리석은 말을 해도 모두가 중대한 의미가 숨겨져 있으리라 믿습니다."

169 "정말로 중요한 것만 골라내고 그 외에는 요령껏 거절하는 것도 중요하다는 조언이었죠."

170 "저는 어디에 도움이 될지 모르겠다고 했습니다. 내가 가진 주식의 가격이 어떻게 변하는지 5분 단위로 알 필요는 없으니까요. 게다가 소득세 같은 건 암산으로 얼마든지 계산할 수 있고요."

171 "10년, 20년, 30년 후의 정신과 육체는 지금 내가 어떻게 행동하느냐에 따라 결정됩니다."

172 "굳이 건초 더미에 파묻힌 바늘을 찾을 필요는 없지요. 눈앞에 바늘이 놓여 있을 때는 말입니다."

173 "우리가 성공한 이유는 2미터 높이의 장애물을 뛰어넘을 능력이 있어서가 아니라 30센티미터 높이의 장애물을 열심히 찾았기 때문입니다."

174 "이발할 때가 되었는지 이발사에게 물어서는 안 됩니다."

175 "버크셔의 전 직원 약 3만 3,000명 가운데 본사에서 일하는 사람은 12명뿐입니다."

176 "만약 무슨 말인지 알 수 없는 각주가 나왔다면, 그건 쓴 사람의 잘못일지도 모릅니다. 저라면 그런 각주를 다는 회사에는 투자하지 않을 겁니다."

177 "우리는 회의에 참석하거나 재무에 관여하거나 실적을 트집 잡지 않습니다."

178 "사업이라는 길에는 구덩이가 여기저기 널려 있습니다. 그러니 구덩이를 모두 피하려만 한다면 앞으로 찾아올 것은 재난뿐이지요."

179 "다음 주에 추첨하는 복권과 조금씩 부자가 될 기회가 있다면, 사람들은 아마 전자에 더 큰 가능성이 있다고 느끼겠지요."

180 "워낙 바보 같은 낙천주의자인지라 가장 재미있는 장은 이제부터 시작될 거라는 생각이 들어서 말입니다."

181 "10년 동안 기꺼이 주식을 보유할 마음이 아니라면 단 10분이라도 보유해서는 안 됩니다."

182 "새로운 실수를 저지르기 전에 과거의 실수를 되돌아보는 건 바람직한 일입니다."

183 "우리는 앞으로도 좋아하고 존경할 수 있는 사람들과 일할 것입니다. 속을 뒤집는 사람과 일하는 건 돈을 보고 결혼하는 일과 마찬가지니까요."

184 "투자자는 평생 구멍을 20번만 뚫을 수 있는 펀치카드라고 생각해야 합니다."

185 "나는 수표 사본을 장식하렵니다."

186 "시스티나 성당에서 몸을 젖히고 천장화를 그리는 것이나 다름없습니다."

187 "시합에서 승리하는 건 경기에 집중하는 사람이지, 득점판만 바라보는 사람이 아닙니다."

188 "우리는 앞으로도 정치적 혹은 경제적 예측 따위에 귀 기울이지 않을 것입니다."

189 "물론 당신들이 똑똑할지도 모르지만, 그럼 왜 내가 부자가 되었을까요?"

190 "첫 번째 규칙, 결코 손해 보지 않는다. 두 번째 규칙, 절대 첫 번째 규칙을 잊지 않는다."

191 "자기 능력 범위 안에 이렇다 할 투자처가 없다고 해서 함부로 원을 넓혀서는 안 됩니다. 그럴 때는 그저 가만히 기다립니다."

192 "가장 중요한 건 자신의 능력 범위를 얼마나 넓히느냐가 아니라 능력의 경계를 얼마나 분명하게 결정할 수 있느냐입니다."

193 "지난날의 업적이 얼마나 대단했든 변화에 제대로 대응하지 않으면 남은 것은 파탄뿐입니다."

194 "땅에서 걷는다는 게 뭔지 물고기에게 설명할 수 있을까요?"

195 "펜만 있으면 '이익'은 얼마든지 만들어낼 수 있습니다. 하지만 사기꾼들도 모여들겠지요."

196 "지성, 에너지 그리고 성실함. 그중 마지막 것이 없으면 앞의 2가지는 전혀 의미가 없어집니다."

197 "이토록 훌륭한 경영자는 좀처럼 찾아보기가 힘들건만, 나이가 한 살 늘었다는 이유만으로 떠나보내야 한다니 정말 안타깝기 그지없습니다."

198 "만약 첫 번째 방법으로 성공을 거두었다면 다른 방법을 시도할 필요는 없습니다."

199 "사업의 세계에서 통하는 상식은 주식 시장에서도 통합니다."

200 "인수 합병의 세계에서는 아픈 말도 세크리테리엇 행세를 합니다."

201 "기업이 한창 번성할 때 질서를 말하기란 쉽지 않습니다."

202 "주식을 산 다음에는 1, 2년쯤 시장이 폐쇄되더라도 신경 쓰지 않습니다."

203 "변화가 빠른 업계에 투자하면 막대한 이익을 얻을 수 있을지도 모르지만, 거기에는 우리가 바라는 확실성이 존재하지 않습니다."

204 "자만심과 권태감에 젖은 경영자들이 초점을 잃고 길을 벗어나는 모습을 우리는 셀 수 없이 보았습니다."

205 "넷젯을 이용하지 않았다면 맺지 못했을 계약이 있었을지는 모르지만, 적어도 이 계약 저 계약 맺으려고 수천 킬로미터를 날아다닐 의욕은 생기지 않았겠지요."

206 "적은 보수로 일하지만, 움직이는 데는 돈을 좀 들이겠습니다."

207 "저는 '집중력'이라고 했습니다. 빌도 같은 대답을 했고요."

208 "교양 있는 신문사의 임원들은 세계에서 일어나는 중요한 사건들을 끊임없이 기록하고 분석하면서도 자기 코앞에서 일어나는 일은 외면하거나 무관심한 척하지요."

209 "버크셔는 저의 첫사랑이고 그 마음은 앞으로도 변하지 않을 겁니다."

210 "내 장례식에서는 손님들에게 '어린애인 줄 알았는데 노인네였다'는 말을 듣고 싶다네."

211 "얼마나 벌었는지로 제 인생을 헤아리고 싶지는 않습니다. 그런 사람도 있겠지만, 저는 절대 그러지 않습니다."

212 "사업의 다각화는 무지를 감추는 하나의 수단입니다."

213 "자기 회사와 직원을 조금도 염려하지 않는 사람이 회사를 경영하면 회사 전체의 태도와 습관까지 오염되기 마련입니다."

214 "내가 회사를 산 이유는 딱 하나, 당신이 있어서입니다."

215 "우리가 결혼을 결심하는 이유는 뭘까요? 눈이 아름다워서? 성격이 좋아서? 여러 이유가 있으니 한 가지만 고르기는 어렵지 않겠습니까?"

216 "투자란 소비를 미루는 것입니다. 정말 중요한 문제는 단 2가지뿐입니다. 하나는 얼마나 돌아오느냐, 또 하나는 언제 돌아오느냐이지요."

217 "새로운 산업을 일으키고 널리 알리는 건 멋진 일입니다. 투자를 유도하기 쉬우니까요. 평범하고 일상적인 제품에 투자 자본을 끌어들이기란 매우 어렵습니다."

218 "자금을 운용하는 사람들에게 주식은 게임에 참가하기 위한 패일 뿐, 모노폴리의 골무나 다리미 같은 말에 불과합니다."

219 "만약 당신이 평범한 CEO이고 이사회에 당신의 친구가 여러 명 있다면, 당신은 축구팀에서 선발 테스트를 하지 않은 것이나 다름없습니다."

220 "사람들은 주식과 관련해서도 이와 같이 생각합니다. 소문이 그러하니 진실일지도 모른다고 쉽게 믿어버리는 겁니다."

221 "내가 가진 주식이 오른다고 해서 자기 실력이라고 믿어서는 안 됩니다. 결국 주식은 당신이 자기를 소유하고 있다는 것조차 모르니까요."

222 "지금도 지구에 사는 25억 남성들의 수염은 조금씩 자라고 있습니다. 그렇게 생각하며 침대에 누우면 푹 잘 수 있습니다."

223 "자신이 나고 자란 곳에서도 문화의 특색과 복잡한 요소들을 충분히 이해하기는 쉽지 않습니다. 다른 문화라면 더더욱 그렇겠지요."

224 "우리는 모두 5센티씩 늘리고 싶습니다."

225 "버크셔의 주식은 우리 가족 대부분과 투자조합을 운영하던 시절부터 함께해 온 많은 친구들의 투자 포트폴리오에서 큰 비중을 차지하는 종목입니다."

226 "낙관주의자들은 합리적인 투자자들의 적이나 다름없습니다."

227 "조직에서 비롯된 낡은 습관이 작동하기 시작하면, 합리성이 나설 차례는 대부분 없다고 보아야 합니다."

228 "눈이 휘둥그레지는 숫자가 눈앞에 펼쳐져 있어도 결국 0을 곱하면 아무것도 남지 않습니다."

229 "(인수를 제안할 때) 은행은 우리가 어릴 적 읽었던 만화책 《슈퍼맨》이 떠오르는 '대본'을 준비해 옵니다."

230 "기업을 매각할 때 매도인이나 대리인은 귀가 솔깃해지는 이야기만 강조하지만, 그 기업을 인수했을 때 뼈저리게 느끼게 될 '교육적 가치'는 겉으로는 거의 보이지 않습니다."

231 "버크셔의 이사들은 지난 해 총 100파운드를 감량하는 데 성공했습니다. 틀림없이 적은 임원 보수로 생활하려고 노력한 결과일 겁니다."

232 "누군가 지난주에 투자해서 돈을 벌었다 해도 이번 주에 내가 성공하리라는 보장은 없습니다."

233 "지나치게 두꺼운 지갑을 가지고 있으면 투자로 좋은 성과를 거두는 데는 마이너스가 됩니다."

234 "종목이 50가지나 75가지씩 있으면 하나하나 집중하기 어렵습니다. 노아의 방주 같은 동물원이 되어버리지요."

235 "돈을 버는 건 간단합니다. 오히려 쓰는 법이 어렵지요."

236 "제가 값비싼 정장을 입으면 꼭 허름해 보이지 뭡니까."

237 "벽에는 몇십 억 달러나 하는 그림들이 걸려 있었는데, 그 그림을 보고 '오오!', '아아!' 하고 감탄하지 않은 건 저밖에 없었습니다. 저라면 차라리 <플레이보이> 표지들을 잔뜩 붙여놓았을 텐데 말이에요."

238 "자기 힘으로 고민하지 않으면 투자에 성공할 수 없습니다."

239 "다투는 건 좋아하지 않습니다. 싸울 필요가 있다면 도망치지 않겠지만, 즐기지는 않습니다. 저는 싸움을 위한 싸움은 하고 싶지 않아요."

240 "월급으로 1달러를 받고 일할 생각입니다."

241 "빠르고 쉽게 돈을 벌 생각으로 버크셔 해서웨이의 주식을 사지는 않았으면 합니다. 아마 그럴 일은 없을 테니까요."

242 "특정한 용도에 맞춰 설계된 도구가 늘어날수록 사용자는 점점 더 현명해져야 합니다."

243 "기회가 찾아왔을 때만 행동하면 됩니다."

244 "무지와 부채가 합쳐졌을 때 몹시 흥미로운 결과가 나오기도 합니다."

245 "마음만 먹으면 도리스의 채권자에게 200만 달러쯤 내줄 수도 있었습니다. 하지만 그건 말이 되지 않았습니다."

246 "높은 이율로 자산을 복리 운용하는 사람은 20년 후에 진행하는 자선 사업에 돈을 기부하는 편이 더 낫다고 생각했기 때문입니다."

247 "주식 투자로 편하게 돈을 벌 수 있는 시기에 굳이 부동산을 살 필요는 없지."

248 "만약 투자에 수학이 필요하다면 나는 예전에 하던 신문 배달 일로 돌아가야 할 겁

니다."

249 "지금 하는 일을 다른 일과 바꾸고 싶은 마음은 조금도 없습니다. 정치가가 될 수 있다 해도 마찬가지고요."

250 "돈을 벌고 싶다면 코를 쥐고 월가로 가면 된다."

251 "글쎄요. 이번에는 미국에서 가장 장수하는 사람이 되어볼까 합니다."

252 "역사책이 성공의 열쇠라면, '포브스 400'은 모두 도서관 사서들이 차지할 겁니다."

253 "남다른 일을 하지 않아도 남다른 성과를 달성할 수는 있습니다."

254 "주식 시장이란 누군가가 엉터리 같은 가격을 매기지 않았는지 확인하는 장소에 불과합니다."

255 "투자란 IQ가 160인 사람이 130인 사람을 쓰러트리는 게임이 아니니까요. 합리적인가 그렇지 않은가가 문제입니다."

256 "사업에 성공한 사례보다 실패한 사례에서 더 많은 것을 얻을 수 있다고 느낄 때가 많습니다."

257 "우리는 회사를 인수할 때 직원들을 쓰지 않습니다. 협상을 할 때 컨설턴트나 투자은행, 상업은행의 손을 빌리지도 않습니다."

258 "저는 악몽을 꾸게 되었습니다. 아침에 일어나 보니 내가 1조 엔이 아니라 1,000조 엔을 입력했다는 걸 알아차리는 꿈 말이지요."

259 "아들에게는 버핏이라는 이름을 모두 소문자로 쓰라고 말했습니다. 그러면 유권자들도 대문자가 없는 버핏이니 자금도 없다는 걸 알아줄 거라고 생각했습니다."

260 "우선주라는 이유로 투자했는데, 애초에 그게 잘못이었습니다. 멋진 사업이라고 판단해서 투자한 게 아니었다는 뜻이죠."

261 "상품 자체의 가치가 오랫동안 유지될지를 헤아리는 것이 중요합니다. 그 종목을 사야할지 팔아야 할지 끝도 없이 고민하기보다는 그 편이 훨씬 더 큰 결실을 안겨주지 않을까요?"

262 "우리는 매일 8시간에서 10시간 가까이 읽고 또 생각했습니다."

263 "대부분의 경영자는 말만 번지르르하고 행동은 따라가지 못하면서 당근만 가득하고 채찍은 적은 보상 제도를 택합니다."

264 "때때로 유행하는 '공포'와 '탐욕'이라는 강력한 전염병은 투자의 세계에서 영원히 사라지지 않을 것입니다."

265 "어떤 업계나 분야에서는 '덩치 큰 자가 살아남는' 자연의 법칙이 성립하지만, 대다수의 산업에서 그런 우위는 영원히 지속되지 않습니다."

266 "우리에게 현명한 행동이란 '적극적으로 움직이지 않는' 것입니다. 산 뒤에는 기업이 좋은 상태를 유지하도록 감시하는 것만으로도 충분하지요."

제5장 버핏의 71세 이후 (2001년 이후)

267 "자선 사업에 재능이 있는 인재를 찾는 것은 투자에 재능 있는 인재를 찾는 일보다 훨씬 더 중요합니다."

268 "위기가 닥쳤을 때 현금에 용기가 더해지면 무한한 가능성이 생깁니다."

269 "당신을 만나러 온 사람의 몸무게가 150킬로그램에서 180킬로그램 사이라면, 한눈에 보아도 뚱뚱하다는 건 알 수 있을 테니까요."

270 "판단을 내리는 데는 5분만 있으면 충분합니다."

271 "나를 사랑해 줬으면 하는 사람들 가운데 몇 사람에게 실제로 사랑받고 있는지가 진정한 인생의 성공을 헤아리는 척도가 됩니다."

272 "1층에서 100층까지 올라갔다가 다시 98층으로 돌아가면, 1층에서 2층으로 올라갔을 때보다 불만스럽게 느껴지는 법이지요. 하지만 그런 마음은 다스려야만 합니다."

273 "인터넷을 지배하는 자가 싸움을 지배합니다."

274 "'지금 가격에 이 회사를 매수하는 이유'에 대해 짧은 논문을 쓰지 못한다면, 100주도 사지 않는 편이 좋습니다."

275 "여러분이 괴로울 때는 우리도 괴롭고, 우리가 이익을 얻을 때는 여러분도 똑같이 이익을 얻을 것입니다."

276 "저희는 오래전부터 미국 밖에도 버크셔를 널리 알리고 싶었습니다."

277 "정해진 로드맵은 그릴 수 없습니다. 하지만 지혜는 기를 수 있습니다."

278 "기회는 분야에서 나오지 않습니다. 우리의 두뇌에서 나옵니다."

279 "IBM의 연차 보고서를 지난 50년 동안 매년 읽었습니다."

280 "우리는 미래를 예상할 수 있다고 말하는 CEO를 믿지 않습니다. 약속한 목표를 달성하겠노라 호언장담하는 경영자는 언젠가 '숫자를 조작할' 유혹에 빠지기 때문입니다."

281 "우리 회사는 풍부한 자금을 보유하고 있어서 손실을 어느 정도 견딜 여유가 있습니

다. 그러나 평판을 떨어뜨릴 여유는 없습니다."

282 "인간이 실수를 하는 건 당연한 일이니 계속 고민하며 끙끙 앓지는 않습니다. 우리에게는 내일이 있으니 긍정적인 마음으로 생활하며 다음 일을 시작하는 편이 훨씬 바람직합니다."

283 "비즈니스의 세계에서 가장 위험한 말은 '다른 사람도 다 하고 있다(Everybody else is doing it)'라는 다섯 단어입니다."

284 "오르내리는 주가 정보와 '가만히 있지 말고 행동해야 한다'는 말에 시달리다 보면, 본래 절대적 이점이어야 할 유동성이 저주로 변해버립니다."

285 "보통 이 세계에서는 머리가 하얘져도 마이너스가 되지 않습니다."

286 "만약 내일 일본의 대기업에서 전화가 와서 버크셔에 인수를 제안한다면 비행기를 타고 곧장 날아갈 겁니다."

287 "우리 사무실에는 '범위 내', '범위 외', '난제'라는 세 가지 메일박스가 있습니다."

288 "주식을 산다면 바보도 경영할 수 있는 우수한 회사를 사고 싶습니다. 언젠가는 어리석은 경영자가 나타나기 마련이니까요."

289 "투자를 할 때는 어느 정도 리스크를 감수해야 합니다. 미래는 언제나 불확실하니까요."

290 "세계는 어디든 위험으로 가득합니다. 미국도 평상시의 이스라엘과 다를 바 없이 위험합니다."

291 "물론 버크셔는 레버리지를 더 많이 이용할 수도 있었습니다. 하지만 그랬다면 밤에 푹 잠들지 못하게 되었겠지요."

292 "100명의 학생을 한 명 한 명 지켜보고 장래성을 판단해서 1위부터 100위까지 순위를 매기는 건 제게는 불가능한 일입니다. 그래서 우리가 사는 회사에는 이미 경영자가 있지요."

293 "오늘이나 내일, 다음 달에 주가가 오르든 내리든 상관없습니다. 뱅크오브아메리카가 5년 뒤, 10년 뒤에 어떻게 되느냐가 중요하지요."

294 "가장 중요한 일은 여러 거대 조직이 맞닥뜨리는 'ABC' 리스크, 다시 말해 '오만(Arrogance)', '관료주의(Bureaucracy)', '자기만족(Complacency)'과 싸우는 것입니다."

295 "딱딱한 관료주의적 시스템 때문에 의사 결정이 늦어져서 눈에 보이지 않는 많은 비용을 감당하느니 잘못된 의사 결정으로 눈에 보이는 비용을 감내하는 편이 낫습니다."

296 "투기는 쉬워 보일수록 위험합니다."

297 "운 좋게 1%로 태어난 사람들은 나머지 99%의 사람들을 헤아릴 의무가 있습니다."

298 "돈이란 사회에 돌려주어야 할 자원을 잠시 맡아두었음을 나타내는 보관증이라고 생각해 왔습니다."

299 "문화는 스스로 증식합니다. 관료적인 절차는 관료주의를 낳고, 오만한 기업 문화는 독단적인 행동을 부릅니다."

300 "채무자는 그제야 신용이 산소와 같다는 사실을 알게 됩니다."

301 "부채가 지닌 놀라운 효과로 한번 이익을 내고 나면, 보수적인 방식으로 돌아가려 하는 사람은 거의 없습니다."

302 "그 사람들(석유 회사의 경영진)의 보수를 늘리는 건 바보 같은 짓입니다. 하지만 석유를 얻는 데 드는 비용을 다른 기업보다 절감했다면 큰돈을 줘도 좋습니다."

303 "거울을 보고 오늘은 뭘 할지 정하는 겁니다."

304 "그리 멀지 않은 미래에는 조금 다른 식으로 물을지도 모릅니다. '만약 당신이 트럭에 치이지 않으면 버크셔는 어떻게 되나요?'라고 말이지요."

305 "우리는 '나보다 못한 사람을 뽑으면 회사는 난쟁이들의 회사가 될 것이다. 그러나 나보다 뛰어난 사람을 뽑으면 회사는 거인들의 회사가 될 것이다'라는 말을 믿습니다."

306 "저는 아무것도 희생하지 않았습니다."

307 "정부가 사회의 심부름꾼임을 망각하고 시민의 약점을 이용해 돈을 벌려 한다는 사실에 화가 납니다."

308 "아침에 눈을 떴을 때 낯선 금융인에게 도움을 청해야 하는 입장은 절대 되고 싶지 않을 겁니다. 저는 그런 생각을 몇 번이나 해왔습니다."

309 "저는 음악은 좋아하지만, U2의 노래는 감동할 정도는 아니라고 생각했어요. 제가 감탄한 이유는 보노가 밴드의 수입을 모두 공평하게 나눠 가지도록 한다는 점 때문이었습니다."

310 "나쁜 기업을 좋은 경영자가 이끄는 것보다는 좋은 기업을 나쁜 경영자가 이끄는 것이 낫습니다."

311 "프레디맥과 패니메이의 주식을 대부분 매각했습니다. 두 회사가 연 15%의 매출 증가를 내걸었다는 점이 마음에 걸렸기 때문입니다."

312 "좋은 물건은 아무리 많아도 방해가 되지 않아요. 오히려 멋지지요."

313 "100명의 학생 앞에서 옳은 이야기를 하면 몇 명은 귀를 기울여주겠지요. 그 결과 그들의 인생이 바뀔지도 모릅니다."

314 "신뢰할 수 있는 제품 그리고 10년, 20년, 50년이 지나도 모두가 원하는 제품을 만드느냐가 제가 투자를 결정하는 기준입니다."

315 "어느 날 오후에 전화로 인수 제안을 받았는데 내용이 상당히 좋다면, 그날 밤 당장 계약서에 사인할 수도 있습니다."

316 "확실히 잘못하는 것보다는 대체로 옳은 방향으로 나아가는 편이 낫습니다."

317 "많은 사람과 함께하는 인생의 좋은 점은 우수한 사람들에게 둘러싸여 지내는 동안 그 사람들을 본받아 행동하게 된다는 점입니다. 그 대신 주변 사람들도 당신의 영향을 받게 되지요."

318 "저는 1년에 50주 정도를 '생각하는' 데 씁니다. 일하는 시간은 기껏해야 2주쯤 되지 않을까 싶네요."

319 "자, 이렇게 매각했는데도 불구하고 버크셔는 애플을 5.4%나 보유하고 있지 않습니까."

320 "우리에게는 누구도 겪어본 적 없는 일을 비롯한 중대한 리스크를 꿰뚫어 보고 이를 회피할 줄 아는 힘을 타고난 인물이 필요합니다."

321 "재능 있는 모든 사람에게 성공을 손에 쥘 기회가 공평하게 주어지는 것이야말로 이 나라의 정신일 테니까요."

322 "제가 보기에 이 나라의 세금 제도는 너무나 균등합니다. 솔직히 말해서 빌과 나는 더 많은 세율을 적용해야 합니다."

323 "상대가 '식은 죽 먹기죠'라고 말하면 그건 대개 쉬운 일이 아닙니다. 우리는 바로 경계하지요. 그런 이야기는 거의 대부분 거절합니다."

324 "버크셔 해서웨이가 일본의 미래에 참가하는 것은 기쁜 일입니다."

325 "문제가 있을 때는 개인이든 회사든 지체 없이 행동해야 합니다."

326 "뉴올리언스의 제방이 믿을 만한지 점검하고 고치는 건 허리케인 카트리나가 오기 전이어야 했습니다."

327 "세상에는 멍거도 저도 10년 후 어떤 모습이 될지 도무지 상상하기 힘든 회사가 아주 많습니다. 그래도 이런 한계는 한 업계만 경험해 본 경영자보다는 훨씬 낫습니다."

328 "버크셔는 회사를 매각하고자 하는 소유주에게 제3의 선택지가 되어 사원과 문화를

유지할 수 있는 마지막 거처를 제공합니다."

329 "만약 내일 무슨 일이 일어날지 예상할 수 없다면, 무슨 일이 일어나도 문제가 없도록 대비해야 합니다."

330 "신호등의 파란불은 언제든 노란불도 거치지 않고 빨간불로 바뀔 수 있습니다."

331 "이런 현실 때문에 파생 상품을 이용하는 야심만만한 CEO의 회사가 살아남을 제1법칙이 만들어집니다. 적당한 실수가 아니라 어마어마한 실패 말입니다."

332 "애널리스트들의 전망에 맞출 필요는 없어요. 매년 결과를 적어 내어주면 그만입니다."

333 "기회를 잡는 데 위대한 지성이나 경제학 학위 그리고 월가의 전문 용어는 필요치 않습니다. 그보다는 오랫동안 특출한 곳 없고 어리석은 사람처럼 보여도 신경 쓰지 않는 대범함이 중요합니다."

334 "돈 많은 사람과 경험 많은 사람이 만나면, 경험 많은 사람은 돈을 손에 넣고 돈 많은 사람에게는 경험만 남는다."

335 "사람들이 원하는 것을 생산할 뿐만 아니라 본인조차 아직 깨닫지 못한 욕구까지 채워주는 시장 제도는 가히 따라올 것이 없습니다."

336 "대부분의 미국인이 점점 더 풍족한 생활을 하는 대가로 불운한 이들에게 가난한 생활을 강요해서는 안 됩니다."

337 "버크셔는 늘 천 년에 한 번 찾아오는 대홍수에 대비하고 있습니다. 오히려 그런 일이 벌어졌을 때 준비를 게을리한 사람들에게 구명조끼를 팔 생각이지요."

338 "저는 지금껏 사람에게 많은 것을 걸어왔고 그들을 이해하고 있다고 생각합니다. 많은 사람이 저를 믿어준 적도 있었고요."

339 "노사 협상이 몇 주 동안이나 이어지고 있다는 뉴스를 자주 듣습니다. 하지만 이사회와 CEO가 보수를 가지고 협상한다는 뉴스는 한 번도 들어본 기억이 없습니다."

340 "그쪽은 도베르만이 아니라 코커스패니얼을 원하는 모양입니다. 저도 코커스패니얼을 흉내 내고 있는데, 아무도 속아주지 않네요."

341 "저의 바람은 지금으로부터 20년 뒤, 몇십 년의 역사를 지닌 일류 기업이 회사를 팔아야 할 상황이 되었을 때 인수자로 가장 먼저 버크셔 해서웨이를 떠올렸으면 좋겠다는 것입니다."

342 "저는 학생들에게 인생에서 가장 중요한 것은 아이를 키우는 일이라고 이야기합니다."

343 "투자자에게 손해를 입히는 건 미국이 아닙니다. 투자자 자신입니다."

344 "만약 제가 브로콜리와 방울양배추만 먹고 살았다면, 이렇게 오래 살지 못했을 겁니다."

345 "경제 전문가가 있는 기업들은 쓸데없이 직원이 한 명 더 있는 것이나 다름없습니다."

346 "섣불리 빌려주고, 섣불리 빌린 탓이지요."

347 "영원하지 않은 것에는 끝이 있다."

348 "아주 평범한 직업을 가졌거나 형편이 좋지 못해도 주변 사람에게 사랑받는 사람은 성공한 인생이라고 느끼기 마련입니다."

349 "우리는 늘 짧은 기간 안에 더 많은 이익을 벌어들이기를 원합니다. 하지만 단기 목표와 장기 목표가 충돌할 때는 우선 해자를 확대해야 합니다."

350 "찰리와 저는 가격 변동을 신경 쓰지 않습니다. 설령 사분기 만에 10억 달러가 떨어졌다 해도 말이지요. 주주 여러분도 부디 신경 쓰지 않으셨으면 좋겠습니다."

351 "만일 어떤 프로젝트에 큰돈을 쏟아부었다가 실패하더라도 걱정할 필요는 없습니다. 분명 신의 가호를 얻을 수 있을 테니까요."

352 "인간에게는 바보 같은 짓을 저지르려 하는 본능이 있고, 때로는 그 본능이 터무니없이 큰 규모로 발휘됩니다."

353 "여러분이 어떻게 행동하느냐가 다른 사람의 본보기가 됩니다. 그러니 내가 태어났을 때보다 더 나은 세상을 뒤로하고 떠날 방법은 분명 찾을 수 있을 겁니다."

354 "독서보다 좋은 것은 없습니다. 만약 역사상의 인물을 비롯해 누군가 한 사람과 점심을 먹을 수 있다면 누구를 고르겠냐는 질문을 받을 때가 있습니다. 그런데 책을 읽으면 역사 속의 모든 위대한 인물과 점심 식사를 함께할 수 있지요."

355 "올해 졸업생들에게는 이 말을 전하고 싶군요. 저는 그들과 같은 입장이 되고 싶습니다. 학생들은 이제부터 불확실한 세상에 뛰어들어야 한다고 느끼겠지만, 그만큼 재미있는 시기는 없으니까요."

356 "누가 어떤 사업을 하고 있는지 제대로 이해하면 리스크는 그렇게 크지 않을 겁니다."

357 "일론은 어떤 분야에서는 상황을 뒤집을 수 있을지 몰라도, 사탕으로는 우리를 상대하고 싶지 않을 겁니다."

358 "저는 암호화 자산을 가지고 있지 않고 앞으로도 소유할 일은 없을 겁니다."

359 "어쩌면 그가 실제로 지닌 시장 가치보다 훨씬 낮은 금액을 받고 일함으로써 모범을

보여주려 할지도 모릅니다. 만약 그렇게 된다면 정말 멋지겠지요."

360 "만일 버크셔의 비경제적 가치를 잃어버린다면, 많은 경제적 가치도 함께 무너질 것입니다."

361 "자꾸 지시하거나 보고를 몇 번이고 강요하는 것보다 믿고 맡기는 편이 훨씬 좋은 결과로 이어집니다."

362 "어떤 행동이 규칙을 어기는 일인지 아닌지 헷갈린다면, 그건 이미 규칙에 어긋나는 일이라 생각하고 당장 거리를 두고 잊어버려야 합니다."

363 "집은 거주할 목적으로 사야지 매매 차익이나 재융자를 위해 사서는 안 됩니다. 그리고 구매자의 소득 수준에 맞는 집이어야 합니다."

364 "내 집 마련은 멋진 일입니다. 우리 가족은 지금 사는 집에서 50년간 생활하고 있고 앞으로도 계속 살 것입니다."

365 "저는 버크셔를 경영하는 일을 매우 즐기고 있습니다. 만약 인생을 만끽하는 것이 장수로 이어진다면, 므두셀라가 남긴 기록도 깨트릴 수 있을 정도이지요."

참고문헌

— 로저 로웬스타인, 《워런 버핏, 위대한 자본가의 탄생》, 김정혜 옮김, 비즈니스맵, 2024
— 로버트 P. 마일스, 《워런 버핏이 선택한 CEO들》, 권루시안 옮김, 국일증권경제연구소, 2003
— 벤저민 그레이엄, 《현명한 투자자》, 이건 옮김, 신진오 감수, 국일증권경제연구소, 2020
— 앨리스 슈뢰더, 《스노볼 1, 2》, 이경식 옮김, 알에이치코리아, 2021
— 워런 버핏, 로렌스 커닝햄, 《워런 버핏의 주주 서한》, 이건 옮김, 에프엔미디어, 2022
— <워런 버핏 & 빌 게이츠 학교에 가다(DVD)>, 케니앤코, 2008
— 재닛 로우, 《워런 버핏, 부의 진실을 말하다》, 김기준 옮김, 크레듀, 2008
— 재닛 로우, 《찰리 멍거 자네가 옳아!》, 조성숙 옮김, 이콘, 2009
— 필립 피셔, 《위대한 기업에 투자하라》, 박정태 옮김, 굿모닝북스, 2005

— Janet M. Tavakoli, *Dear Mr. Buffett*, Wiley, 2010
— Jeff Matthews, *Pilgrimage to Warren Buffett's Omaha*, McGraw-Hill, 2008
— Ronald Chan, *Behind the Berkshire Hathaway Curtain*, Wiley, 2010

— 『バフェットからの手紙―世界一の投資家が観たこれから伸びる会社, 滅びる会社』第5版, ローレンス・A・カニンガム著, 長岡半太郎監修, 増沢浩一・藤原康史・井田京子, パンローリング株式会社, 2014

WARREN
PRINCIPLES

BUFFETT
FOR LIFE

워런 버핏 삶의 원칙

초판 1쇄 발행 2025년 07월 30일
초판 2쇄 발행 2025년 08월 20일

지은이 구와바라 데루야
옮긴이 지소연
펴낸이 김상현

콘텐츠사업본부장 유재선
출판팀장 전수현 **책임편집** 심재헌 **편집** 주혜란 **디자인** 권성민 김예리
마케팅파트 이영섭 남소현 최문실 김선영 배성경
미디어파트 김예은 김은주 정영원 정하영
경영지원 이관행 김준하 안지선 김지우

펴낸곳 (주)필름
등록번호 제2019-000002호 **등록일자** 2019년 01월 08일
주소 서울시 영등포구 영등포로 150, 생각공장 당산 A1409
전화 070-4141-8210 **팩스** 070-7614-8226
이메일 book@feelmgroup.com

필름출판사 '우리의 이야기는 영화다'

우리는 작가의 문체와 색을 온전하게 담아낼 수 있는 방법을 고민하며 책을 펴내고 있습니다.
스쳐가는 일상을 기록하는 당신의 시선 그리고 시선 속 삶의 풍경을 책에 상영하고 싶습니다.

홈페이지 feelmgroup.com **인스타그램** instagram.com/feelmbook

© 구와바라 데루야, 2025

ISBN 979-11-93262-64-1 (03320)

- 이 책 내용의 일부 또는 전부를 재사용하려면 반드시 필름출판사의 동의를 얻어야 합니다.
- 책값은 뒤표지에 있습니다. 잘못 만들어진 책은 구입처에서 교환해 드립니다.